汽车4S店经营与管理

主　编　王振成　贺书乾
副主编　魏金营　冯宪民
　　　　孟凡勋　王　欣

重庆大学出版社

内 容 提 要

本书共分9章。详细阐述了汽车整车销售、汽车零配件供应、仓储和营销、汽车售后服务、业务接待及接待礼仪，以及汽车4S店信息管理的基本知识、现代管理理论与经营理念及科学管理与经营方法。各章配有练习题，并附有全书习题标准答案，供任课教师和读者参考。

本书可作为高职高专院校的汽车类专业教材，也可作为汽车经营、管理与营销人员从业入职和资格认定的培训教材，还可供从事汽车行业管理和技术人员参考。

图书在版编目(CIP)数据

汽车4S店经营与管理/王振成,贺书乾主编.—重庆:重庆大学出版社,2015.6(2023.7重印)
高职高专汽车检测与维修技术专业系列教材
ISBN 978-7-5624-8906-1

Ⅰ.①汽…　Ⅱ.①王…②贺…　Ⅲ.①汽车—专业商店—经营管理—高等职业教育—教材　Ⅳ.①F717.5

中国版本图书馆CIP数据核字(2015)第041060号

汽车4S店经营与管理

主　编　王振成　贺书乾
副主编　魏金营　冯宪民　孟凡勋　王　欣
策划编辑:曾显跃

责任编辑:文　鹏　　版式设计:曾显跃
责任校对:邬小梅　　责任印制:张　策

*

重庆大学出版社出版发行
出版人:饶帮华
社址:重庆市沙坪坝区大学城西路21号
邮编:401331
电话:(023)88617190　88617185(中小学)
传真:(023)88617186　88617166
网址:http://www.cqup.com.cn
邮箱:fxk@cqup.com.cn(营销中心)
全国新华书店经销
POD:重庆新生代彩印技术有限公司

*

开本:787mm×1092mm　1/16　印张:19　字数:474千
2015年6月第1版　　2023年7月第4次印刷
ISBN 978-7-5624-8906-1　定价:46.00元

前　言

　　随着我国汽车工业的快速发展和汽车保有量的大幅飙升,社会急需大量高级汽车经营与管理人才。国家六部委根据劳动力市场技能型人才的紧缺情况和相关行业人力资源需求预测,优先确定汽车运用与维修专业领域为技能型紧缺人才培养领域之一。为此,我们根据多年的教学探索和经验积累编写了这本《汽车4S店经营与管理》教材。

　　本教材根据我国高职高专教材改革的思路和教学基本要求,结合高职高专"高素质、技能型、专门人才"的培养目标,充分考虑汽车类各专业的实际特点,以学生为本,重视理论与实践相结合;坚持以应用为目的,以"必需、够用、简洁"为原则,结合汽车4S店的成功经营与管理经验,强调理论知识和专业技能的同步培养。在编写思路上,本着对汽车4S店经营与管理的探究,从基本技能入手,逐步深入地阐述专业化、现代化的科学管理方法。内容包括4S店的整车销售、零配件管理、售后服务和信息管理四个方面,体现工学结合,突出4S店经营与管理特色,并紧扣当前汽车4S店的发展趋势。

　　本教材选题和内容实用性强。主要编写了汽车4S店整车销售的先进管理理念与基本方法;汽车配件供应、仓储管理、营销与管理;汽车售后服务、维修接待与管理;汽车4S店的信息反馈网络构建与管理,涵盖汽车4S店经营与管理的全部知识。内容全面、系统、规范,概念阐述清晰,维修技术数据准确,实用性强,图文并茂,通俗易懂。本教材适合汽车服务管理、营销、检测与维修及其他相关专业的从业人员学习,并为国家相关部门对汽车修理从业人员的职业培训提供一定的参考。各章节教学目的明确、重点突出,每章附有习题,书后附有全书习题参考答案。通过对本教材的学习,学生可以初步掌握汽车营销业务、汽车终生服务及管理方法。

　　本教材由中州大学教授、高级工程师王振成担任主编并负责全书的统稿。具体编写分工是:中州大学王振成教授、高级工程师编写绪论,负责全书习题、标准答案和课件制作;中州大学副教授贺书乾编写第1章和第2章;郑州市公共交通总公司高级工程师魏金营编写第3章和第4章;郑州市公共交通总公司工程师冯宪民编写第5章和第9章;郑州市公共交通总公司孟凡勋老师编写第7章和第8章;中州大学王欣老师编写第6章。此外,中州大学工程技术学院的凡广生、郑路、狄恩仓、李九宏、宋海军、吴耀宇六位老师在汽车4S店数据的搜集与提供以及全书的插图、制表等方面给予了大力协助,在此深表谢意!本书在编写过程中参阅了很多专家编纂的教材和专著,在此一并表示感谢!

探索高职高专教育在新时期应具有新的教学模式和特色,其完善需要做长期艰苦的工作。目前,许多院校都在进行这方面的探索。如果我们的努力能为这项教学改革尽到微薄之力,编者不胜欣慰。

由于编者水平有限,书中难免存在疏漏和不妥之处,敬请专家和读者批评指正。

编 者
2015 年 2 月

目录

绪　论

汽车4S店是1998年以后才逐步由欧洲传入中国的舶来品。"4S"是指将新车整车销售（sale）、零配件供应（spare part）、售后服务（service）、信息反馈（survey）四项功能集于一体的汽车整体服务方式。它是一种以消费者为中心，从售前服务到售后跟踪服务的一条龙服务模式。4S专卖店模式渐渐地成了大多数经销商首选的营销模式。该模式的优点是：有厂家支持、有客户索赔、有配件供应保障。由于这种模式与各个厂家之间建立了紧密的产销关系，因此具有购物环境优美、品牌意识强等优势，一度被国内诸多厂家效仿。自从上海通用和广州本田率先引进汽车4S店模式之后，在近五六年时间里发展极为迅速，中国汽车4S店的数量已跃居全球前列。到2008年上半年，全国汽车4S店已经达到7 644家，仅资金占用就达2 300亿元，并且每年以15%的数量递增。汽车4S店是一种以"四位一体"为核心的汽车特许经营模式，包括整车销售（sale）、零配件供应（spare part）、售后服务（service）、信息反馈（survey）等，是汽车厂家为了满足客户在服务方面的需求而推出的一种业务模式，其核心含义是"汽车终身服务解决方案"。有评论家这样评价该模式："汽车4S店模式其实是汽车市场激烈竞争下的产物。随着市场逐渐成熟，用户的消费心理也逐渐成熟，用户需求多样化，对产品、服务的要求也越来越高，越来越严格，原有的代理销售体制已不能适应市场与用户的需求。汽车4S店的出现，恰好能满足用户的各种需求，它可以提供装备精良、整洁干净的维修区，现代化的设备和服务管理，高度职业化的气氛，保养良好的服务设施，充足的零配件供应，迅速及时的跟踪服务体系。通过汽车4S店的服务，可以使用户对品牌产生信赖感，从而扩大销售量。"因此，汽车4S店的关键词是"解决方案"和"服务"。

国内市场具有代表性的几个汽车厂商在汽车销售市场上经过多年的激战与磨炼，在吸取国外汽车厂商成熟经验的基础上，纷纷提出了可行的销售服务宗旨和理念。如一汽轿车的"管家式服务"，认为用户是"主人"，厂方、销售服务人员是"管家"，"管家"处处要替"主人"想在前面，做在前面；上海大众实施的"用户满意工程"，提出了"卖产品更卖服务"的口号等；一汽大众提出了"一个中心，六个支撑"的理念，即以客户为中心，以市场为导向，以领先的技术、国际水平的质量、有竞争力的成本、最佳的营销服务网络和最佳的合作与交流为支撑；东风雪铁龙提出坚持一个服务理念："麻烦自己，方便用户"，要求力争做到三个"百分之百"：服务及时100%，服务彻底100%，收费合理100%。从上述汽车厂商的经营理念不难看出，要树立良好的品牌，除对产品技术和质量的严格要求外，在汽车市场竞争日益激烈的今天，"用户至上"将被提到更为重要的位置上来。按汽车 4S 店模式,实现四位一体进行销售和售后服务,对进一步贴近用户,全面服务好用户来说,不失为一项重要举措。

0.1 汽车 4S 店的优势

汽车 4S 店的优势在于:厂家与经销商的利益是一致的;减少了中间环节与责任冲突;易于实行策略互补;对于营销的推展、售后服务维修、配件实现少品种专业化管理极为有利。

0.1.1 信誉度和企业形象方面

汽车 4S 店在企业形象方面,可以享受特许人的汽车品牌及该品牌所带来的商誉,可以借助特许人的商号、技术和服务等,采用统一的企业识别系统、统一的服务设施、统一的服务标准,使其在汽车营销活动过程中拥有良好的企业形象,给顾客以亲切感和信任感,提高竞争实力。为用户营造一个良好的购车、服务环境;统一的服装,宽敞明亮的展示大厅,整齐划一的维修车间、备件存放,以及用户休息室、儿童游乐区等人性化设施,让客户真正地享受到"上帝"的感觉:累了有休息室,渴了有水喝,无聊时可以看杂志、报纸或上网,如果急着用车还有备用车供客户使用,整个流程有专门的服务人员为客户打理,让客户得到更优质省心的服务,还可分享由采购分销规模化、广告宣传规模化、技术发展规模化等带来的规模效益。

0.1.2 品牌忠诚度方面

汽车 4S 店在为消费者提供专业服务的同时,还做到了维持客户品牌忠诚度,体现和体验品牌价值,并发挥汽车品牌文化传播者和执行者的作用,这些都是其他营销模式无可替代的。尤其对于很多试图冲击中高端市场的自主企业而言,品牌形象的塑造无疑是很重要的课题,而汽车 4S 店则肩负着传达消费者品牌理念和内涵的责任。通过看车、买车、交车、修车等销售服务环节,使客户可以体验到品牌带来的关怀和贴心感,从而增强客户对品牌的忠诚度。

0.1.3 专业方面

由于汽车 4S 店只针对一个厂家的系列车型,拥有厂家的系列培训和技术支持,拥有先进的维修和检测设备,在汽车的性能、技术参数、使用和维修等方面都非常专业,做到了"专而精"。而且汽车 4S 店可为顾客提供纯正的原厂配件,保证产品的生产技术、产品质量,确保汽车的维修质量,稳定其使用安全系数。同时也使服务质量和客户的维修成本得到了双重保障,增加了客户对产品和服务的信赖度和信心。相对于汽车 4S 店,汽车用品经销商接触的车型虽多,但对每一种车型都不是非常精通,只能做到"杂而博",在一些技术方面有时是"只知其一,不知其二"。

0.1.4 售后服务保障方面

汽车 4S 店员工综合素质高、业务能力强,能为客户提供更专业的销售咨询服务与售后维修服务。随着竞争力的加大,汽车 4S 店商家越来越注重服务品牌的建立,再加上汽车 4S 店的后盾是汽车生产厂家,所以在售后服务方面可以得到有力保障,从而消除客户的后顾之忧。

0.2 汽车 4S 店存在的问题

0.2.1 对汽车生产厂家的依附性强,自主权小

汽车 4S 店在参加特许经营系统统一运营时,只能销售特许人的合同产品;只能将合同产品销售给直接用户,不得批发;必须按特许人要求的价格出售;必须从特许人处取得货源;不得跨越特许区域销售;不得自行转让特许经营权;在使用特许人的经营制度、秘诀及与其相关的标记、商标、司标和标牌时,应当积极维护特许人的品牌声誉和商标形象,不得有降低特许人商标形象和损害统一经营制度的行为。因此,在规避风险、扩展市场方面,汽车 4S 店的目标市场随着代理品牌的单一而变得狭窄,对汽车制造企业的依赖性较强,其经营的好坏在很大程度上取决于汽车品牌自身和汽车制造商的营销策划和广告力度。在当前市场形势下,汽车经销商没有与厂家的平等对话权,汽车 4S 店经营者和投资者处于弱势地位,自主权和主动权较小,自主救市的空间不大。

0.2.2 经营成本过高,利润低

汽车 4S 店经销商除了需要投入大量的资金按照生产厂商的要求建造汽车 4S 店外,每年还要投入大量的经营费用,再与同城的竞争对手以降价或其他促销活动(举办促销活动就要有费用发生)争取客户。所以,目前汽车销售已经进入微利时代,而售后维修保养也因为汽车 4S 店的价格高昂,许多客户在免费首保之后,转而选择了价格低廉的维修厂进行保养。

0.2.3 没有自身的品牌形象

作为厂家的汽车 4S 店,其建筑形式及专卖店内外所有的品牌形象均严格按厂家的要求进行装饰和布置,经销商自身的品牌形象则无处体现,厂家也不允许体现。汽车 4S 店经营状况的好坏,90%依赖于所经营的品牌,品牌好就赚钱,品牌不好就不赚钱。另外,汽车 4S 店的经销商还得依赖本店经营者与厂家的关系,如果关系好,厂家给予的相关资源就多,利润空间也就较大。

0.2.4 汽车 4S 店重销量、轻售后和美容加装

由于 2003 年车市需求"井喷"引起的价格"失真",误导了很多企业以销售为中心来开展企业的各项经营活动。另外,厂家注重销量并制定与完成销量直接相关的返利激励政策,导致许多汽车 4S 店的经营有"四位",无"一体"。

0.2.5 遵循统一模式难以体现差异化经营

汽车厂家出于对自身品牌利益的考虑,对汽车 4S 店的经营管理模式、业务流程、岗位的设置等都有明确的规定和要求,对产品价格、促销政策、销售区域、零配件和工时的价格均硬性确定,强硬控制。即便是广告的表现形式,厂家也会指手画脚,这反映了汽车 4S 店的经营弹性范围狭隘,经营模式和服务趋于同质化。

第 1 章
汽车 4S 店概述

1.1 我国汽车 4S 店经营现状

1.1.1 中国汽车 4S 店目前的经营模式

就目前国内汽车 4S 店集团化的现状来看,汽车 4S 店经营模式基本分为两种:横向发展和纵向发展。

(1)横向发展

横向发展即多品牌的经营模式,是目前在同一区域市场中常见的模式。形成这种模式的主要原因是:生产厂家在授权经销商时,考虑到同一区域市场的网络安全、经销商实力,以及对于区域市场的管控能力等,极少在同一区域市场授予同一经销商开设两家以上的网络,可以说是担心网络受制于人而不把所有的鸡蛋放在一个篮子里。

该模式的弊端是经销商在同一区域市场准备开设第二家同品牌的网络,只好把资金投向其他品牌,甚至是竞争对手。这样的例子很多,如广州本田的经销商往往也是一汽丰田、上海通用、广汽丰田、长安福特的经销商,这样的后果是加剧了品牌的内部竞争,削弱了品牌的影响力和市场的份额。这种思路恰恰害了自己,为他人做了嫁衣,并没有得到双赢的结果。

(2)纵向发展

纵向发展,即做单一品牌的经营,这种情况多出现在不同的区域市场。相对于横向发展来讲,这无疑是一种进步。集团化过程中遇到的问题相对较少,对于品牌的熟悉程度和管理运作也相对容易一些,厂家对于网络安全的担心也少一些。

该模式唯一的弊端则是经销商必须从自己熟悉的区域走出去,重新开拓市场。面临陌生的经营环境,原有的地域资源和客户资源就无法充分利用,也无法快速地融入当地的市场之中,本土化问题比较突出。这也从另一方面反映了中国汽车市场发展扩张过程中存在的问题,这些走出去的汽车 4S 店在实际运营中,问题也是非常突出的,关键在于管理团队职业化、本土化的进程是否成功。

1.1.2　我国汽车市场营销发展概况

(1)我国汽车工业的发展概况

我国汽车工业经过了 60 多年的发展,从无到有,从小到大;产品从单一的中型载货汽车发展到货车、客车和轿车等多种产品系列,"缺重少轻、轿车空白"的产品结构基本得到缓解并日趋合理;汽车产品和制造技术水平得以不断提高,上汽、一汽、东风、长安、北汽、广汽、奇瑞、江淮、哈飞、华晨和一大批零部件生产骨干企业,形成了我国比较完整的汽车产品系列和生产布局,汽车工业的实力明显增强。

到 2007 年,我国生产汽车 888.24 万辆,同比增长 22.02%,比上年净增 160.27 万辆;销售 879.15 万辆,同比增长 21.84%,比上年净增 157.60 万辆。2008 年上半年我国汽车产销分别达到 519.96 万辆和 518.22 万辆,同比分别增长 16.71% 和 18.52%。我国汽车产销量在世界各国中的排名已分别位列第三位和第二位,已经成为名副其实的世界汽车产销大国。

(2)我国汽车市场营销的发展概况

过去,我国的汽车市场营销只是简单地卖车,当时的汽车市场营销体系是建立在卖方市场的基础之上的。从 1994 年开始,随着汽车制造业的兴起,汽车市场从原来的卖方市场变成了买方市场,逐步形成了汽车市场营销体系。我国汽车工业营销体系的发展大致经历了两个阶段:

第一阶段是 20 世纪 90 年代以前。这一阶段主要是在计划经济体制下,主要特点是汽车卖到最终用户手中,销售工作即告结束。这一阶段的汽车营销体系为:汽车由专门成立的国有汽车销售公司负责销售,以批发形式为主,从主批发渠道分配到下面各地区级省市公司,由各地区根据用户单位申请的控办指标申请予以具体分配、销售,最后由用户自行办理一切手续。随着经济的深入发展,供求矛盾日趋突出、渠道过长导致的价格扭曲、政府职能形式的国营主渠道管理方式以及由此带来的服务水平低下,造成了用户人、财、物上的巨大浪费,也制约了我国汽车工业的良性发展。

第二阶段是 20 世纪 90 年代以后。在这一阶段,我国的经济体制开始由计划经济向市场经济过渡,汽车制造厂家开始意识到售后服务的重要性,并开始借鉴国外先进经验摸索着建立起自己的一套汽车市场营销体系。生产厂家认识到市场调控的重要性,纷纷与有多年关系的国有汽车销售公司成立合资公司并向社会广泛地提供配件,主要车型的维修站网点逐步铺开,为今后提供更多的售后服务打下基础。国外厂商不断进入所带来的先进营销方式,促进了我国汽车工业营销体系的不断调整和进一步完善。自 1998 年以来,各种汽车交易市场以及"汽车 4S 店"经营模式的汽车服务企业在我国越来越多,尤其是上海别克、广州本田及一汽奥迪等在短期内创造了优异的销售业绩。除车型新颖、先进外,符合国际潮流的新型营销模式和完善的营销体系也得到了用户和业内人士的普遍认可。

我国汽车市场营销模式的发展趋势主要有以下几种:

①汽车生产厂家极力推行单一品牌专卖店,鼓励经销商建立品牌专卖店,这是目前的一种基本发展趋势。

②国外的厂家十分关注中国的汽车市场,也在千方百计寻找品牌代理商,但是他们更注重的不是四位一体专卖店的形式,而是售后服务的发展模式,或者通过合资企业品牌的专卖店及其销售网络来实现发展目标。

③各大中心城市已经建成或正在建设一大批汽车有形市场或汽车城,基本上有两种方式:一种是集中多家厂商和多种品牌,另一种是独家经营,同一市场多品牌销售。

④以北京规划中的"汽车服务贸易园区"为代表的新型多功能市场全面发展模式。

⑤有的地方已经开始筹建类似于国外的汽车大道,集中、集合品牌专卖店销售模式。

另外,国内已经建成或正在建成的一大批汽车有形市场。有形市场集办理各种手续于同一市场,大大方便了消费者办理手续,适应了当今私人购车迅速发展、轿车进入家庭这样的一种发展趋势。

1.1.3 加入 WTO 对我国汽车市场营销的影响

加入 WTO 后,我国汽车市场营销体系中的服务水平和服务质量都将有所提高,但对于汽车生产经营者来说,竞争将更加激烈,原有的经销模式和经销体制都会受到巨大冲击,无论是汽车的生产、销售领域还是维修、服务等领域都将面临严峻挑战。

(1)给汽车市场营销带来新的契机

我国加入 WTO 后,放开了汽车市场,国外有名的汽车公司纷纷到我国投资建厂或设立销售网和维修服务站,同时也带来了较高的品牌知名度、精良的制造工艺,这有利于中国汽车生产企业在更广的范围内学习、借鉴国外先进的技术和丰富的经验。另外,放开汽车市场,也创造了一个公平竞争的营销环境,给汽车工业带来了新的契机,给汽车工业发展带来了新的动力。

必须指出,汽车企业的经营者应以市场为导向,根据市场调查了解市场需求、自主制订生产计划,生产出高品质、高质量的汽车,参与市场竞争。其中,汽车的性能、质量、价格、售后服务,是在竞争中站稳脚跟、发展壮大的重要因素。

(2)我国汽车市场营销将面临残酷的竞争和挑战

我国加入 WTO 以后,国外先进的汽车制造技术、品牌产品及营销方式大举进入中国市场。近年来,跨国汽车集团已通过合资合作等形式参与了我国的汽车销售服务体系,国际厂商一方面物色国内的汽车零售商,使入选者成为他们的品牌经营代理人;一方面加强自身营销网络对中国市场的渗透力度,对国内汽车企业来说,这无疑是一种严峻的挑战。因此,我国汽车工业要振兴和发展,就必须做到:

①树立品牌意识,构建品牌经营营销体系。

②树立服务意识,构建"四位一体"的专营店网络体系。

③树立商业信誉,构建完整的服务贸易体系。

④树立效率意识,加快建设电子商务体系。

⑤树立"保姆"意识,建立健全相关的售后服务体系。

1.1.4 经营对策及思路

(1)树立以服务为中心的经营理念,建立以服务为中心的企业经营管理模式

①只有服务才是汽车 4S 店真正的产品。选择汽车品牌由汽车厂家的努力决定,但选择在哪家经销商购买则由该汽车 4S 店的服务决定。要想打造汽车 4S 店的服务品牌,则必须要从服务的创造者即企业员工开始。

②要从企业的经营理念、企业文化、服务意识、服务态度、服务专业水平、专业技术等多方

面对员工进行培训,企业应在服务培训方面建立一整套完善的体系及提供相关的教材,营造团队经验分享和共同提高的氛围,可分销售、客服、维修、美容加装等团队小组举办成功案例分享会,要求员工对工作进行总结、交流和提升。

③保持服务团队的稳定性。一个优秀服务人员的流失,会将公司的客户带走,这对公司来说是一个莫大的损失,公司要从员工的待遇、培训晋升、激励制度等方面服务好员工。汽车4S店要树立"只有公司服务好自身的员工,员工才会服务好本公司的客户"的理念来加强服务团队的稳定性。

(2)加强客户关系管理

挖掘客户资源,建立客户关系管理系统和相关的管理制度及执行力,做好客户由销售客户及时转化为售后客户的工作,对客户做到及时有效的"一对一"服务,以及有效的沟通和管理。

(3)成本和费用的严格控制

要在全员中树立成本观念,将成本和费用的控制指标化,直接落实到相关责任人,同时建立相应的激励政策,将成本与费用的控制与员工的奖金挂钩。

(4)将利润增长的重心放在后市场,增加利润增长点

汽车4S店整车销售利润会越来越低,这是一个趋势。利润增长将主要集中在售后市场:维修、保养、美容加装。特别是美容加装,原来一直被忽视,基本上是客户想做就做,不想做店员也不主动推销。今后,汽车4S店要深入挖掘与汽车相关的服务,增加新的服务项目,做到"人无我有,人有我精"。

(5)服务顾问团队的建设

服务顾问团队的水平直接关系到汽车4S店的维修业务量。要从服务态度、专业水平、产值、接车台次等方面制定相关的激励政策,提高服务顾问的积极性和业务水平。

(6)打造维修明星工程师

一直以来汽车业界将重心放于汽车销售,业内新闻媒介针对汽车销售人员的各种评比活动层出不穷,而汽车维修这些年来一直处于冷门地位。近几年针对汽车维修方面的投诉日趋增长,因此,打造汽车4S店的维修明星工程师,向顾客展示优质的维修技术和服务水平,有助于企业美誉度的提升,打消客户的顾虑,促进店内维修量的稳步增长。

(7)加强维修站相关管理制度的执行力

对于维修站的管理制度,厂家都有详尽的规定,但制度的执行力则不尽相同,特别是维修站。要向顾客展现汽车4S店的服务、技术水平,维修站必须将工艺流程、质量监控、工具及物料管理等方面按要求融入日常经营活动中,使之成为维修站的行为习惯,这样顾客才能感受到维修站工作井井有条,自然也就对在汽车4S店维修放心了。

(8)打造自身的服务品牌

当前单个汽车4S店要想突破厂家的限制,打造自己的品牌形象确实很困难。因此,汽车4S店必须在汽车后市场方面做文章,从公司发展的战略角度考虑可筹建"快修保养美容加装的连锁经营体系",以连锁加盟的方式建立连锁店。在整个汽车产业链中,就市场竞争趋势而言,汽车售后服务维修保养是最重要的环节。企业要练就和拥有强大的竞争能力就必须建立自有品牌的快修、保养、美容加装连锁经营体系,这是汽车服务型企业做大做强的基础,是塑造企业自身形象、使竞争永立于不败之地的关键点。

1.2 汽车 4S 店企业形象的塑造

1.2.1 企业形象概述

21 世纪的今天,随着社会经济的发展和市场竞争的日益加剧,现代企业的竞争已经由传统的产品竞争向人才竞争、品牌竞争、企业形象竞争转变。企业形象是企业经营的重要资源,企业文化是企业的灵魂,它们已成为企业越来越重要的无形资产。精心塑造良好的企业形象,已成为现代汽车 4S 店在日益激烈的市场竞争中求得生存和发展的关键。在现代社会,商品和企业处于相同的条件下,由消费者来选择,即使商品质量和销售能力优于其他企业也不一定能稳操胜券,因为企业竞争能力还包括另一项要素——企业形象。

企业形象(corporate image)是企业的综合素质、整体实力和社会表现在社会公众中获得的认知和评价。企业形象并不是简单的企业外在表现,而是企业在产品质量、工艺设备、科技进步、管理水平、经济实力、员工素质、服务水准等基本素质上的综合表现。企业形象管理就是通过科学、系统、持续不断地沟通、协调,全面提高企业的内在素质,充实企业形象的内涵,然后再通过科学性与艺术性相结合的信息传播,把企业的良好形象扩散出去。

良好的企业形象是企业潜在性的销售额,是企业最重要的无形资产;良好的企业形象会给企业带来不可估量的社会效益和经济效益。当今市场经济的发展不以人的意志为转移,竞争已超越产品本身,非产品竞争被置于突出地位,因此,良好的企业形象已成为企业战胜强手、提高销售额的有力武器。

1.2.2 汽车 4S 店企业形象的塑造

企业形象的塑造,也称为 CIS(Corperate Identity System),即企业形象识别系统设计,它是特定企业进行良好组织形象策划、设计、传播和管理的一种战略、方案和手段。其主要特点是:企业在特定的理念和独特的行为活动的基础上,通过对企业一切可视事物的统筹设计、控制和传播,使企业的识别系统统一化、标准化、个性化和专有化,把企业经营管理和企业精神文化传达给社会公众,从而达到塑造企业个性、彰显企业精神、使社会公众对企业产生认同感的目标,形成或强化企业在公众心目中的良好形象。

(1)CIS 的内涵

CIS 是个整体系统,它由 MIS、BIS、VIS 三个子系统组成。

①MIS(Mind Identity System)即理念识别系统,是指企业在长期的经营实践活动中形成的与其他企业不同的存在价值、经营方式,以及生产经营的战略、宗旨、精神等。它包括企业的经营方向、经营思想、经营作风、进取精神和风险意识等。企业的理念识别系统是 CIS 的灵魂,它是最高决策层次,是导入企业识别系统的原动力,如图 1.1 所示。

②BIS(Behavior Identity System)即行为识别系统,是指本企业有别于其他企业的各种具体活动,它包括对内行为与对外行为。对内行为主要指干部教育、员工培训、生活福利、工作环境、内部修缮、研究发展、环境保持等管理活动。对外行为主要指市场调查、产品开发、公关活动、车市对策、公益性资助、文化性赞助等,表现为动态识别形式。

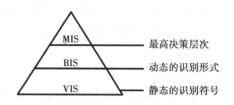

图 1.1 企业识别系统结构图

③VIS(Visual Identity System)即视觉识别系统,是指将企业的一切可视事物进行统一的视觉识别表现和标准化、专有化。通过 VIS,可将企业形象传达给社会公众,包括:企业的物质设备形象,如厂房、办公楼、仓库、设备、企业标志、建筑物式样、外部装修、色彩搭配、环境绿化与美化、内部装饰格调等;企业员工形象、产品质量形象及品牌包装形象等。VIS 表现为静态识别符号,是具体化、视觉化的传达形式,项目最多,层面最广。简单来说,MIS 是 CIS 系统的大脑和灵魂,BIS 是 CIS 系统的骨骼和肌肉,VIS 是 CIS 系统的外表形象。三个子系统有机结合在一起,相互作用,共同塑造具有特色的企业形象。

(2)企业导入 CIS 的目的

①提高企业的知名度。一个企业的名字在社会大众、消费者心目中有多大份额,其产品的使用率有多高,很大程度上取决于该企业的知名度。一个企业知名度高,它的产品就易被认可,就有可能在市场竞争中取胜。CIS 战略的实施,正是为了提高企业的知名度。

②塑造鲜明、良好的企业形象。

③培养员工的集体精神,强化企业的存在价值,增进内部团结和凝聚力。企业员工是企业构成的基本要素之一,是企业活动的主体和企业行为的承担者,是企业中人的因素的具体体现。CIS 战略通过它的理念识别,导入更加成熟的经营方针和经营理论、思想,经由精神标语、座右铭、企业性格、经营策略传达出去,着重塑造企业员工的理念意识。这样,员工就能明确意识到自己是这个集体中的一员,在心理上会形成一种对群体的"认同感"和"归属感",会使员工间形成一个密不可分的群体,强化其在企业的存在价值。

④达到使社会公众明确企业的主体个性和同一性的目的。CIS 通过物质环境、时空环境、信息环境及视觉识别将企业的同一性、独特个性传达给公众,使社会公众能更好地了解、识别,从而接受企业及企业的产品。CIS 的最终目的就是实现企业的利润最大化。企业的生存和发展,不管采取何种竞争手段,其最终目的都是为了获取最佳的经济效益和社会效益。

(3)CIS 策划的程序

CIS 策划程序是指从调查分析到执行实施、反馈评估全过程的先后次序和具体步骤,是企业具有一定规模的一项正式的活动。其主要作业可划分为 4 个阶段,即提案阶段、调研阶段、开发设计阶段和实施管理阶段。这 4 个阶段的规划囊括了 CIS 策划的主要内容和程序,是一个相互衔接的过程,每个阶段都有其特定的任务和工作重点。

(4)CIS 策划的基本原则

1)战略性原则

CIS 战略策划是创造企业优势、产品优势和竞争优势,以便全方位推出企业形象系统的新战略,是一项科学调控各种有效资源的系统工程。因此,CIS 绝不仅仅是设计上的变更或者企业名称的更改,而应该把它提高到企业存亡、经济兴衰的高度上来看待。譬如:夏利是众所皆知的微型轿车品牌,有着平民化的价格定位,天津一汽通过对夏利不断地升级和优化延续了这款微型轿车的寿命,再加上 20 余年来创下的经济耐用的良好口碑,至今仍是众多普通家庭购车的第一选择。

2)民族化原则

CIS 战略策划既是一种经济的产物,也是一种文化的成果,而文化都植根于不同民族的土壤,要想策划设计出具有民族化的 CIS 战略,必须对中西方民族文化有一个比较深入的分析和了解。

美国的 CIS 强调理性、个体性,偏重于制度建设。日本的 CIS 强调情感性,强调和谐性,偏重于理念建设。中国在 CIS 策划设计方面刚刚起步,但中国的 CIS 策划设计有五千年民族文化作基础,相信在 21 世纪,一定会有具备中国民族特色的 CIS 优秀之作进入世界 CIS 之林。

比如,在我国 60 周年国庆的庆典上,北京汽车工业控股有限责任公司全新自主开发的第二代军用越野汽车——"勇士",在阅兵仪式中被指定为阅兵引导车和礼炮牵引车,获得国家知识产权局颁发的"最佳功能设计奖",以及由中国汽车工程学会颁发的"2009 中国汽车造型设计大赛——汽车创新设计竞赛"的"金圆点"特别荣誉奖。

3)个性化原则

日本著名 CIS 设计专家申西元男说:"CIS 的要点就是要创造企业个性"。企业形象策划就是企业个性的定位。定位是 CIS 的出发点,是在消费者的心中寻找空隙和位置,目的是在此位置上建立有个性的优秀企业形象,是塑造企业形象的第一步。企业在理念的设计上应有自己独特的风格,能鲜明地把本企业的理念与其他企业的理念区别开来。

比如,同是汽车企业的丰田公司和日产公司,前者的企业形象口号是以生产大众喜爱的汽车为目标,突出迎合大众口味的形象;而后者的企业形象口号是创造人与汽车的明天,它强调的是不断技术创新的形象。

又如,早期大众甲壳虫的推出及宝马 MINI 的推出代表了一种个性时代的开始,将汽车从沉重单调中解脱出来,将各种特色功能加入汽车当中,不管是汽车外形还是汽车具备针对性的功能模块开发都开始表现出个性化。

4)系统化原则

CIS 是一个系统工程,是包括 MIS、BIS 和 VIS 在内的整体企业识别系统。三者内聚外化,有机结合,相互作用,共同塑造富有个性的企业形象。也就是说,CIS 是将企业的经营理念与企业文化透过具体可感的视觉符号传达到企业外部的各种社会公益活动中,塑造出个性鲜明的优秀企业形象,对内产生凝聚力和激励力,对外提高企业的知名度和认同感。因此,在 CIS 的策划设计中一定不能将其进行割裂和肢解,要克服重形式轻内容、重设计轻传播的 CIS 策划形式。CIS 是一个复杂的系统工程,是多种专业知识的融会与贯通,需要各类专家和专业人才的通力合作,需要专家与企业决策者的密切配合才能完成这一巨大系统工程,单凭某一专家或某一广告公司、设计公司的力量是难以胜任的。

5)创新性原则

CIS 的策划、设计有新鲜、奇特、超群、别致的创意,具有新意性和独特性。美国设计界有这样一条原则:"不允许模仿他人的设计,要不断地创新。"有生命力的 CIS 策划与设计往往和"新"字分不开,只有意境新、形式新、构思新的策划和设计才能打动人、吸引人,使人过目不忘,给人留下深刻的印象。以视觉传达设计为例:吉利熊猫的创意来自我国的国宝大熊猫,吉利熊猫的设计团队充分应用仿生学的原理和中国山水画的写意精神,以传神的线条勾勒出这款车的外形。吉利熊猫能让人一看就联想到大熊猫:黑色进气隔栅是一个大大的椭圆形,很像一个笑呵呵的大嘴;前大灯组被黑边包围,酷似熊猫的黑眼圈;尾灯则是将大熊猫的脚印巧妙地设计成一大四小的灯组,如大熊猫爪子般活灵活现。

6)可操作性原则

企业理念是一种意识,一种经营战略,即企业的经营宗旨、经营方针和价值观。它是企业的灵魂,是企业运行的依据,具有导向力、凝聚力、激励力、辐射力;它既不是一般的抽象思维的哲学,也不是一种宏观的世界观和方法论,它必须切合CIS的实际并便于操作。

CIS的可操作性还体现在企业理念系统应该有行为系统作保障。一些企业虽然拟定了企业理念却没有具体规划行为系统,导致理念成为时髦空洞的口号。CIS具有极强的可操作性,还表现在它不仅需要内部职工的参与和认同,而且需要通过沟通系统将企业经营理念、企业文化和企业经营活动推向社会,让更多的社会公众认同,否则,企业的CIS战略就很难在公众中树立起良好的形象。

1.3 汽车4S店企业竞争力

随着汽车4S店面的普及,各品牌间的汽车4S店竞争逐渐激烈,比其晚起步的大型汽车卖场也悄然兴起。2008年5月以来,西方大多数国家车市低迷,许多汽车4S店业绩大幅下滑,有的已经承受不起昂贵的店面维持费用。如果不能提高自身的竞争优势,固守"坐商"模式,因循守旧,不在发展中求变,那些实力弱小的汽车4S店必将面临入不敷出的局面,最终落得被其他汽车4S店或者汽车制造厂商低价收购的下场。因此,提升汽车4S店的竞争力已迫在眉睫。那么,汽车4S店如何才能提升自己的竞争力?如何在车市寒冬披荆斩棘?可参见以下举措。

1.3.1 模式异化

由于国外汽车服务市场的成熟,汽车4S店在国外的发展已经进入衰退期,而在我国则才刚刚起步,在现有的市场竞争格局中,我国汽车4S店逐步形成了中国特色的模式。营销无定式,如何选择适合自己的模式,如何将固定的模式异化成合适的模式,对汽车4S店来说极为重要。

1)"4S+2S"模式

这种模式是在某区域先设立一家汽车4S店面,再根据当地市场的容量、分布情况在各个划分的小区域或者下级区域建立只有整车销售和维修服务功能的2S店。当某个2S店所在区域的容量达到一定的规模时,2S店可以升级为汽车4S店。中国的地大物博给汽车4S店的市场覆盖能力带来了挑战,基于资金的限制,动辄千万元的店面不可能开很多家。然而对于消费者来说,该模式有利于他们就近购车、修车;而对于厂家来说,2S店有利于快速提高市场覆盖率,提升品牌形象,提高品牌知名度,便于汽车4S店通过售后维修服务加快收回成本的步伐。奇瑞、南京菲亚特目前就采用了该模式。

2）汽车超市内设"卖点+汽车 4S 店"

在中国,汽车 4S 店最强的竞争对手要算汽车超市了,即汽车大卖场。中国人喜欢热闹、人多的地方,也喜欢货比三家。汽车大卖场为购车者搭建了一个容纳各类品牌的平台。在这里,消费者可以比较同一价位不同品牌的汽车,作出购车选择,还可以享受保险、办证、上牌的一条龙服务,因此,汽车超市的人气盖过了汽车 4S 店的风头。为了扩大销售量,汽车 4S 店开始进驻汽车超市,摆设摊位,以在超市外的汽车 4S 店作为支撑,所卖汽车还算汽车 4S 店的销售量。这种模式很灵活,万一在自己店面区域里车卖得不好,还可以通过汽车超市的物流线把车卖到别的区域,这在一定程度上扩大了市场覆盖面。目前,杭州很多汽车品牌都在汽车城设有窗口,奥迪、广州本田均采用该模式。

3）"汽车大道"上的汽车 4S 店

在国外,汽车大道已盛行多年,顾名思义就是汽车 4S 店组成的一条大道。汽车 4S 店集于此,易于消费者集中地进行不同品牌车型的比较,克服了单一品牌汽车 4S 店的局限。在北京各汽车大道中,闵庄汽车大道最早推出"汽车大道"概念:东风悦达起亚金佳景专营店、福特汽车北方福瑞专营店、丰田金冠专营店等十几个不同品牌的汽车专营店沿海淀区四季青镇的闵庄路南侧一字排开,现在这里有了另外一个名字——"青泉汽车家园"。与传统的集贸式汽车交易市场,以及零散的汽车 4S 店相比,汽车大道有两个特点比较明显:一是具有了一定的和传统汽车市场相同的看车选车功能,顾客来一趟就能把各个品牌的店都看一遍,而零散的汽车 4S 店则不具备这种功能;二是能够提供品牌化的服务,从而吸引人们来买车,传统汽车市场则不具备此项服务功能。

4）4S"品牌"店

2004 年 7 月 17 日,奥克斯汽车全国首家汽车 4S 店在宁波正式成立,其汽车销售采用品牌店模式,也就是在汽车 4S 店的基础上在店内再摆设空调、手机、电表等奥克斯集团的其他产品。进入品牌店购车或者修车的用户,不仅可以在品牌店享受到汽车 4S 店的服务,还可以欣赏或者购买奥克斯的其他产品。这种模式的诞生可谓是开创了汽车 4S 店的先河,但汽车与手机、空调混售的形式能否吸引消费者埋单还有待观察,而这种模式也仅适用于像奥克斯这样多元化的生产商。

1.3.2 行销制胜

在过去的 10 年里,中国车市呈现出一片欣欣向荣的景象,只要是辆车就可以卖出去,汽车 4S 店所需要做的也就是建好店面,等着顾客来买车。然而,2008 年的世界金融危机导致整个西方国家车市如遇寒冬,与此同时,连续 3 年销量增幅保持 50%以上的中国汽车市场也突然增幅下降,各大名牌车型价格相继跳水,但却丝毫撬不开消费者的钱袋,经销商大呼:"没有想到车市寒冬来得这么快。"

坐着即等于等死,传统的"坐商"理念应从汽车 4S 店中清除,"行商"要取代"坐商"。早在 2004 年,南京菲亚特所有的汽车 4S 店就均已推出上门售车服务,提供上门售车电话、上门介绍和开展试乘试驾等服务;量身定做、协商制订具体购车方案;建立"上门售车"档案。河北唐山红旗汽车 4S 店也组织了一次大型的上门维修、试驾活动,让客户深切感受红旗轿车的优越性能,体验驾乘的乐趣。此类举措意在将售前服务提升到与售后服务同等重要的地位,提供人性化的售前服务,不仅为消费者带来了方便,还打动了消费者,即使不能促成购买行为,也可以形成良好的口碑,发掘潜在的消费人群。

汽车 4S 店的竞争力被一致公认为体现在服务上,可是很多汽车 4S 店仅狭隘地理解为售后服务,或者只顾及售后服务,因为售后服务赚钱。其实,售前服务同样提升了汽车 4S 店的竞争力,甚至更胜于售后服务,毕竟只有消费者在购买汽车后才可以体会到售后服务。

1.3.3　建立门户网站

2002 年之前,报纸、杂志、电视是消费者了解汽车的主要渠道,厂家的品牌传播主要借助这些传统媒体进行,效果也十分明显。但现在,互联网正扮演着越来越重要的角色,建设与客户之间的交互平台,实时、互动、全面、客观才能为企业带来更多的机会,互联网将成为汽车业中一种主要的竞争手段。

通过互联网,消费者可以查询自己心仪汽车的信息、广告和价位,了解汽车 4S 店所提供的所有服务,对车的性能进行咨询,这些均可以促使购买行为的发生。对于那些购买了汽车的消费者来说,通过互联网可以学习到维护、保养汽车的基本方法,预防汽车可能出现的常见故障,了解汽车 4S 店提供维修服务的价格等,这些都对维系顾客的忠诚度和提高购车后的满意度起到很大作用。通过网站的调查问卷,汽车 4S 店还可以把握消费者的需求信息,评估其满意程度;在论坛上对汽车进行讨论还可以起到广告的作用,对目标市场进行准确的信息传播。此外,增加“网上订车功能”也为汽车 4S 店的汽车销售增添了新模式。同样,企业可以根据客户对某种产品反馈的意见进行整理,对自己的产品系列进行适当地调整。

1.3.4　转换经营重心

众所周知,汽车 4S 店的赢利大头不是售车,而是售后服务。汽车 4S 店整个获利过程中,整车销售、配件、维修的比例结构为 2 : 4 : 1。因为维修与销售之间存在着滞后期,这表明我国的维修业务将迅速发展。目前汽车 4S 店的经营重心基本还停留在销售汽车上,不仅因为我国车市还没有成熟,还因为我国的汽车服务业尚不完善,等到汽车服务业进入成熟期时,汽车 4S 店的赢利业务就必然遭到蚕食,4S 的品牌优势也就荡然无存。重视售后服务质量,提高客户售后服务的满意度,说到底是要巩固客户对品牌的忠诚度,维护自己品牌的服务市场。

将经营重心转移到售后服务上来这个说法其实并不准确,确切地说应该是重视说服消费者来店里保养而不是维修汽车。所有的新车售出后,随时都会有玻璃破损、车身划伤和碰撞的情况出现,这些都是固定的维修服务,而汽车的保养将会为汽车 4S 店带来更加丰厚的利润。在国外,流行“三分维修,七分保养”,而国内保养汽车的观念还没有形成,这也要求汽车 4S 店在与客户沟通时进行引导,培养客户的消费习惯,达到拓展市场机会的目的。

1.3.5　严格控制零部件的质量和成本

在我国汽车售后服务市场上,尤其是修理、更换配件方面,主要流通着“进口产品”,包括合资企业生产的“国产品”及“仿制品”。在产品质量方面,“仿制品”零配件的价格和费用虽低,但是供应的配件质量较差,实际上是高价供应源。这种劣质产品不但会严重影响修车质量和企业信誉,还可能对社会造成极大的危害,因此,产品质量要考虑的因素除了包括产品本身是不是符合企业的要求,以及其耐用性、废品率等情况外,如果是生产制造商则还要了解供应商是不是具有设计和制造产品的经验和资质,如果是批发零售商则需要调查有没有提供相类似产品的经验,供应商的态度是否积极等。另外,在价格和费用方面,不同来源的汽车零配件价格相差幅度很大,进口件和国产件有时相差几倍,甚至十几倍,因此,在采购之前,采购人员应事先调查市场价格,不可凭供应商片面之词而误入圈套。如果没有相同商品的市价可查,应参考类似商品的市场价。有时候人们会放弃与提供极低价格的大批发商的合作,而选择与不愿意提供极低价格的制造商或生产厂商合作,因为制造商通常在产品质量、货源保证、售后服务、促销活动及其他赞助上会有更多的营销费用支持。

1.3.6 规范服务标准

目前,市场上的汽车品牌和汽车型号林林总总、种类繁多,加之售后服务本身也有很多种类,造成了汽车售后服务方式千差万别,服务质量难以保证。因此,世界上的汽车生产商和消费大国通常是依靠制定国家强制性汽车售后服务标准,或者由该国行业协会出台汽车售后服务行业的行业规则,以规范汽车售后服务行业的活动。不仅如此,一些有实力的汽车售后服务企业纷纷选择通过国际 ISO 标准认证,建立起一套对服务量化考核的标准,通过考核逐步提升汽车 4S 店的服务水平以吸引消费者。从汽车售后服务的发展态势来看,具有服务标准的服务企业将逐渐壮大,而不规范的服务企业将逐渐退出服务市场。

1.3.7 提高服务人员整体素质

汽车 4S 店的竞争力还体现在服务人员的整体素质上。从经营上讲,汽车 4S 店不仅要依靠汽车产品的质量还要依靠人才对产品的有效经营来支撑。4S 中有两个 S 分别是指销售和售后服务。优秀的销售人员在销售中的作用日益明显,他们的专业素质和形象也成为专营店品牌的一部分;而随着科学技术的进步,汽车科技的发展不断深入,各汽车 4S 店也都相应地配置了各种先进的诊断仪器、设备和工具,尤其针对品牌车型检验的专用计算机检测设备也都逐渐引进。但是国内汽车售后服务业的从业人员相当一部分来源于原国有企业车队的维修人员,年龄偏大,知识结构老化,对汽车新技术的掌握以及先进诊断仪器设备的使用比较困难;另外,来自新设汽车 4S 店的服务人员,人员知识结构不合理,制约了汽车售后服务业的快速发展。只有通过对汽车 4S 店服务人员的专业技能和提升顾客满意度等方面的全面、系统培训,提高汽车服务工作人员的整体素质,才能在客户心目中留下"我们的服务是专业化水准"的深刻印象。

1.3.8 打造自己的品牌

大部分汽车 4S 店都被代理品牌的光芒所笼罩,认为自己只是厂商的代理商而已,厂商的品牌就是自己汽车 4S 店的品牌。实际上,消费者心中自有一个评价的标准,同是一个区域的同一品牌的汽车 4S 店,如果因为服务做得好,会拿到比别家店面多的维修机会,其可增加的利润将是相当可观的。蛋糕就这么大,要争夺到更多的蛋糕不打造自己的品牌是不行的。北京勤和是上海通用汽车授权的别克系列车型的汽车 4S 店,在勤和的展厅里,所有车的标牌上都写有"勤和别克",这样做的目的主要是给消费者灌输自己的品牌。除此之外,勤和几乎每周都要举办周末派对,上至老总、下至销售顾问都是这个派对的服务者,参加者往往是最近一周中在勤和购买轿车的消费者,他们的疑问都会在这个派对中由老总与部下一一解答;勤和还会定期组织车主进行植树、慰问孤寡老人、到福利院看望儿童、共同郊游等活动。在勤和看来,这是增强凝聚力的一种方式。通过这种活动,车主会感到勤和是一个充满朝气和活力的集体,从而增加勤和品牌的知名度和美誉度。也正因为如此,现在来勤和买车的,有 20% 是勤和的车主介绍来的,这种口碑效应使勤和赢得了稳定的客户市场。

1.3.9　实行 CRM

CRM(Customer Relationship Management)即客户关系管理,是一项综合的 IT 技术,也是一种新的运作模式,它源于"以客户为中心"的新型商业模式。

有人评价说中国的汽车 4S 店硬件水平在全世界都排得上,可是软件水平则不敢恭维。自从上海通用导入 CRM 后,通过客户信息系统管理客户信息、提高服务水准的趋势就在汽车行业蔓延开来。最初汽车制造商引入 CRM 的最大作用莫过于在实行汽车召回时利用详细的客户资料,后来慢慢演变为从信息收集到信息反馈均发挥了重要作用。汽车制造商 CRM 的对象不仅包括个体消费者,还包括各个汽车 4S 店与各经销商,而汽车 4S 店实行 CRM 仅面对消费者即可。

汽车 4S 店 CRM 的作用表现在以下几个方面:

①获取顾客信息。借助汽车 4S 店,可以收集到很多关于潜在消费者的资料,如通过填写问卷赠送礼品、开办汽车会员俱乐部等方式来增加潜在消费者的数量,也就等于增加了可能购车的消费者的数量。再通过对这些消费者信息的分析,挖掘最有购买潜力的消费者,利用提供试驾、寄送汽车资料、优惠购车承诺等途径将潜在消费者转化为正式消费者。

②跟踪目标顾客。很多消费者最后购车的店往往不是他们原来咨询的店,这是由于店面太多,他们记不得在哪里咨询过。实施 CRM 可以帮助企业在搜集到客户信息之后,对客户进行分类管理,并向不同层次的客户提供不同档次的产品的信息,促成最终的购买行为。

③通过 CRM 系统进行订单管理、顾客信息存储,提高交付过程的效率,降低成本。

④建立客户档案,记录其维护、维修及配件更换历史,帮助公司实施客户忠诚度计划,降低客户更换汽车维护提供商的可能,帮助汽车销售企业保障其整体利润来源。

⑤CRM 还可以帮助企业建立满意度调查问卷,对数据进行自动的统计,帮助企业对客户再销售进行挖掘,大大降低营销成本。近两年,电话回访、客户免费服务电话等服务方式正在快速发展,一些知名汽车品牌为自己品牌的汽车 4S 店制定了相应的规范化制度和执行标准。但是,目前很多汽车 4S 店还是将眼光盯在整车销售上,从根本上忽视了信息反馈这一重要的"S",其销售模式制约着店面的发展。

1.4　汽车市场与汽车市场营销

1.4.1　汽车市场及汽车市场营销的含义

在现代社会经济条件下,几乎所有的经济现象与经济活动都与市场有关,几乎所有经济方面的学科也都不同程度地涉及市场。

(1)汽车市场的含义

市场是商品经济的产物,哪里有商品生产和商品交换,哪里就会有市场,因此"市场"就成为人们使用最频繁的术语之一。随着商品经济的发展,"市场"这一概念也不断地发展变化,在不同的商品经济发展阶段,市场有着不同的含义。同样,在不同的使用场合,市场的概念也不尽一致。

1)市场概念

在早期由于社会生产力比较落后,商品经济尚不发达,因此,人们总是在某个时间聚集到某个地方来进行商品交换,因此市场也就可看作商品交换的场所。到现代社会,随着科学技术的进步,社会生产力得到长足的提高,交换商品的品种和范围迅速扩大。商品交换关系已经渗透到社会生活的各个方面,交易方式也更加复杂,尤其是由于交通、通信事业和金融信用行业的快速发展,人们可以在任何地方以任意方式来进行商品交换。因此,现代的市场代表着各种商品交换关系的总和,是指商品多边、多向流通的网络体系,是流通渠道的总称。

2)市场的组成

市场是买方、卖方和中间交易机构(中间商)组成的有机整体。市场的起点是生产者,终点是消费者或最终用户,中间商则包括所有取得商品所有权或协助所有权转移的各类商业性机构。

3)对市场的影响因素

影响市场的主要因素有:人口及其购买力和需求欲望。对某种商品具有购买能力的消费者越多则其市场越大。正确地把握购买力的变化,激发购买欲望,开拓潜在市场则是一种营销艺术。

4)汽车市场的概念

汽车市场是将汽车作为商品进行交换的场所,是汽车的买方、卖方和中间商组成的一个有机的整体。它将原有市场概念中的商品局限于汽车及与汽车相关的商品,起点是汽车的生产者,终点是汽车的消费者或最终用户。

(2)汽车市场营销的含义

1)市场营销

市场营销既不等于产品销售,也不等于产品推销,而是"从市场中来、到市场中去"的经营活动,包含销售和经营两个方面。其中,企业的经营决策,如产品决策、价格决策、渠道决策、促销决策等是决定企业兴衰成败的最为重要的因素。从市场角度看,消费者的需求又是影响企业成败的关键因素。市场营销就是研究如何去适应买方的需要,生产适销对路的商品;如何组织整体销售活动,如何拓展销路,以达到自己的经营目标。

2)汽车市场营销

就汽车而言,其质量的高低,不但表现在汽车的功能方面,而且表现在汽车的造型、品牌、定位、价格、分销、促销以及销售服务等策略的运用方面,是汽车实质层面、形式层面和延伸层面的综合反映。人们购买汽车不是为了观赏,而主要是为了得到它所提供的交通服务。

汽车市场营销研究的对象和主要内容是识别目前未满足的需求和欲望,估量和确定需求量的大小,选择和决定企业能最好地为之服务的目标市场,并且决定适当的产品或方案以便为市场服务。

汽车市场营销的目的,就在于了解消费者的需要,按照消费者的需要来设计和生产适销对路的产品,同时选择销售渠道,做好定价、促销等工作,从而使这些产品及时地销售出去。

1.4.2　汽车市场营销观念的发展与变化

汽车市场营销观念是随着汽车市场的形成而产生,随着汽车市场的发展而变化的。它的发展变化大致经历了五个阶段。

（1）"生产观念"阶段

生产观念从资本主义工业化初期至 20 世纪初主导了西方企业的经营策略思想。在这段时间内,西方经济处于一种卖方市场的状态,市场产品供不应求,选择甚少,只要价位合理,消费者就会购买。当时汽车市场营销的重心在于大量生产,解决市场上供不应求的问题,而很少顾及消费者的需求与欲望。目前许多第三世界国家仍处在这一阶段。

（2）"产品观念"阶段

产品观念认为,在市场产品有选择的情况下,质量最优、性能最好和特点最多的产品更能受到消费者的青睐,因此,企业应该致力于制造质量优良的产品,并经常不断地加以改进和提高自己的产品。但事实上,消费者只有觉得某种产品或其服务的价值与自己的预期价值吻合或超过时,才会决定购买。因此,一味追求高质量往往会导致产品质量和功能的过剩,高质量、多功能往往附带着高成本,消费者的购买力并不是无限的。如果产品质量过高,客户就会拒绝承担这些为额外的高质量所增加的成本,从而转向购买其他企业的产品。

（3）"推销观念"阶段

推销观念认为,要想在竞争中取胜,就必须卖掉自己生产的每一个产品;要想卖掉自己的产品,就必须引起消费者购买自己产品的兴趣和欲望;要想引起这种兴趣和欲望,公司就必须进行大量的推销活动。他们认为,企业产品的销售量总是和企业所做的促销努力成正比的。

推销观念虽然强调了产品的推销环节,但仍然没有逾越"以产定销"的思维模式,在产品的设计和生产过程中,消费者的需求和欲望仍然未被考虑在内。

（4）"市场营销观念"阶段

市场营销观念研究消费者的需求和欲望及其购买行为,认为消费者的需要是市场营销活动的起点和中心。市场营销观念的基本宗旨是:

①顾客是中心。生产企业的一切努力在于满足、维持及吸引顾客。

②竞争是基础。企业必须不断地分析竞争对手,把握竞争信息,充分发挥本企业的竞争优势,以良好的产品或服务来满足顾客的需要。

③协调是手段。市场营销的功能主要在于确认消费者的需要及欲望,将与消费者有关的市场信息有效地与企业其他部门相沟通,并通过与其他部门的有机协作,努力达到满足和服务于消费者的目的。

④利润是结果。企业运作的目的是极大地满足顾客,而利润则是在满足顾客后所产生的结果。

（5）"社会营销观念"阶段

社会营销观念主要有四个组成部分:用户需求、用户利益、企业利益和社会利益。事实上,社会营销观念与市场营销观念并不矛盾。一个以市场营销观念为自己指导思想的企业,在满足自己目标市场需求的同时,应该考虑到自己的长期利益目标和竞争战略,把用户利益和社会利益同时纳入自己的决策系统。只有这样,这个企业才会立于不败之地。

必须指出的是,现代市场营销活动不仅涉及商业活动,也涉及非商业活动;不仅涉及个人,也涉及团体;不仅涉及实物产品,也涉及无形产品及思想观念。

1.5　汽车 4S 店服务战略

汽车生产厂是"厂家",是在制造"产品",而汽车经销商是商家、是商人,是在从事商业贸易,是在从事服务活动,服务的重点是在为客户服务——帮助客户买车,为厂家服务——帮助厂家卖车。经销商在客户买车和厂家卖车的中间所起的作用,就是提供了双方买卖交易的地点与服务,经销商自己可控制和所拥有的就是经销商自己的服务模式和服务品牌。

汽车服务相对于汽车销售来说,汽车销售是个起点,而汽车服务就是一个马拉松赛,是一个学车、买车、卖车、租车、修车、验车、换车等完整的汽车销售服务产业链。汽车服务市场按汽车买卖交易过程可以划分为三个过程与阶段:售前服务、售中服务、售后服务。强调"售前服务",并不等于忽视"售中服务"和"售后服务"。汽车"售前服务"是一项挖掘源头的"引水"工作;而汽车"售中服务"是一项"开渠"工作,只有"渠道通畅"了,才能"水到渠成";汽车"售后服务"则是一项让经销商有"细水长流"的终端服务工作。

就汽车而言,一经使用就需要终身服务,售后服务对产品的附加值最大、对品牌价值的贡献度最大、在市场竞争中的权重也越来越大。在汽车业竞争日趋激烈、产品同质化越来越明显的今天,服务日渐成为汽车企业营造品牌忠诚、获取优势的关键,经济服务化趋势日渐明显。

而服务战略是通过一系列服务来促进顾客关系的,其核心是如何把服务融入产品中。服务能力越强,市场差异化就越容易实现,它不仅增加了产品的附加值,而且巩固了与顾客的关系,从而可以击败对手。国外在对顾客更换供应商的原因进行调查后发现:68%的客户是由于供应商职员冷淡的服务态度,而因为对产品不满意而更换供应商的顾客只占14%,由此可见顾客对服务的重视程度。德国大众有句名言:"第一批车是由销售人员卖出的,而后的车是由良好的服务卖出的。"毋庸置疑,服务已成为 21 世纪汽车企业的核心竞争力。

1.5.1　经销商的汽车售前服务:开源

(1)汽车售前服务的重要性

随着中国汽车工业走向成熟,厂商的服务意识也在不断加强,售后服务受到的重视程度与以往相比有了显著提高,而作为服务另一部分的售前服务还不尽如人意。

对于汽车销售服务,很多人马上会联想到售后服务,而对汽车售前服务或许还感到陌生。据了解,在国外售前服务已经很普遍,一些厂商开办了类似汽车学校的驾驶课堂,使消费者在购买前对所选车辆就有了系统的认识。在国内,虽说一些厂商已经开展了售前服务方面的工作,但还缺乏一贯性,大多数厂商的售前服务还只停留在基本情况的介绍,好一点的就是试乘试驾了。一位业内人士认为,只有微笑服务是远远不够的,对于 90%以上的初次购车者来说,专业的售前服务对于购车者会起到拨云见日的作用,他们很需要这方面的帮助,并且实施起来也很容易,不需要投入太多的人力、物力,只需要厂家将对经销商的培训扩展到消费者这个层面中来。

纵观近两年的车市,竞争愈发激烈,但竞争手段单一,除降价、优惠和推出新车型外几乎没有什么新的招数,并且这些招数的功效较以往已大打折扣,如何竞争成为众多厂商亟待解决的问题。售前服务作为销售的一个环节,却往往被厂商忽视了,而目前车型众多,消费者早已挑花眼了,不知选什么车型好。如何让消费者注意你、认识你、了解你、选择你,这都需要售前服务的支持。售前服务的效果虽然会需要很长一段时间才能显现出来,但它却培育着潜在的消费群体。只有潜在的客户多了,关注你的人才会多,其他的竞争手段才能引起他们的注意。

价格的主导地位虽说还要维持很长一段时间,但品牌在销售方面的影响力正在增加。若厂商能在销售前将车型的特点、如何驾驶、应注意哪些问题、遇到特殊情况如何处理介绍给消费者及听取他们的意见,消费者会感到厂商很重视自己,对他们很负责,无形中提升了这一品牌的亲和力,对销售的帮助不言而喻。

同样,在售前服务中消费者会提出各种各样的问题,包括对这款车型的看法、意见、建议,同时厂商也能了解到消费者对其他车的看法,这些一手资料对于厂家把握市场动向、了解消费者的消费心态尤为重要。虽说在售后服务中也有信息反馈的内容,但这些反馈对消费者来说已经没有任何意义,若能在售前就注意到这些问题,既可以多争取一些消费者,又可以使消费者满意。

(2)汽车经销商售前服务的主要内容方式

汽车经销商售前服务的方法与手段有很多,如汽车驾校、经销商品牌营销服务、体验营销服务、网络营销服务等。

1)汽车经销商驾校:培养潜在消费者

汽车经销商驾校服务主要有两种类型:一是汽车经销商自办驾校,提供消费者学车服务,如上海永达汽车集团创办的上海永达驾校;二是与其他机构创办的驾校进行联盟联合,提供服务。

汽车经销商创办汽车驾校有双重目的:一是培训潜在客户,让消费者对经销商的公司、产品、服务有全面的了解和认知,如永达驾校"先学车,后买车,享优惠"的目的是为永达集团"卖车""卖服务"与"卖品牌"而服务的;二是在培养潜在客户的同时赢得"驾校"服务利润,因为一般汽车驾校的目的是赢利,而由汽车经销商创办的驾校赢利只是一方面,做到自售自支、自给自足就可以了。

与社会汽车驾校联盟联合提供相关支持或服务的主要目的在于:一是获得潜在客户信息;二是培养潜在汽车消费者;三是宣传汽车经销商的公司形象、产品品质、服务内容等。虽然汽车驾校不一定能立竿见影地销售汽车、赚取利润,但是它对于长期致力于汽车销售、汽车服务的经销商来说则是汽车售前服务的一个有效手段,不劳而获、等着天上掉馅饼的事做不得。

2)汽车经销商的品牌塑造和推广

售前服务是在消费者与企业还没有确立买卖关系的情况下进行的。售前服务应对消费者进行意识上的引导,向消费者提供充分的有关企业产品质量、性能、操作方法、适用对象等多方面的信息,使人们了解企业及其产品,使企业品牌在客户心目中留下深刻、良好的印象,形成感性认识,以便消费者正确决策。因此,售前服务必须高度重视企业和产品的形象,通过广泛宣传企业、宣传企业的品牌来树立企业形象,使消费者对企业提供的产品和服务产生兴趣,赢得消费者的信任与支持,从而开拓市场。售前服务方式的创新,要求营销者不仅从消费者的需求出发,正确了解、认识、掌握、满足消费者的需求,同时适时引导、刺激需求与创造需求,开发新产品,为消费者服务。售前服务方式要从传统的被动式适应需求,转向主动式接受需求并且创造需求。

通过经销商的品牌塑造与推广,让汽车潜在购买者认知、了解汽车经销商的公司、汽车经销商的产品、汽车经销商的服务,以至在消费者一旦想要购买汽车时该品牌会成为其首选对象。亚运村汽车交易市场经历数十年发展,凭借汽车交易量之大、交易品牌之多及其信息与品牌营销成为"中国汽车市场的晴雨表"。正是亚运村汽车交易市场的品牌宣传与企业知名度使亚运村成为北京汽车市场上汽车消费者选购汽车的首选之地。

3)汽车经销商的体验营销与服务

体验是人的需要能否得到满足时所产生的一种对客观事物的态度和内心情感。新经济时代是体验性消费的时代。消费者在产品购买中,不仅仅追求物质需求、生理需求等较低层次需求的满足,更多的是注重精神需求、心理需求等较高层次需求的满足,如希望获得精神上的愉快、心理上的安宁、享受温情、受到尊重等。汽车消费者通过体验营销服务来体验公司的产品质量、性能、功能,体验公司服务的水平标准与承诺,体验公司的品牌形象与实力。现在不仅很多整车厂展开汽车拉力赛、试乘试驾等售前营销服务,而且很多经销商也在搞试乘试驾的体验营销等活动,但是功利性太强、销售性太强、服务性太弱,这些都严重影响了汽车的营销品质,降低了消费者的购买欲。

1.5.2 经销商的汽车售中服务:"一条龙"服务

(1)经销商汽车售中服务的重要性

消费者在购买产品时,不仅要看产品本身好不好,还要看服务态度好不好,企业的信誉好不好等。所以,售中服务不仅要进行有形产品展示,让消费者了解新产品的构造、性能、产品质量标准、使用时的注意事项以及所达到的效果;更重要的是服务营销策略的定位,如何通过新颖的服务营销方式赢得顾客、扩大销量、占领市场。首先,企业要强化对新产品的服务宣传,可采取广告、新闻发布、有奖问答及咨询活动等多种形式,加大服务营销的宣传力度,用产品造市,制造轰动效应,展现服务特色,树立企业的服务优势,营造一个良好的营销环境。其次,要视顾客为亲友。营销人员要以微笑的面孔、百倍的热情接待每一位顾客,想顾客所想,认真介绍产品,体察顾客心理,当好顾客参谋,使他们从感情上、资料上进一步熟悉了解新产品的功能和使用方法,引起他们对新产品的兴趣,进而激发购买的欲望,尽快地作出购买决策,成为企业真正意义上的客户。树立"顾客永远是对的"的服务理念,一切以让顾客满意为核心。再次,售中服务要实施营销人员"一条龙"服务,简化客户购买手续,节约客户时间,并从价格上给予客户适当的优惠,给客户"上帝"的感觉,从而赢得客户的信任。

(2)经销商汽车售中服务的主要内容方式

经销商汽车售中服务的主要内容方式包括汽车车型产品的资讯与咨询、经销商服务的资讯与咨询、汽车消费信贷、汽车保险、汽车上牌、汽车保养维修使用等服务。

1)汽车车型产品的资讯与咨询

汽车车型资讯是由汽车销售服务人员向汽车购买客户购车前介绍各车型的性能比较、客户适合的车型、购车在哪里能够得到较好的服务;购车需要注意的问题,购车过程中容易出现的问题,及时地告诉客户各种汽车相关的信息,各种促销和试乘试驾信息等。

汽车车型咨询是指由汽车销售服务人员在向汽车购买客户提供资讯信息的基础上,根据客户的具体情况提供合理的建议,建议客户购买最适合的车型。

汽车车型产品的资讯与咨询服务,不仅能显示公司的专业与敬业,更能得到客户的信赖与支持,有利于公司形象的塑造,形成良好的口碑。它不仅可以开发大量客户,还可以把潜在客户变成直接购买客户。

2) 汽车经销商服务的资讯与咨询

经销商服务资讯主要是介绍汽车经销商公司的基本情况、汽车经销商服务的模式内容信息和特定汽车车型品牌的服务内容信息。汽车经销商服务咨询主要是针对公司服务内容、车型品牌特定服务内容等建议汽车消费购买者选择的服务项目。因为,汽车经销商提供的有些服务项目是免费的,有些服务项目是收费的,购车者对有些服务项目是感兴趣的,对有些服务项目是不感兴趣的。

汽车经销商服务的资讯与咨询就是把汽车经销商的实力、品牌、服务内容项目、价值增值服务、行业地位、信誉度等告诉汽车购买者,目的是让汽车购买者买着放心、修着放心、用着欢心、觉着舒心。例如,一般汽车经销专卖店提供 3S、4S 服务,而成都精典汽车销售公司推出 5S 超市,即多品牌汽车展示销售、售后服务基地、配件供应、信息反馈、汽车生活方式即营销汽车文化和汽车生活、附设社区快修美容连锁,提出"卖车先卖汽车生活方式",创立全新汽车生活增值服务营销理念。

3) 汽车金融服务——消费信贷

目前,全球汽车销售量中,70% 是通过融资贷款销售的,当然在各个国家和地区的比例是不同的。如美国最高,达到 80%~85%,最低的也有 50%~60%。因此国外汽车公司都非常重视汽车金融服务,一般金融服务公司都是全资子公司,据通用公司和福特公司的资料显示,汽车金融服务获得的利润要占到整个集团利润的 36% 左右。

汽车金融服务的范围非常广,可以说是手托三家:为厂商提供维护销售体系、整合销售策略、提供市场信息的服务,为经销商提供存货融资、营运资金融资、设备融资、财务咨询及培训等服务,为用户提供消费信贷、大用户的批售融资、租赁融资、维修融资、保险等业务。汽车金融服务机构的优势是以汽车金融服务为核心业务,业务范围非常广泛,在专业产品和服务方面有丰富的经验和良好条件。汽车金融服务的首要任务并不是为了本身赚钱,而是促进母公司汽车产品的销售。汽车产品非常复杂,售前、售中、售后都需要专业的服务,如产品咨询、签订购车合同、办理登记手续、零部件供应、维修保养、保修、索赔、新车抵押、旧车处理(因不能继续付款收回的旧车)等。银行由于不熟悉这些业务,因此做起来有较大的困难。目前银行开展的汽车消费信贷是与厂家或商家联手进行的,如果建立专门的汽车金融服务机构,则可以较好地解决这些问题。

目前,我国的汽车消费信贷主要依靠商业银行进行,汽车消费信贷销售的汽车只占汽车总销量的 10% 以下;进行资信调查的个人信用体系尚未建立,这就使得银行无法准确界定申请消费信贷客户的信用等级,无法去确定其到期偿还贷款的能力,也就无从评估该业务的风险;目前的管理办法,对企业财务公司限制过死,无法满足大规模开展汽车金融业务的需要。

汽车经销商从事的消费信贷有很多问题,使银行出现大量不良资产,保险公司退市,严重地影响了汽车市场的销售,加剧了汽车市场的"严寒",但是在汽车经销商中也有冀东物贸、亚飞连锁等汽车经销商探索出了适应自己、适应中国现状的汽车消费信贷模式,如"冀东模式"

"亚飞模式"等,有力地促进和提高了它们的汽车经销与服务业绩。2004年冀东累计销售各类汽车13.75万辆,实现销售收入98.9亿元,实现利润1.81亿元。

4)汽车经销商"一条龙"服务

汽车经销商"一条龙"服务是指汽车经销商提供购车、汽车消费信贷、代办保险、免费上牌服务等一站式服务。

原本购车在经销商处办理,消费信贷在经销商或信贷机构办理,保险在保险公司办理,车牌在车管所上牌,这样消费者购买一辆汽车要在不同的地点、单位来回奔波,劳神劳力费时,由汽车经销商提供购车过程中的"一条龙"服务则免去了汽车购买者的奔波之苦,从进店到出店就能开上属于自己的、马上投入使用的汽车,省时省力,大受消费者欢迎。

5)汽车使用—保养—维修服务的资讯与咨询

"销售一辆车并不是业务的结束,而是用户与经销商、厂家协作关系的开始",汽车经销商不仅要把汽车卖出去,还要教会客户如何使用、如何保养、如何维修。目前中国绝大部分车主都不是专业司机,都是在驾校学习出来后就急于上路,中国汽车市场的"井喷"与增长"钱景"全靠他们,但是,他们对汽车真正如何使用、如何保养、如何维修只有"皮毛"的理解,"能开走""不撞人"就是本事,但就是这些车主司机最容易让车出"人为毛病",而车一旦出了"人为毛病"就认为肯定是车的"质量问题"。因此,经销商还必须提供特定汽车车型品牌的使用—保养—维修服务的资讯与咨询,防患于未然。

1.5.3 经销商的售后服务

(1)汽车售后服务的重要性

对经销商来说,汽车卖掉不等于结束了,一个好的经销商其主要的利润来源不是来自销售,而是来自服务。卡尔·休厄尔——世界上最好的汽车经销商,估算出一个标准的汽车购买者在其汽车购买与服务方面的潜在寿命价值超过30万美元。客户没有汽车前需要服务,有了汽车后更需要服务,在拥有汽车便利的同时也将拥有汽车的麻烦。怎样能在拥有汽车便利的同时而不拥有汽车的麻烦,这就对经销商提出了要求,即进行汽车终身服务,汽车本身以外的服务。

就汽车而言,一经使用就需要终身服务,售后服务对产品的附加值最大、对品牌价值的贡献度最大、在市场竞争中的权重也越来越大,售后服务的好坏直接影响到销量及品牌形象,并且这种影响会越来越大。"消费者最关注的依次是服务、质量和价格,把价格放在最后,因为高速行驶中的汽车是很危险的,人们不会为省几个钱而付出生命的代价。"

与国外汽车厂商相比,我国的汽车售后服务还有许多不尽如人意的地方,汽车产业属弱中之弱。应该说,汽车产品主要的获利方式并不来自整车销售,而是来自售后服务,两者相比大约是三七开。售后服务好像一夜之间变成了4S店收入的支柱,此时只顾卖车的经销商猛然惊醒,发现还有可以赚钱的汽车维修和售后服务。长期忽略维修的经销商此时发现4S店的维修部若要正常运转,每月的维修量要达到1000辆以上,可是4S店的品牌维修价格高于零散的维修点,很多经销商的月平均修理只有200~300辆,高额的修理费用和低档次的服务,使得很多消费者已经开始抛弃4S店。经销商也很无奈,只能咬牙亏本支撑着售后服务。

与卖车相比,售后服务的周期长,具体事务复杂,同时还要面对不同要求、不同层次的客户,对于拿售后服务作为"救命稻草"的经销商来讲,是一个考验耐力的磨难。

（2）汽车售后服务的主要内容方式

从汽车下线进入用户群开始，到整车成为废弃物为止的全过程，都是汽车"后市场"各环节服务所关注的范畴。所谓汽车"后市场"，是指汽车销售后围绕消费者在使用过程中所需的各种服务构成的市场。总体而言，汽车后市场可以认为是一个汽车销售后与车主使用相关联的行业群体的总称。

汽车经销商售后服务主要是为汽车购买使用者提供汽车购买后的使用服务。从大的售后服务市场来说，汽车售后服务包括汽车配件供应、维修保养、汽车用品、汽车改装、二手车经营、物流运输、金融服务、出租和租赁、汽车俱乐部、汽车检测、汽车认证、汽车导航、停车场和加油站等。但是作为一个具体的汽车经销商来说，它不可能提供百分之百的全方位售后服务，它只能一方面根据客户的需求意向，一方面根据整车厂的要求，一方面根据自己的资金、实力、能力和赢利来考虑自己售后服务的范围和售后服务的赢利，形成具有自我特色的服务模式。

1）二手车交易服务

科学技术的迅猛发展，新材料、新工艺、新设计理念的不断出现，以及人们对时尚的无止境追求，使得具备更多功能、更安全、更经济、更舒适和更环保的车型不断推出，每款车的生命周期都在缩短，汽车的无形磨损在加快。另外，随着大众生活水平的提高其消费观念和消费方式随之转变，以及消费需求的多层次化，人们多样化的汽车消费需求必将大规模出现，这就为二手车交易提供了广阔的市场。据统计，目前只有 30% 的车主倾向于将新购买的汽车一直使用到报废，而 70% 的新车所有者表示将在使用一段时间后将其转让，再买一款新车型。这在无形中扩大了旧机动车市场交易的资源规模，降低了其价格水平，从而在实质上推动了二手汽车的买卖，促进了旧车市场的蓬勃发展。

美国是新"旧"车一体销售，中国是新"旧"车分开销售，美国汽车市场中二手车市场特别活跃，而中国的二手车市场还没有完全建立起来。

据统计，美国汽车经销商经销的二手车中有 62% 是购买新车时置换的车辆，美国在 1999 年销售的 1 700 多万辆新车中，有 969 万辆新车交易是与在用车置换的，由于美国家庭汽车更新换代的速度较快，八九成新的二手车进入市场后，也成为最抢手的交易车种，这类车对消费者来说更物有所值，对经销商来说比一般较老的二手车利润更高。近两年的统计数字表明，美国的二手车交易量是新车交易量的 2～3 倍。就一个专卖店而言，它的销售收入构成是新车 60%，二手车 29%，维修等 11%，其利润构成约占总销售利润的 20%。随着中国汽车保有量的不断增加，新车不断推出，价格也不断降低，二手车的交易量将会越来越大，与旧车交易相关的服务将会有很大的市场。

上海通用把"诚新二手车"作为国内第一个二手车品牌。诚新二手车从 2002 年开始开展二手车业务，在传统的 4S 基础上加上二手车服务，主要办理二手车评估、二手车置换、二手车销售等业务。据上海通用北京勤和销售服务店销售人员称，4S 店的二手车服务主要是为了能留住更多的老客户。比如，客户拥有一辆赛欧，使用了两年以后，直接到任何一家上海通用的 4S 店，通过专业的二手车评估师评估，折价可以冲抵上海通用任何新车的车价款。无疑 4S 店提供的二手车服务吸引了很多上海通用的老用户，也引得同行纷纷效仿，上海大众、一汽大众等主流厂家的经销商也都开始介入二手车业务。

2) 汽车维修养护服务

由于汽车具有科技含量高、技术复杂、使用环境变化大、意外损坏情况多等特点,所以汽车的维修费用在其使用成本中所占的比例大大高于一般商品维修费用的相应比例,这就在客观上需要一定的维修服务来恢复其损坏或失去的功能。汽车在行驶一定里程后,还需要进行许多保养工作,如定期检查、调整、紧固各系统和部件、更换润滑油、清洁等,以确保车辆上各系统和部件在高速运行时的安全性、可靠性、稳定性,切实保证乘员的安全。汽车售后服务的一个趋势是从售后的修理转向汽车的定期维护保养,注重对用户的技术培训和技术咨询。曾经有业内权威人士指出:"谁能先抓住汽车时代引发的汽车养护、维修商机,谁就能先掘到中国汽车时代蕴藏的最大金矿。"

有人曾形容连锁快修是售后市场最厉害的杀手。快修店以其"汽车在养不在修"的服务保养理念正在向日益庞大的私家车主进行灌输,以培育自己的市场。由这种理念培育的市场在国外已相当成熟,其发展趋势在国外近 10 年中对维修市场的统计数据中得到体现。这 10 年来,发达国家的特约维修站数量正在下降,而快修站的数量却迅猛增加,随着欧盟改革、汽车销售业管理办法的出台,这种趋势将有增无减。

3) 汽车配件供应服务

在汽车保养维修中,汽车零部件的销售供应服务是主要内容之一,4S 店本身就包括汽车配件供应。汽车经销专卖店一般提供的都是汽车原装的零部件,汽车零部件的质量绝对有保障,但是汽车零部件的价格过高,这样必然吓走一部分消费者。因此,"物美价廉""物有所值""物超所值"是汽车经销商拉回人心的最终手段。

20 世纪 90 年代,美国最大的汽配连锁企业 NAPA 就已进入中国开展业务;全球最大的汽车快修连锁企业——美国 AC 德科公司计划在华东地区发展 200 家以上的汽车快修连锁店;博世在中国已拥有 150 家维修站,并计划于 2009 年将维修机构扩张至 300 家,5 年后形成拥有 1 000 家维修机构的维修网络;日本最大的汽车用品澳德巴克斯计划投资 10 亿日元在中国开设 100 家连锁店。

4) 汽车装饰装潢服务

随着汽车的普及,汽车内装饰、外装饰、汽车防盗、内饰件、保养品、车载通信用品甚至汽车改装业务将日益兴旺。

有人说,"汽车是重工业产品中最具艺术性的产品,它的造型、内饰、颜色等无不反映了设计者、生产者、消费者的意念、品位、爱好等个性特征及对美的理解和追求"。许多消费者在购买汽车后,都要花费不少的金钱来按照自己的喜好进行改装或购买汽车饰品进行装饰。

现代的汽车装饰装潢大体上可分为车身美容、内饰美容、漆面处理、汽车防护、汽车通信及娱乐用品几大部分。专业的汽车用品服务在我国出现也不过是近一二十年的事情,以 20 世纪 80 年代初期太阳膜、座椅套的出现为萌芽,在 90 年代初期进口防盗报警器、车载 CD 机开始进入国内,这被业内视为汽车用品服务业的第一次突变;从 1995 年开始的两年间,又以真皮座椅、防爆遮阳膜的兴起为端倪,掀起了第二轮汽车美容装饰热潮。汽车通信包括装饰收音机、车载电话、GPS 系统、车载电脑、车上网络等。汽车娱乐用品装饰包括音响系统、CD 系统、电视接收系统、DVD 系统、电子游艺系统。汽车通信娱乐系统的营业额可能超过汽车本身,因为一套高档音响的价值就要超过汽车本身的价值,而人们驾车里程越长就越需要消遣,在有的发达国家,汽车娱乐系统带来的巨大营业利润额,甚至超过了汽车本身的生产附加值。

5）汽车金融服务

汽车金融服务包括汽车分期付款、消费信贷、汽车保险、汽车融资租赁、汽车评估等，汽车金融服务真可以说是汽车服务领域的一只金蛋。

目前，美国汽车金融公司的车贷经营业务已经成为超过汽车制造集团的主要利润来源，而通过信贷和租赁服务来购车，也是美国人最普遍使用的购车方式，比例高达 80%～90%，占世界首位。

通用汽车金融公司的核心业务是购车贷款，这一业务侧重于为通过通用汽车特许经销商出售的汽车提供服务。公司向通用汽车经销商们提供他们所需的资金，用以维持一定的汽车库存，并且提供给零售客户多种多样的方式，方便客户购买或租赁各类新、旧汽车。迄今为止，通用汽车金融公司已向全世界超过 1.5 亿辆汽车发放了超过 1 万多亿美元的融资贷款。

曾有分析家评论说："如果从利润构成来看，通用汽车目前更像是一家银行，而不是汽车制造商。"这句话生动地说明了汽车金融在汽车制造业的重要性，也显示出汽车金融服务在当今的经济环境中拥有巨大的可开发潜力。

在国外，有关汽车生产、销售、消费等方面的融资、信贷已经相当普及和发达，而目前我国这方面的服务还正处在探讨和尝试阶段，随着有关规章制度的建立完善，行业将会获得更大的发展空间，银行、企业、消费者一定会达到多赢的局面。

6）汽车俱乐部服务

汽车俱乐部包括品牌汽车俱乐部、车迷俱乐部、越野俱乐部、维修俱乐部、救援俱乐部等多种形式。汽车俱乐部聚集了来自不同地区、有相同爱好的车迷朋友，为他们相互学习、交流技艺、互相帮助提供了一个平台，大大地丰富了会员个人的生活阅历。近年来，我国国内的汽车俱乐部已经形成了遍地开花的发展态势，大家在不经意间忽然发现身边的人都拥有了汽车，汽车逐渐成了人们之间交流的载体。虽然不同的人购买了不同的车，但对于某车型、某一品牌来说却拥有了一批同样选择它们的车主。有人说车如其人，也许就是因为这一点，拥有同一车型、同一爱好的人们就自然而然地凝聚成了一个又一个汽车俱乐部，车主之间的关系通过俱乐部的"联姻"变得更加亲近。可以说，汽车俱乐部是现代社会中年轻人的又一个摩登聚会，如此集中的潜在的客户将为与汽车有关的各种服务带来商机。

7）汽车文化生活服务

汽车文化生活服务主要涉及汽车模型、汽车体育、汽车文艺、汽车知识、汽车报刊、汽车书籍、汽车影视等方面的内容，为车迷、汽车业内人士及其他关注汽车产业发展的人们提供精神上的服务。当前普通大众、新闻媒体、赛车队、生产厂家在各个方面对汽车文化事业进行了前所未有的关注，中国的汽车消费者开始真正从实物型消费转向文化型消费，逐渐崛起的汽车文化理念正在带动国内一大批相关行业的发展。汽车生活主要是为汽车车主提供汽车郊游、汽车交友、汽车野营、汽车生活等服务。汽车服务不再仅仅局限于为消费者提供方便，而是在传统意义上加入快乐消费、安全消费和文化消费等内容。车主买的不仅仅是交通工具，而是一种可以无限延伸的生活，让汽车成为办公室、家庭、宾馆之后的第四个工作与生活场所。

（3）汽车业的"麦当劳"——NAPA

NAPA 是"美国汽车配件联盟"的缩写，成立于 1925 年。它随着汽车业的蓬勃发展应运而生，并为了满足广大驾车者对先进汽车零件配送系统和专业化汽车维修保养的需求而不断完善。NAPA 最早是以经营汽车配件起家，后来在丰厚利润的吸引下投入汽修业，从此一发而不可收。公司运作至今,它不断抓住机遇,逐步奠定了自己在汽车售后服务行业中的地位。20 世纪 80 年代可以说是 NAPA 迅猛发展的一个重要时期。当时,传统的汽修业在经历了大发展和空前繁荣之后开始走上萎缩和衰败之路,而汽车快修养护连锁业猛然兴起,汽车"以养代修""三分修,七分养"的观念开始流行。一些汽车维修厂先后关门,快修养护连锁企业逐渐占到了整个汽车维修行业的 80% 以上,一举取代了传统汽车维修业的霸主地位。

在美国,NAPA 是一个家喻户晓的品牌,许多人把它形象地比作汽车售后服务行业中的"麦当劳"。NAPA 维修店的技术人员都受过专业培训,素质比较高。根据 NAPA 连锁店的加盟条件,维修人员必须拥有各种级别的汽车服务资格证书。NAPA 引以为傲的是,其网络拥有汽车服务资格证书的技术人员比同行业任何对手的都要多得多,加之各维修店的设备先进,采用的零配件都是统一配送的正宗品,故 NAPA 旗下的维修店维修车辆速度快、质量好、价格公道,深受广大驾车者的青睐。从某种意义上说,美国发展成为当今世界第一汽车大国,除了通用、福特和克莱斯勒三大公司在汽车制造方面的巨大贡献外,汽车连锁店的龙头老大NAPA 可谓功不可没。目前,NAPA 的实力在同行业中无与伦比,它旗下大小规模的连锁维修养护店多达 1 万余家,在全美国星罗棋布,顾客一般都能很方便地在公路沿途和自己家附近找到 NAPA 连锁店。

1.6 汽车 4S 店客户关系管理

客户关系管理是目前企业管理、营销管理、信息化管理的一大热点,但是具体到汽车行业、汽车经销商领域如何进行客户关系管理,目前还是难点。经过多年的研究,由上海索荣公司提出的汽车经销商三动客户关系管理模式已得到广泛认可。

1.6.1 汽车经销商的心动:从产品中心到客户中心

(1) 汽车行业的客户变化:单位客户到私人客户

1) 客户变化:从单位客户到私人客户

一汽集团某位领导曾说:"一汽开始造轿车的时间同日本差不多,但我们是为政府造车,而日本则是为国民造车。"实际上,60 多年的发展,中国汽车最大的目标消费者几乎一直围绕着政府和国有企业。在长期的计划经济体制下,汽车不是市场上的一种商品,而是国家配发给政府和国有企业的物资。"当时汽车分配的程序是:由国家计委编制分配表,经国务院批准后下达给一机部,一机部组织双方开订货会,按分配指标签订供货合同,企业负责生产和供货,合同单位按行政隶属关系申请指标,列入国家指令性计划指标分配供应。"在改革开放前,一汽的"红旗"被指定为国家领导人专用车,上海牌轿车则是瞄准局长这个位置制造的,北京吉普 212 本来是军车,但由于没有比上海轿车低一个级别的产品,所以后来成为县团级干部的"坐骑"。

1990 年以前,中国汽车市场处于公务车阶段,需求量非常低,70% 的需求来自政府、事业单位的公务用车,30% 左右是企业单位的商务用车,几乎很少有私人用车。

1990—2000 年,公务用车的份额下降,商务用车的份额加大,私人购车开始起步。2002年以来,私人购车所占整个市场的份额迅速提升,进入私人购车阶段。2002 年私人购车比例首次超过 50%，达到 60% 左右，有人称 2002 年是中国的汽车元年。2003 年私人购车的比例超过 70%；2004 受车市大气候影响，全年平均私人购车比例占到总市场份额的 62.9%。曾经被视为奢侈品的汽车如今正大步走入寻常百姓家。1992—1999 年，我国私人汽车保有量用了 7 年时间从 100 万辆增至 500 万辆；2000—2003 年年初，仅用了 3 年多的时间，私人汽车保有量就从 500 万辆增加到 1 000 万辆。我国私人购车比例达到 60%，私人汽车占整个民用汽车保有量的近五成，私人汽车增幅超过单位用车 20 多个百分点。

汽车业专家认为，这标志着我国度过公务购车、商务购车阶段，迈入私人购车的新时期——汽车私人客户时代。

2）客户价值、客户让渡价值与客户关系价值

汽车客户的变化意味着客户需求的变化和客户价值的变化，集团客户与私人客户从产品功能价值、产品价位档次到产品精神价值的追求都不一样。

客户价值是从客户出发的价值（客户让渡价值）和从企业出发的价值（客户关系价值）的综合体。客户让渡价值是指客户购买产品或服务所实现的总价值与客户购买该项产品或服务付出的总成本之间的差额，是客户在购买和消费过程中所得到的全部利益。在一定程度上，客户忠诚和客户满意是可感知效果和期望值之间的函数，客户让渡价值在某种意义上等价于可感知效果。客户在购买产品或服务时，总希望把货币、时间、精力和体力等有关成本降到最低限度，而同时又希望从中获得更多的实际利益，以使自己的需要得到最大限度的满足。因此，客户在选购商品或服务时，往往从价值与成本两个方面进行考虑，从中选出价值最高、成本最低，即"客户让渡价值"最大的产品或服务。

影响客户让渡价值的因素包括价值因素（产品价值、服务价值、人员价值和形象价值等）和成本因素（货币成本、时间成本、精力成本、感观负担等），这些因素应该在一个成熟的 CRM（客户关系管理）解决方案中全部涉及。

人们往往习惯于从客户角度出发考虑客户价值。大多数人将客户价值等同于客户让渡价值，但在具体操作上有一定难度，而客户关系价值是指客户为企业所带来的总价值，其在完善的会计体系的支持下是可以计量的。客户关系价值强调的不是"客户单次交易给企业带来的收入"，而是通过维持与客户的长期关系来获得最大的客户生命周期价值。所以，在一个完善的 CRM 解决方案中，应该增加客户价值和客户成本的数据录入接口，这样就可以清楚地计量出客户每一笔交易、每一次活动（或事件）所带来的价值，以作为客户决策的重要依据。

汽车经销商决胜战场的不是产品，而更多的是消费者的认知度。你能给消费者带来哪些更独特的价值，哪些更独特的利益是其他汽车经销商无法提供的，特别是在同一城市具有多家同类产品的专卖店或同一品牌多家专卖店的情况下，竞争对手仅仅靠产品是不够的，更多的是作为汽车经销商能够给消费者带来的价值。

（2）汽车行业的经营变化：以产品为中心到以客户为中心

企业发展在经历了从以产品为中心、以销售为中心到以利润为中心几个阶段之后，现在已发展到以客户为中心的商业模式。在市场竞争日趋激烈的今天，谁赢得了客户，谁就赢得了市场。

当今社会，客户资源成为企业最重要的战略资源之一，拥有客户就意味着企业拥有了在市场中继续生存的理由，而拥有并想办法保留住客户是企业获得可持续发展的动力源泉。传统经营模式是以产品为竞争基础，企业关心更多的是企业内部运作效率和产品质量的提高，

以此提高企业的竞争力。随着全球经济一体化和竞争的加剧,产品同质化的趋势越来越明显,产品的价格和质量的差别不再是企业获利的主要手段,客户正决定着企业的一切:经营模式、营销模式、竞争策略,企业认识到满足客户的个性化需求的重要性,甚至能超越客户的需要和期望。以客户为中心、倾听客户呼声和需求、对不断变化的客户期望迅速作出反应的能力成为企业成功的关键。因此,企业的经营运作开始转到完全以"客户"为中心进行,从而满足客户的个性化需求。

"以客户为中心"经营理念具有以下特征:①企业将关注的重点由产品转向客户;②企业将仅注重内部业务的管理转向外部业务——客户关系的管理;③在处理客户关系方面,企业从重视如何吸引新的客户转向全客户生命周期的关系管理,其中很重要的一部分工作放在对现有关系的维护上;④企业开始将客户价值作为绩效衡量和评价的标准。企业如何实现企业战略、企业文化、组织结构等的变革,以适应、满足客户不断变化的需求和期望,是"以客户为中心"的经营模式需要解决的最根本问题。在当今的时代背景、市场背景和企业管理背景下,这种需要显得更加迫切和必要。反映在运营层面,企业迫切需要提高企业的核心竞争力,在管理好当前客户关系的前提下,更快、更好地预测、满足客户多变的需求和期望,从而实现更大的客户占有率。

"以客户为中心"的企业战略管理的核心观点认为,企业的使命就是为客户创造价值,企业应该树立基于企业—客户认识互动过程的企业管理战略观。客户资源逐渐成为企业最重要的资源,客户的需求和期望会影响企业战略管理的整个过程。在当前及以后更长的时间内,企业应该支持以客户为中心的发展战略,以客户为导向组织企业的生产和管理。客户发展战略是企业为有效制定面向客户的长期决策,实现和坚持以客户为中心的经营模式和企业文化、以客户为导向的营销策略所必须参照的指导思想。客户发展战略是对企业战略的最具影响力的战略思想,但它并没有超越企业管理发展阶段,而是以战略为中心的发展阶段的延伸,它树立和突出了客户发展战略在企业总体战略的重要地位,也表述了客户发展战略与其他以市场为导向的发展阶段的区别。

(3)汽车经销商经营重点:经营客户资源

汽车是一种高价值的产品,同时也是耐用商品,它的使用寿命一般都在 10 年甚至更长的时间。对销售商而言,汽车销售处于动态过程中的信息比购买信息更为重要,因为这种信息是提供服务的基础,而现在大多数汽车经销商所保留的客户的数据只有客户购买汽车时的数据,包括客户的姓名、地址、电话、所购汽车的型号、车辆的发动机号码等。但是从客户购车开始,这辆车的状况如何,汽车有没有进行过修理,如果进行过修理,在哪个维修站修理了哪些内容,甚至具体到是哪个工人操作的等数据都没有。缺乏这些汽车动态过程的数据,就无法对车辆进行完整的了解,也无法向客户提供更有针对性的服务。客户在购买汽车时面对的是市场人员、销售人员或是客户服务人员,而完成购车程序后,面对更多的就是维修站,处理维修与服务问题的是维修人员,所以如何能够通过彼此协作、共同处理和完成客户的各种请求、投诉、询问是至关重要的问题。为此,客户的资料要集中化,销售人员的任何变化都应不会影响经销商及服务站给客户提供的服务。

汽车的生命周期决定了汽车消费的周期性。统计数据显示,已经从某家经销商购买汽车的客户,再次从这家经销商购买的比例可达到 65%,而从竞争对手那里转化过来的客户只占35%,因此销售及服务人员应不断与客户进行联系与沟通,为客户提供各种服务与关怀,从而使得客户在下一次购买汽车时继续选择自己。良好的客户关系管理,是通过对客户信息资源的整合,对客户进行细分,分析客户对汽车产品及服务的反应,分析客户满意度、忠诚度和利润贡献度,以便更为有效地赢得客户和保留客户。

下面不妨来看看一些美国汽车行业统计的数字:

①每隔 6 年就会买一部新车。

②每卖出 100 辆汽车,有 65 辆是经销商的老客户买走的。

③开发一个新客户的成本是保留一个老客户的 5~10 倍。

④保留客户的比率增加 5%,企业获利就可能增加 25%。

这充分说明了汽车行业客户资源的重要性。

(4)"思路决定出路""心动才能行动"

"以产品为中心"的经销商、生产商会把自己看做上帝,把客户的需求当做"挑剔",把客户的要求当做"刁难",把为客户服务当做"恩赐",特别是在汽车"井喷"时期,加价、排队、交钱等车等简直是"牛"气冲天,而在车市"寒冬"中,这些经销商大部分则成了亏损、倒闭、关门的对象。

"以客户为中心"就是真正把客户当做上帝,就像解放牌卡车那样,"用户没有想到的,我们能够想到,用户想到的,我们能够做到,用户认为我们已经做得很好的,我们能够做得更好""我们能为用户做些什么,直至满意,我们还能为用户做些什么,直至感动"。汽车经销商应真正贯彻"用户第一"的核心理念,让"解放卡车",成为"挣钱机器"。

对汽车经销商来说,客户是其最大的一笔财富,以客户为中心的经营理念越来越被汽车经销商重视。占领市场份额的多少,是由拥有客户数量的多少决定的,客户的数量多少就是所占有市场的大小,长期拥有这些客户也就是长期占领了这一部分市场。尤其是随着市场竞争的日益激烈,销售利润在整个汽车利润链条中所占的比例越来越小,售后服务却是越来越大。对售后服务来说,长期拥有一批稳定的客户就是长期拥有了稳定的利润来源,也就是长期占领了这一部分售后服务市场。

汽车销售越来越脱离销售产品本身,许多有品牌意识的汽车经销商取代以"产品为中心"为"以客户为中心"的经营理念,突出客户价值,在使客户得到便利服务的同时,也树立起了汽车经销商的品牌形象。

1.6.2　汽车经销商的行动:坐商与行商

现在汽车销售经理越来越感到一种无形的压力,有来自领导的,但更多的是来自消费者普遍的不信任。面临的信任危机使销售业绩一直徘徊不前,本来很好卖的车型,以前销售时,销售人员根本不用费太多口舌,而现在无论销售人员如何说,客户好像并不感兴趣,公司采取了各种措施,加强了促销力度,但效果都不大。销售人员在接待时真心地给客户提了一些有益的建议,可是客户的目光中却总流露出一丝怀疑,许多客户到 4S 店展厅看完车后,就到同一品牌的其他专卖店去购车了。

目前有两种汽车经销商。一种是销售人员在客户少时,懒懒散散地聚在一起聊天,他们普遍认为,他们只是在客户来时才进行销售汽车的。而另一种是销售人员在平时客户少时走出展厅,走进企业、写字楼,与大批具有消费潜力的白领取得联系;通过直邮、电子邮件、电话等方式,直接与这些潜在客户联络,寄出充满人情味的贺卡或者汽车海报,提供大量的汽车资讯,积累客户资源。

前一种经销商就是坐商,后一种经销商就是行商。行商就是主动出击,坐商就是坐等、死等、等死。

(1)挖掘客户资源

1)进一步重视"客户资源"的价值

什么是"客户资源",在过去相当长的一段时间内,人们对"客户资源"的理解往往停留在"客户档案"这个层面。随着市场环境的转换、竞争格局的变化,企业对于"客户资源"的理解变得越来越全面而深刻。企业在充分意识到"客户资源"价值的同时,也越来越重视对于"客户资源"的有效管理和利用。企业在这方面通常采取的做法有以下几种:

①成立专人或专门的部门,集中管理企业的"客户档案"和"业务数据"。挖掘客户资源、收集客户信息,关注客户需求,研究客户购买行为,调查客户的满意度。

②重视多种渠道(网站、E-mail、电话、市场活动等)的每一条客户请求和需求信息。

③更加重视销售机会(项目)的管理,期望有更高的成功率。

④把"客户资源"作为企业资产来管理,将其"利用率"与业务部门的绩效考核结合起来。

2)划分客户类型,为不同类型的客户制订有针对性的营销策略

积极实践"精细营销"的策略和方法,针对不同的客户群体提供个性而有效的服务。按照客户的成熟度将客户划分为:A、B、C 三个类别。A 类客户是成熟客户,需要销售人员直接跟踪管理,确保更快、更多签单;B 类客户是需要销售人员或专职人员制订一份中长期的关系培育计划,最终实现与客户保持长期的良好关系,部分 B 类客户会随着时间和关系的推进,转化成 C 类客户甚至是 A 类客户;对于 C 类客户而言,需要销售人员或专职人员在公司统一的"C类客户工作模板"的要求下,收集、整理相关客户信息,并最终完成每个个体客户的完整的"C类客户状态调查表"。上述所有的工作对于营销环节而言,均是一个持续的过程。在这个过程中,由于 A、B、C 三类客户群间会存在动态的、渐变的转换,所以企业对于营销环节的有效管理变得尤为重要。

3)不断收集和研究客户需求

对于大多数企业来说,"以产品为中心"的本质是"有什么吆喝什么","以客户为中心"的本质是"客户要什么吆喝什么"。因此,企业要实现中长期的稳定成长和发展,必须要不断收集和研究目标客户群的产品和服务需求,并积极而有效地反馈、融入自身的产品和营销策略中去。只有这样,才能在充分而激烈的竞争中赢得更多客户的青睐和选择。

4)让客户用好产品(服务)

"让客户用好产品"已经成为企业在营销环节中制胜的法宝之一。客户用好产品,能够为企业带来诸多利益。例如,能够培养客户对企业的忠诚度,从而实现可能的、长期的重复和关联购买;能够在某段时期和区域内形成有利的口碑传播;能够形成典型的应用案例,为企业在市场环节的有效推广提供正面素材等。

总而言之,"以客户为中心"对于企业的本质意义在于改善企业在营销环节已知和可能的障碍,帮助企业提升营销效能,从而创造更好的业绩。只有真正体会到这一"意义"的企业,往往才是"以客户为中心"的现实受益者。

(2)上门行销汽车产品

以往汽车经销商是坐店卖车,即以客户上门、店中成交为主。随着市场竞争的加剧,经销

人员应走出去跑市场、找客户。

行商与坐商有主动与被动之别。行商是瞄准目标客户主动出击，坐商是坐等客户上门。在目前汽车市场营销形势下，在汽车 4S 店模式下，应该把行商与坐商有效结合起来，起码行销在前坐等在后，但行销必须以坐销为前提。

未来汽车市场竞争将愈加激烈，行销将是主动出击的有效方式。如美国汽车销售明星乔·吉拉德，中国台湾的销售人员深入村庄农舍，日本的销售人员比"片儿警"还熟悉小区居民。这样，行销与坐销相结合，才能完美演绎汽车经销的营销理念，在市场竞争中处于不败之地。

上门行销就是针对目标客户找上门去，面对面、一对一地行销、推销。上门行销的方法多种多样，如广告营销、人员推销、责任区制、行业客户、俱乐部制、网络营销、关系营销、展示展览等，各汽车经销商应根据具体情况设计自己的上门行销计划。

（3）筛选有效客户与赢得客户忠诚

并不是所有客户都是自己的客户，在汽车经销商收集到大量的客户信息之后必须对客户进行归纳、分析、筛选，找到有效客户，这才是客户汽车销售的关键。

上海通用应用的 CRM 系统主要是抓了三条主线：开发客户资源、筛选有效客户、赢得客户忠诚。

1）潜在客户的开发

上海通用公司对潜在客户的定义如下：

①从来没有买过车的人或者单位，现在打算买汽车，他们有可能购买通用的汽车。

②没有买过通用公司汽车的人或者单位，通过做工作可以争取他们在购买新车时选择通用的产品。

上海通用认为潜在客户开发的目标是要增加销售漏斗中潜在客户的流量，只有进入销售漏斗中的潜在客户数量增加了，从潜在客户转变为客户的数量才会增加，这是以销售为动力的。不断地增加销售漏斗中潜在客户的流量，是一个循环往复的工作，不应该是阶段性的或是随意性的。通过对以往数据进行统计分析，通用公司发现汽车展览会是吸引潜在客户的重要手段，有 30% 以上的客户是通过这种途径了解通用汽车，并且成为购买通用汽车的客户的，于是通用公司就在汽车展示过程中进行汽车的预订。在 2005 年 6 月份举办的上海汽车展会上，短短的 3 天时间里，订购赛欧汽车的人数就超过 1 000 人，订购新版别克 GL 汽车的有数百人。对潜在客户的研究还发现，喜欢听歌剧的人对通用汽车有兴趣，于是上海通用就在上海大剧院做促销活动，效果很好。

上海通用还推出了国内第一个购车网站，客户可以通过网站直接下订单购车，并且对网上购车的客户给予赠送康柏掌上电脑产品的优惠。

2）潜在客户的管理

增加销售漏斗中的潜在客户流量，只是万里长征的第一步，将潜在客户成功地转化为客户，其管理是十分关键的。上海通用将客户的购车时间分为：立刻购买、3 个月内购买、6 个月内购买、1 年之内购买几种类型，根据客户选择购买时间的不同，分门别类地采取不同的对应方法。例如，对于一个立即购买的客户，系统就将这个信息送给销售人员，由销售人员进行及时的跟踪服务；对于 3 个月内购买的客户，系统会给销售人员提示，是不是可以将这个客户转化成立刻购买，提前客户的购买时间；对于 6 个月购买的客户提供比较详细的资料；对于 1 年之内购买的客户只提供普通的资料。通用的经验数据表明,选择考虑在 3 个月内购买的潜在客户中,只有 10% 的客户会买车,选择考虑在 1 年之内购买的潜在客户中,只有 4% 的客户会买车。

3)客户忠诚度的管理

汽车的生命周期决定了汽车消费的周期性,买了新汽车的客户过几年就会回到汽车市场中来重新购买汽车。统计数据显示,已经买过通用汽车的客户再次购买通用汽车的比例可以达到 65%,而从竞争对手那里转化过来的客户只占 35%。客户购买新车 1 个月之内,销售人员必须对客户进行拜访,与客户沟通,倾听客户的意见,拜访与沟通的情况都详细地记录在 CRM 系统之中。系统在客户购车以后的四五年当中,会不断地提示销售人员及服务人员,要求他们不断地与客户进行联系和沟通,为客户提供各种服务和关怀,从而使得客户在下一次购车中继续选择上海通用的产品。

1.6.3 汽车经销商的互动:商情关系互动

"商情关系互动"就是商家既要"在商言商",赚取阳光下的利润,又要与客户建立感情、亲情、友情、心情、国情、生活情等"多情"关系。"商情关系互动"体现在两个方面:客商关系互动(商),客情关系互动(情),两方面结合就是商情关系互动。

(1)客商关系互动:三链五流一平台

互动,即生产商、经销商与客户关系互动。互动主要体现在三层客户链条、五个关系流程、一个信息化管理平台,简称三链五流一平台,目的在于客商关系互动。

1)三层客户链条管理:三满意管理

在汽车销售过程中,存在着从生产商、经销商到消费者的三个层次的客户链条,客户与客户之间互相服务与满足。

人们后来又根据客商关系模式提出了三满意管理,即现代汽车经销管理不仅是要让汽车客户满意,而且也要让汽车经销商、汽车生产商满意。客户追求的是汽车产品与服务的功能与享受,生产商、中间商追求和得到的是商业利润,只有达到了三方满意平衡才是真正、持久的满意。

汽车消费者客户追求的是汽车产品与服务的功能与享受,重点在于实用价值和精神价值;"以客户为中心",建立客户满意度、美誉度、忠诚度,是现代企业经营管理的中心,也是汽车经销商经营管理的中心。只有让客户满意,客户才能购买产品与服务。但是,在汽车经销链条上,单让客户满意是不够的,还必须让经销商满意。

在汽车销售链条上,经销商起着承上启下的作用,经销商在代表生产商销售汽车产品。在制造商、经销商和消费者这个客户链上,经销商能得到多少合理的利润,经销商的文化理念与价值诉求是否得到尊重和体现,是否能够做到双赢、多赢、互赢至关重要。在这个供应链与供应链竞争的时代,你不给经销商、中间商留足利润,长期下去就没有人愿意给你干。

汽车生产商满意也是关键的满意度,在汽车界存在着"是生产商养活了经销商,还是经销商养活了生产商"的争论。如果生产商在汽车销售链条上不满意,它就没有兴趣开发产品、制造产品、销售产品,没有生产商的利润追求和价值体现,整个汽车界就失去了动力之源。

2）五个关系流程管理

客户链条上客户与客户之间的关系表现为信息沟通、销售与被销售、购买与发货、使用与服务、到货与付款等各种关系，归纳起来就是信息流、商流、物流、服务流、财金流等商业关系流程。这五流关系恰恰涉及、穿过客户链的每一个客户，客户与客户之间的关系主要体现在这些商业关系流程利益上。

信息流是客户需求信息、辅助决策信息、运作信息、评估信息，是从客户流到销售商、生产商，又从生产商、经销商最后到达客户的循环过程。

信息流管理的关键在于信息内容要素设定、信息节点设定、信息传递流程及方式、信息归纳整理分析、信息运用等。

商流即营销、销售流程。商流流程在于客户细分、开发客户需求、建立价值定位、树立品牌优势、开展商务促销、进行商品销售、拿到订单、物流发货、从事售后服务等。如夏利、小别克、奥拓主要是定位于家庭用车，桑塔纳、捷达定位于商务、出租用车，别克、奥迪 A6、广州本田定位于高端客户，奔驰、宝马则定位于顶级客户。随着客户细分与定位的不同就有不同的产品功能对应、价值诉求、品牌树立。

销售首先要研究买点：关键是要研究客户对象，研究他们的消费需求、消费水平、购买习惯；研究竞争者，都是同类产品客户为什么买他的产品不买你的产品，或是为什么买你的产品不买他的产品，客户的买点在哪里，客户在同类产品中的买点、选择点是什么。其次要研究卖点、突破点，要研究企业本身，要什么，卖的是什么产品、什么服务，卖的是什么功能、什么服务，在大量同类产品中企业的附加值、着眼点、客户诉求是什么，是否能打动客户，是否能唤起客户的购买欲望及购买行动，找到突破颠覆点。第三是感情诉求点，汽车除了使用价值之外，还有更重要的精神品位价值，体现的是客户的身份地位、审美情趣。因此说"卖汽车就是卖品牌，买汽车就是买品位"。

物流是从汽车产品订单、产品生产、产品运输仓储、产品到经销商，经销商再到客户的过程与服务。物流管理主要是流体、载体、流量、流向、流程、流速、流质、流效等的管理。流效是指物流管理的效率效益。目前来说，物流是节省成本的最大空间。

服务流包括售前服务、售中服务、售后服务。服务流程管理就是把售前服务、售中服务、售后服务的流程规范化、程式化、标准化，以加强企业服务管理和竞争能力，提高客户满意度与满意率，而不是自以为是。

财金流就是在客户链条上资金的正常流动、利润的合理分享，让客户链条上的每一个环节客户的投入、贡献都得到合理的回报，做到双赢、多赢、互赢。财金流的关键是让企业自己赢利，让企业的经销商赢利，让企业的客户受益，只有这样企业才能做大做强。财金流是从客户到经销商，最后达到生产商的全过程。

信息流、商流是双向的，物流、服务流、财金流是单向的。物流、服务流主要是由生产商、经销商向消费者流动，财金流则是由消费者向经销商、生产商流动。

3）一个信息化平台管理

随着机械化、电气化、电子化、信息化的发展，企业不得不借助现代信息技术来改造、提高传统生产管理方法。企业精细化管理应该借助于这些信息化管理工具，支撑起企业快捷的流链管理。

应用信息技术的供应链管理（SCM）、供应商管理（SRM）、企业资源计划（ERP）、客户关系管理(CRM)等可以更好地促进信息流、商流、物流、服务流、财金流的一体化整合管理。汽车经销商不存在生产问题,但和生产商又紧密联系在一起。汽车经销商的信息化管理主要是客户关系管理的应用。

4)三链五流一平台的客商关系管理模式

把三层客户链条、五个关系流程、一个信息化管理平台整合在一起,就形成了三链五流一平台管理模式。这样做的目的在于依靠一个信息化管理平台,达成三方满意、五个关系流顺畅,最终促成客商关系互动,也就是促成客户与经销商、生产商关系的互动。

(2)客商关系互动

客商关系互动主要是从经销商的商业角度与客户的买卖关系角度来谈三层客户链满意,五个关系流顺畅,一个信息化平台有效的客商关系互动。

"以客户为中心"单有"客商关系互动"是不行的,还要建立"客情关系互动"。即除了商业利益以外,还要与客户建立感情、亲情、友情、心情、国情、生活情等"多情"关系。

1)经销商诉诸客户的感情、心情、国情

不同的地域、民族和不同的文化背景孕育了不同的汽车文化,反之,每一种汽车文化又都印证着一个民族的 DNA,渗透着一个民族的气质、历史和性格。以美国为代表的美洲汽车文化的豪华、舒适、大气,以德国为代表的欧洲汽车文化的精细、严谨、庄重,以及以日本为代表的亚洲汽车文化的精致、灵巧、经济,既是当今世界的三大主流汽车文化,也是其身后汽车企业、民族和国家政治经济利益竞争、冲突的集中表现。

通过对"多情"销售认识及理解的升华,经销商可以对客户购车心理进行较全面深入细致的研究,真正了解客户的实际需求。在此基础上,经销商有针对性地进行策划,通过完善其在经营方面的方法和措施来达到满足客户要求的目的。经销商只有摆正与客户之间的关系,才能得到客户的信任和理解。经销商在经营策略上,多从客户的角度去考虑问题,多为客户着想,使客户从心理上感到经销商是真心为客户着想,而不仅仅是为了赚钱,从而对经销商产生信任感,并逐步加深。这样一来就把买车与卖车之间的关系变成了人与人之间的交流关系,超越了纯商业经营和金钱的关系。卖汽车就要满足客户的感情诉求,卖汽车就要买客户的"多情"满意。

2)客户与客户的互动:车友关系互助

社会上有五友之说:亲友、学友、战友、乡友、朋友。在此建议经销商为自己的客户建立客户与客户之间的"车友关系"。以车为媒,建立车友俱乐部等机构,为客户们互相认识、互相帮助、互相提携,提供便利。

对客户关系来讲,以客户为中心是非常重要的。与客户保持经常性地联系和沟通,在交往中使客户愉悦会对销售帮助很大。购车者的信息来源中有近一半的客户是朋友和熟人介绍来的,经常性地和客户保持愉快的交往,不仅维护了售后服务市场份额,而且还增加了销售机会。在沟通过程中,客户会把汽车经销商的优势、特点、最近产品服务信息等向他周围的人(包括邻居、亲朋好友、同事)推荐,使汽车经销商获得更多的销售商机。不少经销商不仅通过感情交流的方式,还通过物质奖励的方法让客户向他周围的人推荐自己的产品,并取得了很大成效。

练习题

一、单选

1.汽车4S店经营模式中的横向发展,即(　　　)的经营模式。

　　A.单一品牌　　　　　　B.多品牌　　　　　　C.所有品牌

2.我国汽车工业营销体系的发展大致经历了(　　　)个阶段。

　　A.4　　　　　　　　　　B.2　　　　　　　　　C.3

3.只有(　　　)才是汽车4S店真正的产品。

　　A.汽车　　　　　　　　B.备件　　　　　　　C.服务

4.汽车4S店整车销售利润会越来越(　　　)。

　　A.高　　　　　　　　　B.低　　　　　　　　C.平稳不变

5.汽车4S店最强的竞争对手要算(　　　)。

　　A.汽车超市　　　　　　B.汽车商店　　　　　C.维修厂

6.汽车4S店的竞争力一致公认为体现在(　　　)方面。

　　A.汽车销售　　　　　　B.备件销售　　　　　C.保险理赔　　　　　　D.服务

7.汽车4S店的赢利大头不是售车,而是(　　　)。

　　A.汽车销售　　　　　　B.备件销售　　　　　C.保险理赔　　　　　　D.售后服务

8.汽车4S店的竞争力还体现在服务人员的(　　　)方面。

　　A.整体素质　　　　　　B.学历　　　　　　　C.经验

9.汽车市场营销的目的,就在于了解(　　　)。

　　A.消费水平　　　　　　B.市场机制　　　　　C.消费者的需要

10.汽车销售服务,是指(　　　)。

　　A.售后服务　　　　　　B.售前服务　　　　　C.既有售后服务又有售前服务

二、多选

1.我国汽车工业要振兴和发展,必须做到(　　　)。

　　A.树立品牌意识,构建品牌经营营销体系

　　B.树立服务意识,构建"四位一体"的专营店网络体系

　　C.树立商业信誉,构建完整的服务贸易体系

　　D.树立效率意识,加快建设电子商务体系

　　E.树立"保姆"意识,建立健全相关的售后服务体系

2.企业形象(Corporate Image)是企业的(　　　)。

　　A.综合素质　　　　　　B.企业规模　　　　　C.整体实力　　　　　　D.社会表现

3.CIS是个整体系统,它由(　　　)子系统组成。

　　A.MIS　　　　　　　　B.BIS　　　　　　　C.VIS　　　　　　　　D.ABS

4.CRM是(　　　)。

　　A.客户关系管理　　　　B.新的销售形势　　　C.新的运作模式　　　　D.新的服务模式

5.汽车市场营销包含(　　　)。

    A.生产   B.销售   C.经营

6.市场营销观念是研究消费者的(　　　)。

    A.需求   B.欲望   C.购买行为

7.市场营销观念的基本宗旨是(　　　)。

    A.顾客是中心   B.竞争是基础   C.协调是手段   D.利润是结果

8.汽车客户有(　　　)。

    A.单位客户   B.零散客户   C.私人客户

9.CRM 系统主要是抓了(　　　)、筛选有效客户、赢得客户忠诚。

    A.开发客户资源   B.筛选有效客户   C.赢得客户忠诚

10.社会营销观念主要由(　　　)组成。

    A.用户需求   B.用户利益   C.企业利益   D.社会利益

三、判断

1.不规范的服务企业将逐渐退出服务市场。(　　　)

2.良好的企业形象是企业潜在性的销售额。(　　　)

3.企业应在服务培训方面建立一套完整的体系及相关的教材。(　　　)

4.汽车经销商决胜战场的是产品,与消费者的认知度无关。(　　　)

5.汽车后市场可以认为是一个汽车销售后与车主使用相关联的行业群体的总称。(　　　)

6.汽车产品主要的获利方式是来自整车销售,并非来自售后服务。(　　　)

7.服务已成为 21 世纪汽车企业的核心竞争力。(　　　)

8.现代市场营销活动是商业活动,与社会活动无关。(　　　)

9.汽车金融服务第一位的任务并不是本身赚钱,而是促进母公司汽车产品的销售。(　　　)

10.卖汽车就是卖品牌,买汽车就是买品位。(　　　)

四、简答

1.汽车 4S 店的含义是什么?

2.通过对你生活地区周围 4S 店的观察,谈谈你对 4S 店的认识。

3.目前中国汽车 4S 店的经营模式有哪几种?

4.通过对周围 4S 店的观察,试对 4S 店的经营现状进行分析。

5.通过对 4S 店的实际调查,谈谈你对 4S 店经营对策的思路和看法。

五、论述

针对目前我国的汽车工业政策,谈谈汽车企业应如何面对竞争,调整销售策略,扩大市场。

第2章

汽车4S店整车销售

2.1 汽车4S店整车销售价格定位

汽车价格定位是汽车市场竞争的重要手段。汽车的价格定位既要有利于促进销售、获取利润,同时又要考虑汽车消费者对价格的接受能力,从而使汽车定价具有了买卖双方双向决策的特征。

2.1.1 汽车价格的组成

汽车价格是指组成汽车价格的各个要素及其在汽车价格中的组成情况。汽车价值决定汽车价格,汽车价格是汽车价值的货币表现形式。但在现实汽车市场营销中,由于受汽车市场供应等因素的影响,汽车价格与价值的关系可能表现出不一致:有时价格高于价值,有时价格低于价值。构成汽车价格主要有:汽车生产成本、汽车流通费用、汽车企业利润和国家税金等四个要素。

(1)汽车生产成本

汽车生产成本是指在汽车生产领域生产一定数量汽车产品时所消耗的物资资料和劳动报酬的货币形态;是在汽车价值构成中的物化劳动价值和劳动者新创造的用以补偿劳动力价值的转化形态。它是汽车价值的重要组成部分,也是制定汽车价格的重要依据。

(2)汽车流通费用

汽车流通费用是指汽车产品从汽车生产领域通过流通领域进入消费领域所耗用的物化劳动和活劳动的货币表现,它包括汽车生产企业为了推销产品而发生的销售费用和在汽车流通领域发生的商业流通费用,而后者则占了该费用的大部分。汽车流通费用是汽车价格的重要构成因素,它是发生在汽车从汽车生产企业向最终消费者移动过程各个环节之中的,并与汽车移动的时间、距离相关,因此它是正确制定同种汽车差价的基础。

(3)汽车企业利润

汽车企业利润是汽车生产者和汽车经销者为社会创造和占有的价值的表现形态,是汽车价格的构成因素,是企业扩大再生产的重要资金来源。

从汽车市场营销角度来看,汽车价格的具体构成为:

汽车生产成本+汽车生产企业的利税 = 汽车出厂价格

汽车出厂价格+汽车批发流通费用+汽车批发企业的利税 = 汽车批发价格

汽车批发价格+汽车直售费用+汽车直售企业的利税 = 汽车直售价格

(4)国家税金

国家税金是生产者为社会创造和占有的价值的表现形式,它是汽车价格的构成因素。国家通过法令规定汽车的税率并进行征收。税率的高低直接影响汽车的价格,因而税率是国家宏观调控汽车生产经营活动的重要经济手段。

2.1.2 影响汽车价格的因素

从市场营销角度来看,汽车的价格除了受价值量的影响之外,还要受以下 10 种因素的影响和制约:

(1)汽车质量和档次

一般贯彻按质论价的原则,即好货好价,次货次价。品质的优劣,档次的高低,包装装潢的好坏,式样的新旧,商标、牌号的知名度,都影响商品的价格。质量好、档次高的汽车,可对消费者产生较强的吸引力,能给消费者带来物质和精神的双重满足,这种汽车往往供不应求,因而在定价上占有有利的地位,其价格要比同类汽车高一些。

(2)汽车制造成本

汽车在生产与流通过程中要耗费一定数量的物化劳动和活劳动,并构成汽车的成本。成本是影响汽车价格的实体因素。汽车成本包括汽车制造成本、汽车销售成本和汽车储运成本。汽车企业为了保证再生产的实现,通过市场销售,既要收回汽车成本,同时也要形成一定的盈利。在汽车市场竞争中,汽车产品成本低的企业,对汽车价格制定就拥有较大的灵活性,在市场竞争中就将占有有利的地位,能获得较好的经济效益。

(3)汽车消费者需求

汽车价格的高低直接反映了汽车买者与卖者的利益关系。汽车消费者的需求对汽车定价的影响,主要通过汽车消费者的需求能力、需求强度、需求层次反映出来。汽车定价要考虑汽车价格是否适应汽车消费者的需求能力。需求强度是指消费者想获取某种品牌汽车的程度,如果消费者对其品牌汽车的需求比较迫切,则对价格不敏感,企业在定价时,可定得高一些,反之则应低一些。不同需求层次对汽车定价也有影响,对于能满足较高层次需求的汽车,其价格可定得高一些,反之则应低一些。

(4)竞争者行为

汽车价格是竞争者关注的焦点和竞争的主要手段。汽车定价是一种挑战性行为,任何一次汽车价格的制定与调整都会引起竞争者的关注,并导致竞争者采取相应的对策。在这种对抗中,竞争力量强的汽车企业有较大的定价自由,竞争力量弱的汽车企业其定价的自主性就小,通常是追随市场领先者进行定价。同时,汽车企业竞争者的定价行为也会影响到本企业汽车的定价,迫使本企业作出相应的反应。

(5)汽车市场结构

根据汽车市场的竞争程度,汽车市场结构可分为垄断市场、垄断竞争市场和寡头垄断市场三种不同的汽车市场类型。

1）垄断市场

垄断市场，又称独占市场。这是指汽车市场完全被某个品牌或某几个品牌汽车所垄断和控制，在现实生活中比较少见。

2）垄断竞争市场

垄断竞争市场，指既有独占倾向又有竞争成分的汽车市场。这种汽车市场比较符合现实情况，其主要特点是：

①同类汽车在市场上有较多的生产者，市场竞争激烈。

②新营销者进入汽车市场比较容易。

③在垄断竞争的市场中，由于消费者对某种品牌汽车产生了偏好，因此少数汽车企业拥有较优越的竞争条件，他们的竞争行为可能会对汽车市场上的汽车价格产生较大的影响。

3）寡头垄断市场

寡头垄断市场是指某类汽车的绝大部分由少数几家汽车企业垄断的市场，它是介于垄断和垄断竞争之间的一种汽车市场形式。在现实生活中，这种形式比较普遍，在这种汽车市场中，汽车的市场价格不是通过市场供求关系决定的，而是由几家大汽车企业通过协议或默契规定的，价格一旦确定，一般不会轻易地发生改变。

正是由于不同类型的市场有着不同的运行机制和特点，对汽车企业的行为具有不同的约束力，因而不同类型的市场在汽车定价方面表现出显著的差异性。

（6）成交数量

按贸易的习惯做法，成交量的大小会影响价格。即成交量大时，在价格上应给予适当优惠，例如采用数量折扣的办法；反之，如成交量过少，甚至低于起订量时，则可以适当提高售价。不论成交多少都是一个价格的做法是不当的，我们应当掌握好数量方面的差价。

（7）政府干预

为了维护国家与消费者的利益，维护正常的汽车市场秩序，国家采取制定有关法规来约束汽车企业的定价行为。这种约束反映在汽车定价的种类、汽车价格水平和汽车定价的产品品种等方面。在我国，汽车市场是相对受到政府干预较多的市场。

（8）社会经济状况

社会经济状况从多方面影响汽车价格的变化，它的周期性变化直接影响着汽车市场的繁荣和疲软，并决定着汽车价格总水平的变化。一个国家或地区经济发展水平及发展速度高、人们收入水平增长快、购买力强、价格敏感性弱，则有利于汽车企业较自由地为汽车定价。反之，一个国家或地区经济发展水平及发展速度低，人们收入水平增长慢，购买力弱，价格敏感性强，企业就不能自由地为汽车定价。

（9）汽车企业销售渠道和促销宣传

汽车企业销售渠道的建设和选择、中间环节的多少直接决定着汽车销售费用的高低，直接影响着汽车的价格。汽车企业的促销宣传需要大量资金的支持，促销费用最终也要进入汽车的销售价格之中。总的来说，营销能力强的企业，有利于在既定汽车价格水平下完成销售任务，对制定汽车价格有着较大的回旋余地。

（10）市场价格动态

随时掌握市场的变动趋势，供不应求时，该涨则涨；供过于求时，该降则降。既不要盲目要价，吓跑客户或让竞争者占先，错过成交机会，也不能随意降价，影响收益。

总的来说,只有在了解了各因素对汽车定价的影响之后,才能制定出具有竞争力的汽车价格策略。

2.1.3　汽车定价目标

汽车企业在定价以前,首先要考虑与汽车企业总目标、汽车市场营销目标相一致的汽车定价目标,作为确定汽车价格策略和汽车定价方法的依据。科学地确定定价目标是选择定价方法和确定定价策略的前提和依据。

汽车定价目标是合理定价的关键。不同汽车企业、不同的汽车经营环境和不同汽车经营时期,其汽车定价目标是不同的。在某个时期,对汽车企业生存与发展影响最大的因素通常会被作为汽车定价目标。一般来讲,汽车企业可供选择的汽车定价目标有以下六大类:

(1)以利润为导向的汽车定价目标

利润是汽车企业存在和发展的必要条件,也是汽车企业营销所追求的基本目标之一。汽车企业一般都把利润作为重要的汽车定价目标,这样的目标主要有三种:

1)目标利润

以预期的利润作为汽车定价目标,就是汽车企业把某项汽车产品或投资的预期利润水平规定为汽车销售额或投资额的一定百分比,即汽车销售利润率或汽车投资利润率。

汽车新品种的开发和上市等汽车企业活动都将引起投资的增加,因而新近投资的回收和报酬则是汽车企业定价时所必须要考虑到的因素。汽车价格定位就是在汽车成本的基础上加上目标利润,根据实现目标利润的要求,汽车企业要估算汽车按什么价格销售、销售多少才能达到目标利润。一般来说,预期汽车销售利润率或汽车投资利润率要高于银行存款利率。

以目标利润作为汽车定价目标的汽车企业,应具备两个条件:

①该汽车企业具有较强的实力,竞争力比较强,在汽车行业中处于领导地位。

②采用这种汽车定价目标的多为汽车新产品、汽车独家产品以及低价高质量的汽车产品。

2)适当利润目标

有些汽车企业为了保全自己,减少市场风险,或者限于实力不足,则以满足适当利润作为汽车定价目标,这种情况多见于处于市场追随者地位的中小汽车企业。适当利润目标的限度可以随着汽车产销量的变化、投资者的要求和汽车市场可以接受的程度变化等因素有所变化。

3)利润最大化目标

以最大利润作为汽车定价目标,指的是汽车企业期望获取最大限度的销售利润。通常已成功打开销路的中小汽车企业最常用这种目标。最大利润的目标可能会导致汽车企业的高价策略,但追求最大利润并不等于追求最高汽车价格。最大利润既有长期和短期之分,又有汽车企业全部汽车产品和单个汽车产品之别。一般来说,汽车企业追求的是长期利润的最大化,在某些特定的情况下,汽车企业也有可能会通过汽车价格的提高而追求汽车企业短期的最大利润。

(2)以销量为导向的汽车定价目标

这种汽车定价目标是指汽车企业希望获得某种水平的汽车销售量或汽车市场占有率而确定的目标。

1）保持或扩大汽车市场占有率

汽车市场占有率是汽车企业经营状况和汽车产品在汽车市场上的竞争能力的直接反映，对于汽车企业的生存和发展具有重要意义。因为汽车的市场占有率与汽车企业的利润有着很强的关联性，而汽车市场占有率一般比最大利润容易测定，也更能体现汽车企业的努力方向，因此，有时汽车企业把保持或扩大汽车市场占有率看得非常重要。

许多资金雄厚的大汽车企业喜欢以低价渗透的方式来建立一定的汽车市场占有率；一些中小企业为了在某一细分汽车市场获得一定优势，也十分注重扩大汽车市场占有率。但是，汽车市场占有率的提高并不一定会带来汽车企业利润的增加，因而，一般来讲，只有当汽车企业处于以下几种情况时，才适合采用该种汽车定价目标：

①该汽车的价格需求弹性较大，低价会促使汽车市场份额的扩大。

②汽车成本随着销量增加呈现逐渐下降的趋势，而利润有逐渐上升的可能。

③低价能阻止现有和可能出现的竞争者。

④汽车企业有雄厚的实力能承受低价所造成的经济损失。

⑤采用进攻型经营策略的汽车企业。

2）增加汽车销售量

这是指以增加或扩大现有汽车销售量为汽车定价目标。这种方法一般适用于汽车的价格需求弹性较大，汽车企业开工不足，生产能力过剩，只要降低汽车价格就能扩大销售，使单位固定成本降低、汽车企业总利润增加的情况。

为鼓励和保护公平竞争，保护汽车经营者和汽车消费者的合法权益，制止不正当竞争行为，我国制定了《反不正当竞争法》。在汽车定价时，不得以低于变动成本的价格销售汽车来排挤竞争对手；有奖销售的最高奖金额不得超过5 000元。

（3）以汽车质量为导向的汽车定价目标

优质优价是一般的市场供求准则，研究和开发优质汽车必然要支付较高的成本，自然要求以较高的汽车价格得到回报。从长远来看，在一个完善的汽车市场体系中，高价格的汽车自然代表或反映着汽车的高性能、高质量及汽车企业所能提供的优质服务。采取汽车质量导向目标的汽车企业必须具备以下两个条件：

①生产高性能、高质量的汽车。

②提供优质的服务。

（4）以竞争为导向的汽车定价目标

在汽车市场竞争中，大多数竞争对手对汽车价格都很敏感，在汽车定价以前，一般要广泛收集市场信息，把自己生产的汽车的性能、质量和成本与竞争者的汽车进行比较，然后以对汽车价格有决定性影响的竞争对手或汽车市场领导者的价格为基础，来制定本企业的汽车价格。通常采用的方法有：

①与竞争者同价，即及时调价、价位对等。

②高于竞争者的价格，即提高价格、树立威望。

③低于竞争者的价格，即竞相削价、压倒对方。

应该指出，价格战容易使双方两败俱伤，风险较大。

（5）以汽车企业生存为导向的汽车定价目标

当汽车企业遇到生存能力危机或激烈的市场竞争要改变消费者的需求时，它要把维持生存作为自己的主要目标,生存比利润更重要。这时的汽车企业往往会采取大规模的价格折扣来保持汽车企业的活力和生命力。对于这类汽车企业来讲,只要他们的汽车价格能够弥补变动成本和一部分固定成本,即汽车单价大于汽车企业变动成本,他们就能够维持汽车企业的生存。

(6) 以汽车销售渠道为导向的汽车定价目标

对于那些需经中间商销售汽车的汽车企业来说,保持汽车销售渠道畅通无阻,是保证汽车企业获得良好经营效果的重要条件之一。为了使得销售渠道畅通,汽车企业必须研究汽车价格对中间商的影响,充分考虑中间商的利益,保证中间商有合理的利润,促使中间商有很高的积极性去销售汽车。

在现代汽车市场经济中,中间商是现代汽车企业营销活动的延伸,对宣传汽车、提高汽车企业知名度有十分重要的作用。汽车企业在激烈的汽车市场竞争中,有时为保住完整的汽车销售渠道,促进汽车销售,不得不让利于中间商。例如,1974 年的石油危机发生后,国际汽车市场受到严重冲击,因而汽车市场竞争异常激烈,日本的马自达公司为了推销汽车,规定每推销一辆汽车就给中间商 500 美元的回扣奖励。这一决策使该公司保持住了完整的汽车销售渠道,保证了在 1976 年向市场投放的新型节油车型的销售获得了成功,使该公司受益匪浅。

2.1.4 汽车定价程序

汽车企业在汽车新产品投放市场,或者在市场环境发生变化时需要制定或调整汽车价格,以利于汽车企业营销目标的实现。由于汽车价格涉及汽车生产和营销企业、竞争者、汽车消费者之间的利益,因而对汽车进行合理定价既重要又困难。汽车定价的一般程序如图 2.1 所示。

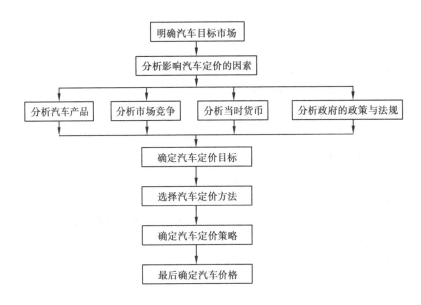

图 2.1　汽车定价的一般程序

汽车定价时,首先要明确汽车目标市场,汽车目标市场是汽车企业生产的汽车所要进入的市场,具体来讲就是谁是本企业汽车的消费者。汽车目标市场不同,汽车定价的水平就不同。分析汽车目标市场一般要分析该汽车市场消费者的基本特征、需求目标、需求强度、需求潜量、购买力水平和风俗习惯等情况。

汽车定价方法是在特定的汽车定价目标指导下,根据对成本、供求、汽车企业产销能力等一系列基本因素的研究,运用价格决策理论,对汽车产品价格进行计算的具体方法。汽车定价方法一般有三种,一是以成本为中心的汽车定价方法;二是以需求为中心定价方法;三是以竞争为中心的汽车定价方法。这三种方法能适应不同的汽车定价目标,汽车企业应根据实际情况择优选用。

确定汽车价格要以汽车定价目标为指导,选择合理的汽车定价方法,同时也要考虑其他因素,如汽车消费者心理因素、汽车产品新老程度等,最后经分析、判断以及计算活动,为汽车产品确定合理的价格。

2.2　整车销售的营销方式

汽车营销方式是汽车营销中所采用的各种具体交易方法的总称。随着汽车贸易的发展,营销方式日趋多样化,除传统的逐笔售定外,还出现了经销、代理、寄售、拍卖、招标与投标等。每种营销方式都反映着特有的销售渠道、货款支付或抵偿方式及交易双方的特定权利与义务等,各有其特点和利弊,适用不同的条件,这就要求在汽车营销活动中必须根据具体情况选择适当的营销方式。目前,4S 店整车销售中普遍采用经销和代理的营销形式。

2.2.1　经销

经销是指经销商与供货商达成协议,承担在规定的期限和地域内购销指定商品的义务。

经销是汽车营销中常见的一种交易方式,通常是供货商通过与经销商签订经销协议,给予经销商在一定时期和指定区域内销售某种商品的权利,由经销商承购商品后自行销售。供货商可以通过订立经销协议与客户建立一种长期稳定的购销关系,利用经销商的销售渠道来推销商品,巩固并不断扩大市场份额,提高其产品销售量。

经销商和供货商之间是一种买卖关系,他们根据市场需求,向供货商购买商品,然后将商品转卖给购买者,从中赚取购销差价。因此,经销是一种转卖性质的贸易方式。经销商是从事商品购销业务并拥有商品所有权的中间商,他们以自己的资金、信誉和名义从事经销活动,自行购进商品、自行销售、自负盈亏、自担风险。

按经销商权限的不同,经销方式可分为两种:

(1)定销

在这种方式下,经销商不享有独家专营权,供货商可在同一时间、同一地区内委派几家商号来经销同类商品。这种经销商与供货商之间的关系同一般买方和卖方之间的关系并无本质区别,所不同的只是确立了相对长期和稳固的购销关系。

(2)包销

包销是指经销商在规定的期限和地域内,对指定的商品享有独家专营权。若该经销商经营不利,就会出现"经而不销"的局面,导致商品销售受阻。另一方面,也存在独家经销商利用其垄断地位操纵价格、控制市场的可能性。

在汽车营销中,供货商通常要在价格、支付条件等方面给予经销商一定的优惠,这有利于调动经销商的积极性,利用其销售渠道来推销商品,有时还可要求经销商提供售后服务、进行市场调研,这一切都有利于扩大产品销售。当然,不同的经销方式所发挥的作用大小是不同的。

2.2.2 代理

代理是指委托人与代理人签订代理协议,授权代理人在特定地区和一定期限内代表委托人与第三者进行商品买卖或处理有关事务的一种贸易方式。在代理方式下,代理人在委托人授权范围内的作为所产生的权利与义务,直接对委托人发生效力,即由委托人负责由此而产生的权利与义务。代理商根据推销商品的结果,收取佣金作为报酬。代理同包销的性质不同,包销商与供货商之间的关系是买卖关系,而代理商与供货商之间则是委托代理关系。

与经销方式相比较,代理方式具有以下特点:委托人与代理人之间的关系属于委托代理关系,经销商与供货商之间则是一种买卖关系;代理人通常运用委托人的资金进行业务活动,经销商则利用自有资金进行活动;代理人一般不以自己的名义与第三者签订合同,而在经销方式下,经销商与第三者之间要订立合同;代理人旨在赚取佣金而不负责盈亏,经销商则须自负盈亏。

国际贸易中所采用的代理方式,按委托授权的大小,可分为独家代理、一般代理和总代理三种。

(1)独家代理

独家代理是指在特定地区特定时期内享有代销指定商品的专营权,同时不得再代销其他来源的同类商品。凡是在规定地区和规定期限内做成该项商品的交易,除双方另有约定外,无论是由代理做成,还是由委托人直接同其他商人做成,代理商都有享受佣金的权利。

(2)一般代理

一般代理又称佣金代理,指在同一地区同一时期内,委托人可以选定多个客户作为代理商,根据推销商品的实际金额付给佣金,或者根据协议规定的办法和百分率支付佣金。如果委托人另有直接与该地区的买(卖)主达成交易的,则无须向一般代理计付佣金。我国的出口业务中,运用此类代理方式的较多。

(3)总代理

总代理是在特定地区特定时期内委托人的全权代表,除有权代表委托人签订买卖合同、处理货物等商务活动外,也可以进行一些非商业性的活动,而且还有权指派分代理,并可分享分代理的佣金。在我国出口业务中,只指定我国驻外的贸易机构作为我国外贸公司的总代理,如香港地区华润公司、澳门地区的南光公司,分别为我国外贸专业总公司在香港和澳门地区的总代理。

2.3 汽车 4S 店整车销售的营销影响因素

影响市场营销的因素主要有市场需求、人口因素、社会经济发展状况及其他因素等诸多方面,涉及面广。这些诸多影响因素间又相互制约、相互影响,形成十分复杂的因果关系。上述影响因素对汽车企业的发展起决定作用。

2.3.1　汽车消费市场需求

我国有 13 亿人口,拥有世界上最庞大的消费者市场,也是成长速度最快的市场之一,在加入 WTO 之后,又成为世界上最具吸引力的消费者市场。因此,认真研究汽车消费市场需求及其变化,营销消费者青睐的新型车辆是十分重要的。市场需求具有以下特点:

(1)消费需求的多样性

各消费群体由于收入水平、职业、文化程度、生活方式、年龄等的不同,必然会形成不同的价值观念、不同的偏好、不同的审美观、不同的消费态度等,故而其轿车消费必然也是多样化的。例如十年前桑塔纳轿车年产量曾达 20 多万辆,市场占有率高达 70%,大多进入了组织市场。如今在消费者市场上,虽然轿车市场扩大到 120 万辆以上,但在数十种车型中竟没有市场占有率在 10% 以上的品牌汽车,这充分表明汽车市场消费需求的多样性特征。

(2)消费需求的发展性

人们对商品的需求随着生活水平改善而不断提出更高的要求。例如在音响设施方面,家庭消费由收音机提升至黑白电视机再到彩色电视机,彩电又提高为纯平式、液晶式和数字式。汽车消费更是如此,例如一汽大众捷达轿车,就是适应需求的一个实例。最初投放市场时为化油器式汽油机,继而为多点电喷汽油机,同时开发了自然吸气式柴油机以大幅度节油,不久的将来必然会陆续推出涡轮增压柴油机和共轨电喷供油涡轮增压中冷柴油机,以降低排放并大幅度提高功率。

(3)消费需求的层次性

人们在社会中由于职业、经济条件、社会阶层的差异,其需求也具有层次性。虽然各层次之间难以明确划分,但总的来说是遵循着马洛斯的需要层次论规律的。我国虽然已总体进入小康水平,但农村仍有许多贫困人口,城市还有不少的失业和下岗人员。一大批先富裕起来的群体成为中高级轿车的消费市场,大量的高薪人员和部分中等收入家庭形成了不同层次的消费者。因此,汽车营销企业应投放不同用途、不同档次的汽车来满足不同层次消费者的需求。

(4)消费需求的时代性

消费需求常常受到时代精神、风尚、环境等的影响。汽车消费的时代性通常表现在三个方面:一是高新科技的时代性。当今是信息时代,乘用车在网络信息和新技术应用方面一直走在其他商品的前列,在家庭用品中是最能体现高新技术的消费品。二是社会经济发展的时代性。这突出地表现在环保、能源等方面,绿色汽车、新型能源造就了新一代轿车。三是时尚性。任何一款新车型,其新颖性、新潮的吸引力最多维持 3~4 年,这是由于现代研发、制造水平可以在 2~3 年内开发、生产出一款崭新的车型来满足市场上迅速变化着的潮流。

(5)消费需求的可诱导性

企业和行政部门都可以设法转移或改变人们的消费需求。行政部门常常通过政策导向、信息发布来引导消费,企业则通过产品开发、广告宣传等积极的活动来吸引消费者。我国的轿车消费市场就是通过舆论、学术界争论、企业界争取以及行政部门积极支持,才在前后 20 多年的诱导下形成了良好的消费环境。

2.3.2 人口因素

汽车销售市场是由部分有购车欲望并有购车经济能力的人所构成的。人口因素对汽车企业的经营活动具有总体性和长期性的影响。人口因素体现在人口数量、人口结构、人口素质和人口分布等方面。

(1)人口数量

当今世界人口超过 63 亿,而我国人口已达到 13 亿之多。人口的增长带来了各项消费需求的扩大,诸如住房、教育、文化、交通、穿着、饮食、娱乐、通信等方面。我国年经济增长率已超过 7%,消费率也不断上升。生产的扩大和进出口增长使就业岗位不断增加,就业人员及其家庭构成我国汽车市场的潜在消费者,并逐年参与汽车消费。

(2)人口结构

人口结构包括自然结构和社会结构。人口的自然结构是指年龄结构和性别结构,不同年龄、性别的消费者对包括汽车在内的各种商品的需求各不相同。我国汽车消费市场目前以青年和中年消费群为主。随着私家车的普及会向老年和学生消费群延伸,不同性别的消费者对汽车和各类商品的需求是不同的,例如男性消费者喜欢动力性强的汽车,要求车型大一些,粗犷一些;女性则偏爱端庄或华丽的汽车。

人口的社会结构包括民族结构、宗教结构、职业结构和教育结构等。我国有 56 个民族,由于各民族的文化、习惯和生活方式不同,其消费需求和特点也有很大的差异。宗教信仰有佛教、道教、伊斯兰教、基督教、天主教等。不同的宗教信仰者对汽车品牌的名称、色彩、款式等都有不同的偏好和忌讳。人口职业结构在三大产业的不同体系下又可细分为若干行业,从而构成不同的消费阶层和群体,例如工人、农民、白领阶层等有着不同的需求特点,购买行为也有很大差异。

(3)人口素质

人口素质的提高将大大促进生产力的发展,加速经济的提升,同时也促进消费,对汽车市场而言也是不断发展扩大的重要保证。

(4)人口分布

人口的地理分布对消费者有很大的影响。一方面,生活方式和风俗习惯的差异会形成地域间在消费需求和消费方式上的不同;另一方面,人口密度的大小、人口流动量的多寡、人们的富裕程度都会影响不同地区市场需求的大小。人口分布的划分方法主要有两类,即按城市、农村人口分类和按各地区人口分类,不同等级的城市以及广大农村形成了不同需求的消费群体。

我国地区的划分通常分为华北、东北、华东、中南、西南、西北六大区,近来也常分为东部、中部和西部三部分。我国部分地区的人口分布情况见表 2.1。

表 2.1　我国部分地区的人口分布情况

地　区 人口状况	华北	东北	华东	中南	西南	西北	全国
人口密度/(人·km^{-2})	88.4	130.7	436.6	325.4	79.5	27.3	124.5
人口密度指数	71	105	350.7	261.4	63.9	21.9	100

续表

地　区 人口状况	华北	东北	华东	中南	西南	西北	全国
专业技术人员/%	14.45	13.28	28.95	23.95	11.97	7.40	100
大学毕业/%	17.22	14.64	27.97	22.33	10.11	7.73	100
中专毕业/%	14.83	12.72	27.02	24.32	12.75	8.36	100
交通运输线综合密度/($km \cdot km^{-2}$)	83.81	1 616.9	3 402.4	2 730.6	880.8	358.9	1 175.4
交通综合密度指数	71.3	137.6	289.5	232.3	74.9	30.5	100
交通密度与华东比较指数	34.6	47.5	100	80.3	25.9	10.5	39.6

家庭是社会的基本单位,也是商品购买和消费的基本单位。如今,轿车与客车开始大量进入家庭,随着不同家庭经济状况的改善,各档次的轿车将同时或逐次成为各消费层家庭的必备用品。汽车企业应深入研究各类家庭的收入和消费状况,对车辆的偏爱和要求,从最大限度地满足消费者角度来开发、生产、销售各型车辆。

2.3.3　社会经济发展状况

社会经济发展状况对汽车营销影响很大。因此,各汽车营销企业应加强对社会经济发展状况的研究分析,并制订相应的销售策略来与之相适应。

汽车市场销售宏观经济环境主要包括经济发展状况和消费因素两方面。

(1)经济发展状况

在全面建设小康社会环境过程中,汽车企业应与时俱进。本世纪初的 20 年间正处于我国全面建设小康社会的大环境下,经济和消费都有很大的发展。以交通运输的消费而言,到 2020 年我国的高速公路里程将增加到 10 万 km 以上;货运车辆将以数千万辆计,全国汽车保有量将达到 1 亿辆以上;城市、乡镇、农村间将形成世界上最大的公共交通网络;私人汽车消费将占总量的六成以上,从而形成一个巨大的汽车消费市场。在如此有利的宏观环境下,各大汽车企业都制订了长期的发展战略,部署着当前的开发、发展、联合、兼并以及市场营销策略。

在全面建设小康社会的过程中,消费者给各类汽车产品提供了巨大的市场。其中,10%左右最为富有的家庭对车辆会有极高的要求,这就为高级轿车的发展提供了市场;在政府职能转变过程中,将有更多的资金用来发展城市内、城市间的公共交通,这属于大中型高中级客车的市场;乡乡村村通公路,乡镇与农村间的交通需要大量的中、低档中轻型客车;而在各项基础建设、高速公路上,量大面广的各类物流流通过程中所需要的运载车辆将使货车、专用车具有很大的发展前景。富裕的小康社会不仅对车辆的需求量大,而且更需要品质好、安全性高,更为舒适、节能的汽车,这就要求在技术开发、新技术应用、生产管理等方面要有更高的要求以达到国际一流的水平。因此,各汽车企业需要在各个方面与时俱进,紧跟时代的步伐,高度适应环境的变异,形成具有强大竞争能力的现代化企业。

(2)消费因素

消费因素主要包括消费者收入和消费者支出两方面的情况。

1) 消费者收入

消费者收入是指消费者个人所得的总收入。消费者收入形成了社会购买力,但并非全部收入都可用于购买商品和劳务。消费者收入分为个人可支配收入和可任意支配收入。个人可支配收入是指消费者收入中扣除税款和非税性负担后的余额;个人可任意支配收入是指个人可支配收入中间去除维持个人及家庭生活必须费用后的余额。

我国各地区、各城市的人均可支配收入差距是比较大的。沿海经济发达城市特别是上海、深圳、广州、北京等地其人均可支配收入为全国平均值的 2~3 倍以上;农村也不均衡,各大城市的城郊农民收入很高,浙江省农民人均纯收入已超过全国城镇平均值。消费者收入研究中的重点是分析个人可任意支配收入,这是消费需求中活跃、机动、可吸引性强的部分,所形成的需求弹性较大,特别是汽车消费,在持币待望的消费群体中,企业应加强宣传、广告和推销工作。平均收入只反映总体状况,企业应细分特定消费群体的具体收入水平,他们的需求如何满足,开发什么样的车型可以进一步激发该群体的汽车消费欲望,都应该具体问题具体分析,作出相应的对策。

2) 消费者支出

消费者支出模式主要取决于消费收入的变化。德国统计学家恩格尔(Enge)于 1857 年提出了恩格尔定律:随着家庭收入的增加,用于购买食品的支出占家庭收入的比重(恩格尔系数)下降,用于住房和家庭经营的开支占家庭收入的比重大体不变,用于服装、交通、教育、卫生、娱乐等方面的支出和储蓄占家庭收入的比重上升。恩格尔系数可以简明地衡量一个国家、地区居民的生活水平的高低。按联合国划分标准:恩格尔系数在 60% 以上为饥寒层次,50%~60% 为温饱层次,40%~50% 为小康层次,40% 以下为富裕层次,如美国的恩格尔系数为 11%,韩国为 29%,我国已低于 45%,我国深圳市已低于 30%。

消费结构是指人们在消费过程中各类消费的构成。我国居民消费结构有鲜明的特点:食品开支占收入的百分率不断下降;储蓄占收入的百分率明显上升;住房、教育方面支出所占收入的百分率迅速上升。我国许多居民喜欢买的用品十分集中,如电视机、电冰箱、洗衣机、手机、摩托车等方面的支出比例远远高于经济发达国家。汽车消费也不例外,因此企业营销决策不仅要研究居民消费的结构状况,还必须注意到居民消费的倾向性。

消费者收入中用于储蓄的部分会削弱当今消费的购买力,储蓄逐步地释放可以增加未来的购买力。消费者的收入不可能全部花掉,特别是我国的居民倾向于储蓄,这和美国人喜欢提前消费在观念上截然不同。支出的总消费率世界平均值为 77.7%~78.6%,美国高达 84%~85%,印度为 76%~79%,我国则为 59%~62%。

消费信贷是指消费者凭信用先取得商品的使用权,按期归还贷款,以此方式购买商品。这类营销和服务提供了提前消费的机会,在美国信贷消费十分普及,这种鼓励消费的发展促进了经济增长,创造了更多的就业机会。我国消费信贷在安居工程中迅速展开并日趋规范化。在汽车信贷方面,主要的汽车大企业已与金融界联手展开工作,国外汽车金融公司也已开始进入我国开展业务,这种消费形式的规范化将大大加快汽车消费的进程。

2.3.4 其他影响因素

除上述诸因素外,对市场营销产生影响的,还有政府的宏观调控、营销企业的自身状况、消费者的消费观念、审美观念及消费动机等因素,这些因素的影响也很重要,绝不可忽视。

(1) 政府的宏观调控

政府对企业营销活动的管理和控制主要是通过法律手段,即制定一系列政策及法规来调控。目前,我国实行的 1.6 L 以下小排量汽车减免税率,农机下乡国家补贴等优惠政策,极大地调动了消费者的消费欲望。

(2) 营销企业的自身状况

汽车营销企业应具有高素质的员工队伍、科学的管理体制。企业只有及时更新营销观念、不断改进营销方式才能在竞争中站稳脚跟、发展壮大。

市场营销的关键是以顾客为中心,树立人性化营销的新时代营销理念。而所谓的人性化营销就是通过充分满足人们的需求来达到企业经营的目的。2006 年情人节,申蓉汽车推出了"超级情侣,万元购买 QQ"促销活动,吸引了上百对情侣报名参与,这一活动在四川乃至全国都引起了巨大的反响,从而提高了 QQ 的市场知名度。上海大众也特别针对情人节在上海、北京、广州、南京、杭州等十二个城市展开推出"POLO 爱的宣言"活动,活动主要是针对 POLO 用户的一系列品牌进行推广和促销,获得最佳情侣的选手获得了上海大众送出的钻戒一对。POLO 是一款年轻时尚的车型,消费群主要是年轻人,而情人节是年轻人最重视的节日之一,情人节期间推出"珍我所爱,真我 POLO"活动,大大提升了 POLO 的品牌知名度和情感认知度。

汽车 4S 店的汽车营销模式应从"卖汽车"向"卖服务"转变。国外汽车整车销售利润在整个产业链利润构成中仅占 20%,零部件供应占 20%,而 50%~60% 的利润则是由服务环节产生的,包括维修、保养、检测、救援等。而在中国,经销商的汽车销售利润至少要占总利润的 60%~80%,但是随着一轮接一轮的价格战,汽车销售的利润越来越薄。

(3) 消费者的消费观念、审美观念及消费动机

1) 消费观

世界各国、各地区由于民族、风俗习惯、经济条件及文化程度的不同,消费者的消费观念相差甚大,对商品的需求和购买行为亦不相同。美国人喜欢提前消费、不擅储蓄,通行分期付款,偏爱产品的新颖性和时尚性,具有较多的、激进的前沿消费群体。中国人喜欢存钱,留有余地,消费观念偏于传统,偏爱商品耐久实用,但现今也出现了大量新潮青、中年消费群体,崇尚个性,形成了新消费风尚。

2) 审美观念

审美观是指人们对商品的好与坏、美与丑、喜欢与嫌恶的不同评价。不同国家、地区、民族、宗教、阶层、年龄和个人,常常具有不同的审美标准,而人们的审美观念也会随着时尚变化而改变。对于企业而言,生产大批量的雷同产品不能满足不同的市场需求,必须根据不同社会文化背景下的消费者审美观念及其变化趋势来开发产品,制订市场营销策略。只有汽车产业中的生产柔性化、产品个性化才能较好地满足不同消费群体的偏好和需求。

3) 消费动机

消费者的购买动机必然会在购买过程中反映出来,正是因为强烈的需求动机影响了顾客在购买过程中的各项行动。一般消费者购买动机主要有以下几种:

① 理智性购买动机。理智性购买动机是指人们经过深思熟虑,在了解所购买商品的品质和特性的基础上理智性地产生的购买动机。大部分的汽车消费者属于这一类型。汽车企业的营销人员要谨慎而热忱地对待这类消费者,接待中会有许多信息互相交流,任何过分的夸

口只会起到相反的效果;确实的数据、合理的描述、可信的承诺、过硬的性价比、灵活的营销手法才能使有理智、有个性的消费者完成购买决策。

②自信性购买动机。自信性购买动机是指人们在自己具有很强的自信心、有自我确定的评价标准、不容易受外在因素影响的情况下产生的购买动机。通常,这类消费者的自信心来自两个方面:一是工作上事业有成,在处理事物中有洞察力,能按客观规律办事,从而形成高度的自信心;二是对所需购买商品的特征、用途、发展状况、竞争状况等有较深入的了解,掌握了广泛的信息,因此具有很强的自信性购买动机。对于营销人员来说,这些消费者很难通过推销活动轻易改变其观点,但是这类消费者是企业十分重要的消费者,他们在其生活和工作圈子中有一大批崇拜者、跟随者,是消费的领军人物。抓住这批消费者就等于得到了一大批消费群体,因而在营销上要狠下功夫,由具有高度自信的、高度营销素质和文化素质的营销人员通过结交的方式来改变其消费倾向。这类消费者一旦完成购买行为,具有这类购买动机的人们就很容易成为消费品牌的忠诚用户和义务推销员。

③时髦性购买动机。时髦性购买动机是指由于外界环境的影响或社会风尚的变化而引起的购买动机。消费者渴望通过所购得的商品来引人注目,借以提高身份,这类购买动机带有强烈的炫耀性和自我炒作性。

④诱导性购买动机。诱导性购买动机是指人们经过诱导之后而产生的购买动机。具有这种动机的消费者在购买行为之前需要给予商品知识的学习,学会如何去正确认识商品。这类消费者众多,有的富于感情、想象力和联想力,容易受促销宣传的诱导;有的性格内向、疑虑重重,怕上当而犹豫不决;有的缺乏主见,没有固定的偏好。他们的共同特点是需要营销人员给予商品知识方面的帮助以及在他们选择真正所需产品时为其做好参谋。汽车营销人员应特别尊重和关爱这类消费者,他们在整个购买过程中处于弱势,正因为如此,占我国多数的这类消费者愿意到汽车大市场看货、问价、挑选和购车,汽车企业的专卖店只有吸引和帮助这类消费者满意地完成购买行为,才能确立其主流市场的地位。

通过汽车消费者购买动机分析可以认识到,在一定的目标市场上会接触到具有各种购买动机的潜在消费者,他们的动机强烈程度不同,购买心理各异,企业应通过沟通帮助他们加深认识本企业的产品,引导他们顺利地完成购买行为。

2.4　汽车 4S 店整车营销

整车营销时应对汽车市场进行调查研究,制订经营方案,做好广告宣传等各项工作。

2.4.1　市场与客户调查

(1)对汽车市场的调查研究

对汽车市场的调查研究,是开展汽车营销前首先应当做好的工作。只有做好这项工作,才能做到知己知彼,掌握主动,作出正确的经营决策。汽车市场的调查研究,是指在该地区以及对他们的汽车市场情况进行调查研究,了解每个市场的特点,研究市场的变化发展规律,预测汽车市场供求关系和价格变动趋势。对汽车市场调查研究的主要内容包括以下几个方面:

1）对汽车市场的调查研究

对汽车市场的调查研究就是要调查有关汽车及汽车零配件相关商品的市场容量,了解市场需要的车辆品种、规格、质量、装潢、主要供需发展状况,做到适销对路。

研究汽车市场就是分析预测汽车市场汽车供求关系和汽车价格变动趋势。例如燃料价格的变动对汽车市场有短期影响;而住宅有无停车场,购物停车是否便利,道路是否畅通,税费是否合理等则对汽车市场有长期影响。

2）对汽车市场价格的研究

汽车市场的价格除受价值变动的作用外,还受政治、经济和自然等多种因素的影响,它们的变化反映了商品供求关系的变化。因此,研究汽车价格时,要认真分析不同时期影响价格的各种因素,预测未来价格变化趋势,以便选择有利的销售市场。

对汽车销售市场的调查研究,除了上述各项内容外,还应对汽车的生产周期、销售季节、销售方式和途径等情况进行详细的调查研究。

（2）对消费对象的调查研究

每一种品牌的汽车都应有一定的销售渠道,不同档次的汽车应有不同的销售途径。调查研究的具体内容包括:

①当地的自然情况。主要了解本地区人口数量、风俗习惯、国家机关、企事业单位的分布及数量等。

②经济状况。主要了解当地的经济收入情况,消费者的爱好习惯。

2.4.2　汽车牌号的选择与宣传

（1）汽车牌号的选择

选择汽车牌号时应首先考虑货源供应、技术水平以及价格,同时还要进行汽车市场的细分,然后再选择适销对路的商品。例如:雪铁龙公司为满足家庭主妇的需求,推出了一款外形像鸭蛋、有人比喻为法国新"鸭子"的新型多用途车,可以敞篷、供儿童在车上玩耍、在车上睡觉等,车舱能够百分之百地防雨,4 缸发动机功率约为 55 kW,最高时速达 160 km/h,每百千米平均耗油6.8 L,售价 15 850 欧元起,这款车就很受年轻人尤其是女士的欢迎。

（2）商品的宣传

汽车商品宣传工作是营销方案中的重要内容,一般采用各种广告形式,按预定方案有计划、有步骤地进行。广告宣传前,应先有明确的目标,才能做到有的放矢;广告宣传的内容及其采用的方式与手段要根据商品的特点,注意效果。目前,营销企业使用的广告宣传方式和媒体甚多,有报纸、期刊、专业印刷品、视听广告(电视、电影、广播)、户外广告(招贴、广告牌、交通车辆)、商品陈列、展览会、交易会等。

2.4.3　经营方案的制订

汽车营销企业在对市场调查研究的基础上,一般应对所经营的商品制订经营方案。经营方案是根据国家的方针政策和本单位的经营意图,对在一定时期内交易商品所作出的全面业务安排。一个企业在分析市场、选定自己的目标市场以后,就要针对目标市场的需求选择适销对路、货源充足、技术水平高、价格较低的商品,最有效地利用自身的人力、物力资源,扬长避短,趋利避害,设计自己的销售策略,制订最佳的综合销售方案,以便达到企业的预期目标。

练习题

一、单选

1.汽车市场是将(　　)作为商品进行交换的场所。

　A.汽车产业　　　　B.汽车　　　　　　C.汽车经济

2.汽车价格的构成,是指组成汽车价格的各个要素及其在汽车价格中的(　　)。

　A.组成要素　　　　B.组成部分　　　　C.组成情况

3.(　　)是指在汽车生产领域生产一定数量的汽车产品时所消耗的物资资料和劳动报酬的货币形态。

　A.汽车生产资料　　B.汽车生产数量　　C.汽车生产成本

4.(　　)直接反映了汽车买者与卖者的利益关系。

　A.汽车质量好坏　　B.汽车价格的高低　C.汽车性价比

5.汽车批发价格+(　　)+汽车直售企业的利税=汽车直售价格。

　A.汽车直售费用　　B.汽车损耗费用　　C.汽车保险费

6.(　　)是汽车企业扩大再生产的重要资金来源。

　A.规模　　　　　　B.实力　　　　　　C.利润

7.汽车价格是汽车价值的(　　)表现。

　A.市场地位　　　　B.货币　　　　　　C.根本

8.汽车(　　)是制定汽车价格的重要依据。

　A.生产成本　　　　B.使用性能　　　　C.生产规模

9.汽车销售中成交量的大小会影响(　　)。

　A.汽车成本　　　　B.汽车价格　　　　C.汽车性能

10.汽车销售时中间环节的多少直接(　　)着汽车销售费用的高低。

　A.影响　　　　　　B.关联　　　　　　C.决定

11.汽车定价目标是(　　)的关键。

　A.汽车销售　　　　B.合理定价　　　　C.获取利润

12.优质(　　)是一般的市场供求准则。

　A.优价　　　　　　B.低价　　　　　　C.平价

13.经销商和供货商之间是一种(　　),自行购进商品、销售,自负盈亏、自担风险。

　A.委托关系　　　　B.对等关系　　　　C.买卖关系

14.总代理是在特定地区和一定时间内委托人的(　　)。

　A.全权代表　　　　B.法人代表　　　　C.经营代表

15.人们在社会中由于职业、经济条件、社会阶层的差异,其需求也具有(　　)。

　A.多样性　　　　　B.层次性　　　　　C.复杂性

16.人口结构包括自然结构和(　　)结构。

　A.年龄　　　　　　B.性别　　　　　　C.社会

17.消费者收入是指消费者个人所得的(　　)。

A.纯收入　　　　　　　B.总收入　　　　　　　C.部分收入

18.市场营销的关键是（　　）。

A.获取最大利润　　B.减少中间商　　　C.以顾客为中心

19.整车营销应对汽车（　　）进行调查研究。

A.市场　　　　　　B.性能　　　　　　C.价格

20.研究汽车市场就是分析预测汽车市场汽车（　　）和汽车价格变动趋势。

A.销售量　　　　　B.性能　　　　　　C.供求关系

二、多选

1.消费观念的阶段性演变分为（　　）。

A.生产观念阶段　　　　　　B.推销观念阶段　　　　　　C.市场营销观念阶段

D.社会营销观念阶段　　　　E.产品观念阶段

2.以市场营销观念作为自己的策略导向的公司遵循以下几个基本宗旨：（　　）。

A.顾客是中心　　B.竞争是基础　　C.协调是手段　　D.利润是结果

3.汽车价格构成的四个要素：（　　）。

A.汽车生产成本　　　　　　B.汽车流通费用　　　　　　C.汽车产量

D.国家税金　　　　　　　　E.汽车企业利润

4.汽车成本包括：（　　）。

A.汽车生产成本　　B.汽车销售成本　　C.汽车储运成本　　D.汽车材料损耗成本

5.汽车消费者的需求对汽车定价的影响，主要通过汽车消费者的（　　）反映出来。

A.需求能力　　　　B.需求方向　　　　C.需求强度　　　　D.需求层次

6.汽车市场结构可分为（　　）等不同的汽车市场类型。

A.竞争市场　　　　B.垄断市场　　　　C.垄断竞争市场　　D.寡头垄断市场

7.汽车企业把利润作为重要的汽车定价目标的种类有（　　）。

A.利润最终目标　　B.利润最大化目标　　C.目标利润　　　　D.适当利润目标

8.以竞争为导向的汽车定价目标所采取的方法有（　　）。

A.与竞争者同价　　　　　　B.高于竞争者的价格

C.低于竞争者的价格　　　　D.浮动竞争价格

9.采取汽车质量导向目标的汽车企业必须具备的条件是（　　）。

A.生产动力性强的汽车　　　B.生产高性能、高质量的汽车

C.提供优质的服务　　　　　D.提供低油耗的汽车

10.汽车定价的方法有（　　）。

A.以市场为中心的定价方法　　　B.以成本为中心的汽车定价方法

C.以需求为中心的定价方法　　　D.以竞争为中心的汽车定价方法

11.人口因素包括（　　）。

A.人口数量　　B.人口结构　　C.人口素质　　　D.人口分布

12.人口的社会结构包括（　　）等。

A.民族结构　　B.宗教结构　　C.职业结构　　　D.教育结构

三、判断

1.汽车价格定位是汽车市场竞争的重要手段。（　　）

2.汽车生产成本+汽车生产企业的利税＝汽车出厂价格。（　　）

3.汽车结构能反映汽车对消费者的吸引力（　　）。

4.汽车价格是竞争者关注的焦点和竞争的主要手段。（　　）

5.汽车企业一般都把利润作为重要的汽车定价目标。（　　）

6.以最大利润为汽车定价目标,指的是汽车企业期望获取最大限度的净利润。（　　）

7.预期汽车销售利润率或汽车投资利润率要低于银行存款利率。（　　）

8.一般贯彻按质论价的原则,即好货好价,次货次价。（　　）

9.汽车价格是竞争者关注的焦点和竞争的主要手段。（　　）

10.按经销商权限的不同,经销方式可分为定销和代理两种。（　　）

11.我国汽车消费市场目前以青年和中年消费群为主。（　　）

12.人们的审美观念会随着时尚变化而改变。（　　）

四、简答

1.什么是现代的市场?

2.什么是汽车市场?

3.汽车市场营销的目的是什么?

4.什么是经销?

5.消费因素主要包括哪些方面?

五、论述

1.简述汽车定价的一般程序。

2.简述对汽车市场的调查研究。

第3章
汽车 4S 店销售业务管理

对于汽车 4S 店的销售环节来说,一辆新车能否吸引客户,很大程度上取决于汽车销售顾问的介绍是否详尽、周全,而在这些背后,就要求汽车 4S 店有一套严格的业务管理办法。

3.1 汽车 4S 店销售队伍的建立与日常管理

3.1.1 汽车营销人员的素质要求

素质是个人身心条件的综合表现,是个人生理结构、心理素质及其机能特点的总和,是个人参与各种社会活动的基本条件。素质包括身体条件、气质、性格、能力、智慧、经验、品德等要素。这些素质要素是在先天遗传基础上发展起来的,是经过社会实践训练,不断地得到改善和提高的。不同的职业对从业人员的素质要求有所不同。汽车营销人员良好的职业素质主要包括高尚的职业道德、强烈的公共关系意识、良好的心理素质、合理的知识结构、全面的工作能力等。

(1)良好的心理素质

随着市场竞争的日趋激烈,摆在汽车营销人员面前的是挑战与机遇并存、成功与失败并存的局面,这就对汽车营销人员的心理素质提出了更高的要求,主要包括以下几个方面:

1)热情

汽车营销人员与人、与车打交道,其工作对象主要是顾客,其次是车,这就要求汽车营销人员必须对工作充满极大的热情,凭借热情的心理来与各种各样的人打交道,结交众多的朋友,拓展工作渠道。热情的心理是想象力和创造力的基础,一个对什么都没有兴趣,对一切都很冷漠的人是无法胜任汽车营销工作的。

2)开放而宽容

在信息交流、人际互动日趋频繁的现代社会,汽车营销人员要想做好销售工作,应具有开放性心理才能善于接受新事物;善于学习别人的长处,善于学习新知识;不断解放思想、更新观念;勇于进取,不因循守旧;开拓创新,不墨守成规,这正是汽车营销人员不可缺少的心理特征。具有宽容心理才能接受各种各样与自己性格、志向和脾气不同的人,才能"异中求同",与各种类型的顾客交流沟通,并且能与同事建立良好的人际关系,能冷静地对待和处理工作中所遇到的困难和挫折。

3）自信

自信是汽车营销人员职业心理的最基本要求,自信心是发展自己、成就事业的动力之一。汽车营销人员具备了自信心,才能正视自己,从而激发出极大的勇气和毅力,最终创造出良好的销售业绩。当然,汽车营销人员的自信应该是建立在周密调查研究、全面了解情况的基础之上,而不是盲目的自信。

（2）善于捕捉信息、抓住时机

1）对汽车市场新事物、新情况的敏感性

汽车营销和管理人员必须对汽车市场的新事物、新情况具有敏感性,能及时觉察汽车市场微妙的变化,能从历年销售资料和有关数据中分析出发展趋势,从平静的市场表象中看出潜伏的危机和有待挖掘的潜力,善于把握某些信号传递的有用信息。汽车市场营销人员必须具备灵敏的头脑,及时捕捉身边的信息,预测竞争方向,及时采取对策。

2）善于思考,激发灵感

一个成功的汽车营销人员往往会把营销工作组织得新颖生动,别具一格,使顾客（公众）产生深刻的印象,这是汽车营销人员所追求的理想境界。许多创新的销售手段、宣传手法往往稍纵即逝,善于思考,激发灵感,及时抓住时机,会使工作更富有创造性。

激发灵感,要求汽车营销人员在工作实践和日常生活中做到以下两点:进行长期的知识积累;珍惜最佳的时机和环境。许多事例证明,灵感大都是在思维长期紧张后暂时松弛时得到的,或睡前,或起床后,或散步,或乘车时。要善于观察,在其他的事物中得到启示,从而获得灵感。总之,汽车市场营销人员要做有心人,抓住灵感,把握时机,推陈出新。

（3）高尚的职业道德

汽车作为高档的商品,对汽车营销人员提出了较高的职业道德要求。汽车营销人员要通过自己优质的服务,塑造良好的形象,扩大汽车生产商和销售商的知名度、可信度,来达到社会效益与经济效益的统一。因此,从事汽车营销的从业人员要有高尚的道德品质,汽车营销人员的主要职业道德可以概括为:实事求是、真诚可信;公正无私、光明磊落;勤奋努力、精益求精。

（4）合理的知识结构

汽车营销人员和管理人员经常要同形形色色的顾客打交道,因此必须要有良好的道德修养和丰富的知识,其知识结构主要包括:

1）文明经商知识

汽车营销人员必须遵守商业道德,合法竞争,维护消费者的合法权益;必须虚心听取消费者的意见,严肃认真地对待消费者的投诉。在营销活动中,荣誉是一种"金字招牌"的财富,所有知名企业都为维护这块"金字招牌"奋斗不已,所以汽车营销人员应该重视这无形的"财富"。

2）经营业务知识

①熟悉汽车结构原理、主要性能、保养检测知识,了解各种汽车的型号、用途、特点和价

格,只有这样才能当好顾客的"参谋",及时回答顾客提出的各种问题,消除顾客的各种疑虑,促成交易。

②熟悉市场行情、价格、费用(利息、仓储、运输费……),了解税收、保险、购置税费、付款方式等一系列业务、政策规定以及市场营销的基本知识。

③熟悉汽车销售工作中的每个环节及细节,如进货、验收、运输、存车、定价、广告促销、销售、售后服务、信息反馈等,以及在洽谈基础上签订合同、开票出库等手续,并熟悉销售服务(加油、办移动证、工商验证等)的各个环节。

④熟悉各种票据、财务手续,结算准确、迅速;对涉及汽车货物的进、销、存,涉及货款的贷、收、付中的费用支出要心中有数;懂得承包部门的经济核算方法,随时了解本部门经济效益,及时采取措施,确保营销任务的完成。

3)熟悉商业技能并能善于应用

①熟悉顾客心理。顾客的职业不同、社会地位不同、年龄不同、习惯不同、爱好不同,对汽车则有不同的需求。营销人员要有一定的心理学知识,能从客户的外表神态、言谈举止、挑选商品来分析判断顾客的特殊心理活动,根据不同情况以不同方式接待顾客,促使交易顺利进行。

②讲究谈判和语言艺术。要热情、和气、诚恳、耐心、礼貌、准确,俗话说"和气生财",要经得住"委屈"。

③掌握外语。掌握一门外语是十分必要的,最好能看懂汽车外文说明书,能进行简单的外语会话。

(5)全面工作能力

汽车营销人员的工作性质和企业其他工作人员不同,往往要独立应付各种各样的事务,需要把自己的知识、经验灵活地运用到具体工作中去。因此,汽车营销人员的素质还应包括各种能力。汽车营销人员的工作能力主要有以下几个方面:

1)宣传表达能力

汽车营销人员是汽车产品的宣传者,而且是以面对面的方式进行宣传,因此,汽车营销人员应具备较强的文字表达能力、口头表达能力以及感情、形体表达能力。

①文字表达能力。这要求汽车营销人员熟练掌握应用文体的格式和特点,熟练运用语法、词汇、逻辑等知识进行写作(汇报总结、计划方案等),要求文字准确、简洁、生动。

②口头表达能力。这要求汽车营销人员讲普通话、吐字清楚、简明扼要、有节奏感;既不叹咳、重复、滔滔不绝,也不能一声不吭、沉默寡言。要讲究语言艺术,注重感情色彩。宣传汽车性能时,要求有敏捷的思维、灵活的反应,能用准确的语言表达自己的看法,不模棱两可、似是而非,在回答突然提问时有意识地把企业的思想、宗旨、产品、服务以及形象传达给顾客或提问者,以得到他们的认可、理解和赞赏。

③神态、感情、动作是沟通思想感情的非语言交往手段,形体表达有时比语言表达更为重要。如与人交谈,身体略微倾向对方,表示热情和兴趣;向顾客微微欠身,显得恭谦有礼;自然轻松的微笑是友好、坦诚的表示。所以,汽车营销人员注重神态表情来传达感情、交流信息,往往有事半功倍的效果。

2）社会交往能力

汽车营销人员因工作需要必须和各种各样的人打交道,这就要求汽车营销人员要了解顾客不同的心理特征和行为特征,要学会如何与不同职业、不同地位的人打交道。现代营销要求汽车营销人员"主动出击",不断拓展自己的交往范围;在与顾客交往中要"入乡随俗",以善于从众的心理寻找契机;遵循人际交往的礼仪,以随和、热情、诚实的形象博得汽车购买者和其他人员的信赖和好感。

3）自控应变能力

汽车营销人员在工作中难免会遇到一些态度粗暴、吹毛求疵的客户,作为汽车营销人员则要有风度、气质和高度的自控能力,以自己的冷静使对方平静,用自己的和颜悦色消除对方的"火气"。自控并非目的,是为了在各种突发情况下保持清醒的头脑,所以,不仅要自控还需要应变,应变则需要理智和机智。作为汽车营销人员,多想几个假设,多制订几个计划,多准备几套预备方案和补救措施,这样才能随机应变,应付自如。

4）创新开拓能力

现代汽车市场是一个充满竞争的市场。现代汽车营销活动是在瞬息万变的情况下进行的,作为汽车营销人员必须具有较强的创新开拓能力,这就要求汽车营销人员应该做到:

①不安于现状,不满足于现有经验,努力奋发图强。

②视野要广阔,兴趣应广泛,善于学习、善于思维,融会贯通、扬长避短。

③不能有"惯性思维",要以全面的观点在事物中发现不足,寻找对策。

④要持之以恒。创新是一个艰苦的过程,"十年磨一剑",汽车营销人员要坚持不懈,永远以全新的姿态迎接挑战。

3.1.2　汽车销售人员的训练

(1)对工作的热爱

由于汽车是高价消费品,而且涉及问题较多,若车主对车型或行情不清楚,则会百般挑剔;同时售后服务的制度又要求销售人员应理解客户,耐心接待,随时待命效劳,所以要求销售人员具有高度的敬业精神。

(2)培训专业知识

关于汽车内部机械的结构与保养方法,以及各类竞争车型的行情,均在训练之内。销售人员有关汽车的知识要先求宽、再求精,要适应各种不同爱好及不同兴趣客户的需要,但应注意,千万不要以此来炫耀自己。

(3)态度亲切有礼

顾客很在乎销售人员的礼貌周到,所以对销售人员的服务态度训练至关重要。

(4)训练敏锐的观察力

汽车商品每笔生意金额都较大,成交过程又费时,这就要培养正确认识客户的眼光,以便全程追踪有购买能力与兴趣的客户。

(5)身体训练

身体训练应做到以下几点,并持之以恒:

①养成微笑的习惯。

②内心有希望健康的念头。

③经常放松自己,每天至少放松一次。

④保持平常心态,不应易于激动。

⑤每天坚持运动,要有充分的睡眠。

(6)观念训练

观念训练应注意:

①"勤奋"是灵魂。

②向内行请教或参加强化训练。

③真正接受销售的只有 20%。

④如果能对客户了解 80%,那付出 20% 的努力就可能有 80% 的成功把握。

⑤用 80% 的耳朵去听,用 20% 的嘴去说服。

⑥永无机会改变自己的第一形象。

⑦成功的 80% 来自交流与建立感情,20% 来自产品本身。

⑧销售从被客户拒绝开始。

⑨80% 的客户都会说销售的产品价格高。

⑩只要决心成功,就能战胜失败。

(7)自我激励

成功的销售人员应具有以下 15 条心:

热心	诚心	真心	爱心	关心
良心	虚心	耐心	专心	信心
决心	恒心	安心	小心	留心

3.1.3　汽车销售人员的岗位职责

①完成或超额完成销售定额。

②寻找客户:汽车销售员负责寻找新客户或主要客户。

③传播信息:汽车销售员应能熟练地将公司车辆和服务的信息传递出去。

④推销车辆:汽车销售员要懂得"推销术",接洽客户、向客户报价、回答客户的疑问并达成交易。

⑤提供服务:汽车销售员要为顾客提供各种服务——对顾客的问题提出咨询意见,给予技术帮助、安排资金融通、加速交车。

⑥收集信息:汽车销售员要进行市场调查收集市场情报,并认真填写访问报告。

⑦分析销售数据、测定市场潜力。

⑧参与拟定营销战略和计划。

⑨货款回笼。

3.1.4　汽车营销人员的服务行为规范

①服务过程中,面带微笑,亲切热情,知道客户姓氏时应尊称姓氏。

②实行"首问解决制",谁首先接待,谁就负责处理到底。面对客户提问时,不得回答"不

知道"，如若出现此情况，可先请客户稍候，代为询问后诚恳地回答客户的问题，对无法立即处理或答复的事项应记录客户联系电话，告知答复时间，认真核查、处理后再答复客户。

③在岗工作时，不得擅自相互串岗、脱岗或离岗，不得从事与客户服务无关的事情，不得放下手上工作，拨打和接听私人电话，业务办理过程中不得与其他销售人员闲聊。

④没有客户时，不得相互聊天或交头接耳，实行"站立式服务"迎接客户。当客户到展厅时，应主动问候示意，进行适当地询问。

⑤提前上岗做好班前准备，用品、单据、书写工具摆放有序，便利作业；杂物不外露，工作柜台、各类电脑、设备应保持外观整洁、摆放恰当。

⑥不得利用工作之便私自查看、更改客户档案资料，索要或接受客户馈赠品，做违反正常操作规程的事。

⑦不得拒接办公电话，电话响铃 3 声内提机。

⑧下班时若未办完客户的业务，需继续将业务办理完毕或交代接班人员办理，不可推诿、拒办业务。

服务礼仪规范：

①销售人员上岗必须穿着统一的标志服装，佩戴工号牌。

②仪容庄重大方，女职工应淡妆上岗。

③保持良好的个人卫生，不给客户造成不良的视觉形象。

④精神饱满、举止文明、彬彬有礼。

⑤站姿、坐姿、行姿，应端正、自然；正确使用标准的身体语言；在任何情况下接待客户都要以友善亲切的态度解答其询问，回答时保持眼神接触、微笑与细心聆听。

⑥站立迎候，主动招呼客户，微笑自然；热情接待客户，态度和蔼；耐心解答客户询问，不与客户争辩顶撞。

⑦在公共通道或电梯遇到客户，应暂停、侧身礼让、示意客户先行，严禁与客户抢道通行。

3.1.5　汽车营销人员的服务用语规范

①严格按照服务规范用语应答。

②来有迎声、问有答声、走有送声。

③使用规范服务用语，建立专业、有礼的职业服务形象，常使用文明服务十字用语："您好、请、谢谢、对不起、再见"，禁止使用服务忌语。

④语速适中，语音甜美，语调柔和。忌说话没有激情，语调平淡，过于拖拉或速度太快。咬字清晰，避免出现方言过浓的普通话。

⑤耐心解释、热情周到。严禁与客户通话时出现反问、质问的口气。

⑥应答过程中遇到客户咨询自己不熟悉的事项时，忌烦躁、不懂装懂、推诿、搪塞客户，不得无故打断客户说话，不要急于对客户作出解释，应请客户将问题表述完后再答复。

3.1.6　汽车营销人员的服务态度规范

(1) 总体要求

①服务人员要以良好的精神状态为客户服务，做到彬彬有礼、落落大方，善解人意、热情

周到。对待外宾要有礼节、不卑不亢。

②对客户提出的问题有问必答、耐心解释,对客户不懂的地方不教训、不责备。

③对自己不懂的疑难问题不装懂、不推诿,婉言向客户解释并请相关人员解答客户。

④尊重客户,不与客户开玩笑,严禁讥笑客户的生理缺陷。

⑤对个别客户的一些失礼言行,要尽量克制忍耐,得理让人,不与客户争辩顶撞,必要时请经理协助共同解决问题。

⑥服务过程中,有工作差错,应立即向客户致歉,并立即纠正差错,诚恳接受客户的批评。

⑦客户提出表扬道谢时,要谦虚致辞,不骄不躁。

(2)称呼礼节

①服务人员在岗时,必须使用标准称呼,男性称呼为"先生",女性称呼为"小姐""女士"等。

②如知道客户姓氏,则要尊称客户姓氏。

(3)谈话礼节

①与客户谈话时,表情自然大方,保持平视。

②语言平缓、清晰易懂。

③在解答客户疑难问题时,尽量不使用专业术语。

④在客户讲话时,应注意聆听,不可心不在焉。

⑤当客户在场时,询问别的同事问题时应使用客户能听懂的语言。

⑥严格使用规范服务用语。做到"请"字当头,"好"字结尾;用委婉的语气表达否定的意思"对不起"。

⑦严禁使用服务忌语,包括销售人员之间的对话,严禁与客户争辩,必要时可请展厅经理解决。

(4)视线和神情

①眼睛是心灵的窗口,视线与客户接触时要真诚热情。

②神情专注大方,不过分亲昵,也不面孔呆板。

③禁止有斜视、瞟视、俯视或眼神闪烁等不礼貌的神情。

④禁止以貌取人。

3.1.7　汽车营销人员的仪容仪表与姿态风度规范

(1)仪容仪表规范

1)女员工仪容仪表要求

服饰着装:

①上岗前必须穿戴好公司统一规定的制服。

②随时保持着装的整洁与完整。

③穿裙装时,必须配以长筒丝袜,皮鞋以中跟黑色为宜。

④在岗时,必须将工号牌佩戴胸前。

⑤在岗时,不可佩戴装饰性很强的项链、耳环等首饰;不可佩戴其他个人装饰物、标记和吉祥物等。

个人卫生:

①随时保持面部清洁,淡妆上岗。

②头发保持整洁和自然,头发不得太长,长发齐肩者使用统一头饰,短发要合拢在耳后。

③双手保持清洁,指甲不得过长。

④保持头发、身体和口腔的气味清洁。

⑤禁止涂有色指甲油,使用香味过浓的香水。

⑥岗前禁止饮酒或含有酒精的饮料。

2)男员工仪容仪表要求

服饰着装:

①上岗前必须穿戴好公司统一规定的制服。

②随时保持着装的整洁和完整。

③要求穿深色皮鞋相配。

④在岗时,必须将工号牌佩戴胸前。

⑤在岗时,不可佩戴装饰物、标记和吉祥物等。

个人卫生:

①随时保持面部清洁,不得留胡须和鬓角。

②禁止染发(除黑色),头发保持整齐,不得过长,不盖耳、不触衣领。

③双手保持清洁,指甲不得过长。

④保持头发、身体和口腔的气味清洁。

⑤禁止化妆、吹烫奇异发型或喷洒味道过浓的香水,岗前禁止饮酒或饮用含有酒精的饮料。

(2)姿态风度规范

1)坐姿

①入座时,应先扶座椅再轻稳坐下。

②无客户时,应自然挺胸端坐于位。

③与客户谈话时,上身微前倾,用柔和目光注视对方。

④从座位起身时,动作要轻缓,禁止突然起身离开,离位后要将座椅轻轻推回原处。

⑤禁止坐在座椅边缘或斜靠在椅背上,应至少坐满椅子的三分之二,脊背轻靠椅背。

⑥禁止二郎腿、双腿习惯性抖动或手上摆弄东西等不良习惯动作。

2)站姿

①头部端正,面带微笑,表情自然。

②身体自然收腹挺胸,双臂自然下垂放在身体前。

③两腿绷直,保持身体端正,男子双脚自然分开,与肩宽一致;女子脚后跟要靠紧,前掌分成夹角约 60°左右的“V”字形。

④禁止倚靠其他物品站立。

3)行姿

①尽量直线行走。

②行走幅度不可过大和过急。

③禁止将任何物品夹在腋下行走。

④严禁在展厅奔跑(紧急情况除外)。

3.2　汽车4S店销售管理制度

3.2.1　销售计划制度

(1)基本目标

以某公司为例,某公司××年度销售目标如下:

①部门全体:××××元以上。

②员工个人:××××元/每月以上。

③利税目标(含税):××××元以上。

④××品牌的销售目标:××××元以上。

(2)基本方针

为实现预定目标,某公司确立下列方针并付诸实行:

①本公司业务机构的所有人员必须精通其业务,团结协作、有危机意识、积极工作。

②工作朝高效率、高收益的方向发展。

③确立目标责任制,贯彻赏罚分明、重赏重罚政策。

④为达到预定目标将加强各种业务管理。

⑤本方针应贯彻至所有相关人员。

(3)促销计划

①分发、寄送宣传资料给潜在顾客。

②安装户外广告招牌。

③分发广告宣传单。

④积极支援经销商。

⑤举办讲习会、研讨会。

(4)人员的培训

鼓励销售人员参加研讨会,借此提高其销售技巧,增长汽车知识。

(5)广告计划

①重新检查广告媒体,务必使广告策划实现以最少的费用达到最好效果的目标。

②为达到上述目标,应针对广告、宣传技术进行充分的研究。

(6)营业实绩的管理及统计

①将销售额的实绩统计出来。依据展示厅、区域差别统计销售额。

②根据上述统计,可观察各厅的销售实绩,掌握各负责人员的活动绩效及各车辆种类的销售实绩。

(7)销售预算的确定及控制

①必须确定销售预算与经费预算,经费预算的决定通常随销售实绩进行上下调节。

②预算方面的各种基准、要领等须加以完善,成为示范本。

③经理应分年、月分别制订小组的销售方针及计划。

3.2.2 销售计划管理规范

根据本品牌汽车 4S 店的战略目标,销售部经理在每年 11 月中旬制订《全年销售预定计划》,并报市场中心经理审核。以战略目标为前提制订计划,配置各项资源,同时考虑到各职能部门的实际现状,计划包括车型计划、品牌运作计划、维修服务计划、配件销售计划等。审核通过后,下发各职能部门确认。

各职能部门经理根据《全年销售预定计划》,在每年的 12 月前制订出《各职能部门销售计划书》,并报市场营销部经理审核。

《各职能部门销售计划书》审核通过后,确定《全年销售计划》。若《各职能部门销售计划书》审核不能通过,须上报市场中心经理修改《全年销售计划》;最终必须在每年的 12 月中旬确定《全年销售计划》和《各职能部门销售计划书》;市场营销部经理根据各职能部门销售计划,安排全年促销活动;由市场营销部售前专员负责在每年 1 月前制订《年度促销活动计划》,经市场中心经理审批后负责执行。

各职能部门销售管理应以量化指标控制整个销售过程,实现计划目标。市场营销部经理在次月 5 日前针对各职能部门计划完成情况填写《各职能部门月度销售计划执行报告》,上报市场中心经理审核。每月经过评估后,由市场营销部经理根据计划完成情况及各职能部门资源配置重新调整下月计划,在次月 5 日前制订《各职能部门月度销售计划调整通知单》,上报市场中心经理审核,审核通过后,下发各职能部门经理执行。

3.2.3 班前会制度

①展厅经理负责点名,并做好考勤记录。

②展厅经理总结前一天本展厅的整体工作情况,对服务工作中出现的问题及不足之处进行分析,提出改进措施。

③表扬并勉励表现突出或服务质量有明显进步的销售人员,鼓励大家向他们学习;对服务仍有欠缺的销售人员进行细致点评,肯定销售人员好的一面,指出他的不足,并限期整改;主持班前会应注意收集客观依据,实事求是,注意语言技巧。

④今日工作中应注意的事项。

⑤学习新业务、新文件及口头通知等。

⑥展厅经理安排 2~3 分钟的答疑时间。销售人员可向展厅经理询问业务疑难问题或在工作中遇到无法独立解决的问题,展厅经理能够现场回答的应立即答复,若无法立即答复则应做好记录,向有关人员咨询后(销售人员普遍不明白的疑问或个别疑问),在班前会重点解答,制订统一口径。

⑦每日班前会的内容由内勤做好记录。

3.3 汽车销售经理的自身管理

3.3.1 汽车销售经理的职能

(1)确定销售目标

①利润计划;②品牌组合;③基本销售目标;④市场占有率目标;⑤销售组合;⑥销售价格

政策;⑦需求变动对策;⑧环境变动对策;⑨阶段性销售目标;⑩销售分配。

(2)把握市场

①需求分析、销售预测;②购买动机调查;③销售效率分析;④市场占有率调查;⑤趋势变动分析;⑥需求变动分析;⑦失败原因分析;⑧竞争者分析;⑨相关分析;⑩情报管理。

(3)决定销售战略

①品牌战略;②销售通路战略;③通路管理;④市场细分政策;⑤促销战略;⑥组织机构促销战略;⑦广告战略;⑧经销商的协助;⑨地区市场进攻战略;⑩企业形象管理。

(4)编制销售计划

①部门的方针;②部门的销售分配;③部门的销售目标、销售计划和销售预算的制订;④推销员的招聘、录用、培训与配置;⑤访问计划;⑥销售地图;⑦车辆知识的运用;⑧销售基点;⑨销售用具。

(5)制订销售战术

①战术的独创性;②失败原因活用法;③客户抱怨分析;④POP 广告;⑤潜在顾客整理法;⑥吸引顾客战术;⑦专案小组;⑧销售方案;⑨推销信函;⑩售前与售后服务。

(6)善用推销员的能力

①产品知识;②购买心理研究;③洽谈进行方法;④直率的谈话方法;⑤试探结论的方法;⑥应付反对意见的说法;⑦洽谈结论;⑧处理抱怨的方法;⑨应付各种顾客的方法;⑩角色扮演方法。

(7)培养推销员的奋斗精神

①适应性检查;②适才适用;③时间的管理;④能力评估;⑤销售业绩的评估;⑥薪资政策、报酬设计;⑦同行推销;⑧推销竞赛;⑨培养推销精神。

(8)管理销售活动

①销售组织的适当规模、销售队伍的组织;②职务分析、分配;③公司内部的沟通;④团队的建设、行动管理、间接人员管理;⑤销售事务;⑥销售统计;⑦销售费用的节省;⑧报表的设计;⑨业务量的测定。

(9)利润计划与资金管理

①利润目标的设定;②降低成本的目标;③利润管理;④资金周转表;⑤经营分析;⑥预算控制;⑦差异分析;⑧信用调查;⑨应收账款管理;⑩收款活动管理。

3.3.2　汽车销售经理岗位责任

(1)完成目标责任

①对销售部工作目标的完成负责。

②对销售部指标制订和分解的合理性负责。

③对销售网络建设的合理性负责。

④对确保经销商信誉负责。

(2)管理下属责任

①对所属下级的纪律行为、工作秩序、整体精神面貌负责。

②对销售部给企业造成的影响负责。

(3)制订规章、流程责任

①对销售部工作流程的正确执行负责。

②对销售部负责监督检查的规章制度的执行情况负责。

(4)收支管理责任

①对销售部预算开支的合理支配负责。

②对确保货款及时回笼负责。

(5)信息完整责任

对销售部所掌管的企业信息完整、秘密的安全负责。

3.3.3 汽车销售经理的权限

(1)对内对外的管理权

①对筛选客户有建议权。

②对重大促销活动有现场指挥权。

③具有对销售部所属汽车销售人员及各项业务工作的管理权。

④具有对直接下级岗位调配的建议权和提名权。

⑤对所属下级的工作有监督检查权。

⑥对所属下级的工作争议有裁决权。

⑦对限额资金有支配权。

⑧一定范围内的客诉赔偿权。

⑨有代表企业与政府相关部门和有关社会团体的联络权。

⑩一定范围内的经销商授信额度权。

(2)对上的报告权

有向公司领导层的报告权。

(3)对下的考核权

①对直接下级有奖惩的建议权。

②对所属下级的管理水平、业务水平和业绩有考核权。

3.4 交车前的检查(PDI)规范化操作

如果想要赢得顾客的满意,那么交车前的检查则是非常重要的工作,因为顾客对于新车的期望很大,如果顾客的期望没有被满足,例如车身有刮痕、粗制滥造等将会引起顾客极度的不满,并会严重影响到新车的销售。

所谓 PDI,就是新车送交顾客之前进行的一种检查,英文是 PREDELIVERY-INSPECTION,PDI 是缩写简称。PDI 是交车体系的一部分,该体系包括一系列在新车交货前需要完成的工作,其中大部分项目是由服务部门来完成的。服务部门的责任是正确迅速地执行(PDI),以便使车辆完美无缺地交到用户手中,保质保量地交一辆完美无缺的车是让用户满意的首要条件。

3.4.1　为什么要进行交车前的检查(PDI)

新车交车前检查的目的就是在新车投入正常使用前及时发现问题,并按新车出厂技术标准进行恢复;同时再次确认各部技术状态良好,例如各种润滑油、冷却液是否符合技术要求等,以保证客户所购汽车能正常运行。

新车出厂要经过一定的运输方式(或自行行驶)到销售部门,通过销售商后才到用户手中,在此期间,由于各种原因难免发生一些意外而使汽车遭到损坏。例如:在运输途中可能遇到极端恶劣的情况,导致运输过程中的碰撞、飞石、严寒、风雨;保管过程中的高温、蓄电池过度放电等。因此,必须进行交车前检查,对新车应加以整备,以恢复出厂时应有的品质。

此外,新车出厂时虽有厂检的技术质量标准,各种装备也按一定的要求配齐,但也难免一时疏忽,生产线上人为错误所导致的差错和损坏,也要一并加以检查,及时反馈给生产厂家,这对制造厂家提高产品质量、与制造厂家进一步密切合作关系,都将带来好处。

总之,新车交给顾客之前的检查是新车在投入运行前的一个重要环节,涉及制造厂、供应商和用户三方的关系,是对新车质量的一再验证,是消除质量事故隐患的必要措施,也是对购车客户履行承诺及系列优质服务的开始。

3.4.2　交车前的检查(PDI)服务的基本要求

我国汽车服务行业在 2002 年 7 月 23 日起实施的《汽车售后服务规范》中提出了 PDI 服务、技术咨询的基本要求:

①供方在将汽车交给顾客前,应保证整车完好。

②供方应仔细检查汽车的外观,确保外观无划伤及外部装备齐全。

③供方应仔细检查汽车内饰及装备,确保内饰清洁和装备完好。

④供方应对汽车性能进行测试,确保汽车的安全性和动力性良好。

⑤供方应保证汽车的辅助设备功能齐全。

⑥供方应向顾客介绍汽车的使用常识。

⑦供方有责任向顾客介绍汽车的装备、使用常识、保养常识、保修规定、保险常识、出险后的处理程序和注意事项。

⑧供方应向顾客提供 24 小时服务热线及救援电话。

⑨供方应随时解答顾客在使用中所遇到的问题。

3.4.3　新车交车前的检查(PDI)项目

新车检查一般是在制造厂指定的特约维修厂进行,其费用由制造厂支付。由于新车在销售过程中存在中间环节,所以新车交车前的检查又分为制造厂对经销商或运输商交车前的检查和经销商对顾客交车前的检查这两种情况。

PDI 应该检查的项目,请参照表 3.1。

表 3.1 PDI 表

日　期：	车型名称：	车架号码：
车主名称：	车型代号：	发动机号码：
外装颜色代号：	变速器号码：	行驶里程：
内饰颜色代号：	钥匙号码：	

对各项检查结果作如下标记：√ 合格　×异常		
1.内部与外观缺陷 2.油漆、电镀部件和车内装饰 3.随车物品、工具、备胎、千斤顶、用户手册、保修手册、随车钥匙,安装汽车保护件,拆下车轮防尘罩和车身保护膜 发动机部分检查： 4.发动机盖锁扣及铰链 5.蓄电池电极 6.电解液高度 7.主地线 8.主熔断器及备用件 9.制动液及缺油警告灯(包括 ABS) 10.液压离合器的液位 11.发动机油位 12.冷却液位及水质 13.助力转向液位 14.A/T 油位 15.玻璃清洗液位 16.传动带的松紧状况(助力转向、发电机、压机) 17.加速踏板控制拉线(A/T 控制位线) 关闭发动机盖操作与控制检查： 18.离合器踏板高度与自由行程 19.制动器踏板高度与自由行程 20.加速踏板 21.检查室内熔丝及备用件 点火开关转到位置I： 22.收音机调节 23.收音机/录音机/CD 机与电动天线 点火开关转到位置II： 24.所有警告灯的检查、ABS、手制动、油压/液位、发动机、制动故障、SRS、AT 挡位显示器、阻风门 25.AT 启动保护器 启动发动机检查： 26.蓄电池和启动机的工作及各警告灯显示情况 27.急速	28.前部与后部清洗器工作 29.前后刮水器的工作 30.方向指示灯与自动解除 31.危险警告灯 32.侧灯和牌照灯 33.前照灯及远光灯(远光指示灯) 34.雾灯开关 35.制动灯和倒车灯 36.仪表灯与调光器 37.烟缸及杂物箱照明灯 38.喇叭 39.点烟器 40.天窗的操作 41.后窗除雾器与指示灯 42.各种挡位下空调系统性能 43.循环开关 44.电动车窗、主控制板、各车门开关、分控开关及自动开关 45.电动机设定及检查 46.时钟的设定及检查 关闭发动机检查： 47."未关灯"警告灯关闭 48.转向盘自锁功能 49.手制动调节 50.转向盘角度调整 51.遮阳板 52.昼/夜后视镜 53.中央门锁及遥控装置(警报) 54.室内照明灯(3 个调节位置) 55.阅读照明灯 56.前后座椅安全带 57.座椅扶手 58.座椅靠背角度、座椅及头枕调整 59.行李箱盖(后车门)的开启 60.行李箱灯

续表

61.加油盖的开启及燃油牌号	78.轮胎压力(包括备胎)
62.后座椅的收放调整	79.工具与千斤顶
63.行李箱盖(后车门)的关闭及锁定	行驶试验检查:
车门的检查:	80.驾驶性能
64.门灯	81.从内部、悬架及制动器发出的噪声
65.手动车窗	82.制动器及手制动
66.后门儿童锁	83.转向盘自动回正
67.给锁/铰链加润滑剂	84.转向盘振动与位置
68.仪表板车门安全警告灯	85.A/T 挡位变换(升挡、降挡)
69.关闭车门检查安装情况	86.里程表行程读数及取消
70.一次性闭锁系统	87.巡航控制系统最终检查
71.底部、发动机、制动器与燃油管路是否有泄漏或破损	88.全自动故障显示器
	89.冷却风扇
72.悬架的固定与螺栓	90.急速/排放
73.M/T 油位	91.燃油、发动机油、冷却剂及废气的渗漏
74.差速器的油位	92.热启动性能
75.4WD 后部差速器的油位降下汽车检查	93.用 ABS 检测仪检查 ABS 性能
76.确认所有车轮螺母力矩	94.制冷剂观测窗最终准备
77.轮胎压力标签	95.清洗
	96.检查车内包括行李箱是否有漏水

PDI 检查员签字:	销售检查员签字:	车主签字:
日期:	日期:	日期:

注:本"PDI 检查单"所列的项目也许是您所检查的特定车型所没有的,为此请结合实际车型进行检查。

3.4.4　新车交车前的检查(PDI)操作程序及注意事项

①检查前,应先将车辆清洗干净。

②检查时,应按 PDI 检查单上的检查序号逐项检查,逐项记录。

③PDI 检查单将有助于正确完成检查并防止漏检任何项目,否则将会引起客户不满,甚至导致产品赔偿。

④根据车型的不同,PDI 检查单所列项目与实际车型检查内容可能有所不同,为此请结合实际车型进行检查。

⑤如果检查有一个或几个项目不合格时,重新恢复完毕后,应重新填写一份全部合格的表单。

⑥检查完成后,检查员必须在检查单上签字,并在《保修手册》中的交车前检查栏中签字。

⑦检查时不允许顾客在场,以避免顾客见到有缺陷的车辆而影响整车销售或引起纠纷。

⑧车辆销售时,顾客在确认车辆完好后,必须请顾客在全部检查项目合格的表上签字,以明确车辆在交付顾客时处于完好的状态,避免以后发生问题时因责任不清而产生纠纷。

⑨在车辆交给顾客时,必须填写《保修手册》中保修登记表内的用户车辆详细资料。

⑩单据的管理:将保修登记表、PDI 检查表及接车确认单的第一联粘贴在一起,连同新车用户保修登记表及磁盘于每月 15 日和 30 日以特快专递寄到汽车制造厂售后服务科。

将保修登记表、PDI 表及接车确认单的第二联(特约店存档联)粘贴在一起,于销售车当天由销售部门移交服务部门管理。

3.4.5 新车接车确认手续

当车辆运到特约店时,特约店接车人员应当在运输商在场的情况下,按接车确认单(表 3.2)的内容进行检查:

表 3.2 接车确认单

运单编号		运输商名称			
车型名称		运输商代表		日期	
车型代号		特约店名称			
车架号码		特约店代码			
发动机号码		检查者签名		日期	
检查项目		检查结果	处理方式	估 价	
外 观					
1)车身的变形、擦伤、锈蚀、安装、各部分之间吻合、油漆的损坏情况,褪色等					
2)外部零部件、减振器、注塑零部件等的安装、吻合、擦伤、锈蚀、变形等					
3)车门、门锁是否正常工作					
4)车窗玻璃的割痕、开关工作情况					
5)发动机罩锁扣、行李箱及油箱盖是否正常工作					
内 部					
1)车座、车门、顶棚、遮阳板等变色					
2)风窗玻璃喷洗器、刮水器等工作情况					
3)后视镜情况					
4)加热器、空调情况					
5)车灯情况					
6)其他电器部件情况					
性 能					
1)发动机启动情况					
2)制动器工作情况					
3)润滑情况					

续表

检查项目	检查结果	处理方式	估　价
其　他			
1)防锈情况			
2)蓄电池情况			
3)轮胎情况(包括备胎)			
4)底盘情况(悬架、油底壳、变速器、横梁等)			

①确认车辆的车架编号、型号及颜色等。

②总体检查破损情况:

a.车体——特别是底部和保险杠;

b.玻璃;

c.车辆内部。

③检查所有的部件、工具或应具备的设备是否齐全。

④车辆状况良好,填写接车确认单,接车人和运输商代表双方签字交接车辆。

如存在问题,经运输商确认,双方在确认单上注明存在问题、处理方法及估计修复费用,并签字确认。属运输商责任的问题,由运输商承担修复的全部费用。接车确认单第三联交给运输商。

注意:

接车确认不等同于 PDI。属于运输责任而导致车辆的任何损坏,制造厂家将不予保修,其修理费由运输商负责。

3.4.6　汽车除蜡与清洗

在进行新车全车检查前须进行除蜡或保护膜的清除工作。

(1)除蜡

新车出厂时,为防止汽车在运输、停放中车身油漆受阳光、灰尘等的侵蚀,都会在车身喷涂上一层防护蜡,在新车投入使用前必须清洗干净,这样车身的漆面色彩才可显示出来。

1)除蜡方式

①手工除蜡。用煤油(或其他溶蜡清净剂)擦抹,然后用热水清洗。此法煤油用量大,时间长,效果不佳。

②高压热水洗车机除蜡。要求高压水热水洗车机的工作压力为 500~800 kPa,水温 60~70 ℃。除蜡剂一般采用热水煤油混合液,煤油与热水比率为:煤油 3%~5%,热水 95%~97%,通过洗车机高压混合成高温高压乳状除蜡剂。

2)除蜡作业

①预先用热水清洗车身,时间为 3~5 min,操作时要求喷枪嘴距车身 30 cm 左右作扇形来回喷洗。

②用除蜡剂清洗时,喷枪喷嘴距离车身 20 cm 左右。操作时喷枪应来回喷洗,逐片将车蜡溶解清除,喷嘴不宜过久停留在车身某点喷射以防损坏漆膜。

③待车身全部车蜡除净,再用热水依序冲洗车身 3~5 min。

④用软布(或毛巾)按顺序擦干车身。如有未净的车蜡可用软布沾少许煤油清除,再用软布(或毛巾)擦净。

(2)运输保护膜

根据新的环境保护法规,在一些市场上从 2003 年起不再允许对新车进行涂蜡防腐操作。现在采用了一种新开发的运输保护膜,这种运输保护膜与涂蜡相比不仅能满足当前流行的表面防护所提出的所有要求,并具有 12 个月的存放能力。为了能够识别可能的运输损伤,必须在最多 2 天(由代理商从汽车验收开始算起)后按照说明书对此运输保护膜进行验收。验收时将在运输保护膜损伤部位的范围内所识别出的车身表面损伤标记为运输损伤。对于在未受损的运输保护膜下所确认出的车身表面损伤,应该按照担保级别来进行处理。车身表面和供应质量的检查,在发现缺陷的情况下应填写相应的表格并将其在短时间内寄回给整车厂。

(3)清洗

接车时,必须做清洗工作,这样可以清除车身上的尘灰和盐分以防止腐蚀,并且可以清楚地检验车子的状况。经过清洗后,必须检查汽车规格是否相符,运输过程中是否受到损伤,或零件遗失,是否还有其他问题等。

3.4.7 全车检查

(1)全车检查

全车检查可参考表 3.3 所列项目进行。

表 3.3　全车检查

特约维修厂			经销商		
车辆明细	车型(Medel)		车架号码(Frame No.)		
检查员			检验日期		
检查部位及检查项目					
	车辆外观		检查结果		备　注
1	除蜡或清除保护膜				
2	外观				
3	外部车身辅件				
4	车门、发动机盖、行李箱和油箱盖				
	电气系统/辅助设备				
1	安装室内灯熔丝(DOME)				
2	门锁系统、照明系统				
3	点火开关				
4	前照灯、雾灯				

续表

	车辆外观	检查结果		备　注
	电气系统/辅助设备			
5	驻车灯、尾灯、牌照灯			
6	转向信号灯、紧急信号灯			
7	制动灯、倒车灯			
8	仪表灯、照明控制			
9	警告灯、指示灯、警告音响			
10	驾驶室内灯			
11	座椅、安全带、记忆功能			
12	转向盘倾斜和伸缩调整			
13	后窗除雾			
14	电动顶窗			
15	数字时钟(调整至适当时间)			
16	外侧、内侧后视镜			
17	电动窗			
18	点烟器、烟灰盒			
19	杯架			
20	喇叭			
21	仪表板诊断系统指示			
22	遥控车门锁装置			
	车辆内部			
1	内部辅件			
2	漏水			
3	制动踏板			
	发动机罩下部			
1	发动机油			
2	制动液			
3	动力转向液			
4	冷却液、清洗液			
5	蓄电池			
6	发动机冷机状态			
7	发动机暖机状态			
8	发动机冷却风扇运转状态			

续表

	车辆外观	检查结果		备　注
9	变速器油			
10	液体渗漏(燃油、冷却液等)			
	车辆下部(使用举升机)			
1	车轮螺母力矩			
2	轮胎(包括备胎)气压			
3	渗漏及损伤			
4	排气系统			
5	除去制动器防锈盖			
6	安装橡胶塞(车身)			
7	安装车轮盖			
	试验			
1	刮水器和清洗器			
2	暖风和空调			
3	音响系统			
4	计量表和仪表			
5	自动变速器			
6	制动和驻车制动			
7	转向和转向盘偏置			
8	发动机怠速			
	最终检验			
1	行李箱灯			
2	备胎、千斤顶和工具等			
3	行李箱装饰物、地毯			
4	使用手册及资料			
5	钥匙			
6	除去车内保护罩、不需要的标签等			
7	清洗车辆			

注:检查结果的填写格式为 V:合格;A:调整;T:紧固;L:润滑;R:更换;X:修理;O:完成。

PDI 应该检查的项目,请参照制造厂家印制的新车交车前整备检查表进行。

(2) **全车检验**

全车检验项目参见表 3.4。

表3.4　检验项目

序　号	检验项目	不合格项目	序　号	检验项目	不合格项目
1	远光灯		31	起动机	
2	近光灯		32	发电机	
3	前转向灯		33	电器导线	
4	风窗玻璃		34	防护网/连接装置/标志	
5	刮水器		35	灭火器	
6	风窗玻璃清洗器		36	发动机异响/漏油	
7	喇叭		37	发动机支架/托架	
8	后转向灯		38	转向轴/万向节	
9	尾灯		39	转向机支架	
10	制动灯		40	转向摇臂/轴	
11	倒车灯		41	前吊耳轴/套/销	
12	散热器		42	横顺拉杆	
13	号牌灯		43	转向主销/轴承	
14	车厢/地板		44	前悬架连接/轴套	
15	驾驶室内灯		45	后悬架连接/轴承	
16	车窗		46	后部杆系	
17	车门		47	后部软管/管子/气罐	
18	下视境/后视镜		48	弹簧夹箍/断裂	
19	速度表		49	弹簧U形螺栓/螺母	
20	制动踏板自由行程		50	减震器	
21	驻车制动器		51	后吊耳轴/套/销	
22	转向盘		52	后半轴螺栓/螺母	
23	转向机轴筒托架		53	推进器转动轴万向节	
24	司机位/乘客位		54	排气管/消声器	
25	轮胎		55	车架	
26	轮胎螺栓/螺母		56	底盘横梁	
27	燃油箱/燃油箱盖		57	车内底板	
28	挡泥板		58	转向助力器	
29	车身/漆面		59	制动器渗油/漏气	
30	仪表/仪表灯		60	变速器/减速器漏水/油	

当生产技术改进时，一些PDI项目可以减少，但如果增加有新的零件或结构时，则必须增

加检查项目。也就是说,PDI 的项目是可以改变的。

(3)接车

接收新车时的检验,在很多时候似乎不是服务部门的工作,然而此时的服务部门也应尽量积极参与,因为接车检验不仅是一项很重要的工作,也是高品质服务的开始。

(4)新车库存

一般情况下制造厂家提供新车库存手册,应根据新车库存手册结合本公司的具体情况拟定一个库存新车的计划并认真执行。

新车检查完毕以后,还应根据《用户使用手册》和《保修手册》向顾客介绍新车使用常识、装备情况、保养维修知识和解答顾客提出的使用中各种临时性的问题。

3.5 4S 店汽车消费信贷代理服务

3.5.1 国内外汽车消费信贷

(1)对信贷消费的认识

所谓信贷消费,简单地讲就是鼓励消费者从银行先借钱消费,然后再分期偿还,即"花明天的钱,圆今天的梦"。消费信贷在发达国家较普遍,法国 25% 的家庭靠银行贷款买房,美国 70%、日本 50%、德国 60% 的汽车消费则是通过分期付款信贷进行的。在我国,目前消费信贷占贷款总规模的比例只在 1% 左右。

(2)国外汽车信贷

国外比较大的汽车制造公司都有自己的汽车金融公司为促销自己的汽车而发放贷款,对现有的顾客群和营业网点开展汽车金融服务,从而扩大汽车的销售提高收入。发达国家的汽车销售多以分期付款方式进行,汽车公司金融业的运作方式与一般的银行办理的汽车分期付款不同,银行贷款往往以固定资产、银行存款或保险作抵押,而汽车公司提供的则是以所购汽车为主要抵押物,手续简便,易于为消费者接受。另外,这些汽车公司金融机构提供的贷款利率也因车型而异,比较灵活,对于促销车辆,其贷款利率也非常低,在这一点上,传统银行无法与之相比。

(3)国内汽车消费信贷

所谓汽车消费信贷,就是金融机构对消费者个人发放的用于购买汽车的贷款。换句话说,就是银行向在与该行签订了《汽车消费贷款合作协议书》的特约经销商处购买汽车的借款人发放的用于购车的贷款,它是银行为解决购车者因一次性支付车款困难而推出的一项业务。通俗地讲,就是到银行去借钱,用银行的钱去办自己的事。不过客户需要注意,并不是在所有的汽车经销商处购车都可以获得汽车消费贷款,只有在特约经销商处购车才可以申请汽车消费信贷。这里的特约经销商是指在汽车生产厂家推荐的基础上,由银行各级分行根据经销商的资金实力、市场占有率和信誉进行初选,然后报到总行,经总行确认的、与各分行签订《汽车消费贷款合作协议书》的汽车经销商。

一般来说,办理汽车消费信贷应具备以下条件:

①贷款人要有稳定的职业和经济收入或易于变现的资产,足以按期偿还贷款本息。

②贷款人申请贷款期间有不低于贷款银行规定的购车首期款存入该银行。

③贷款人必须提供贷款银行认可的担保。也就是说，借款人必须按照《中华人民共和国担保法》的有关规定提供担保。这里的担保，就是指借款人可用所购汽车或银行认可的可以作为抵押物和抵押财产进行抵押，也可以用第三方保证方式提供担保，在借款人不能履行合同时承担连带责任。

3.5.2　汽车消费信贷方式与程序

(1) 贷款对象

凡在当地有固定住所、具有完全民事行为能力的自然人和经工商行政管理机关核准登记的企、事业法人都可以进行汽车消费贷款。

(2) 借款人的条件 (以中国工商银行为例)

1) 申请贷款的自然人应符合的条件

①具有完全民事行为能力的中国公民，原则上年龄不超过 65 周岁。

②有本市常住户口或有效居住身份，有固定的住所。

③有稳定职业和固定收入，具有按期偿还贷款本息的能力。

④提供贷款人认可的财产抵押，或有效权利质押，或具有代偿能力的法人或第三方作为偿还贷款本息并承担连带责任的保证担保。

⑤遵纪守法，没有不良信用记录。

⑥持有与特约经销商签订的购车协议或购车合同。

⑦在工行开立信用卡或活期储蓄存折，并与贷款人签订同意从其信用卡或活期储蓄存折中扣收贷款本息的协议。

⑧提供或贷款人存折有不低于首期付款金额的购车款。

2) 申请贷款的法人应符合条件

①经本市工商行政管理机构核准登记、年检合格的企业法人。

②如为出租汽车公司，则须有本市客运管理处核发的营运许可证。

③须有中国人民银行颁发的《贷款证》。

④与工行建立信贷关系，基期或即期企业信用等级 BBB (含) 以上，按期还本付息能力强。

⑤在工行开立结算账户，能提供或贷款人存有不低于首期付款金额的购车款。

⑥如更新车辆，须有车辆更新申请表。

⑦提供贷款人认可的财产抵押，或有效权利质押，或具有代偿能力的法人承担还本付息连带责任的保证担保。

(3) 贷款的金额、期限和利率

1) 贷款金额

借款人以国库券、企业债券、个人存单作抵押的，存入银行的首期款不得少于购车款的 20%，借款最高限额为购车款 80%；借款人以所购车辆作抵押或其他资产作抵押的，存入银行的首期款不得少于购车款 30%，借款最高限额为购车款的 70%，借款人提供第三方保证方式的，存入银行的首期款不得少于购车款 40%，借款限额最高为购车款的 60%。

2) 贷款期限

贷款期限一般为 3 年 (含)，最长不超过 5 年 (含)，如采用贷款到期一次性还本付息的，贷款期限控制在一年(含)之内。

3)贷款利率

贷款利率原则上按照银行规定的同期同档利率执行(见表 3.5)。如遇贷款利率调整,贷款期限在 1 年(含)以下的,执行合同利率,不分段计息;贷款期限在 1 年以上的,实行分段计息,于下一年度 1 月 1 日开始,执行同期同档贷款新利率。

表 3.5　汽车消费贷款利率及万元月供款

贷款期限/年	期　数	年利率/%	贷款额/元	月供额/元
1	12	5.85	10 000	859.98
2	24	5.94	10 000	442.94
3	36	5.94	10 000	303.95
4	48	6.03	10 000	234.99
5	60	6.03	10 000	193.47

(4)贷款的方式

贷款方式分为抵押、质押和第三方保证。

1)车辆抵押

这是以借款人所购车辆作抵押的,应以其价值全额作抵押。

2)质押

质押是以贷款人认可的其他抵押物作担保的,其价值必须大于贷款金额的 150%;以无争议、未做挂失,且能为贷款人依法实施有效支付的权利作质押的,其价值必须大于贷款金额的 110%。

3)第三方保证

以第三方保证作担保的,保证人应具备以下条件:

①如为具有完全民事行为能力的自然人,应有本市常住户口或有效居住身份、固定住所、稳定职业和较高的收入以及贷款人规定的其他条件。

②如为除银行、保险公司以外的企(事)业法人,应具备法人资格,且资信状况良好、基期或即期企业信用等级 A 级(含)以上,有代借款人偿还贷款本息的能力以及符合贷款人规定的其他条件。

③如为保险公司,须持有贷款人指定的保险公司提供的履约担保的保险单据,且担保金额原则上须大于贷款本息。

4)办理购车贷款所需的有关材料

①个人:

a.身份证复印件、户口簿、结婚证;

b.收入证明;

c.所得税单;

d.水、电、煤、手机账单(三个月);

e.汽车订单复印件;

f.个人汽车消费贷款申请书;

g.其他材料。

②私营企业主还必须提供：

a.营业执照；

b.法人代码证；

c.公司章程；

d.上年经审计的报表。

③法人：

a.营业执照、法人代码证、公司章程；

b.贷款证、上年审计的财务报告；

c.法定代表人身份证复印件、法人代表资格证明；

d.近三个月的财务报表；

e.购车订单复印件；

f.法人汽车消费贷款申请书；

g.董事会决议；

h.购车计划；

i.其他材料。

(5)汽车消费贷款审批程序

①消费者应先到银行营业网点进行咨询,银行向消费者推荐特约经销商。

②消费者到经销商处选购汽车并签订购车合同。

③消费者到银行提出贷款申请,申请时必须出具以下证明:有效身份证明、购车协议或合同、职业与经济收入及家庭状况的证明、担保证明以及银行规定的其他证明材料。

④银行受理贷款申请后,要对借款人和保证人的资信情况进行必要的调查,一般在 15 个工作日内将审批意见通知申请人。对符合贷款条件者,银行会及时通知借款人办理贷款担保手续,签订贷款合同。

⑤借款人去银行指定的保险公司预办抵押物保险。

⑥银行向经销商出具贷款通知书,同时将购车首期款支付给经销商。

⑦经销商收到贷款通知书后,协助借款人到有关部门办理有关手续。

至此,消费者就可以名正言顺地行使对汽车的拥有权了,但在合同期内,银行还将对购车人的收入状况、抵押物状况、保证人的代偿能力等进行必要的监督。例如上海大众汽车公司为了开展桑塔纳车的销售业务,推出用车辆进行抵押的汽车消费贷款方式,这不能不说是对国内汽车消费贷款的一种冲击,因为它的贷款条件更为宽松,运作方式更加灵活。为了方便广大汽车消费者了解,我们对其情况进行以下简单介绍:

①客户到当地上海大众汽车公司授权的销售公司咨询该公司并提供有关材料,然后下订单,将订单复印件提交银行。

②银行对提供的材料进行审核和批准(三天内完成)。

③银行对审批合格的客户,发出"同意汽车消费贷款通知书"。

④客户接到银行通知书后与银行签订合同,并办理保险公证手续,客户所在公司向银行提供放款日到抵押登记办妥前这段时间的期间担保。

⑤销售公司向客户收取款项(定金等),银行接到付款收据的复印件及公证书后放款,并

同时通知销售公司。全款到位后,销售公司帮助客户办理提车手续,开具购车发票,给出车架号、发动机号,客户将两个号码提供给保险公司,开出保单,并办理上牌。

⑥销售公司将购车发票、车辆合格证、保险单及行驶证复印件移交银行,由银行办理抵押手续。

⑦银行办妥抵押登记,客户到银行领取有关权证。

3.6 4S 店汽车销售中办理汽车保险的代理服务

我国的私人汽车越来越多,而汽车运行速度快,极易发生事故,为避免车辆在使用过程中出现意外事故蒙受损失,因此车主参加保险很有必要。从我国目前情况来看,车辆保险主要包括车辆损失险、第三者责任险、不计免赔附加险、车上责任险、被盗被抢险、玻璃破碎险和自燃保险等。

3.6.1 汽车保险含义

汽车保险是指汽车在行驶中发生各类交通事故造成的人身伤亡和财产损失,依法由保险人(即保险公司)按照保险合同承担保险责任,对被保险人(或车主)进行赔偿的行为。

3.6.2 汽车保险种类

保险合同为不定值保险合同,分为基本险和附加险,但附加险不能独立保险。

(1)基本险

在中国境内行驶的机动车辆必须投保第三者责任险。

1)第三者责任险

第三者责任险是指被保险人或其允许的驾驶员在使用投保车辆过程中,发生意外事故,致使第三人遭受人身伤亡或财产直接损毁,依法应当由被保险人支付的赔偿金额,保险人依照《道路交通事故处理办法》和保险合同的规定给予赔偿。

2)车辆损失险

车辆损失险是指被保险人或其允许的合格驾驶员在使用车辆过程中,因保险合同所列原因造成保险车辆损失,由保险人负责赔偿。

(2)附加险

在中国境内行驶的机动车辆可以选择投保附加险。

附加险不能独立投保,在投保了车辆损失险的基础上方可投保全车盗抢险、玻璃单独破碎险、车辆停驶损失险、自然损失险和新增加设备损失险。在投保了第三者责任险的基础上方可投保车辆责任险、无过失责任险和车载货物掉落责任险。附加险条款与基本险条款相抵触之处,以附加险条款为准。未尽之处,以基本险条款为准。附加险有:

1)全车盗抢险

保险车辆全车被盗窃、被抢夺、被抢劫,经县级以上公安刑侦部门立案证实,满 3 个月未查明下落时,按保险人保险车辆的实际价值或依照保险合同规定的限额负责赔偿。

2）无过失责任险

投保了该保险的机动车辆在使用过程中,因与非机动车辆、行人发生交通事故,造成对方人员伤亡和财产直接损毁,保险车辆一方无过失,但被保险人拒绝赔偿未果,对被保险人已经支付给对方而无法追回的费用,保险人按《道路交通事故处理办法》和出险当地的道路交通事故处理规定标准,在保险单所载明的保险限额内计算赔偿。

3）车上责任险

投保了该保险的机动车辆在使用过程中,发生意外事故,致使保险车辆上所载货物遭受直接损毁和车上人员的人身伤亡,依法应由被保险人承担的经济赔偿责任,以及被保险人为减少损失而支付的必要合理的施救、保护费用,保险人在保险单所载明的该保险赔偿限额内计算赔偿。

4）车载货物掉落责任险

投保了该保险的机动车辆在使用过程中,所载货物从车上掉下来致使第三者遭受人身伤亡或财产的直接损毁,依法应由被保险人承担的经济赔偿责任,保险人在保险单所载明的保险赔偿限额内计算赔偿。

5）车辆停驶损失险

投保了该保险的机动车辆在使用过程中,因发生基本险条款所列的保险事故,造成车身损毁,致使车辆停驶,保险人按部分损失、全车损毁的规定,按保险单的约定赔偿限额承担赔偿责任。

6）自燃损失险

投保了该保险的机动车辆在使用过程中,保险车辆因电器、线路、供油系统发生故障及运载货物自身原因起火燃烧,造成保险车辆损失,以及被保险人在发生本保险事故时,为减少保险车辆损失所支出的必要合理的施救费用,保险人在保险单该项目所载明的保险金额内,按保险车辆的实际损失计算赔偿。发生全部损失的,按出险时保险车辆实际价值在保险单该项目所载明的保险金额内计算赔偿。

7）玻璃单独破碎险

投保了该保险的机动车辆在使用过程中,发生保险车辆玻璃单独破碎,保险人按实际损失计算赔偿。

8）新增加设备损失险

投保了该保险的机动车辆在使用过程中,发生了基本险条款所列的保险事故,造成车上新增加设备的直接损毁,保险人在保险单该项目所载明的保险金额内,按实际损失计算赔偿。

（3）除外责任

对于投保基本险的汽车,不是在任何情况下发生的损失都会得到保险公司的赔偿。所以,保险公司会预先声明一些除外保险责任。

①保险车的下列损失,保险公司不负责赔偿:自然磨损、绣蚀、故障、轮胎爆裂;地震、人工直接供油、自燃、明火烘烤造成的损失;受本车所载货物撞击的损失;两轮及轻便摩托车停放期间翻倒的损失;遭受保险责任范围内的损失后,未经必要修理继续使用导致损失进一步扩大。

②保险车辆造成下列人身伤亡和财产损毁,不论在法律上是否应当由车主承担赔偿责任,保险公司也不负责赔偿:车主所有或代管的财产;私车、个人承包车车主及家庭成员,以及

他们所有或代管的财产;本车上的一切人员和财产;车辆所载货物掉落、泄漏造成的人身伤亡和财产损毁。

③下列原因造成保险车辆损失或第三者经济赔偿,保险公司均不负责:战争、军事冲突、暴乱、扣押、罚没;竞赛、测试、进厂修理;饮酒、吸毒、药物麻醉、无有效驾驶证等的驾车行为;保险车拖未保险车及其他拖带物或未保险车拖保险车造成的损失。

④下列损失和费用,保险公司不负责赔偿:保险车发生意外事故,致使车主或第三者停业、停驶、停电、停水、停气、停产、中断通信及其他各种间接损失;车主及驾驶员的故意行为;其他不属于保险责任范围内的损失和费用。

3.6.3 汽车保险的金额、期限和费用

(1)保险金额和赔偿限额

1)损失险金额

车辆损失险的保险金额由投保人和保险人选择三种下列方式之一协商确定。

①按新车购置价确定。新车购置价是指保险合同签订的购置与保险车辆同类型新车(含车辆购置附加税)的价格。

②按投保时的实际价值确定。实际价值是指同类型车辆市场新车购置价减去该车已使用年限折旧金额后的价格。

③协商确定。由投保人与保险人协商确定,但保险金额不得超过同类型新车购置价,超过部分无效。

2)赔偿限额

①在不同区域内,摩托车、拖拉机的最多赔偿限额分为 4 个档次:2 万元、5 万元、10 万元和 20 万元。

②第三者责任险的每次事故最高赔偿限额分为 6 个档次:5 万元起、10 万元、20 万元、50万元、100 万元和 100 万元以上,最高不超过 1 000 万元。

③挂车投保后与主车视为一体。发生保险事故时,挂车引起的赔偿责任视同主车引起的赔偿责任,但以主车赔偿限额为限。

(2)保险期限

保险合同的保险期限为一年,除法律另有规定外,投保时保险期限不足一年的按短期月费率收取保险费;保险期限不足一个月的按月计算。

(3)保险费用的计算

1)保险费率确定的基本原则

①公平合理原则。公平合理原则的核心是确保实现每一个被保险人的保费负担基本上是依据或者反映了保险标的的危险程度,这种公平合理的原则应在两个层面上加以体现。

一是在保险人和被保险人之间。在保险人和被保险人之间体现公平合理的原则,是指保险人的总体收费应当符合保险价格确定的基本原理,尤其是在附加费率部分,不应让被保险人负担保险人不合理的经营成本和利润。

二是在不同的被保险人之间。在被保险人之间体现公平合理,是指不同被保险人的保险标的的危险程度可能存在较大的差异,保险人对不同的被保险人收取的保险费应当反映这种差异。

由于保险商品存在一定的特殊性,要实现绝对公平合理是不可能的,所以,公平合理只能是相对的,只是要求保险人在确定费率的过程中应当注意体现一种公平合理的倾向,力求实现费率确定的相对公平合理。

②保证偿付原则。保证偿付原则的核心是确保保险人具有充分的偿付能力。保险费是保险标的损失偿付的基本资金,所以,确定的保险费率应保证保险公司具有相应的偿付能力,这是保险的基本职能决定的。保险费率过低,势必削弱保险公司的偿付能力,从而影响对被保险人的实际保障。在市场经济条件下,经常出现一些保险公司在市场竞争中为了争取市场份额,盲目地降低保险费率,结果是严重影响其自身的偿付能力,损害了被保险人的利益,甚至对整个保险业和社会产生巨大的负面影响。为了防止这种现象的发生,各国对于保险费率的确定,大都实行由同业公会制定统一费率的方式,有的国家在一定的历史时期甚至采用由国家保险监督管理部门颁布统一费率,并要求强制执行的方式。

保证偿付能力是保险费率确定原则的关键,原因是保险公司是否具有足够的偿付能力,这不仅仅是影响到保险业的经营秩序和稳定,同时,也可能对广大的被保险人乃至整个社会产生直接的影响。

③相对稳定原则。相对稳定原则是指保险费率确定之后,应当在相当长的一段时间内保持稳定,不要轻易地变动。由于机动车辆保险业务存在保费总量大、单量多的特点,经常的费率变动势必增加保险公司的业务工作量,导致经营成本上升,同时也会给被保险人需要不断适应新的费率带来不便。要实现保险费率相对稳定的原则,在确定保险费率时就应充分考虑各种可能影响费率的因素,建立科学的费率体系,更重要的是应对未来的趋势作出科学的预测,确保费率的适度超前,从而实现费率的相对稳定。

要求费率的确定具有一定的稳定性是相对的,一旦经营的外部环境发生了较大的变化,保险费率就必须进行相应的调整,以符合公平合理的原则。

④促进防损原则。防灾防损是保险的一个重要职能,其内涵是保险公司在经营过程中应协调某一风险群体的利益,积极推动和参与针对这一风险群体的预防灾害和损失活动,减少或者避免不必要的灾害事故的发生。这样不仅可以减少保险公司的赔付金额及被保险人的损失,更重要的是可以保障社会财富,稳定企业的经营,安定人民的生活,促进社会经济的发展。

2)保险方案设计

①完全保障方案。

险种组合:车辆损失险+第三者责任险+车上责任险+挡风玻璃单独破碎险+不计免赔特约险+新增加设备损失险+自燃损失险+全车盗抢险。

特点:保全险,能保的险种全部投保。即几乎与汽车有关的全部事故损失都能得到赔偿。不必因为少保一个险种而得不到赔偿,承担投保决策失误的责任。

②最佳保障方案。

险种组合:车辆损失险+第三者责任险+车上责任险+挡风玻璃单独破碎险+不计免赔特约险+全车盗抢险。

特点:在完全保障方案中剔除新增加设备损失险和自燃损失险。因为这两个险种的出现概率不高,必要性不是很大,即价值大的险种投保,价值不大的就不花冤枉钱投保。

③最低保险方案。

险种组合:第三者责任险。

特点:只保第三者责任险,别的全部不保,即可以用来应付上牌照和验车,一旦撞车或撞人,对方的损失也能得到保险公司的一些赔偿,不过,自己车的损失就没人赔了。

④经济保障方案。

险种组合:车辆损失险+第三者责任险+不计免赔特约险+全车盗抢险。

特点:仅投保4个最必要、最有价值的险种,即用最少的钱投保最有价值的险种,性价比最高;个人最关心的丢失和赔偿问题等大部分风险都有保险,这是精打细算的人的最佳选择。

3)保费计算的举例

根据新条款内容,以一辆价值15万元的车(非营业性)为示例。基本保险费:240元;基本保险费率:1.2%;全车盗抢险费率:1%;车上责任险:每座60元;不计免赔险费率:20%;自燃损失险费率:0.4%;

具体计算如下:

①投保第三者责任险(赔偿限额10万元)保险费1 300元。

②车辆损失险(保险金额15万元):

保费计算:基本保险费+保险金额×费率(%)=240+150 000×1.2%=2 040元;全车盗抢险(保险金额15万元),保费按1%计算为1 500元;车上责任险(5座,每座60元)300元;不计免赔险:保费=(车损险保费+第三者险保费)×20%=668元;自燃损失险:150 000×0.4%=600元;合计保险费5 008元。

3.6.4　汽车保险的索赔

(1)保险索赔程序

1)单方事故

①报案。直接向保险公司报案,如损失较大,可由保险公司确认是否向当地公安机关报案或保险公司现场勘查。

②定损。由当事人配合保险公司索赔人员勘查、确认损失,如在修理过程中发现还有其他损失的,马上报请保险人复查。

③索赔。尽快地收集索赔单据,15天内向保险公司申请索赔,一般所需单据如下:

a.填写出险通知书并加盖公章(私车需盖私章);

b.交通事故仲裁机关出具的调解书、责任认定书或有关政府职能部门的证明;

c.保险公司的定损单;

d.车辆的修理发票及维修清单、施救费;

e.第三者车损修理发票及维修清单、施救费、物损发票;

f.如有一次性赔偿的,需提供一次性赔偿凭证;

g.肇事车辆的行驶证正、副本及司机驾驶执照正、副本复印件(私车还要提供被保险人身份证复印件);

h.保单复印件;

i.赔款通知书上加盖公章及公司账号(私车由被保险人签字);

j.如所汇款单位或个人与被保险人不符,还需提供被保险人的委托书。

2)伤亡事故

①报案。立即向警方报案,抢救伤者,在 48 小时内向保险公司报案(越早越好),尽量减少损失。

②定损。向保险公司咨询有关第三者或车上人员的伤残或死亡赔偿标准,如有必要可与保险公司调查员到医院了解伤者情况,到事故处理部门进行责任认定和事故调解;人伤入院不必垫付过多的医疗费用,以免被动,可在核实责任后向保险人咨询再认可。

③索赔。尽快地收集索赔单据,15 天内向保险公司申请索赔,所需单据一般如下:

a.填写出险通知书并加盖公章(私车需盖私章);

b.交通事故仲裁机关出具的调解书、责任认定书或有关政府职能部门的证明;

c.伤者诊断证明、伤残鉴定报告、出院小结、医疗病历、一次性赔偿凭证(伤残事故);

d.死亡证明、一次性赔偿凭证(死亡事故);

e.被抚养人(仅限直系亲属)的户籍证明(残疾或死亡事故所需);

f.医疗费、家属的交通费、住宿费;

g.肇事车辆的行驶证正、副本及司机驾驶执照正、副本复印件(私车还要提供被保险人身份证复印件);

h.保单复印件;

i.赔款通知书上加盖公章及公司账号(私车由被保险人签字);

j.如所汇款单位或个人与被保险人不符,需提供被保险人委托书。

3)盗抢索赔

①报案。立即向当地公安刑侦部门(电话 110)报案(24 小时),保留现场并立即向保险公司报案(48 小时)。

②定损。尽快在当地市级以上报社发布寻车启事,要索取并保存该期报刊至索赔;3 个月后到当地公安刑侦部门开具未破案证明,同时到车辆所属车管部门办理失窃车辆牌证注销手续。

③索赔。尽快地收集索赔单据。15 天内向保险公司申请索赔(保险公司一般在报案 3 个月后受理),一般所需单据如下:

a.填写出险通知书并加盖公章(私车需盖私章);

b.车钥匙两把;

c.行驶证及副本原件和驾驶证正、副本复印件;

d.购车发票;

e.登报寻车启事、公安报案受理单、公安刑侦部门 3 个月未破案证明;

f.停车场证明、停车费收据正本;

g.权益转让书;

h.保单复印件;

i.失窃车辆牌证注销登记表;

j.单位营业执照复印件(私车提供身份证复印件);

k.赔款通知书上加盖公章及公司账号(私车由被保险人签字);

l.如所汇款单位或个人与被保险人不符,需提供被保人委托书。

（2）赔偿数额和方法

1）车辆损失险的赔偿

车辆损失险的赔偿分为全部损失赔偿和部分损失赔偿。全部损失赔偿按保险金额执行，但当保险金额高于重置价值（即实际价值，以出险地重新购置价为准）时，赔偿金额以不超过出险地的重置价为限。部分损失赔偿按实际修理费为计算赔偿依据，但不超过保险金额；如保险金额低于保险价值的车辆，按保险金额与保险价值的比例计算赔偿修理费。

车辆损失赔偿以不超过保险金额为限。如果保险车按全部损失计算赔偿或部分损失一次赔偿达到保险金额，车辆损失险的保险责任即行终止；如赔偿金额未达到保险金额，合同继续有效。

根据驾驶员在事故中所负责任，车辆损失险和第三者责任险在符合赔偿规定的金额内实行绝对免赔率：负全部责任免赔 20%，负主要责任免赔 15%，负同等责任免赔 10%，负次要责任免赔 5%。

2）赔偿金额与保险金额相关

如果汽车投保时的保险金额按车的实际价值确定，保险金额低于保险价值，但等于实际价值。遇到车辆被盗、抢造成全车损失时，得到的赔偿与保险金额等同于保险价值时一样，但遇到部分损坏时却不同，保险车辆得到按保险金额与保险价值的比例计算赔偿修理费用。车辆损失以不超过保险金额为限，如果保险车辆按全部损失计算赔偿或部分损失一次赔款达到保险金额时，车辆损失险的保险责任终止。当保险金额低于实际价值时，如果车辆发生全损，保险公司按照保险金额计算赔偿金。所以，在给车辆上保险时应该实事求是，足额投保。

举例说明：假设一辆新车的购置价为 12 万元，使用 3 年后，车主以 8 万元购买，则此时它的实际价值是 12 万元/15 年×（15 年－3 年）= 9.6 万元。在投保不同保险金额的情况下，发生全部损失（被盗）和部分损失（修理费 800 元）时，保险公司的赔款计算如下：

①保险价值 12 万元，保险金额 12 万元：全部损失时赔款 96 000×80%＝76 800（元）；部分损失时赔款 800×80%＝640（元）。

②保险价值 12 万元，保险金额 8 万元：全部损失时赔款 80 000×80%＝64 000（元）；部分损失时赔款（80 000/120 000）800× 80%＝426.67（元）。

③保险价值 12 万元，保险金额 6 万元：全部损失时赔款 60 000× 80%＝48 000（元）；部分损失时赔款（60 000/120 000）×800×80%＝320（元）。

注意：当赔款达到应交保费 150%时，保险公司还要加收应交保费的 30%，并在赔款中扣除。

（3）索赔的注意事项

1）实事求是、及时报案

出事后，车主或其他相关人员应将事故发生的时间、地点、原因、损失程度、估损金额等通过填写《机动车出险登记表》和《机动车出险通知书》及时向保险公司报告。若被保险车被盗抢，应在 24 小时内向公安刑侦部门报案，同时通知保险公司。

2）保护现场、配合查勘

保护并配合查勘现场。

3）提供证明、交送单据

索赔时应向保险公司提供保险单、事故责任认定书、事故调解书、人员伤亡证明及费用单据、伤残鉴定证明等。

4）尽量修复、事先约定

出险车因保险事故受损或致使第三者财产损坏,应尽量修复,修理前车主须同保险公司检验、确定修理项目、方式和费用,以免被保险公司重新核定甚至拒绝赔偿。

3.6.5　汽车保险的误区

(1)不足额投保

由于汽车保险费的费率是固定的,因而交费多少取决于汽车自身保险金额的高低。正确的选择是足额投保,也就是说车辆价值多少就保多少,日后万一损毁、失窃,可得到足额赔付。可有的人为了省点保险费,不愿足额投保,明明价值 40 万元的轿车,只保 20 万元,保险费确实是省了点,但万一发生事故,就不能得到足额赔付。

(2)重复投保

有人误认为汽车保险如同买彩票一样,买得越多,中奖率也就越高,因此多保几份可以多得赔款,但财产保险标的是财产,是有确定的保险金额的。如一辆汽车的价值 10 万元,如果你已在一家保险公司足额投保了 10 万元,那么,这车即使全部损失,最高也只能赔偿给你 10 万元,这一张保险单承担的风险责任已可满足车辆的最大损失。即使你在另一家保险公司再保同样金额的保险,保险单也再无价值,因为作为同一辆汽车已得到足额赔付,如果正如上述那样同时在两个保险公司投保了 20 万元,那么,当汽车出险时,每个保险公司最多是各给付你损失的 50%。

(3)不按时续保

有的人在看到自己汽车投保一年没出事后,就抱着一种侥幸心理,放松警惕,不按期续保,事故往往是不以人的意志为转移的,随时都可能发生,因此即使是仅仅脱保几天,一旦出事保险公司也是不会赔偿的。

(4)险种没保全

汽车保险有车辆损失险、第三者责任险以及各种附加险等 9 个险种。选择哪些险种(强制性险种除外)是个人自由,不能强行摊派,但像车辆损失险、第三者责任险、车辆盗抢险、驾驶员意外伤害险以及乘客意外伤害险等,对个人权益至关重要,应尽量考虑保全。

(5)超额投保

这种情况与不足额投保刚好相反。有的人明明手中是一辆旧车,其真实价值不过 3~5 万元,但自作聪明,偏偏要超额投保,保它 10 多万元,认为自己多花钱就可以在车辆出险后获得高额赔偿,实际上这是一厢情愿而已。等到保险车辆出险以后,保险公司确定损失时,是按汽车出险时的车辆实际损失赔钱,不是保额高就可多得到赔款。

3.6.6　汽车保险的办理

(1)新车投保

1）摸清市场价格

车损险保额一般是根据新车购置价确定的,而新车的市场价格目前呈逐年递减趋势。所以,在每年投保的时候应查询一下所驾驶车型的市场价格,根据当前市场价格投保是节省保费的合理办法。

2）上浮第三者责任险的档次

第三者责任险限额共有 6 个档次，不同档次的赔偿限额差距很大，但相应保费的差距并不大。所以建议，如果需求在两档保额之间的话，可以上浮一个档次投保。如果你同时投保车损险和第三者责任险的话，第三者责任险的保费可以优惠。

3）是否重复投保

如果车上一般乘坐的都是车主的家人，而且车主和家人都已经投保过人寿保险中的意外伤害保险和意外医疗保险，作为私人轿车，就没有必要投保车上责任保险了，因为意外伤害和意外医疗保险所提供的保障范围基本涵盖了车上责任保险在这种情况下所能提供的保障。

如果情况符合上述条件但没有投保意外伤害保险和意外医疗保险，建议最好还是选择投保意外保险，因为这样所需交纳的保费远远低于车上责任保险，而且还保障交通事故以外发生的其他意外事故对你造成的损失。当然，如果汽车经常乘坐朋友，而且经常变化，最好还是投保车上责任保险，用以满足意外交通事故发生时的医疗费用。在选择投保座位数时，如果按核定座位投保，费率是 0.5%；如果不按核定座位投保，费率是 0.9%。例如：桑塔纳核定座位数为 5 座，每人保额 1 万元；保 5 座，保费 250 元；保 1 座，保费 90 元；保 2 座，保费 180 元，依此类推，这样若要保 3 座就不如按核定座位投保 5 座合算了。

4）进口车或国内组装车可选择国产玻璃投保

如果保险人的汽车是进口的或国内组装的，由于国内汽车玻璃质优价廉，完全可以和国外相媲美，投保时也可以考虑选择国产玻璃，这样，保险人将节省约一半的保险费。

5）小事故不要到保险公司索赔

如果保险人当年没有出现保险事故，保险公司会在第二年给予保险人 10% 的无赔款优待，这可是一笔不小的优惠。所以如果出现的事故较小，保险人还是权衡一下，再决定是否向保险公司索赔。

6）选择不计免赔特约保险

在车损险和第三者责任保险中，保险公司都有按照保险人在事故中的责任，只赔偿实际损失 80% 的约定，这可能使你将来在实际获得赔偿方面产生比较大的损失。通过投保不计免赔特约保险，在这两个险种上才能得到保险人所应该承担损失的 100% 赔偿。

（2）办理汽车保险的手续

汽车办理投保手续时，应将车开至保险公司指定的检验地点，并带齐有关证件（包括介绍信、身份证、驾驶证、行驶证等），营运车辆还应带上营业执照，到本地保险公司办理投保手续。

投保程序如下：

1）购买暂保单

新车购买后，可凭发票买保险期为 20 天的暂保单，在正式领取牌照后，购买正式保险。

2）选择投保项目

第三者责任险属于非投不可的险种，除此以外，投保险种越多，所能得到的保障就越全面，但所需保费也越多，车主可根据具体需要及缴费能力确定投保项目。由于许多附加险依附于基本险，故需首先投保相应的基本险才能投保。如果保险人的车属中高档型，除投两个主险外，还应投全车盗抢险、车上责任险、玻璃单独破碎险和不计免赔特约；如果保险人的车属低档型，只投两个主险，外加全车盗抢险就差不多了；对于经常驾车者或驾车新手，由于在路上出事的概率比较高，应当购买车损险；自己购买的是二手汽车且车况不佳，经常出现点小毛病,车损险也是不得不考虑的;自己所处地区治安状况一般,常有丢车现象发生,应附加盗抢险;如果保险人的车搞载客营运业务,车上责任险就必须购买,否则,一旦发生安全事故,车主是赔不起的。当然,有些险种对自己影响不大,可以不保,如新增加设备损失险,如果保险人的车只保留了出厂新车原有各项设备而未新增其他设备或设施,就不必购买该项附加险。

3)填写投保单

车主应根据填写要求,逐栏详细、真实地填写投保单。如投保险种较多,投保单容纳不下,则要填写投保单附表。填写时字迹应清楚,如有涂改,应签章于涂改更正处。

投保单的填写内容有:

①投保人,指投保单位或个人的称谓。

②厂牌型号、牌照号码、发动机号。

③使用性质。

④吨位或座位。指经公安交通管理部门核准的载货吨位或载客座位(含驾驶员座位)(货车填写吨位,客车填写座位,客货车填写吨/座位)。

⑤车辆损失险的重置价值,即投保当地的同类新车当时的购置价。

⑥车辆损失险保险金额是保险公司对投保车辆发生保险责任范围内损失所承担的最高赔偿限额,亦是计收保险费的依据;保险金额由投保人根据投保车辆的购置价格、使用期限及折旧程度等核算得出,并应得到保险公司认可;保险金额超过保险价值部分无效。

⑦第三者责任险每次事故最高赔偿额。按保险公司提供的第三者责任险每次事故最高赔偿额选择填写,车主可自愿选择投保。

⑧保险期限。保险合同的起止时间,通常为一年,也可根据实际情况进行短期保险,投保人在填写此项时应征得保险公司同意。

⑨特别约定。投保人和保险公司就有关保险合同未尽事宜达成一致,它是在基本条款基础上的补充。

⑩附加险种选择。

⑪投保人签章。在详细填写上述内容并核定无误后,须在"投保人签章"处签章,并填写投保日期。

除上述内容外,还应详细填写个人或本单位的地址、电话、联系人、开户银行、银行账号、邮政编码等。

4)审核投保单

保险公司收到投保人填写的投保单及附表后,应结合投保车的有关证明进行详细审核,并同投保人验查投保车。若有疑问则可向投保人提出并得到合理解释,若投保单填写有误或有遗漏,保险公司应提出更正。当投保金额低于重置价值时,保险公司会向投保人明确赔偿标准及计算依据。

5)保险费的规定

计算保险费时,首先应核定保险费率。此项工作由保险公司根据投保车种类和使用性质核定。

①保险费计算方法:

a.车辆损失险保险费是:基本保险费+保额×费率;非营业轿车保费是:基本保费(进口

600 元,国产 240 元)+车价×1.2%。

  b.第三者责任险的保费可从费率表"第三者责任险固定保费"栏查出。非营业轿车在 5 万元、10 万元、20 万元、100 万元五个赔偿档次的保费分别为 800 元、1 040 元、1 250 元、1 500 元、1 650 元。

  c.车辆损失险、第三者责任险、附加险一并投保,保险费是:基本保险费+(保额×费率)+第三者责任险固定保险费+附加险保费(见当地规定)。

  d.如保险期少于 1 年,则应按规定短期费率计算保险费。保险期不满 1 个月按 1 个月计算,不满 2 个月按 2 个月计算……投保 1 年,中途退保,也按短期费率计算保险费,余者退回。车辆在保险期内因停驶或所有权转让而申请退保时,其保费按日计算,余者退回,其保险期为 1、2、3、4、5、6、7、8、9、10、11、12 个月时,保险费分别为年保险费的 10%、20%、30%、40%、50%、60%、70%、80%、85%、90%、95%、100%。

  e.一年保险期内无赔款,续保时可享受上年保费 10%的无赔款优惠。

  ②保险费率的确定:保险公司根据保险车的具体情况确定保险费率。

  a.如果车辆兼作不同用途(如既载货又载客,既自用又营业),则按高档费率计算;

  b.出租车、专业运输车及其他收取运费、车资和租金的客货车,个体、联户经营运输并向工商行政管理部门登记领有执照的车,均视为营业车;

  c.费率表未列、价值过高或风险集中的投保车应特约承保,另行计费。

  6)签订保险单及凭证

  保险公司经审核、计费后,填写并向车主出具保单,机动车保险单是保险公司与车主签订的保险合同凭证,具有法律效力。保险单一式三份,一份正本交车主,两份副本保险公司存留。机动车辆保险凭证是机动车参加保险的凭证,应由车主或驾驶员随身携带。两证均是向保险公司索赔的依据,两证签订核对后,填写签订日期,并签章生效。

  7)缴纳保险费

  在签订保险单及保险证的同时,车主要交纳保险费并开具收据或付款委托书,办理财务手续。

  (3)投保的一些注意事项

  1)车辆合法

  保险车辆必须有交通管理部门核发的行驶证和号牌,并经检验合格,否则保险单无效。

  2)如实相告

  车主应将车辆现状及所属权益如实告知保险公司。

  3)仔细核对

  车主拿到保单正本后,应立即核对所列项目,如车牌号、发动机号、承保义务等,如有错漏应立即提出并要求更正。为防止被一些素质不高的保险代理人扣单、埋单、撕单、改单,可按保单正本上的电话查询自己的保单是否已在保险公司登记并核实保单内容。

  4)随车带卡

  保险卡应随车携带,一旦出险,车主应立即通知保险公司并向交通管理部门报案。

  5)按时续保

  在保险截止日期前办理续保可使车主得到连续保障。

6)勿重复投保

由于重复保险的保险金总额超过保险价值时,保险人的赔偿金额总和不会超过保险价值,所以重复保险是毫无意义地多花钱。

练习题

一、单选

1.汽车营销人员应具备的知识结构有文明经商知识、(　　　)和熟悉商业技能并能善于应用。

    A.法律知识　　　　　B.管理知识　　　　　C.经营业务知识

2.汽车营销人员应具备的商业技能包括熟悉客户心理和(　　　)。

    A.讲究谈判和语言艺术　　　　　B.掌握外语　　　　　C.A和B

3.汽车营销人员要通过自己(　　　),塑造良好的形象。

    A.优质的服务　　　　B.良好的个人气质　　C.很好的语言表述能力

4.在回答客户提问的时候要坚决执行(　　　)制。

    A.耐心查寻　　　　　B.首问解决　　　　　C.不懂即问

5.汽车销售人员采取(　　　)迎接客户。

    A.站立式服务　　　　B.出门　　　　　　　C.随行

6.PDI就是(　　　)之前进行的一种检查。

    A.出厂　　　　　　　B.新车送交顾客　　　C.维修交车

7.用除蜡剂清洗车辆时,喷枪喷嘴应距离车身(　　　)左右。

    A.10 cm　　　　　　B.20 cm　　　　　　C.30 cm

8.除蜡作业,待车身全部车蜡除净后,再用热水依序冲洗车身(　　　)。

    A.1~2 min　　　　　B.2~3 min　　　　　C.3~5 min

9.汽车消费信贷,借款人存入银行的首期款不得少于车款的(　　　)。

    A.20%　　　　　　　B.30%　　　　　　　C.40%

10.汽车消费信贷,借款的最高限额为车款的(　　　)。

    A.60%　　　　　　　B.70%　　　　　　　C.80%

11.若借款人用所购车辆或其他财产作为抵押的,存入银行的首期款不得少于(　　　)。

    A.20%　　　　　　　B.30%　　　　　　　C.40%

12.若借款人用所购车辆或其他财产作为抵押的,借款的最高限额为车款的(　　　)。

    A.60%　　　　　　　B.70%　　　　　　　C.80%

13.如果你能找到第三人作为保证人,那你存入银行的首期款不得少于(　　　)。

    A.20%　　　　　　　B.30%　　　　　　　C.40%

14.如果你能找到第三人作为保证人,借款的最高限额为车款的(　　　)。

    A.60%　　　　　　　B.70%　　　　　　　C.80%

15.贷款期限一般为(　　　)年(含),最长不超过(　　　)年(含)。

    A.3、5　　　　　　　B.2、4　　　　　　　C.1、3

16.借款人以所购车辆作抵押或其他资产作抵押的,存入银行的首期款不得少于购车款的( )%,借款最高限额为购车款的( )%。

A.20,80　　　　　　B.30,30　　　　　　C.40,60

17.以无争议、未做挂失,且能为贷款人依法实施有效支付的权利作质押的,其价值必须大于贷款金额的 ( )%。

A.10　　　　　　　　B.20　　　　　　　　C.30

18.保险合同为不定值保险合同,分为基本险和附加险,但( )不能独立保险。

A.基本险　　　　　　B.意外伤害险　　　　C.附加险

19.在中国境内行驶的机动车辆必须投保( )。

A.基本险　　　　　　B.意外伤害险　　　　C.第三者责任险

20.发生交通事故后,应在( )小时内向保险公司报案(越早越好),尽量减少损失。

A.12　　　　　　　　B.24　　　　　　　　C.48

21.根据驾驶员在事故中所负责任,车辆损失险和第三者责任险在符合赔偿规定的金额内实行绝对免赔率:负全部责任免赔( )%。

A.20　　　　　　　　B.15　　　　　　　　C.10

22.根据驾驶员在事故中所负责任,车辆损失险和第三者责任险在符合赔偿规定的金额内实行绝对免赔率:负主要责任免赔( )%。

A.20　　　　　　　　B.15　　　　　　　　C.10

23.第三者责任险限额共有( )个档次。

A.6　　　　　　　　　B.5　　　　　　　　　C.4

二、多选

1.汽车营销人员在工作实践和日常生活中应做到( )。

A.坚持语言和思维锻炼　　　　　　B.进行长期的知识积累

C.加强洞察力　　　　　　　　　　D.珍惜最佳的时机和环境

2.对汽车营销人员的心理素质要求有( )。

A.自信的心理　　B.健康的心理　　C.热情的心理　　D.开放的心理

3.车营销人员的主要职业道德可以概括为( )。

A.刻苦钻研、认真好学　　　　　　B.实事求是、真诚可信

C.公正无私、光明磊落　　　　　　D.勤奋努力、精益求精

4.汽车销售人员应具备的宣传表达能力有( )。

A.文字表达能力　　　　　　　　　B.口头表达能力

C.内心表达能力　　　　　　　　　D 感情、形体表达能力

5.汽车计划包括( )等。

A.车型计划　　　　B.品牌运作计划　　C.维修服务计划　　D.配件销售计划

6.汽车销售经理的职能权限有( )。

A.对内对外的管理权　B.对上的报告权　　C.对下的考核权　　D.对外的解释权

7.汽车销售经理职能权限中的对下考核权包括( )。

A.对下级的监督权　　　　　　　　B.对所属下级的管理水平有考核权

C.对直接下级有奖惩的建议权　　　D.对下级的业务水平和业绩有考核权

8.汽车信贷保险中的基本险包括(　　　)。

　　A.车辆损失险　　　B.第三责任险　　　C.交通责任险　　　D.强制险

9.借款人提供第三方保证方式的,存入银行的首期款不得少于购车款的(　　　)%,借款限额最高为购车款的(　　　)%。

　　A.30　　　　　　　B.40　　　　　　　C.50　　　　　　　D.60

10.贷款方式分为(　　　)。

　　A.抵押　　　　　　B.质押　　　　　　C.借寄　　　　　　D.第三方保证

11.汽车保险中的基本险包括(　　　)。

　　A.车辆损失险　　　B.第三者责任险　　C.全车盗抢险　　　D.车上责任险

12.保险费率确定的基本原则有(　　　)。

　　A.公平合理原则　　B.保证偿付原则　　C.相对稳定原则　　D.促进防损原则

13.汽车保险索赔程序有(　　　)。

　　A.出事　　　　　　B.报案　　　　　　C.定损　　　　　　D.索赔

14.车辆损失险保险费是(　　　)+(　　　)×(　　　)。

　　A.基本保险费　　　B.保额　　　　　　C.费率　　　　　　D.系数

三、判断

1.汽车市场营销人员要做有心人,抓住灵感,把握时机,推陈出新。(　　　)

2.服务行为规范要求不得拒接办公电话,电话响铃5声内提机。(　　　)

3.实行"站立式服务"迎接客户,当客户到展厅时,应主动示意问候,并作适当的询问。(　　　)

4.服务过程中,面带微笑,亲切热情,当不知道客户姓氏时应问其尊称姓氏。(　　　)

5.下班时若未办理完客户的业务需继续将业务办理完毕或交代接班人员办理。(　　　)

6.对女职工的着装要求在岗时,不可佩戴项链、耳环等首饰。(　　　)

7.对客户提出的问题,如遇到不懂的时候,要跟客户解释清楚,然后立即咨询解决办法。(　　　)

8.新车交车前检查的目的就是在新车投入正常使用前及时发现问题,并按新车出厂技术标准进行修复。(　　　)

9.凡贷款人在当地有固定住所、具有完全民事行为能力的自然人和经工商行政管理机关核准登记的企、事业法人都可以进行汽车消费贷款。(　　　)

10.所谓汽车消费信贷,就是金融机构对消费者个人发放的,用于购买汽车的贷款。(　　　)

11.贷款人无须提供贷款银行认可的担保。(　　　)

12.借款人以国库券、企业债券、个人存单抵押的,存入银行的首期款不得少于购车款的30%,借款最高限额为购车款的70%。(　　　)

13.车辆抵押是以借款人所购车辆作抵押的,应以其折旧价值额度作抵押。(　　　)

14.除车辆抵押外,其他抵押质押以贷款人认可的其他抵押物作担保的,其价值必须大于贷款金额的150%。(　　　)

15.汽车保险是指轿车在行驶中发生各类交通事故造成的人身伤亡和财产损失,依法由保险人(即保险公司)按照保险合同承担保险责任,对被保险人(或车主)进行赔偿的行为。(　　　)

16.在中国境内行驶的机动车辆必须投保交强险。（　　）

17.保险合同的保险期限为两年。（　　）

18.除法律另有规定外,投保时保险期限不足一年的按一年费率收取保险费。（　　）

19.发生交通事故并报警后,应在 15 天内向保险公司提出索赔。（　　）

20.根据驾驶员在事故中所负责任,车辆损失险和第三者责任险在符合赔偿规定的金额内实行绝对免赔率:负同等责任免赔 15%。（　　）

21.根据驾驶员在事故中所负责任,车辆损失险和第三者责任险在符合赔偿规定的金额内实行绝对免赔率:负次要责任免赔 5%。（　　）

22.保险单一式三份,一份正本交车主,两份副本保险公司存留。（　　）

23.非营业轿车保费是基本保费(进口 600 元,国产 240 元)+车价×1.2%。（　　）

四、简答

1.对汽车销售人员的素质要求。

2.如何对汽车销售人员进行观念训练。

3.4S 店对男职工的着装要求。

4.对汽车销售人员的训练内容。

5.汽车销售人员自我激励的"15 心"口诀。

6.汽车销售经理的岗位职责。

7.交车前的检查(PDI)服务的基本要求。

8.办理汽车消费信贷应具备的条件。

9.汽车消费信贷面临的问题。

10.汽车消费信贷保险中附加险的种类。

11.汽车保险的误区。

12.汽车办理投保手续的程序。

五、论述

1.汽车销售人员的岗位描述。

2.汽车销售人员的工作能力要求。

3.汽车销售经理的职能描述。

第4章

汽车 4S 店的销售组织管理

4.1 汽车 4S 店整车销售的组织

4S 店整车销售组织一般是指其内部涉及市场销售活动的机构体系。企业销售组织机构的本质是员工的分工协作体系,是员工在职、责、权方面的结构体系,是实现组织目标的一种手段,是实现经销商战略目标和合理管理活动的重要保证。只有功能齐备的组织机构,才有可能超越客户的期望值,创造忠诚客户,进而达到永续经营的目的。

汽车销售组织应不断适应外部环境的变化,对市场变化快速作出反应,各职能部门要精干灵活,要能为企业提供各种市场信息,确保信息畅通。销售人员要了解市场变化,并对市场销售活动进行相应调整。销售组织机构效率要高,使市场营销效率最大化,要避免各部门间的矛盾和冲突,充分发挥市场销售组织的协调和控制功能,协调配合好,管理有条不紊。

一个良好的组织机构,应该使决策功能、监督功能、执行功能和反馈功能良好协调和充分发挥,如图 4.1 所示。一般决策层确定年度经营计划,相关的管理层即负责执行和操作,同时由相关人员对经营计划的执行和操作情况进行监督和反馈,向决策层汇报公司运营情况,针对反馈的信息和市场情况,决策层能够修正年度经营计划,并及时监督执行层完成的情况。

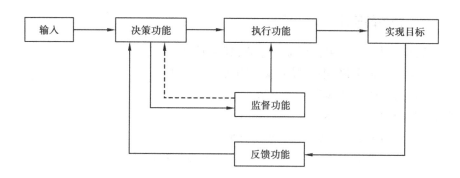

图 4.1 组织机构功能图

在职能部门的设置上,每个公司都设有整车销售部、服务部、市场部、财务部、行政部、人力资源部、配件销售部等。

通常,4S 店汽车销售组织机构的设置如图 4.2 所示:销售总监 1 名;展厅销售经理 1 名;展厅销售主管 0~3 名;大客户销售经理 1 名;网络销售经理 1 名;二手车销售经理 1 名;销售顾问 6 名以上;销售计划员 1 名;订单/库存主管 1 名;库管员 1 名。

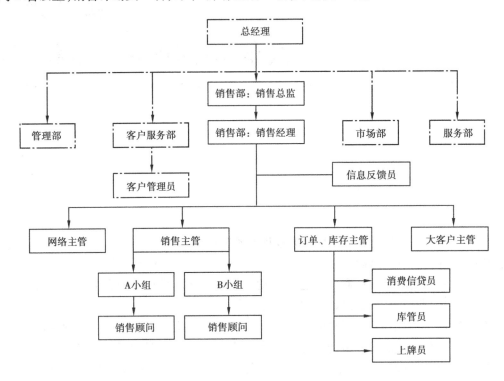

图 4.2　销售部组织结构

4.2　汽车销售组织应具备的职能

4.2.1　整车销售部职能

整车销售部主要负责销售管理综合业务,其主要职能如下:

①负责车辆的进货渠道、进口报关及车辆的档案管理。

②进行售后质量跟踪及客户档案编制。

③负责受理解决客户投诉。

④负责车辆进货质量、售前检查及售前保管。

⑤负责整车销售部的管理工作、营销工作,包括员工培训。

⑥负责车辆的运输。

⑦负责用户的交货日期。

⑧负责车辆采购价格信息。

⑨负责车辆的交货质量。

⑩负责车辆的交货价格。

⑪如遇到问题自身解决不了的,由销售部经理与相关部门领导协调。

⑫在实施各种汽车宣传、促销及店头发布会活动中,相关部门如生产、售后服务、办公室等需要密切配合。

⑬负责新车档案管理卡与服务部的交接及售后服务工作的协调。

⑭根据汽车销售情况和市场开发部对市场调查情况适时开展行之有效的营销活动。整车销售部工作流程及职能如图4.3所示。

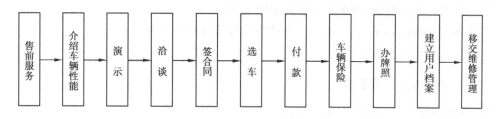

图4.3 整车销售部工作流程及职能

4.2.2 销售经理岗位职责

①依据企业营销目标和市场需求,制订公司的销售计划并组织实施。

②主持销售部门日常工作事务,合理调配人力、物力等资源。

③负责处理销售人员无权处理或无法解决的重大问题。

④处理与公司其他部门的关系,与其他部门有效合作。

⑤做好本部门人员的工作指导和考核工作。

⑥寻求部门新的利润增长点。

⑦组织本部门员工开拓市场,开展促销和品牌宣传活动。

⑧组织本部门员工对二级经销商进行开发与管理。

⑨组织对本部门的人员培训。

4.2.3 销售经理岗位要求

①掌握现代企业管理、市场营销等经济理论。

②有良好的人际交往和沟通能力。

③有市场竞争的分析能力以及对棘手问题的处理能力。

④了解国家对二手车交易的有关政策和交易流程。

4.2.4 销售主管岗位职责

①完成上级领导下达的经营目标和工作计划,并将指标层层分解到每个月、每个人。

②负责经销展厅的现场管理。

③现场支持与协助销售顾问开展业务。

④对展厅销售人员进行管理。

⑤对二手车的价格能准确估价,判断市场需求;努力开拓市场,收集二手车资源并及时反馈回公司。

⑥对销售人员的销售进度进行跟踪。

4.2.5 销售主管岗位要求

①熟悉营销、财务、法律等基础理论知识。

②掌握汽车构造、公共关系等专业知识。

③有较强的组织协调能力,能独立处理汽车销售中的有关问题。

④有较强的公关意识,善于处理各方面的关系。

⑤具备汽车构造知识,熟悉常规机电维修及装潢的基本知识。

⑥熟悉汽车车型及价格。

4.2.6 企划专员岗位职责

①负责组织制定广告宣传、公关计划。

②负责组织重要的广告宣传活动、公关活动。

③协调本部门与其他部门的关系。

4.2.7 企划专员岗位要求

①有较强的品牌理念。

②具备较强的公关能力。

③熟悉广告等专业知识。

4.2.8 大客户开发专员岗位职责

①研究出租车、团购市场。

②走访专项市场。

③提出专项市场销售方案。

4.2.9 大客户开发专员岗位要求

①有良好的沟通能力。

②有较强的工作责任心及积极性。

③具有较好的政府公关渠道。

4.2.10 销售顾问岗位职责

①接待来店客户并实现成交。

②开发基础用户。

③研究销售方法。

④组织、协调相关人员做好客户上牌、按揭、保险等服务工作。

4.3　汽车4S店整车销售价格定位

价格是产品价值的货币表现。确定产品价格是市场营销过程中一个非常重要、非常敏感的环节,是汽车市场竞争的重要手段,它直接关系着产品被市场接受的程度,影响着生产者、经销者、客户等多方利益。价格策略是指根据营销目标和定价原理,针对生产商、经销商和市场需求的实际情况,在确定产品价格时所采取的各种具体对策。价格策略是市场营销组合中极其重要的部分。定价策略既要有利于促进销售、获取利润、补偿成本,同时又要考虑汽车消费者对价格的接受能力,从而使汽车定价具有买卖双方双向决策的特征。

4.3.1　汽车价格综述

(1)汽车价格的构成

汽车价格的构成是指组成汽车价格的各个要素及其在汽车价格中的组成情况。汽车价值决定汽车价格,汽车价格是汽车价值的货币表现。但在现实汽车市场营销中,由于受汽车市场供应等因素的影响,汽车价格表现得异常活泼,价格时常同价值的运动表现不一致:有时价格高于价值,有时价格低于价值。在价格形态上的汽车价值转化为汽车价格时构成的要素有4个。

1)汽车生产成本

汽车生产成本是指在汽车生产领域生产一定数量汽车产品时所消耗的物资资料和劳动报酬的货币形态,是在汽车价值构成中的物化劳动价值和劳动者新创造的用以补偿劳动力价值的转化形态。它是汽车价值的重要组成部分,也是制定汽车价格的重要依据。

2)汽车流通费用

汽车流通费用是指汽车产品从汽车生产领域通过流通领域进入消费领域所耗用的物化劳动和活劳动的货币表现,它包括汽车生产企业为了推销产品而发生的销售费用和在汽车流通领域发生的商业流通费用,而后者则占了该费用的大部分。汽车流通费用是汽车价格的重要构成因素,并与汽车移动的时间、距离相关,因此它是正确制定同种汽车差价的基础。

3)国家税金

国家税金是生产者为社会创造和占有的价值的表现形式,它是汽车价格的构成因素。国家通过法令规定汽车的税率,并进行征收。税率的高低直接影响汽车的价格,因而税率是国家宏观调控汽车生产经营活动的重要经济手段。

4)汽车企业利润

汽车企业利润是汽车生产者和汽车经销者为社会创造和占有的价值的表现形态,是汽车价格的构成因素,是企业扩大再生产的重要资金来源。

从汽车市场营销角度来看,汽车价格的具体构成为:

汽车出厂价格=汽车生产成本+汽车生产企业的利税

汽车批发价格=汽车出厂价格+汽车批发流通费用+汽车批发企业的利税

汽车直售价格=汽车批发价格+汽车直售费用+汽车直售企业的利税

（2）影响汽车产品定价的主要因素

价格是一个变量，它受到许多因素的影响，包括企业的内部因素和外部因素。内部因素主要是定价目标、产品成本、产品特点、分销渠道和促销策略等，外部因素主要是市场的供求关系、货币流通状况、竞争状况、政策环境和社会心理等。定价时必须首先对这些因素进行分析，认识它们与汽车产品价格的关系，再据此选择定价策略。

1）定价目标

企业为产品定价时，必须有明确的定价目标，不同汽车企业的具体情况不同，采取的定价目标也可能有所差别。企业定价的目标主要有以下几个：

①以利润为导向的汽车定价目标。包括以下内容：a.维持企业生存为导向的目标。当汽车企业遇到生存能力过剩或激烈的市场竞争要改变消费者的需求时，它要把维持生存作为自己的主要目标。企业以维持生存为目标时，宜定低价吸引用户，这时价格只要能收回可变成本和部分固定成本即可。显然，这种定价目标只能是企业的短期目标，从长期来看，企业必须改善生产经营状况，谋求利润和发展，否则企业终将面临破产。例如：2008 年由华尔街金融危机引发的全球有史以来最大规模的金融海啸，导致汽车行业也受到牵连。包括通用、丰田、福特等在内的汽车巨头均调低了 2008 财年的赢利目标。最新报道显示，仅 9 月美国汽车销量就平均下滑 26%，创 50 年来最大跌幅，显而易见，全球汽车业已经进入萎缩期。中国汽车企业虽然不在旋涡中心，但仍然受到不小的影响，许多企业采取了以利润为导向的汽车定价目标。b.利润最大化为导向的目标，即汽车企业期望获取最大限度的销售利润。采用这种定价目标，必须要求被定价产品市场信誉高，在目标市场上占有优势地位。因而，这种定价目标比较适合于处于成熟期的名牌产品。其做法是通过预测，得到几种不同价格与其相应的需求量，并结合不同需求量下的产品成本综合比较后，从中选择一个可以使企业取得当期最大利润的价格。最大利润既有长期和短期之分，又有汽车企业全部汽车产品和单个汽车产品之别。一般来说，汽车企业追求的是长期利润的最大化，在某些特定情况下，汽车企业也有可能会通过汽车价格的提高而追求汽车企业短期的最大利润。c.以目标利润为导向的目标，即汽车企业希望获取预期的利润目标，以目标利润作为汽车定价目标的汽车企业，应具备较强的竞争实力。

②以保持或扩大市场占有率为导向的目标。市场占有率是企业经营状况、产品竞争力的直接反映，企业的产品只有在市场上占有一定份额后才能有较强的市场控制力，享受到更大的规模经济效益，才有可能获得更高的长期利润。因此，不少企业宁愿牺牲短期利润，以保证和提高市场占有率，确保长期收益，即所谓"放长线，钓大鱼"。为此，就要实行全部或部分产品的低价策略，这种定价目标比较适合于新产品或不为市场所熟悉的产品。但必须指出，价格只是提高市场占有率的一个重要但非决定性的因素，更多的情况下，市场份额的增加要通过非价格因素的竞争。

③以竞争为导向的汽车定价目标。影响企业定价决策的一个外部因素是竞争者的成本、价格及竞争者对该企业定价可能作出的反应。在汽车定价前，一般要广泛收集市场信息，把自己生产的汽车的性能、质量和成本与竞争者的汽车进行比较，然后以对汽车价格有决定性影响的竞争对手或汽车市场领导者的价格为基础来制定本企业的汽车价格。

④以汽车质量为导向的汽车定价目标。有些企业的经营目标是以高质量的汽车产品占领市场，自然希望以高价格得以回报。这一定价目标比较适合信誉度高的汽车产品，并可为

客户提高优质的服务水平。例如：宾利豪华轿车采用百分之百的手工制作、具有纯正的英国贵族血统、每年1 000多辆的产量，数百万甚至数千万的天价，目前在全球顶级豪华车市场已占到60%的份额。可以说适当的顶级运动型豪华轿车的品牌定位，以及全世界顶级的价格，不仅为宾利争夺了眼球，更提供了利润财富和飞速发展的契机。

⑤以汽车销售渠道为导向的汽车定价目标。对于那些需经中间商销售汽车的汽车企业来说，保持汽车销售渠道畅通无阻，是保证汽车企业获得良好经营效果的重要条件之一。为了使得销售渠道畅通，汽车企业必须研究汽车价格对中间商的影响，充分考虑中间商的利益，保证中间商有合理的利润，促使中间商有充分的积极性去销售汽车。

2）汽车成本

汽车企业为了保证再生产的实现，通过市场销售，既要收回汽车成本，同时也要有一定的赢利。在汽车市场竞争中，汽车产品成本低的企业，对汽车价格制定就拥有较大的灵活性，在市场竞争中就将占有有利的地位，能获得较好的经济效益。因此，应该把降低成本看成是企业经营的战略行为，而不仅仅是经营战术行为。

3）市场的供求关系

供求关系决定价格背离或趋于价值的方向、程度和力度。供求关系直接决定价格的运动状况，价格运动同时也影响供求关系的变化。供求规律是市场经济的基本规律，即产品价格与市场需求呈反方向变动，与市场供给成正方向变动，当产品供过于求时价格下降，供不应求时价格上涨。

价格的高低直接反映买者与卖者的利益关系。购买者对价格的承受力表现在以下两方面：①购买者的货币支付能力，这反映出购买者对价格的接受程度，而货币支付能力又取决于购买者的收入情况；②购买者对价格的心理承受能力，在有些情况下，即使购买者具有了货币支付能力，由于价位太高，也会极大地限制购买者的购买。

顾客需求对产品定价的影响，还通过需求强度、需求层次反映出来。需求强度是指顾客想获取某种产品的程度。如果顾客对某种产品的需求比较迫切，则对价格不敏感，企业在定价时，可定得高一些；反之，则应低一些。不同的需求层次对定价也有影响，对于能满足较高层次的汽车产品，价格可定得高一些；反之，则低一些，这样才能满足不同需求层次的顾客的需要。

4）社会经济状况

社会经济状况从多方面影响产品价格的变化。社会经济周期性的变化直接影响市场的繁荣和疲软，并决定价格总水平的变化。一般来说，经济高速发展，人们的收入增加较快，易出现需求膨胀，引起物价总水平上涨；而经济调整时期，经济发展速度缓慢，人们收入增长缓慢，易出现有效需求不足，使得物价总水平稳定。

另外，在经济繁荣时期，人们收入水平增长快，货币购买能力较强，对价格变动的敏感性减弱，有利于企业自由地为产品定价；反之亦然。

5）国家的价格控制政策

定价既是企业极为重要的经济活动，也是国家协调各种经济关系，促使整个经济有序健康发展的重要手段，国家必然要通过制定价格政策对企业定价进行干预。这种干预主要表现在两个方面：一是制定价格总政策，它是制定各个具体价格的重要依据；二是规定企业定价的权限。

在国内生产汽车的企业大部分是国家控股的大型企业,是国家宏观调控的重点对象,国家通过产业政策和价格控制等手段对汽车市场进行管理。

4.3.2 汽车产品的基本定价方法

企业在确定了定价目标、掌握了有关影响因素资料后,就可以对其产品进行具体定价了。一般认为,基本定价方法有三种,即成本导向定价法、需求导向定价法和竞争导向定价法。

(1)成本导向定价法

成本导向定价法就是以产品的成本为中心来制定价格,是按照卖方意图进行定价的方法。其主要理论依据是:在定价时,要考虑先收回企业在营销中投入的全部成本,再考虑获得一定的利润。

常用的成本导向定价法包括以下几种:

1)成本加成定价法

成本加成定价法是在单位产品成本的基础上加上一定比例的预期利润作为产品的销售价格,销售价格与成本之间的差额即为利润。由于利润的多少是按一定比例确定的,习惯上称为"加成",因此这种定价方法被称为成本加成定价法。其计算公式为:

单位产品价格=单位产品成本×(1+加成率)

其中,加成率为预期利润占产品成本的百分比。

例如,某公司生产的一款汽车,其成本为 20 万元,假设其加成率为 20%,则该汽车的出厂价格应为 20×(1+20%)= 24(万元)。

采用成本加成定价法,确定合理的加成率是关键问题。不同的汽车产品应根据其不同的性质、功能、特点、市场环境、行业情况等制定不同的加成比例。一般来说,汽车属于高档消费品,加成比例适当高一些是应该的。

成本加成定价法简单易行,因为将价格盯住成本,可以极大地简化企业的定价程序,也不必经常根据需求的变化调整价格,因此也缓和了价格竞争。这种定价方法的不足在于:它是以卖方的利益为出发点,不利于企业降低成本,没有考虑市场需求及竞争因素;加成率是个估计值,缺乏科学性。

2)盈亏平衡定价法

在销量既定的条件下,企业产品的价格必须达到一定的水平才能做到盈亏平衡、收支相抵,既定的销量就称为盈亏平衡点,这种制定价格的方法就称为盈亏平衡定价法。科学地预测销量和已知固定成本、变动成本是盈亏平衡定价的前提。企业产品的销售量达到既定产品的销售量,可实现收支平衡,超过既定销售量获得赢利,不足既定销售量出现亏损。其计算公式为:

单位产品价格=单位固定成本+单位变动成本

例如,某一汽车生产企业计划在 2004 年生产汽车 200 万辆,总固定成本为 1 200 万元,单位变动成本为 1 万元,在尽力保证 200 万辆汽车全部销售出去的情况下,则该企业的盈亏平衡点价格为 1 200/200+1=7(万元/辆)。

以盈亏平衡点确定的价格只能使企业的生产耗费得以补偿,而不能得到收益,因而这种定价方法是在企业的产品销售遇到困难或市场竞争激烈时,为避免更大的损失,将保本经营作为定价的目标时才使用的方法。

3）目标收益定价法

目标收益定价法又称投资收益率定价法，是在企业投资总额的基础上，按照目标收益率的高低计算价格的方法。其基本步骤如下：

①确定目标收益率。其计算公式为：

目标收益率＝1/投资回收期×100%

②确定单位产品的目标利润额。其计算公式为：

单位产品的目标利润额＝投资总额/预期销售量×目标收益率

③计算单位产品的价格。其计算公式为：

单位产品的价格＝单位产品成本＋单位产品目标利润

例如，某一大型的汽车工业公司总投资额为 1 000 万元，投资回收期为 5 年，固定成本为 500 万元，每辆汽车的变动成本价为 5 万元，当企业产品销售量达到 50 万辆时，按目标收益定价法制定价格，则有：

目标收益率＝1/5×100%＝20%

单位产品的目标利润额＝1 000/50×20%＝4（万元）

单位产品的价格＝500/50+5+4＝19（万元）

即该企业只有在每辆汽车价格为 19 万元时，才能获取预期的收益。

目标收益定价法有一个较大的缺点：以估计的销售量来计算应制定的价格，颠倒了价格与销售量的因果关系，把销售量看成是价格的决定因素，忽略了市场需求与市场竞争。如果无法保证销售量的实现，那么投资回收期、目标收益都会落空。但是对于需求比较稳定、供不应求的产品，以及一些公用事业、劳务工程项目等，在科学预测的基础上，目标收益定价法仍不失为一种有效的定价方法。

4）边际成本定价法

边际成本是指每增加或减少单位产品所引起成本的变化量。因为边际成本与变动成本比较接近，而变动成本的计算更为容易，所以在定价实务中多用变动成本替代边际成本，边际成本定价法又称变动成本定价法。

边际成本定价法是以单位产品变动成本作为定价依据和可接受价格的最低界限，结合考虑边际贡献来制定价格的方法。即企业定价时只计算变动成本，不计算固定成本，只要价格高于变动成本，企业就可以进行生产和销售，也就是以预期的边际贡献补偿固定成本并获得收益。边际贡献是指企业增加一个产品的销售，所获得收入减去边际成本的数值。如果边际贡献不足以补偿固定成本，则出现亏损，反之获得赢利。其计算公式为：

单位产品的价格＝单位产品变动成本＋单位产品边际贡献

（2）需求导向定价法

汽车需求导向定价法是以需求为中心，汽车企业依据汽车消费者对汽车价值的理解和对汽车需求的差别来定价，而不是依据汽车的成本来定价。

1）对汽车价值的理解定价法

所谓对汽车价值的理解定价法，其实质就是汽车企业按照汽车消费者对汽车价值的理解来制定汽车价格，而不是根据汽车企业生产汽车的实际价值来定价。因此，在对汽车定价时，要先估计和测量出由汽车营销组合中的非价格因素在顾客心目中建立起来的对该汽车的认知价值。

对汽车价值的理解定价法同汽车在市场上的定位是相联系的,其方法是:①先从汽车的质量、提供的服务等方面为汽车在目标市场上定价;②决定汽车所能达到的售价;③估计在此汽车价格下的销量;④由汽车销量算出所需的汽车生产量、投资额及单台汽车成本;⑤计算该汽车是否能达到预期的利润,以此来确定该汽车价格是否合理,并可进一步判断该汽车在市场上的命运如何。

运用对汽车价值的理解定价法的关键是:要把自己的汽车产品与竞争者的汽车产品相比较,正确估计本企业的汽车产品在汽车消费者心目中的形象,找到比较准确的理解价值。因此,在汽车定价前要搞好市场调研,通过广泛的市场调研判定消费者对汽车的理解价值,才能由此来制定汽车的初始价格。目前常用的评议方法主要有直接评议法、相对评议法和诊断评议法等。

2) 对汽车需求的差别定价法

这是根据对汽车需求方面的差别来制定汽车的价格,其实质是要注重适应消费者的不同特性,而将汽车成本的补偿置于次要位置。采用这种汽车定价方法,可以使汽车企业的定价最大限度地符合汽车市场的需求,从而促进汽车销售。

在这种汽车定价方法下,主要有以下 3 种情况:

①按汽车的不同目标消费者采取不同价格。因为同一商品对于不同消费者,其需求弹性不一样,有的对价格敏感,适当给予优惠可使其购买,有的则不敏感,可照价收款。

②按汽车的不同花色、样式确定不同价格。因为对同一品牌、规格汽车的不同花色、样式,消费者的偏好程度不同,需求量也不同。因此,定不同的价,能吸引不同需求的消费者。

③按汽车的不同销售时间采用不同价格。同一种汽车因销售时间不同,其需求量也不同,汽车企业可据此制定不同的价格,争取最大销售量。

总之,对汽车需求的差别定价法能反映汽车消费者对汽车需求的差别及变化,有助于提高汽车企业的市场占有率和增强汽车产品的渗透率,但这种定价法不利于成本控制,且需求的差别不易精确估计。

(3)竞争导向定价法

竞争导向定价法是企业依据竞争产品的品质和价格来确定本企业产品价格的一种方法。其特点是:只要竞争产品的价格不变,即使本企业的产品成本或需求发生变化,价格也不变;反之亦然。这种定价方法简便易行,所定价格竞争力强,但价格比较僵死,有时企业获利较小。

竞争导向定价法比较适合市场竞争激烈的产品。营销者在运用这一方法时,应当强化客户的感受,使客户相信本企业产品的价格比竞争对手更符合客户的利益。在当代竞争激烈的国际汽车市场上,不少汽车公司便采用此法。例如,日产汽车公司的定价,就是先充分研究丰田汽车公司相似产品的价格,然后再给自己的产品制定一个合适的价格,如果丰田的价格调整了,日产公司通常也要作出相应的反应。

在使用竞争导向定价法时,企业不仅应了解竞争者的价格水平,还应了解竞争者所能提供的产品及质量,可从以下方面入手:①获得竞争者的价目表;②比较客户对价格的态度,如询问购买者的感受价值和对每一个竞争者提供的产品质量感觉如何;③购买竞争者提供的产品并与本企业产品进行比较,有必要的话可以将竞争者的产品拆开来研究。一旦企业知道了竞争者的价格和提供的产品,就可以用这些信息作为自己制定价格的一个起点。如果企业提供的产品与一个主要竞争者的产品类似,则企业应将自己的价格定得接近于竞争者,否则会失去销售额;若企业提供的产品不如竞争者,企业的定价就应低于竞争者;若企业提供的产品比竞争者的好,则企业定价就可以比竞争者的高。

竞争导向定价法常见的具体方法有两种:①随行就市定价法,是指按行业近似产品的平均价格定价,是同质产品惯用的定价方法,也比较适合产品的成本难以估计、企业打算与竞争者和平共处、对购买者和竞争者的反应难以估计等场合;②投标定价法,是指购买者采取公开的或行业的相关渠道发布采购信息,邀请供应商在规定的时间内投标(招标)。有意参加投标的各供应商,各自秘密地填写投标书内容,在规定的截止日之前将填写的投标书交给招标人(投标)。招标人在公开或内部监督的条件下于截止日揭开各供应商的投标书内容(开标),然后招标人根据各供应商填报的价格,并参考其他条件(供应商的产品质量、服务、交货期等)进行评议(评标),确定最终中标情况,宣布招标结果(结标)。事实上,投标者的报价就是在进行竞争性定价。

值得强调的是,企业在使用竞争导向定价法时,必须考虑竞争者可能针对本企业的价格所作出的反应。从根本上来说,企业使用竞争导向定价法是为了利用价格来为本企业的产品适当定位,同竞争者抗争。

4.3.3　汽车产品的价格策略

价格是影响企业营销活动的最活跃的因素。企业在充分考虑了各种定价的影响因素,以及采用适当方法所确定的价格,还只是产品的基本价格。实际营销过程中,企业还应围绕基本价格,根据不同情况,采取灵活多变的价格策略,以使企业能更有效地实现营销目标。

(1)新产品定价策略

1)高价策略

高价策略即为新产品定一个较高的上市价格,以期在短期内获取高额利润,尽快收回投资。该策略的优势在于:①汽车新产品刚投放市场,需求弹性少,尚未有竞争者,因此,只要汽车新产品性能超群、质量过硬,就可以采取高价来满足一些汽车消费者求新、求异的消费心理;②由于汽车价格较高,因而可以使汽车企业在较短时期内取得较大利润;③定价较高,便于在竞争者大量进入市场时主动降价,增强竞争能力,同时,也符合消费者对价格由高到低的心理。

该策略的弊端在于:①如果没有特殊的技术、资源等优势,高价格、高利润会引来大量竞争对手,使高价格难以持久;②当新产品尚未在用户心中树立起相应的声誉时,高价格不利于市场开拓,甚至会引起公众的反感。

2)低价策略

低价策略即为新产品定一个较低的上市价格,以期吸引大量用户,赢得较高的市场占有率。采用低价策略有一定的前提条件:①新产品的价格需求弹性高;②企业具有规模效应;③新产品的潜在需求量大。

这种策略的利弊与高价策略刚好相反,它是一种着眼于企业长期发展的策略。这种汽车定价策略的优点是:一方面可以利用低价迅速打开新产品的销路,占领市场,从多销中增加利润;另一方面低价又可以阻止竞争者进入,有利于控制市场。这种汽车定价策略的缺点是:投资的回收期较长,见效慢,风险大。

该汽车定价策略一般适用于以下几种情况：

①制造这种汽车新产品所采用的技术已经公开,或者易于仿制,竞争者容易进入该市场,利用低价可以排斥竞争者,占领市场。

②在市场上已有同类汽车产品,但是生产汽车新产品企业比生产同类汽车产品企业拥有较大的生产能力,并且该产品的规模效益显著,大量生产定会降低成本,收益有上升趋势。

③该类汽车产品在市场中供求基本平衡,市场需求对价格比较敏感,低价可以吸引较多客户,可以扩大市场份额。

④出于竞争或心理方面的考虑,汽车企业想尽快占领某块汽车市场以求在同行业中占据领先地位。

以上两种汽车定价策略各有利弊,选择哪一种策略更为合适,汽车企业应根据市场需求、竞争情况、市场潜力、生产能力和汽车成本等因素进行综合考虑来加以合理选择和组合,使这两种策略能在最有利的条件下发挥最好的效果。

3）适中定价策略

适中定价策略是一种介于高价定位和低价定位之间的定价策略,它以获取社会平均利润为目标,所定的价格比高价定位低,比低价定位高,是一种中间价格,因而比前两种定价策略的风险小,成功的可能性大。这种定价策略既能保证企业有稳定的收入,又对顾客有一定的吸引力,使企业和顾客双方对价格都满意。优点在于一方面能使汽车新产品较快为市场所接受,且不会引起竞争对手的对抗;另一方面可以适当延长汽车新产品的寿命周期;另外,还有助于汽车企业树立信誉,稳步调价,并满足顾客的需求。

（2）折扣定价策略

在汽车市场营销中,汽车企业为了竞争和实现经营战略的需要,经常对汽车价格采取折扣和折让的优惠政策,直接或间接地降低汽车价格,以争取消费者,扩大汽车销量。其主要的类型有以下几种:

1）功能折扣

功能折扣即厂商对功能不同的经销商给予不同折扣的定价策略。交易折扣的折扣比例,主要是要考虑汽车中间商在汽车销售渠道中的地位、对汽车生产企业汽车销售的重要性、购买汽车的批量、所具备的汽车促销功能、承担的风险,以及汽车产品在市场上的最终售价等。

2）现金折扣

现金折扣是对按约定日期提前付款或按期付款的买主给予一定的折扣,其折扣直接与客户或经销商的货款支付情况挂钩,当场立即付清时得到的折扣最多,而在超过一定付款期后,不仅得不到折扣,反而还可能要交付一定的滞纳金。目的是鼓励买主尽早付款以利于资金周转,减少财务风险。

3）数量折扣

数量折扣是根据买方购买的汽车数量多少,分别给以不同的折扣。批量越大,享受的折扣越大,我国很多汽车企业采取了这种策略。

4）季节折扣

季节折扣即与时间有关的折扣,这种折扣多发生在销售淡季。客户或经销商在淡季购买时,可以得到季节性优惠,而这种优惠在销售旺季是没有的。其目的在于鼓励中间商和消费者购买汽车,减少库存,节约管理费,加速资金周转。

5）价格折让

当客户或经销商为厂商带来其他价值时，厂商为回报这种价值而给予客户或经销商的一种利益实惠就是折让。如客户采取"以旧换新"方式购买新车时，客户只要付清新车价格与旧车价格间的差价，这就是以旧换新折让。又如，经销商配合厂商进行了促销活动，厂商在与经销商清算货款时则给予一定折扣，这就是促销折让。

（3）针对汽车消费者心理的定价策略

该策略是一种为满足汽车消费者心理和精神需要所采用的定价策略，通过有意识地将汽车价格定得高些或低些，诱导消费者增加购买，扩大市场销售，获得最大效益。具体的心理定价策略如下：

1）整数定价策略

在高档汽车定价时，往往把汽车价格定成整数，不带尾数。凭借整数价格来给汽车消费者营造高档车的印象，提高汽车品牌形象，满足汽车消费者的某种心理需求。

整数定价策略适用于：汽车档次较高、需求的价格弹性比较小、价格高低不会对需求产生较大影响的汽车产品。由于目前选购高档汽车的消费者都属于高收入阶层，自然会接受较高的整数价格。

2）尾数定价策略

尾数定价策略是与整数定价策略正好相反的一种定价策略，是指汽车企业利用汽车消费者的求廉心理，在汽车定价时，不取整数而带尾数的定价策略。这样带尾数的汽车价格在直观上给汽车消费者一种便宜的感觉，同时往往还会给消费者一种汽车企业经过了认真的成本核算才定价，对消费者负责的感觉，可以提高消费者对该定价的信任度，从而激起消费者的购买欲望，促进汽车销售量的增加。

3）声望定价策略

这是根据汽车产品在消费者心目中的声望、信任度和社会地位来确定汽车价格的一种汽车定价策略。声望定价策略可以满足某些汽车消费者的特殊欲望，如地位、身份、财富、名望和自我形象等，还可以通过高价格显示汽车的名贵优质。声望定价策略一般适用于具有较高知名度、有较大市场影响的、深受市场欢迎的著名品牌的汽车。

4）招徕定价策略

这是指将某种汽车产品的价格定得非常高，或者非常低，以引起消费者的好奇心理和观望行为，促进降价产品的销售，同时也带动同品牌其他正常价格的汽车产品销售的一种汽车定价策略。招徕定价策略常为汽车超市、汽车专卖店所采用。

5）分级定价策略

这是指在定价时，把同类汽车分为几个等级，不同等级的汽车采用不同价格的一种汽车定价策略。这种定价策略能使消费者产生货真价实、按质论价的感觉，因而容易被消费者所接受。分级定价策略等级的划分要适当，级差不能太大或太小，否则起不到应有的分级效果。

（4）产品组合定价策略

对大型汽车企业来说，其产品并不只有一个品种，而是某些产品的组合，这就需要企业制订一系列的产品价格，使产品组合取得整体的最大利润。这种情况的定价工作一般较复杂，因为不同的产品，其需求量、成本和竞争程度等情况是不相同的。

产品组合定价策略有以下几种形式：

1）产品线定价策略

在同一产品线中，各个产品项目是有着非常密切的关系和相似性的，企业可以利用这些相似性来制订同一条产品线中不同产品项目的价格，以提高整条产品线的赢利。运用这一价格策略，能形成本企业的价格差异和价格等级，使企业各类产品定位鲜明，且能服务于各种消费能力层次的客户，并能使客户确信本企业是按质论"档"定价，给市场一个"公平合理"的定价印象。

2）选择品及非必需附带产品的定价策略

企业在提供汽车产品的同时，还提供一些与汽车相关的非必需产品，如汽车收录机、暖风装置、车用电话等。一般而言，非必需附带品应另行计价，以让用户感到"合情合理"。非必需附带产品的定价，可以适当定高价，如汽车厂商的销售展厅内摆放的全是有利于显示产品高贵品格的产品，在强烈的环境感染下，客户常常会忽视这些选择品的性价比。

3）必需附带产品定价策略

必需附带产品又称连带产品，是指必须与主机产品一同使用的产品，或主机产品在使用过程中必需的产品（如汽车零配件）。一般来说，企业可以把主机产品价格定得低些，而将附带产品的价格定得高些。这种定价策略既有利于提高主机产品价格的竞争性，而又不至于过分牺牲企业的利润。这是一种在国际汽车市场营销中比较流行的策略，在我国有些轿车公司也开始采用这一策略。

4）产品群定价策略

为了促进产品组合中所有产品项目的销售，企业有时将有相关关系的产品组成一个产品群成套销售。客户有时可能并无意购买整套产品，但企业通过配套销售，使客户感到比单独购买便宜、方便，从而带动了整个产品群中某些不太畅销的产品的销售。使用这一策略时，要注意搭配合理，避免硬性搭配。

（5）汽车的价格调整策略

汽车在定完价后，由于本企业、竞争对手或汽车市场的情况发生了变化，汽车企业就需要经常对汽车的价格进行调整。汽车的价格调整主要有两个原因：一是汽车市场的供求环境发生了变化，汽车企业认为有必要对自己汽车产品的价格作出调整，这种汽车的价格调整被称为主动调整；二是汽车企业竞争者的汽车价格发生了变动，而使汽车企业不得不作出相应的反应，以适应汽车市场竞争的需要，这种汽车的价格调整被称为被动调整。

1）汽车价格的主动调整

汽车企业对汽车价格主动加以调整，可以采取两种策略：一是调高汽车价格，二是调低汽车价格。

①调高汽车价格。在汽车市场营销过程中，汽车企业为了适应汽车市场环境和企业自身内部条件的变化，可能会将原有的汽车价格调高。

造成汽车价格调高的主要原因有：汽车成本上升；通货膨胀；汽车产品供不应求，汽车市场需求旺盛；汽车产品的改进；汽车竞争策略的需要等。

②调低汽车价格。调低汽车价格是指汽车企业为了适应汽车市场环境和企业内部条件的变化，把原有汽车的价格调低。

调低汽车价格的主要原因有：汽车企业竞争压力；汽车企业生产能力过剩，需要扩大汽车销售，但又不能通过产品改进或加强销售等措施来扩大汽车销售；汽车成本低；经济形势变化等。在经济紧缩的形势下,由于货币价值的上升,汽车总价格水平下降,汽车企业会因此相应地调低汽车的价格。

另外,汽车企业在主动调整汽车价格时,还应该对汽车竞争者将对该调整作出的反应加以认真考虑,必须了解竞争对手目前的财务状况及企业目标等因素。

2)汽车价格的被动调整

汽车企业在进行汽车价格的被动调整之前,必须首先要对竞争者和自身的情况进行深入分析和研究。

对汽车企业本身情况的研究主要包括:①本企业的竞争实力,包括汽车质量、汽车售后服务、所占有的汽车市场份额及财力状况等;②本企业汽车产品的生命周期以及需求的价格弹性;③竞争对手汽车价格的调整对本企业所能产生的影响。

对汽车竞争对手的研究主要包括:①竞争者价格变动的目的何在;②竞争者的价格变动是长期的,还是暂时的;③其他的竞争者对此会作出什么反应;④本企业对竞争者的汽车价格调整作出反应后,竞争者和其他的汽车企业又会采取什么措施。

一般来说,汽车价格的被动调整在竞争对手调高汽车价格时的主要方法有跟随提价和价格不变两种,在竞争对手调低汽车价格时的主要方法有置之不理、价格不变(采用另外的非价格手段进行反击)和跟着降价三种方式。其中跟着降价的方式要慎用,一般用于价格敏感度较高的车型上,至于汽车价格的调整幅度该为多少,则要根据具体情况来进行具体的分析。

4.4　汽车 4S 店促销策略与广告宣传

汽车营销要求开发优良的汽车产品,给予有吸引力的汽车定价,以便让目标消费者接受。除此之外,还要求汽车经销商与现在和潜在消费者、汽车生产企业和公众沟通,激发消费者的购买欲望,实现汽车产品销售。因此,汽车促销策略与营销公关已成为汽车企业整个营销策略中最重要的一环。

4.4.1　促销与促销组合

(1)促销的概念

促销(promotion)是促进产品销售的简称,是指营销者以满足消费者需要为前提,将企业及其产品(服务)的信息通过各种促销方式传递给消费者,促进消费者了解、信赖本企业的产品,进而唤起需求,促进其采取购买行为的营销活动。促销的实质是营销者与购买者或潜在购买者之间的信息沟通。

(2)促销的作用

在现代市场营销活动中,促销的作用已经不仅仅是单纯地推销产品了。归纳起来,促销主要有以下 5 个方面的作用:

1)传递信息

一种汽车新产品在进入市场之前,甚至在进入市场以后,企业为了让更多的消费者了解这种产品,需要通过适当的促销手段,向消费者和中间商传递有关企业及产品的信息,以引起他们的广泛关注。同时,中间商也要向消费者介绍商品、传递信息,以吸引更多的消费者。

2）激发需求

通过促销,增加消费者对产品的兴趣,进而促使其产生购买产品的需求。

3）突出特点

在同类商品竞争比较激烈的市场上,由于商品繁多,彼此之间差异细微,消费者的辨认和选择就显得很困难。企业通过适当的促销活动,可以突出宣传本企业产品区别于同类竞争产品的特点,展示产品能给消费者提供的满足程度及物超所值,使消费者加深对本企业产品的了解和信任,感受到购买其产品在满足需求的同时能够带来的特殊利益。

4）扩大销售

由于市场竞争日益激烈和企业自身的各种因素,使得企业各期的销售量呈曲线式波动,有时甚至产生持续下滑的趋势。为了拓展市场规模,达到稳定和扩大销售的目的,企业仅有质量上乘的产品和通畅的流通渠道是不够的,还必须通过有效的促销活动建立起企业和产品的良好形象,使消费者产生偏爱,从而促进购买,起到扩大销售、提高企业市场占有率的作用。

5）意见反馈

这种促销的信息沟通方式一方面要把企业及产品的信息传递给消费者,另一方面又要将消费者对企业及其产品的意见、要求、需求动向等信息反馈给企业,由此组成一个循环的、双向式的信息沟通系统。

(3) 促销组合

1）促销组合的含义

所谓汽车促销组合,就是把广告、销售促进、人员促销、公共关系等各种不同的汽车促销方式有目的、有计划地结合起来。这种组合是相辅相成、相互补充、互为协调的,以便更好地突出汽车产品的特点,加强汽车企业在市场上的竞争力。

2）汽车促销的方式

汽车促销的方式主要有两类:人员促销和非人员促销。人员促销主要是指派出汽车销售人员进行汽车销售活动。非人员促销又分为广告促销、销售促进、公共关系等多种方式。汽车促销策略就是这几种方式的最佳选择、组合和运用。

3）各种汽车促销方式的主要特点

①广告。汽车广告是一种高度大众化的汽车信息传递方式,其信息传播面广,形式多样,渗透力强,可多次重复同一汽车信息,便于消费者记忆。

②销售促进。销售促进是一种沟通性极好的促销方式。通过提供汽车信息,诱导消费者接近汽车产品;通过提供优惠,对消费者产生招徕效应;通过提供奖励,对消费者产生激励。

③人员促销。人员促销适用于经销商与消费者的直接沟通,直接传达汽车信息,推销方式灵活,针对性强,容易促成及时成交;而且,通过人与人之间的沟通,可以培养经销商与消费者之间的感情,以便建立个人友谊及长期的合作关系;也可迅速反馈消费者的意见及要求。

④公共关系。公共关系具有较高的可信度,其传达力较强,吸引力较大,容易使消费者接受,可树立良好的汽车企业形象。

4）促销组合的影响因素

企业在制定促销组合策略时,应综合考虑以下几个影响因素:

①产品的性质。不同类型产品的消费者在信息需求、购买方式等方面是不相同的,需要采用不同的促销方式。一般来说,广告是各种档次汽车市场销售的主要促销方式;而人员促

销是中、低档汽车的主要促销方式。

②汽车产品的生命周期阶段。在不同的生命周期阶段,企业的营销目标及重点都不一样,因此,促销方式也不尽相同。在投入期,要让消费者认识了解汽车新产品,可利用广告与公共关系广为宣传,同时配合使用营业推广和人员推销,鼓励消费者试用新产品;在成长期,要继续利用广告和公共关系来扩大产品的知名度,同时用人员推销来降低促销成本;在成熟期,竞争激烈,要用广告及时介绍汽车产品的改进,突出宣传汽车品牌和汽车特色,同时使用营业推广来增加产品的销量;在衰退期,营业推广的作用更为重要,应降低促销的规模,节省促销的费用,同时配合少量的广告来保持顾客的记忆。

③市场的特点。不同的汽车市场,由于其规模、类型、潜在消费者数量的不同,应该采用不同的促销组合。规模大、地域广阔的汽车市场,多以广告为主,辅之以公共关系宣传,反之,则宜以人员促销为主。汽车消费者众多却又零星分散的汽车市场,应以广告为主,辅之以销售促进、公共关系宣传;汽车用户少、购买量大的汽车市场,则宜以人员促销为主,辅之以销售促进、广告和公共关系宣传。潜在汽车消费者数量多的汽车市场,应采用广告促销,有利于开发需求;反之,则宜采用人员促销,有利于深入接触汽车消费者,促成交易。

④促销预算。促销预算的大小直接影响促销手段的选择,预算少,就不能使用费用高的促销手段。预算开支的多少要视企业的实际资金能力和市场营销目标而定,不同的行业和企业,促销费用的支出也不相同。如果汽车促销目标是为了提高汽车品牌的知名度,那么汽车促销组合重点应放在广告和营业推广上,辅之以公共关系宣传;如果汽车促销目标是为了让消费者了解汽车产品的性能和使用方法,那么,汽车促销组合应采用适量的广告、大量的人员促销和某些营业推广;如果汽车促销目标是立即取得某种汽车产品的促销效果,那么重点应该是营业推广、人员促销,并安排一些广告宣传。

(4)促销的基本策略

企业促销活动的策略,按促销的运作方式不同,可以归结为两种基本策略,即"推式"策略和"拉式"策略。

1)"推式"策略

"推式"策略就是企业把产品推销给批发商,批发商再把产品推销给零售商,最后零售商把产品推销给消费者的策略。这种方式中,促销信息流向和产品流向是同方向的,因而人员推销和营业推广可以认为是"推"的方式。采用"推"的方式的企业,要针对不同的产品、不同的对象采用不同的方法。

2)"拉式"策略

"拉式"策略就是企业不直接向批发商和零售商做广告,而是直接向广大顾客做广告的策略。把顾客的消费欲望刺激到足够的强度,顾客就会主动找零售商购买这些产品,购买这些产品的顾客多了,零售商就会去找批发商,批发商觉得有利可图,就会去找生产企业订货。采用"拉"的方式,促销信息流向和产品流向是反向的,其优点就是能够直接得到顾客的支持,不需要去讨好中间商,在与中间商的关系中占有主动地位。但采用"拉"的方式需要注意中间商(主要是零售商)是否有足够的库存能力和良好的信誉及经营能力。

"推式"策略和"拉式"策略都包含了企业与消费者双方的能动作用。但前者的重心在推动,着重强调了企业的能动性,表明消费需求是可以通过企业的积极促销而被激发和创造的;而后者的重心在拉引,着重强调了消费者的能动性,表明消费需求是决定生产的基本原因。

企业的促销活动,必须顺乎消费需求,符合购买指向,才能取得事半功倍的效果。许多企业在促销实践中都结合具体情况采取"推""拉"组合的方式,既各有侧重,又相互配合。

4.4.2　广告促销

(1)广告的概念

广告作为一种传递信息的活动,是企业在促销中普遍重视的应用最广的促销方式,是以促进销售为目的,付出一定的费用,通过特定的媒体传播商品或劳务等有关经济信息的大众传播活动。

(2)广告的作用

广告在促销中的作用是多方面的,归纳起来主要有以下几点:

1)传递信息,诱导消费

传递信息是广告最基本的作用,广告可以帮助消费者了解汽车的性能、特点,诱导顾客的需求,影响他们的消费心理,刺激他们的购买行为,创造销售的机会。通过广告,可以有效地沟通汽车制造厂与汽车销售商及顾客三者之间的关系。

2)介绍商品,引导消费

在汽车新产品、新结构、新特色层出不穷,消费者不易识别和难于选择的情况下,广告宣传能使新产品、新式样、新的消费意识迅速流行,激发消费者的兴趣,并形成一种消费时尚。广告对商品的有效介绍,可以帮助消费者在众多的同类商品中比较和选择。优秀的广告是一种文化消费,可以引导消费走向文明健康。

3)树立形象,促进销售

先声夺人的广告宣传和它潜移默化的作用,加深了顾客对汽车产品和汽车企业的记忆与好感,顾客在自觉与不自觉中常常参考广告来购买商品。广告可以在一定程度上展示企业的规模和知名度,在消费者心目中树立起良好的企业形象和品牌优势,以促进销售,巩固和扩大市场占有率。

(3)广告的种类

根据不同的需要和标准,可以将广告划分为不同的类别。按照广告的最终目的可将广告分为商业广告和非商业广告;按照广告产品的生命周期可将广告分为产品导入期广告、产品成长期广告、产品成熟期广告、产品衰退期广告;按照广告内容所涉及的领域可将广告划分为经济广告、文化广告、社会广告等。不同的标准和角度有不同的分类方法,对广告类别的划分并没有绝对的界限,主要是为了提供一个切入的角度,以便更好地发挥广告的功效,更有效地制定广告策略,从而正确地选择和使用广告媒介。

(4)常用五大媒体广告的特性

1)报纸广告

报纸是最早发布广告、应用最广泛的媒体。其优点在于宣传面广,读者众多,时效性强,传播速度快,同时成本较低,制作方便。缺点是版面单调,表现力差,持续时间不长,不易保存,要在报纸上连续刊登广告才有效力。

2)杂志广告

杂志是仅次于报纸而较早出现的广告媒体。其优点是有相对稳定的读者群体,针对性强,印刷精美,比报纸表现力强,便于存查,持续时间长,读者反复接触机会增多。缺点是发行周期长,时效性较差,灵活性不够,成本相对报纸较高,广告的接触对象不广泛。

3)广播广告

广播是电台通过无线声波传递广告信息的媒体。其优点是传播速度快,传播范围广,制作简便,费用比电视广告便宜。缺点是有声无形,没有视觉效果,不易记忆。

4)电视广告

电视是一种集声、形、色于一体的广告媒体。其优点是形象逼真,感染力强,传播面广,表现手法丰富,艺术性较高,对观众有很强烈的吸引力。缺点是广告费用高,竞争对手多,广告播放的时段要求高。

5)网络广告

根据相关的统计数据,中国汽车行业网络广告支出从 2002 年 2 827 万元增长到 2004 年的 20 025 万元,呈现逐级跨越式发展势头,有更多的汽车广告主开始认识、尝试并得益于网络促销,中国汽车网络促销市场日渐成熟。网络的媒介特性和汽车产品、产业特性决定了二者之间的接合和关联。网络广告费用相对低廉,网络媒介的信息特性,使得消费者能深入、充分获取信息,易于消费者之间的充分交流,便于最快捷地传播产品信息。

(5)广告的设计原则

1)真实性

广告的生命在于真实。虚伪、欺骗性的广告,必然会使企业丧失信誉。广告的真实性体现在两方面:一方面,广告的内容要真实;另一方面,广告主与广告商品也必须是真实的。企业必须依据真实性原则设计广告,这也是一种商业道德和社会责任。

2)社会性

广告是一种信息传递,在传播经济信息的同时也传播了一定的思想意识,这必然会潜移默化地影响社会文化、社会风气。从一定意义上说,广告不仅是一种促销形式,而且是一种具有鲜明思想性的社会意识形态。广告的社会性体现在:广告必须符合社会文化、思想道德的客观要求。

3)针对性

广告的内容和形式要富有针对性,即对不同的商品、不同的目标市场要有不同的内容,采取不同的表现手法。广告要根据不同的广告对象来决定广告的内容,采用与之相适应的形式。

4)艺术性

广告是一门科学,也是一门艺术。广告把真实性、思想性、针对性寓于艺术性之中,利用科学技术,吸收文学、戏剧、音乐、美术等各学科的艺术特点,把真实的、富有思想性和针对性的广告内容通过完善的艺术形式表现出来。

(6)广告决策的主要内容

①确定广告目标。广告目标是广告宣传应该在特定时间内完成的,向具体的目标群体作出特定沟通的任务。

②编制广告预算。

③设计广告信息。

④选择广告媒体。正确地选择广告媒体,一般要考虑以下因素:a.广告商品的特性;b.广告媒体的性质;c.广告受众的差异;d.广告费用的多少。

⑤评价广告效果。企业应对广告效果进行持续地评估。评估的内容主要有两个方面：a.信息传递效果评估，其内容一般包括：对广告注意度的测定，是指各种广告媒体吸引人的程度和范围，主要测定读者比率、收听率、收看率、点击率等；对广告记忆度的测定，是指消费者对于广告的主要内容，如企业名称、产品名称、广告语等记忆度的测定，从中检查广告主题是否鲜明、突出；对广告理解度的测定，是指消费者对于广告内容、形式理解度的测定，从中可以检查广告的设计和制作中存在的问题并加以解决；对购买动机形成的测定，了解广告与消费者购买动机形成之间的关系，进而研究广告在促销中的作用，为企业调整营销策略提供依据。b.产品销售效果评估，即评估广告发布之后的销售额增长了多少。这种评估比较困难，因为销售额的增长不仅取决于广告，还取决于其他许多因素，如经济发展、顾客收入增加、产品质量提高或功能改进、渠道效率提高、价格合理调整及其他促销方式等。因此，单独以销售额来衡量广告效果并不精确，要对影响销售增加的因素进行充分分析。目前，有些企业采用实验法来评估广告的销售效果，即在产品不同的销售市场分别采用电视、报纸等不同形式的广告，或投入不同的广告费用，然后检测各分市场的产品销售增长情况，以判断哪种媒体最有效，投入多少费用最经济。

4.4.3 人员促销

所谓人员促销，是指企业派出专职或兼职的推销人员通过与顾客（或潜在顾客）的人际接触来推动产品销售的促销方式。

（1）人员促销的特点

人员促销与广告、销售促进等非人员促销相比，具有无法比拟的优势，归纳起来，人员促销有如下特点：

1）信息传递的双向性

双向的信息沟通是区别于其他促销手段的重要标志。在推销过程中，一方面，推销人员与推销对象（顾客）直接对话，可以面对面地观察对方的态度，了解对方的需求，并及时采用适当的措施和语言来排除顾虑、解答疑难，达到促进产品销售的目的；另一方面，推销人员必须把从顾客那里了解到的有关产品和企业的信息，如顾客对产品的意见、要求，对企业的态度、信誉、产品市场占有率等反馈给企业，以便企业更好地满足需求，扩大销售，取得良好的营销效果。

2）促销过程的灵活性

在人员促销过程中，买卖双方直接联系、现场洽谈、互动灵活、反应迅速。促销人员要根据顾客的态度和反应，把握对方的心理，从顾客感兴趣的角度介绍商品以吸引其注意；要及时地发现问题，进行解释和协调，抓住有利时机促成顾客的购买行为。必须注意，即使未能成交，促销人员也应与顾客之间保持和建立起良好的人际关系。

3）促销目的的双重性

在人员促销活动中，促销人员不仅通过交往、鼓励、讨价还价，将商品卖出去，还要通过宣传、答疑、微笑、参谋、承诺来促使顾客愿意购买，并使其在购买中获得满意和满足。可见，人员促销不是单纯意义的买卖关系，它一方面要推介企业、推销产品；另一方面要满足顾客需要，建立同顾客的情感友谊和良好关系，以利于开展"关系营销"。人员促销的双重目的是相辅相成、相互联系的。

4)满足需求的多样性

人员促销满足顾客的需求是多种多样的。通过促销人员有针对性的宣传、介绍,满足顾客对商品信息的需求;通过直接销售方式,满足顾客方便购买的需求;通过为顾客提供售前、售中、售后服务,满足顾客在技术服务方面的需求;通过促销人员礼貌、真诚、热情的服务,满足顾客消费心理上的需求;最重要的还是通过产品的使用效能来满足顾客对商品使用价值的需求。

5)人员促销具有选择性和针对性

在每次促销之前,可以选择具有较大购买可能的顾客进行促销,并有针对性地对未来顾客作一番研究,拟订具体的促销方案、策略、技巧等,以提高促销成功率,这是广告所不能及的,广告促销往往包括许多非可能顾客在内。

6)人员促销具有完整性

推销人员的工作从寻找顾客开始,到接触、洽谈,最后达成交易,除此以外,促销员还可以担负其他营销任务,如安装、维修、了解顾客使用后的反应等,而广告则不具有这种完整性。

(2)人员促销的基本形式

1)上门推销

所谓上门推销,是指由推销人员携带商品的样品或图片、说明书和订货单等走访顾客,推销产品,这是一种主动出击式的"蜜蜂经营法",犹如哪里有鲜花(消费者),哪里就有蜜蜂(推销员)一样。这是一种最为古老、人们最为熟悉的推销方式,被企业和公众广泛地认可和接受。上门推销有两个主要特点:一是推销员积极主动地向顾客靠拢;二是增进了推销员和顾客之间的情感联系。

2)柜台推销

所谓柜台推销,是指营业员向光顾商店的顾客推销商品。这是一种非常普遍的"等客上门"式的推销方式。这里的营业员就是推销员,其职能都是与顾客直面接触,面对面交谈,介绍商品,解答疑问,促成销售。

柜台推销也有两个主要特点:一是顾客寻求所购商品,主动地向推销员靠拢;二是柜台的商品种类繁多,花色、式样丰富齐全,便于顾客挑选和比较。

(3)人员促销的主要步骤

1)发掘顾客

这是促销工作的第一步。寻找潜在顾客有很多途径,可以通过现有顾客的介绍、其他销售人员介绍、查找工商名录、电话号码簿等方式寻找潜在顾客。

2)事前准备

在走出去推销之前,推销人员必须知己知彼,掌握以下知识:

①产品知识,即关于本企业和本企业产品的特点、用途、功能等各方面的情况。

②顾客知识,包括潜在顾客的个人情况,所在企业的情况,具体用户的生产、技术、资金情况,用户的需要,购买决策者的性格特点等。

③竞争者知识,竞争者的能力、地位和它们的产品特点。同时,还要准备好样品、说明材料,选定接近顾客的方式、访问时间、应变语言等。

3)接近顾客

即开始登门访问,与潜在客户开始面对面交谈。这一阶段促销员要注意:①给顾客一个好印象,并引起顾客的注意,故穿着、举止、言谈、自信而友好的态度都是必不可少的;②验证在准备阶段所准备的全部情况;③为后面的谈话做好准备。在接近时,注意使自己有一个正确的心态:友好、自信。友好:自己与对方是进行利益交换,是互惠互利的交换;自信:你不是低人一等求别人,你的企业产品是能经得起考验的。

4)介绍情况

这是推销过程中的重要一步,任何产品都可以也必须用某种方法进行介绍。即使那些无形产品(如保险、金融、投资业务),也可以采用图形、坐标图、小册子等形式加以说明。介绍时要注意通过顾客的视、听、触摸等感官向顾客传递信息,其中视觉是最重要的;在介绍产品时,要特别注意说明该产品可能给顾客带来的利益,要注意倾听对方的发言,以判断顾客的真实意图。

5)应付异议

即推销人员应随时准备处理不同意见。顾客在听取介绍的过程中,总会提出一些异议,如怀疑产品的价值,不喜欢交易的条件。这就需要推销员应当具有与持不同意见的买方洽谈的语言能力和技巧,要善于倾听反对意见,能解释、协商,随时有应对否定意见的措施和论据,但必须注意,应付异议要有理有据,娓娓道来,切忌激烈冲突和争吵。

6)签约成交

即推销人员要求对方采取行动,订货购买。有经验的推销人员认为,接近和成交是推销过程中两个最困难的步骤。在洽谈、协商过程中,推销人员要随时给予对方能够成交的机会。有些顾客不需要全面的介绍,介绍过程中如发现顾客表现出愿意购买的意图,应立即抓住时机成交。在这个阶段,推销人员还可以提供一些优惠条件,以尽快促成交易。

7)事后跟踪

达成交易不是推销的结束,而是下一轮推销的起点。如果推销人员希望顾客满意并重复购买,希望他们传播企业的好名声,则必须坚持售后追踪。售后追踪访问调查的直接目的是了解顾客是否满意已购买的产品,发现可能产生的各种问题,表示推销人员的诚意和关心。另外一个重要的目的是,促使顾客传播企业及产品的好名声,听取顾客的改进建议。

(4)人员促销的基本策略

人员促销具有很强的灵活性。在推销过程中,有经验的促销人员善于审时度势,并巧妙地运用促销策略,促成交易。人员促销的策略主要有以下 3 种:

1)试探性策略

试探性策略即"刺激—反应"策略,是促销人员利用刺激性的方法引发顾客的购买行为。促销人员通过事先设计好的能够引起顾客兴趣、刺激顾客购买欲望的推销语言,投石问路地对顾客进行试探,观察其反应,然后采取相应的措施。因此,运用试探性策略的关键是要引起顾客的积极反应,激发顾客的购买欲望。

2)针对性策略

针对性策略即"配方—成交"策略,是通过促销人员利用针对性较强的说服方法,促成顾客购买行为的发生。针对性的前提必须是促销人员事先已基本掌握了顾客的需求状况和消费心理,这样才能够有效地设计好推销措施和语言,做到言辞恳切,实事求是,有目的地宣传、展示和介绍商品,说服顾客购买。让顾客感到推销员的确是真正为自己服务,从而愉快地成交。因此,运用针对性策略的关键是促使顾客产生强烈的信任感。

3）诱导性策略

诱导性策略即"诱发—满足"策略，是促销人员通过运用能激起顾客某种欲望的说服方法，唤起顾客的潜在需求，诱导顾客采取购买行为。运用诱导性策略的关键是促销人员要有较高的促销技巧和艺术，能够诱发顾客产生某方面的需求，然后抓住时机，向顾客介绍产品的功效，说明所推销的产品正好能满足顾客的需要，从而诱导顾客购买。

（5）促销队伍的建设与管理

1）人员促销的规模和结构

①促销人员的规模。合理确定促销人员的规模，是人员促销管理的首要问题。确定促销人员规模的方法有两种。一是销售能力分析法，即通过测量每个促销人员在不同范围、不同市场潜力区域内的促销能力，计算在各种可能的促销人员规模下，企业的总销售额及投资收益率，以确定促销人员的规模。二是促销人员工作负荷量分析法，即根据每个促销人员的平均工作量及企业所需拜访的客户数目来确定推销人员的规模。

②人员促销的组织结构。具体内容如下：a.产品型结构。即将企业的产品分成若干类，每一个促销员（或推销组）负责促销其中的一类或几类产品。这种结构适用于产品结构类型较多并且技术性较强、产品间缺少关联的情况。b.区域型结构。将企业的目标市场分成若干区域，让每个促销人员负责一定区域内的全部推销业务，并定出销售指标。采用这种结构有利于促销人员与顾客建立良好的人际关系，并且有利于节约交通费用。c.顾客型结构。按照目标客户的不同类型（如所属行业、规模大小、新老客户等）组织推销人员，即每个促销员（或组）负责向同一类顾客进行促销活动，采用这种结构有利于促销人员了解同类顾客的需求特点。d.综合型结构。即综合考虑产品、区域和顾客等因素来组成促销人员队伍。采用这种结构时，每个促销员的任务都比较复杂。

2）促销人员的选择、评价和报酬

①推销人员的基本条件。促销人员应熟悉企业产品情况，了解市场上同类产品的基本情况并能正确地进行比较和鉴别；应熟悉了解企业情况，以便随时回答顾客的咨询；应掌握市场营销的基本理论和技能，在市场上灵活地开展推销活动；应认真学习并努力掌握各种政策法规，以便使自己的推销行为符合政策法规的要求，避免违法违纪的现象；应具有胜任促销工作的个人素质。促销人员在推销商品的同时也在推销自己，所以，促销人员必须有良好的气质和职业素养，仪表端庄，热情大方，谦虚有礼，必须具有一定的沟通和社交能力，能够与各种各样的人打交道，善于倾听和说服；必须具有自我控制能力，无论遇到什么情况，都能沉着冷静、应付自如。

②促销人员的奖励、考核与评价。其包括如下内容：

a.奖励。包括：薪金制，是指无论促销员的业绩如何，都按固定的工资标准支付报酬，有利于控制推销员，收入稳定；佣金制，是根据促销员完成一定数量的销售额支付一定比例的佣金，超额给予奖励，有利于调动积极性；混合制，薪金和佣金混合使用及各种机动待遇，目的在于鼓励工作热情。通常，促销员的固定工资占70%，机动工资待遇占30%。在美国，28%的企业采用全部固定工资制，21%的企业是佣金制，50%的企业是工资和佣金混合制。

b.考核与评价。包括：考评资料的收集，即促销人员销售工作报告、企业销售记录、顾客及社会公众的评价、企业内部员工的意见；考评标准的建立，基于成果的考核：销售量、毛利、访问率、访问成功率、平均订单数目、销售费用及费用率、新客户数目；基于行为的考核：销售技巧、销售计划的管理、收集信息、客户服务、团队精神、企业规章制度的执行等。

4.4.4 销售促进

销售促进是指能够迅速刺激需求,吸引消费者购买而采用的特种促销手段,其短期效益比较明显。典型的销售促进一般用于有针对性的和额外的促销工作,其着眼点往往在于解决一些更为具体的促销问题。

(1)销售促进的基本特征

1)非规则性和非周期性

典型的销售促进不像广告、人员促销、公共关系那样作为一种常规性的促销活动出现,而是用于短期的和额外的促销工作,其着眼点在于解决某些更为具体的促销问题,因而是非规则性、非周期性地使用和出现的。

2)灵活多样性

销售促进的方式繁多,这些方式各有其长处与特点,可以根据汽车企业经营的不同汽车的特点和面临的不同市场营销环境灵活地加以选择和运用。

3)短期效益比较明显

一般来说,只要销售促进的方式选择运用得当,其效果可以很快地在经营活动中显示出来,而不像广告、公共关系那样需要一个较长的周期。因此,销售促进最适宜应用于完成短期的具体目标。

(2)销售促进的作用

①销售促进可以有效地加速新产品进入市场的过程。当消费者对刚投放市场的新产品还未有足够的了解和作出积极反应时,通过一些必要的推广措施可以在短期内迅速地为新产品开辟道路。

②销售促进可以有效地抵御和击败竞争对手的促销活动。当竞争者大规模地发起促销活动时,如不及时采取针锋相对的促销措施,往往会大面积地损失已享有的市场份额。对此,可采用减价赠券或减价包装的方式来增强企业经营的同类产品对顾客的吸引力,以此来稳定和扩大自己的顾客队伍。此外,还可采用购货累计折扣和优待的方式来促使顾客增加购货数量和提高购货频率等。

③销售促进可以有效地刺激消费者购买和向消费者灌输对本企业有利的思想。当消费者在众多的同类商品中进行选择,尚未作出购买决策时,及时的推广手段的运用往往可以产生出人意料的效果。

④销售促进可以有效地影响中间商,特别是零售商的交易行为。生产企业在销售产品中同中间商保持良好关系,取得与其合作是至关重要的。因此,生产企业往往采用多种销售促进方式来促使中间商特别是零售商作出有利于自身的经营决策。

(3)销售促进活动应注意的事项

①促销活动成败的关键在于"诱因"是否对目标消费者具有足够的吸引力。

②促销活动的操作办法是否新颖,是否具有刺激性、轰动性和新闻效应。

③促销活动如果使用过多有可能产生以下副作用:a.降低商品形象或商家形象,引起消费者对促销商品质量或价格的怀疑;b.促销次数过多,容易使消费者认为让利优惠是正常的,而不让利是不正常的;c.促销次数过多,可能使消费者对这类活动麻木,视而不见,没有反应;

d.促销手段如果过于猛烈,过多地抢走了同行企业的市场,有可能成为众矢之的,遭到同行企业的联合反对或引发同行之间的价格战、促销战。

(4)销售促进的对象和目标

1)以消费者或用户为对象

对消费者营业推广的目标包括:鼓励老客户更多地购买这种产品,吸引新客户试用这种产品,争夺使用其他品牌的顾客等。主要通过有奖销售、服务促销、购物折扣、展销、优惠券等形式来实现对消费者营业推广的目标。

2)以中间商为对象

对中间商营业推广的目标包括:鼓励中间商大量进货增加库存,同中间商建立长期固定的产销关系。这一目标主要是通过在销售地区举办展销会、实行批量作价、提供广告津贴等营业推广的方式实现的。

3)以促销人员为对象

对促销人员营业推广的目标包括:鼓励促销人员大力促销新产品,开拓新市场,寻找更多的潜在顾客,大力推销过时积压产品等。实现这一目标的销售促进方式主要有推销竞赛、红利提成、特别推销金,以及各种精神、物质奖励措施等。

(5)销售促进的主要形式

常用的主要形式有:赠送样品;优惠券;有奖销售;俱乐部制和"金卡"制;附送礼品;交易印花;现场演示;竞赛;批量折扣;展销会和订货会;经销津贴;红利提成和特别推销金等。

4.4.5　公共关系

从市场营销的角度来谈公共关系,只是公共关系的一部分。美国营销大师菲利普·科特勒对公共关系作了如下定义:作为促销手段的公共关系是指这样一些活动,争取对企业有利的宣传报道,协助企业与有关的各界公众建立和保持良好关系,树立良好的企业形象,以及消除和处理对企业不利的谣言、传说和事件等。公共关系是指企业和与其相关的社会公众之间的联系,这种联系是通过信息沟通实现的。

(1)公共关系的本质特征

1)企业的公共关系是指企业和与其相关的社会公众的相互关系

这些社会公众主要包括供应商、中间商、消费者、竞争者、金融保险机构、政府部门、科技界、新闻界等。可见,企业营销活动中存在着广泛的社会关系,不局限于与顾客的关系,更不局限于买卖关系。良好的社会关系是企业成功的保证之一,因此,建立和保持企业与社会公众的关系在企业营销活动中具有重要作用。

2)企业形象是公共关系的核心

公共关系首要任务是树立和保持企业的良好形象,争取广大消费者和社会公众的信任和支持。一个企业除了生产优质产品和搞好经营管理之外,还必须重视创建良好的形象和声誉。在现代社会经济生活中,一旦企业拥有良好的形象和声誉,就等于拥有了可贵的资源,就能获得社会广泛的支持和合作。否则,就会产生相反的不良后果,使企业面临困境。可见,以创建良好企业形象为核心的公共关系这项管理职能,涉及企业活动的各个方面,而且是一个长期的、不断积累、不断努力的结果。

3）企业公共关系的最终目的是促进产品销售

广告等其他活动的目的在于直接促进产品销售,而公共关系的目的在于互相沟通、互相理解,在企业行为与公众利益一致的基础上争取消费者对企业的信任和好感,使广告等促销活动产生更大的效果,从而最终扩大产品的销路。正因为如此,公共关系也属于一种促销方式,不过,它是通过推销企业本身,从而促进产品销售的。

4）公共关系属于一种长效促销方式

公共关系比广告等活动成本少得多,有时甚至不需支付费用,而其效果却大得多,尤其是需要使消费者建立信任感的商品。因为若消费者对广告存有戒心,会使广告显得无能为力,而通过公共关系的活动却能消除疑义,获取信赖。

总之,公共关系着眼于企业长期效益,而广告则倾向于产品销售。

（2）公共关系的作用

1）搜集信息,监测环境

①产品形象信息。它是指消费者对本企业产品的各种反应与评价,是企业形象的基础。

②企业形象信息。企业形象是社会公众和企业职工对企业整体的印象和评价。企业信誉高,形象自然就好,良好的社会形象是无形资产和财富,是用金钱买不到的。公共关系的主要任务就是通过恰当的措施,树立企业的良好形象,包括:a.公众对企业组织机构的评价;b.公众对企业经营管理水平的评价;c.公众对企业人员素质的评价;d.公众对企业服务质量的评价。

③企业内部公众的信息。掌握职工对企业的期望。

④其他信息。公关作为社会经济趋势的监测者,应广泛收集有关社会经济信息,供决策者参考。要掌握投资者的投资意向、竞争者动态、顾客的需求变化、其他社会公众对企业的要求,以及国内外政治、经济、文化、科技等方面的重大变化。

2）咨询建议,决策参考

①利用收集的信息进行综合分析,考察企业决策和行为在公众中产生的效应及影响程度。

②预测企业决策和行为与公众可能意向之间的吻合程度。

③及时、准确地向企业的决策者提供咨询,提出合理而可行的建议。

3）舆论宣传,创造氛围

①将企业有关信息及时、准确、有效地传送给特定的公众对象,营造良好舆论氛围。

②有利于企业改变公众误解,传播正确信息。企业被公众误解时,良好的公共关系能够帮助企业消除形象危机。

4）交往沟通,协调关系

①交往沟通是公关的基础。

②有利于增强企业内在的凝聚力,协调与外界的关系。一个企业要顺利地发展,内部就要充满生机和活力,良好的公共关系有利于企业人员积极性、智慧和创造性的发挥。

5）教育引导,社会服务

即通过广泛、细致、耐心的劝服性教育和优惠性、赞助性服务,诱导公众对企业产生好感。

①向企业内部人员输入公关意识,诱发其重视企业整体形象和声誉。

②通过劝服性教育和实惠性社会服务,使社会公众对企业的行为、产品等产生认同和

接受。

(3)公共关系促销的目标

在通常情况下,企业开展公关活动的目标有以下几种:

①配合新产品上市公关。新产品上市前,通过恰当的公关宣传,让消费者和中间商对企业的新产品有足够的了解,提高知名度,扩大声誉。

②结合企业转产、改制公关。

③展示企业成果公关。

④消除不良影响公关。当企业的意图受到误解时,积极的公关活动可以有效地让公众了解企业,密切企业同消费者的关系,消除他们的误解;当企业的产品或服务经营造成不良后果时,应立即向新闻媒体和有关部门通报情况,解释原因,向受损的消费者赔礼道歉,采取补救措施,积极地承担责任。

⑤改善企业环境公关。

⑥利用活动、庆典公关。配合企业组织的展销会、订货会,以及开业、挂牌、纪念等庆典组织宣传报道,举办得体适宜的公关活动。企业对体育、教育、福利等公益事业的赞助,公关部门要大力组织宣传,以扩大企业影响,提高企业知名度。

(4)公共关系促销的方式

1)利用新闻媒介

新闻媒介提供的宣传报道对企业来说是一种免费广告,它能给企业带来许多好处。首先,它能比广告创造更大的新闻价值,有时甚至是一种轰动效应,而且能鼓舞企业内部的士气和信心。一个企业或者产品能被新闻报道并受到赞扬,无疑是一种有力的激励。其次,宣传报道比广告更具有可信性,使消费者在心理上感到客观、真实。

2)参与社会活动

企业在从事生产经营活动的同时,还应积极参与社会活动,在社会活动中体现自己的社会责任,赢得社会公众的理解和信任,充分表现企业作为社会的一个成员应尽的责任和义务。另外,还应结交社会各界朋友,建立起广泛和良好的人际关系。

2008 年一汽大众开展了中国新未来行动和福娃爱心传递活动,其主办的奥运体验场让普通百姓当了一次奥运运动员,亲身感受了奥运项目。同时,一汽大众还马不停蹄地赞助奥运官方电影开机仪式和奥运经济(北京)论坛,以及从事选拔奥运火炬手、火炬接力车辆司机技师和服务志愿者等一系列活动。大众品牌的汽车在 2008 年的第一季度,每个月的销量都超过了 10 万辆。

3)组织宣传展览

在公共关系活动中,企业可以印发各种宣传材料,如介绍企业的小册子、业务资讯、图片画册、音像资料等,还可以举办形式多样的展览会、报告会、纪念会及有奖竞赛等,通过这些活动使社会公众了解企业的历史、业绩、名优产品、优秀人物、发展前景,从而达到树立企业形象的目的。

4)进行咨询和游说

咨询主要是向管理人员提供有关公众意见。游说主要是企业定位与形象等方面的劝告和建议,也包括回答和处理顾客的问题、抱怨和投诉。游说的对象主要是立法机构和政府官员,与他们打交道的目的是在一定范围内防止不利于本企业的法令、规定的颁布实施或促使有利于本企业的法令、规定的颁布实施。

另外,为了树立良好的企业形象,许多企业导入 CIS 战略,并取得了巨大成功。

4.5 汽车 4S 店销售队伍的建立与日常管理

人才的竞争是企业竞争的核心。人力资源开发成为 4S 店发展的关键,这已经是不争的事实。没有满意的员工,就不会有满意的客户,而汽车 4S 店销售人员在汽车营销过程中处于一个比较特殊的岗位,他们同时服务于公司和顾客。一方面代表公司与顾客接触,将公司的汽车产品和服务信息传达给顾客,通过接近顾客介绍产品,回答顾客问题,与顾客谈判价格,最后成功售出汽车,之后还要为顾客提供相关的售后服务;另一方面还要为公司做市场研究和情报工作,填写销售报告,将顾客对产品的意见和建议传达给公司相关部门,与公司其他人员一起共同提高顾客满意度。所以汽车销售人员不仅要懂管理、懂营销,还要懂技术、素质好、作风硬、适应能力强。

4.5.1 汽车销售人员的招聘

招聘时企业可以根据对人员的需求,通过多种渠道,利用多种手段吸引那些满足岗位要求的潜在员工前来求职。

(1)招聘的原则

在招聘中要注意掌握 4 个原则:①高素质原则,即尽可能招聘到能胜任汽车营销工作需要的高素质员工;②效率优先的原则,即力争用尽可能少的招聘费用,录取到素质高、适应企业需要的员工;③公平竞争,择优录取的原则;④内部优先的原则。

(2)分析招聘需求

科学的招聘需求规划必须确保能够以合格的应征人员来填补岗位,它是招聘和挑选员工过程中所有决策的基础。在分析人员招聘需求时,必须考虑以下 4 个指标:①各部门岗位人员的编制;②目前各部门岗位人员的数量;③各部门岗位人员的年度流动率;④各部门岗位人员的试用期合格率。

(3)确定招聘方法

1)内部招聘

随着科技手段的不断提高和信息传播技术的发展,招聘的渠道和方法越来越多,在 4S 店招聘员工时应优先考虑内部招聘。

优点是:①招聘成本较外部招聘更低;②应聘的员工对公司的情况无须经过熟悉和适应的过程;③为员工提供了更多的职业生涯规划空间;④最大限度地给企业内部员工提供用人信息和机会,增强员工对企业的忠诚度。

缺点是:①应聘人数有限;②内部人员排斥外部应聘者,会导致人际关系复杂。

2)外部招聘

外部招聘的途径是影响招聘成功与否最重要的因素,经销商应根据招聘岗位和当地市场的特点,确定适当的招聘途径。

3) 发布招聘信息

发布招聘信息就是向应聘者介绍企业的现状、发展前景、用人需求(岗位名称)、工作职责、工作所需知识和能力、工作所要求的技能和经验、工作地点、工作环境、工作待遇、工作时间、享受的福利等有关企业信息,要求求职者提供简历、学历证明,以及申请方法等。发布招聘信息的目的是吸引更多的人前来应聘,为挑选合适的人才做好准备。

招聘信息的准备和信息发布应注意以下几个问题:

①招聘过程是宣传企业形象、吸引人员的过程,企业应该了解对求职者最具吸引力的是什么,并将企业最具吸引力的地方通过最有效的方式传达给求职者。

②招聘的目的不是简单地吸引大批求职者,而是应该吸引那些满足岗位需要、具有一定技能要求的求职者。如果招聘过程吸引过多的应聘者,势必会增加筛选的难度和成本。因此,招聘信息中要将所要招聘人员的条件和资格说清楚,以便求职者根据招聘条件进行自我评估。

③招聘信息一定要客观,对企业的宣传不要夸大其词,过分推崇企业和工作的做法可能会将求职者吸引进企业,却很难留住他们。人员的流动不仅浪费了招聘的投入,还会引起现有队伍的不稳定。

④对求职者需准备的材料及申请方法要有明确说明,以提高双方的工作效率。

一项研究认为,好的销售人员应热情、耐心、积极、自信,对工作有献身精神,他们致力于销售工作,将它作为一种生活方式并具有强烈的顾客导向;另一项研究认为,优秀的销售人员应该是独立和自我激励的人,而且是最好的听众;还有一项研究认为,销售人员应该是顾客的朋友,有毅力、热情、关心别人,最重要的是诚实。他们必须自我激励、遵守纪律、辛勤工作,并能与顾客建立紧密的关系;最后,研究表明好的销售人员应该喜欢团队工作而不是一个人单干。

针对上述条件,在招聘汽车销售人员时要进行一定的测试,测试的目的是考查应聘人员是否勤奋、诚实、有领悟力,是否有良好的口头表达及沟通能力,是否有一定的文字表达能力,是否具有较高的专业素养,是否掌握并能应用外语等,测试的内容应围绕上述目的展开。

(4) 确定招聘流程

为了客观、公正、量化地测试应聘人员,制定合理的招聘流程是十分必要的。测试应聘人员时,推荐的流程一般包括:对应聘书进行审核、面试、笔试、聘用等。一般的招聘流程如图 4.4 所示。

1) 对应聘书进行审核

不同公司对销售人员的要求不尽相同。招聘之前,主持招聘的人一定要对招聘的岗位有一个清晰的认识,最好有一个详细的职位描述,包括以后从事的主要工作,对人员素质、经验等方面的具体要求等,以便对应聘人员有一个客观公正的标准。在招聘时,先要仔细分析应聘书的内容,了解应聘者的教育经历、工作履历、个人品行、人际交往能力、工作能力等。对专业性强的工作,需要同用人部门一道,筛选出可能的人选,选择的重点是看其基本条件和以往学习工作的经历,基本条件要符合职位的要求,最好有过类似的工作经验,从而提高招聘效率,节省成本。

2) 面试

面试作为招聘中非常主要的一个环节,有利于保证招聘的质量,可以了解被选拔对象的

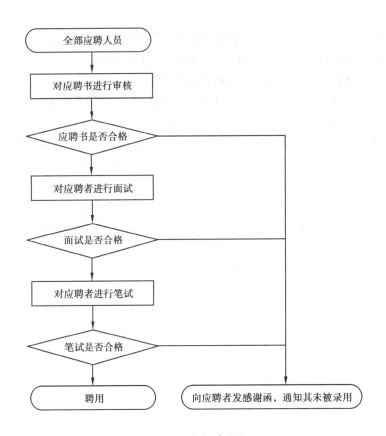

图 4.4　一般招聘流程

工作态度、语言能力、仪表风度、理解能力、解决问题的能力、控制能力、反应的灵敏度,以及知识的深度和广度。

在了解求职者的工作经历后,需要确定其技能、能力及工作责任心。面试者观察应聘者的个人素质,包括外表、谈吐能力、词汇量、是否沉着冷静、是否有适应能力和是否自信等;面试者应询问一些关于求职者在某些情况下如何处理人际关系的问题,来掌握应聘者的人际关系能力。在选择过程中,尽量排除与工作无关的个人偏见,同时,面谈的时候一般要采用交互的方式,主动介绍一下公司的情况,最好给应聘者看公司的市场宣传材料和网站,这也是一个宣传公司的过程,让应聘人员了解招聘职位的基本情况,面试者应诚实准确地告诉求职者在企业中的职业发展前景,同时了解应聘人员的想法、特长和具体要求;如果双方觉得不合适,就不必耽误时间,可以直接从名单中去掉,对感觉还可以的人员可以进行笔试,通过双方的共同了解取得更好的招聘效果。

3)笔试

笔试的优势是公平、费用低、迅速、简便;不足之处是过分强调记忆力,不能全面检查应试者的工作态度、品德修养、组织能力、管理能力、口头表达与操作能力。书面测试一般可采用一套综合题,内容包括基础(如英语基础、专业基础)测试、智力测试、个性测试、专业测试、对行业和技术的了解测试等。

4.5.2　汽车销售人员的素质与培训

(1)汽车销售人员应具备的素质

三菱企业的创始人岩崎弥太郎谈事业成功的秘诀时这么说:"有时看到池塘里的鱼成群结队,但没有任何工具,只有临渊兴叹了。想抓鱼,必须平常就要结网,人生也是一样,为了捕捉所有的机会,必须平时就有准备。"

汽车销售人员,是从卖自己的面子而不是卖商品开始的,自己的面子卖得出去卖不出去,是决定于对方买不买,不是你可以片面决定的,但是你所应有的素质是推销成功与否的关键。

①态度热忱,勇于进取。即服务态度好,了解顾客的需要,解决顾客的困难,当好顾客的顾问,创造推销的机会。

②求知欲强,知识广博。即业务知识丰富,应具备:a.企业知识,即企业历史和现状、地位、规划、利润目标、产品及定价策略;b.产品知识,即产品性能、用途、用法、维修及管理程序;c.用户知识,即用户购买动机、习惯、时间、地点、方式;d.市场知识,即现实用户和潜在用户数量、需求量及趋势、市场竞争情况。

③文明礼貌,善于表达。即推销技术熟练,具有良好的举止风度和工作作风。首先推销员的魅力在于博闻强记、能言善道,谈话是以聊天为目的,并不是以追求真理为目的;其次要有修养,要自我管理,要有必胜的信心,要设定目标,有责任感,有礼貌,喜怒不形于色,有成本意识,守时守信,遵守公司规定,要有推销点。

④富于应变,技巧娴熟。汽车销售是销售人员向顾客介绍汽车产品,满足顾客特定需求,最终达成交易的过程。汽车销售工作具有一定的挑战性,由于单件价格相对较高,比起一般商品的销售,汽车销售的难度更大,对销售人员的要求也更高。要想成为一名优秀的汽车销售人员,除了具备诚心、耐心、虚心及敬业精神这些销售人员基本的品德外,还要求销售人员掌握一定的营销知识和销售技巧,最重要的是由于汽车产品技术含量较高的特性,需要销售人员具备一定的汽车方面的专业知识,并在销售过程中不断地学习和提高。对于汽车销售企业而言,在挑选汽车销售人员时,还要注意尽量挑选对汽车有兴趣、爱好汽车的人,这有利于销售人员今后长远的发展。

(2)汽车销售人员的培训

1)培训的目的

培训的目的是为了保证经销商各岗位人员在思想上和专业技能上能满足其岗位职责要求。因此,经销商应根据公司组织机构和岗位职责要求,对各岗位的人员制订相应的培训计划,并由专职人员负责企业的培训管理工作。

2)培训课程规划

经销商应根据自身实际情况,建立各岗位的标准课程培训表。

标准培训课程包括以下两大部分:

①公共培训课程。包括:企业背景、企业文化、组织机构、规章制度、商品车和备件基础知识、汽车行业的相关法律法规等内容。

②岗位培训课程。包括:基础培训课程,即该岗位员工上岗时必须要完成的培训课程,是岗位资格认证的基础条件;进阶培训课程,即该岗位员工上岗后 1 年内必须要完成的培训课程,培训的完成情况将作为员工绩效考核的依据之一。

培训过程中要引导销售人员主动了解公司的产品。如果条件许可,最好组织被培训的销售人员参观汽车产品或零部件的制造过程,切身体会其性能和用途,这样做的目的是让销售人员对所售汽车产生自信,这对今后的推销将起到至关重要的作用。

销售人员还需要了解顾客特性。培训过程中要让他们了解不同顾客的需求、购买动机和购买习惯,要学习如何分配时间给现有的顾客和潜在的顾客。销售人员还必须知道如何进行有效的推销,他们要接受销售原理的培训。

为了增强竞争能力,提高竞争意识,要让培训人员了解汽车市场内竞争者的策略,学习如何对比各种车辆的特性及如何提升本品牌汽车的形象。

为了提升销售人员的业务能力,销售人员必须实地了解销售的程序,学习汽车贷款、汽车保险理赔、二手车交易、售后保修、售后服务等方面的知识。凡是顾客要面对的问题,销售人员都要事先知道该如何解决和处理。

另外,对销售人员的气质、风度、礼仪、社交能力等综合素质也要进行必要的培训。

3) 培训手段

可采用入职集中培训、员工自学、公司内部在职培训、外部培训等方式相结合的培训手段。

4.5.3 汽车销售队伍的组织管理

销售人员的组织和管理包括对销售人员的招聘、选拔、培训、委派、报酬、激励和评价等。销售人员一旦进入销售企业,就要对其有一套日常管理措施,以更好地调动销售人员的工作积极性,为公司创造最大价值。

(1) 委派

即对销售人员的工作安排,在销售队伍规模既定的条件下,销售人员如何在面对面销售、电话销售、接听顾客电话、处理行政事务等方面分配时间。现在很多公司都推广使用了销售人员自动化工作系统,计算机管理的销售操作能更好地登记订货交易,改进顾客服务,提供更好的销售人员决策支持。销售人员利用计算机来登记顾客和潜在顾客的情况,分析和预测销售额,管理客户关系,安排访问时间,登记订单,检查存货和订单状态,编制销售和费用报告,处理往来信函等,这也为委派工作、制订更细致的工作计划提供了保证。

(2) 激励

激励在管理学中被解释为一种精神力量或状态,起加强、激发和推动作用,引导行为指向目标。企业为了使预期的销售定额得以实现,需要采取一定的措施鼓励销售人员,常见的有送礼品、发奖金、旅游等,而其中最为常见的是销售定额考核和薪酬制度。

1) 销售定额考核

销售人员的报酬与销售定额直接相关。大多数企业对销售人员的业绩采用可量化的方法进行考核,可量化的考核主要可分成可变定额考核和定额考核两种。可变定额考核的基本做法是按销售人员的实际销售额(或量)来衡量业绩,即按卖出整车的数量或总金额来进行考核,也就是按绝对数考核;定额考核的基本做法是给每一个销售人员制定一个基本销售额(或量)即定额,销售人员业绩的衡量更注重以超过基本销售额部分来计算,基本销售额的制定一般要考虑销售区域规模、产品线特征、宏观经济环境等具体情况。

2) 薪酬制度

薪酬制度是指企业根据销售额或利润额的大小给予销售人员固定的或根据情况可调整比率的报酬。薪酬制度能激励销售人员尽最大努力工作，并使销售费用与现期收益紧密相联。同时，企业还可根据产品、工作性质给予销售人员不同的薪酬。

不同的企业往往会根据具体的情况制定不同类型的薪酬制度。销售人员薪酬的基本算法有：底薪制、底薪加业绩提成制、底薪加业绩提成加奖金制，其中最常用的是后两种。一般业绩提成的计算方法与业绩的定量考核方法是联系在一起的。

(3) 销售人员的评价

对销售人员的评价是企业对销售人员工作业绩考核与评估的反馈过程，它不仅是分配报酬的依据，而且是企业调整市场营销战略、促使销售人员更好地为企业服务的基础。

练习题

一、单选

1.4S店整车销售组织一般是指其内部涉及市场销售活动的(　　)。

　　A.机构体系　　　　　B.销售量　　　　　C.维修接待　　　　D.服务质量

2.汽车销售组织应不断适应外部环境的变化,对市场变化(　　)。

　　A.以不变应万变　　B.快速作出反应　　C.请求政府干预

3.汽车定价具有买卖双方(　　)的特征。

　　A.买方决策　　　　B.卖方决策　　　　C.双向决策　　　　D.政府决策

4.汽车(　　)决定汽车价格。

　　A.质量　　　　　　B.性能　　　　　　C.外观　　　　　　D.价值

5.汽车生产成本是指在汽车生产领域生产一定数量汽车产品时所消耗的物资资料和劳动报酬的(　　)。

　　A.价值形态　　　　B.货币形态　　　　C.实物形态

6.价格是一个(　　)。

　　A.常量　　　　　　B.随机量　　　　　C.变量

7.价格是影响企业营销活动(　　)的因素。

　　A.最活跃　　　　　B.无关　　　　　　C.关系不大　　　　D.紧密关联

8.促销的实质是营销者与购买者或潜在购买者之间的(　　)。

　　A.上门推销　　　　B.广告宣传　　　　C.信息沟通　　　　D.参与车展

9.市场营销是公共关系的(　　)。

　　A.一部分　　　　　B.全部　　　　　　C.主要部分

10.公共关系的核心(　　)。

　　A.产品质量　　　　B.社会公关　　　　C.企业形象　　　　D.企业宣传

二、多选

1.一个良好的组织机构,应该具有(　　)。

　　A.决策功能　　　　B.监督功能　　　　C.执行功能

D.反馈功能　　　　　E.激励功能

2.定价策略要考虑(　　　)。

　　A.促进销售　　　　B.获取利润　　　　C.补偿成本

　　D.消费者接受能力　E.市场平衡

3.汽车价格构成的要素有(　　　)。

　　A.汽车生产成本　　B.汽车流通费用　　C.国家税金

　　D.汽车企业利润　　E.消费者权益

4.定价目标有(　　　)。

　　A.利润为导向　　　B.保持或扩大市场占有率　　　　C.竞争为导向

　　D.汽车质量为导向　　　　　　　　E.汽车销售渠道为导向

5.常用的成本导向定价法包括(　　　)。

　　A.成本加成率　　　B.盈亏平衡　　　　C.目标收益

　　D.边际成本　　　　E.最大利润

6.折扣定价策略有(　　　)。

　　A.功能折扣　　　　B.现金折扣　　　　C.数量折扣

　　D.季节折扣　　　　E.价格折让

7.促销主要(　　　)的作用。

　　A.传递信息　　　　B.激发需求　　　　C.突出特点

　　D.扩大销售　　　　E.意见反馈

8.企业在制定促销组合策略时,应综合考虑(　　　)影响因素。

　　A.产品的性质　　　　　　　　B.汽车产品的生命周期

　　C.促销预算　　　　　　　　　D.市场的特点

9.汽车销售广告的设计原则是(　　　)。

　　A.真实性　　　　　B.艺术性　　　　　C.针对性

　　D.社会性　　　　　E.欣赏性

10.人员促销的策略主要有(　　　)。

　　A.试探性策略　　　B.针对性策略　　　C.诱导性策略

　　D.驱动型策略　　　E.驱动策略

三、判断

1.汽车价格的构成是指组成汽车价格的各个要素及其在汽车价格中的组成情况。(　　　)

2.产品价格与市场需求呈正方向变动。(　　　)

3.产品价格与市场供给呈反方向变动。(　　　)

4.边际成本是指每增加或减少单位产品所引起成本的变化量。(　　　)

5.竞争导向定价法不适合市场竞争激烈的产品。(　　　)

6.人力资源开发成为 4S 店发展的关键。(　　　)

7.培训的目的是为了保证经销商各岗位人员在思想上和专业技能上能满足其岗位职责的要求。(　　　)

8.在 4S 店招聘员工时应优先考虑外部招聘。(　　　)

9.销售促进并不能够迅速刺激需求。(　　　)

10.采用电视、报纸等不同形式的广告有可能会提高销量,但得不偿失。

四、简答题

1.目标收益定价法有一个较大的缺点是什么?

2.运用对汽车价值的理解谈谈定价法的关键是什么?

3.竞争导向定价法常见的具体方法有几种?

4.在招聘中要注意掌握哪几个原则?

5.汽车销售人员应具备哪些素质?

五、论述

1.论 4S 店招聘员工时内部招聘的优缺点。

2.试论述企业形象是公共关系的核心。

第 **5** 章
汽车 4S 店配件供应与仓储管理

汽车配件销售企业处于生产—流通—消费这个社会再生产总过程中的中间位置,是一个流通企业。它和所有流通企业,如商业、外贸企业、物资供销企业等一样,存在着企业内部的三大主要环节,即购进、储存、销售。

5.1 汽车配件购进的意义、原则及对进货人员的基本要求

5.1.1 汽车配件购进业务的概述

购进(订货)业务是流通企业的第一个环节,是商品从生产领域进入流通领域,价值生产阶段转变为价值实现阶段的过程。从企业的角度看,购进不是目的,销售并获得利润才是目的。从资金运动的角度看,购进就是货币资金转化为商品资金,使企业的流动资金(指银行存款等)转化为库存资金,开始了流通企业的资金周转过程。

购进是企业的关键环节,其理由主要是:

①只有把商品购进组织好,把适销产品购进到经营企业才能销售,促使营销企业发展生产。

②只有质优价廉、适销对路的商品源源不断地进入经销企业,才有可能提高为用户服务的质量,满足消费者的需要。

③搞好进货是搞好销售的前提和保证。只有进得好,才能销得快,才有可能提高企业的经济效益。

由此可见,商品购进是直接关系到生产、营销企业能否得到发展,消费者需求能否得到满足,企业经营状况能否改善的关键问题。

5.1.2 进货管理和商品购进原则

(1)进货管理原则

1)勤进快销原则

勤进快销是避免商品积压,加快资金周转,提高经济效益的重要条件;勤进快销要求采购次数要适当多一些,批量要少一些,进货间隔要适当缩短。企业要在采购适销对路的前提下

选择能使采购费用、保管费用最省的采购批量和采购时间,以降低成本,降低商品价格,使顾客买到价廉物美的商品。

勤进快销还要掌握市场行情,密切注意销售去向,勤进、少进、进全、进对,以勤进促快销,以快销带勤进,不断适应消费需要,调整更新商品结构,力求加速商品周转。在销售上,供应要及时,方式要多样,方法要灵活,服务要周到,坚持薄利多销。

2)以销定进原则

以销定进是按照销售状况决定进货。计算进货量,主要有以下参数:

日平均销售量(DMS)=昨日的 DMS×0.9+当日销售量×0.1

建议订货量=日平均销售量×(距下次订货量天数+下次交货天数+厂商交货前置期+商品安全天数+内部交货天数)-已订货未交量-库存量

最小安全库存量=陈列量+日平均销售量×商品运送天数

订货量是一个动态的数据,根据销售状态的变化(季节性变化、促销活动变化、供货厂商生产状况变化、客观环境变化)决定订货量的多少,才能使商品适销对路,供应及时,库存合理。

3)以进促销原则

"以进促销"原则是与"以销定进"相联系的,简单讲是以销定进,进总是处于被动局面。因此,扩大进货来源,积极组织适销商品,能主动地促进企业扩大销售,通过少量进货试销,刺激消费,促进销售。

4)储存保销原则

销售企业要保持一定的合理库存,以保证商品流通连续不断。

(2)具体贯彻进货原则的措施

搞好采购,要从实际出发并灵活掌握。

①掌握汽车配件供应地点。当地进货,要少进勤进;外地进货,适当多进,适当储备。

②掌握汽车配件的市场寿命周期。新商品要通过试销打开销路,进货从少到多。

③掌握不同种类汽车配件的供求规律。对于供求平衡、货源正常的汽车配件,适销什么,就购进什么,快销就勤进,多销就多进,少销就少进;对于货源时断时续、供不应求的汽车配件,根据市场需要开辟进货来源,随时了解供货情况,随供随进;对于扩大推销而销量却不大的汽车配件,应当少进多销,在保持品种齐全和必备库存的前提下随进随销。

④掌握汽车配件销售的季节性特点。

(3)商品购进原则

进货的原则除了要求购进的商品适销对路外,就是要保质、保量。生产企业实行质量三包,即包修、包退、包换。经营企业要设专职检验部门或人员,负责购进商品的检验工作,把住商品质量关。除此之外,购进还应遵循以下原则:

①购进的商品必须有产品合格证及商标。实行生产认证制的产品,购进时必须附有生产许可证、产品技术标准和使用说明。

②购进的商品必须有完整的内、外包装,外包装必须有厂名、厂址、产品名称、规格型号、数量、出厂日期等标志。

③要求供货单位按合同规定按时发货,以防应季不到或过季到货,造成商品缺货或积压。

④积极合理地组织货源,保证商品适合用户的需要,坚持数量、质量、规格、型号、价格全面考虑的购进原则。

⑤购进商品必须贯彻按质论价的政策,优质优价、不抬价、不压价,合理确定商品的采购价格;坚持按需进货,以销定进;坚持"钱出去、货进来,钱货两清"的原则。

⑥购进的商品必须加强质量的监督和检查,防止假冒伪劣商品进入企业,流入市场。在商品收购工作中,不能只重视数量而忽视质量,不能只强调工厂"三包"而忽视产品质量的检查,对不符合质量标准的商品应拒绝收购。

5.1.3 对进货人员的基本要求

购进业务是商品流通过程中的第一道环节。进货业务的质量,会直接影响企业的整个经营活动和各项经济指标的完成,而进货员是第一道环节的主要执行人。

(1)进货员的岗位职责

①负责编制进货计划。

②负责开展工贸联营、联销工作。

③负责日常急需商品的催调合同或组织临时进货,满足市场需求,并根据市场变化及库存结构情况对订货合同进行调整。

④认真搞好资金定额管理,在保证进货需要的前提下,最大限度地压缩资金占用,加速资金周转。

⑤认真执行费用开支规定,在保证工作需要的前提下,努力节省进货费用。进货时,一方面要考虑适销对路,另一方面也要考虑运输路线、运费价格等。

⑥经常主动地深入营业门市部和仓库了解产品质量状况,走访客户了解市场需求。

⑦认真执行工商、税务、物价、计量等方面的法令、法规,遵守企业的规章制度。

⑧负责制订按车型、品种的需求量计划,积极组织订购优质、价格适宜的产品,保证销售需要。

⑨负责组织开展商品的代销、试销业务,开拓新产品市场。

⑩负责改善库存结构,积极处理库存超储积压商品。

(2)进货员的基本素质

1)能编好进货计划

进货员要根据自己掌握的资料编好进货计划,包括年度、季度或月进货计划,以及补充进货计划和临时进货计划等。

在编制进货计划时,要注意考虑如下因素:对本地区汽车配件市场形势的预测结果;本单位销售计划;商品库存和在途情况,已签订过合同的货源情况;用户购买意向;本地区、本企业上年同期的销售业绩。

在进货计划中,配件类别必须划细,要有详细的品种,进货数量和进货时间要均衡,使配件供应既及时又不积压或中断,合理地占用资金。

2)能根据市场情况及时修订订货合同

尽管进货员根据自己已掌握的信息资料对市场进行了预测,编制了比较合适的进货计划,但在商品流通中,常常会遇到难以预料的变动情况,这就要求进货员能根据变化了的情况及时修订订货合同,争取减少长线商品,增加短线商品。当然,在修订合同时,必须按照合同法办事,取得对方的理解和支持。

3) 要有一定的社交能力和择优能力

进货员工作性质决定他要同许多企业、各种人打交道,要求具有一定的社会交际能力,要学会在各种场合、各种不同情况下协调好各方面的关系,签订好自己所需要的商品合同,注销暂不需要的商品合同或修改某些合同条款,要尽最大努力争取供货方在价格、付款方式、运货等方面的优惠。

此外,全国汽车配件生产企业多,产品品种繁杂,假冒伪劣商品防不胜防。要选择好自己进货计划中所需要的产品,就必须进行深入调查研究,对进货厂家的产品质量和标志要十分了解,要选择名牌、优质价宜的产品。

4) 要善于思考,有吃苦耐劳精神

进货员不仅要善于动脑筋,摸清生产和销售市场的情况,而且要随时根据市场销售情况,组织货源,在竞争中要以快取胜;进货员常年处于紧张工作状态,为使企业获得最好的经济效益而奔波,需要有吃苦耐劳的精神。

5) 要有一定的政策、法律知识水平和政治觉悟

进货员不仅要熟知国家、本地区的有关政策和法令、法规,而且更要知道本企业、本部门的各项规章制度,使进货工作在国家政策允许的范围内进行;进货人员要按规定进货,不进人情货,更不能在进货中为谋取回扣、礼物等私利,而购进质次价高的商品。

6) 要具备必要的专业知识

进货员不仅要熟知所经营商品的标准名称、规格、型号、性能、商标、包装等知识,还要懂得商品的结构、使用原理、安装部位、使用寿命及通用互换性等知识,以便使进货准确无误;进货员不仅需要精通进货业务的各个环节而且还要知道商品在进、销、存以及运输、检验、入库保管等各业务环节的全过程以及相互间的关系。

7) 要善于进行市场调查、分类和整理有关资料

进货员正确的预见性来源于对市场的调查和预测。调查的内容主要包括:本地区车型、车数;道路情况;各种车辆零部件的消耗情况;主要用户进货渠道和对配件的需求情况;竞争对手的进货及销售情况。另外,进货员还要十分了解配件生产厂家的产品质量、价格和促销策略等,要定期对上述资料进行分类、整理,为正确进行市场预测、科学进货提供依据。

8) 要有对市场进行正确预测的能力

汽车及配件市场的发展受国民经济诸多因素的影响,如工农业生产发展速度、交通运输、固定资产投资规模、基本建设投资规模、人们生活水平的提高程度等,随宏观经济发展形势的波动而波动。这个季度、上半年、今年是畅销的商品,到下个季度、下半年、明年也可能就变成滞销商品了。但是,除了偶然因素外,这种变化一般是有规律可循的,是可以预测的,这就要求进货人员根据收集来的各种信息和资料及市场调查得到的材料进行分析研究,按照科学的方法预测出一定时期内当地汽车配件市场发展动态,从而提高进货的准确性,减少盲目性。

5.2　汽车配件进货渠道与货源鉴别

5.2.1　进货渠道

汽车配件销售行业的进货除一些小公司外,大都从汽车配件生产厂家进货,在进货渠道

的选择上,应立足于以优质名牌配件为主的进货渠道,但为适应不同层次的消费者的需求,也可进一些非名牌厂家的产品,可按 A、B、C 顺序选择。

A 类生产厂是指全国有名的主机配套厂。这些厂知名度高,产品质量优,多是名牌产品,这类生产厂应是进货的重点渠道。其合同的签订形式,可采取先订全年需要量的意向协议,以便厂家安排生产具体按每季度、每月签订供需合同,双方严格执行。

B 类生产厂虽生产规模、知名度不如 A 类厂,但配件质量还是有保证的,配件价格也比较适中。其订货方法与 A 类厂不同,可以只签订短期供需合同。

C 类生产厂是指一般生产厂,配件质量尚可,价格较前两类厂低。这类厂的配件可作为进货中的补缺,订货方式也与 A、B 类厂有别,可以电话、传真要货,如签订供需合同的话,合同期应短。

但必须注意,绝对不能向那些没有进行工商注册,生产"三无"及假冒伪劣产品的厂家订货和采购。

5.2.2　货源鉴别

汽车配件质量的优劣,关系到销售企业的经营大计。但汽车配件产品涉及范围广泛,具有对全部零配件作出正确和科学的质量结论所需的全部测试手段,对中、小型汽配销售企业是难以办到的,然而这些企业又不能因此不进行这项工作。企业要根据实际情况添置必备的技术资料和通用检测仪器和自己所经营的主要车型的主机厂的配件图样或汽车配件目录及各类汽车技术标准等,这些资料都是检验工作的依据。此外,购置通用量具,如游标卡尺、千分尺、百分表、千分表、量块、V 型架、平台、粗糙度比较块、硬度计等,从而具有一般通用检测能力。

另外,为提高工作效率和达到择优进货的目的,可以把产品分成以下几种类型检验:

①对以前未经营过的配件,采用按标准规定的抽检数,在技术项目上尽可能做到全面检验,以求对其产品质量得出一个全面结论,作为今后进货的参考。

②对以前用户批量退货或少量、个别换货的产品,应尽可能全面检验并对不合格部位重点检验。对再次发现问题的,应拒付货款并注销合同,不再购进这种货。

③一些小厂的产品,往往由于其合格率低,而且一旦兑付货款后,很难索赔,因此,应尽量不进这类产品,如确需进货,在检验时要严格把关。

④对全国名碑和质量信得过产品可以基本免检,但名牌也不是终身制,有时也有冒牌产品,所以应对这些厂家的产品十分了解,并定期进行抽检。

⑤对多年、多批进货后,并经使用未发现质量问题的产品,可采用抽检几项关键项目,以检查其质量稳定性。

由于汽车配件销售企业经营的车型较多,品种复杂,例如仅一个东风车型的维修配件品种就不下 2 000 种,需测试的技术项目就更无法统计,所以,销售企业的质量检验人员不同于生产厂单品种的检验人员那样精专,但他们知识面要宽一些,要熟悉汽车结构及一般制造工艺和材质等知识,能正确运用检验标准或凭多年积累的经验鉴别汽车配件质量。

5.2.3　检验方法

(1)目测法

一般的汽车配件销售企业没有完备的检测手段,但根据经验用目测比较的方法也能识别配件优劣。

1)查看文件资料

首先要查看汽车配件的产品说明书。产品说明书是生产厂家对用户的宣传品,为用户做某些提示,帮助用户正确使用产品的资料,通过产品说明书可增强用户对产品的信任感。一般来讲,每个配件都应配一份产品说明书(有的厂家配用户须知),但也有些厂家,几个配件配一份产品说明书。如果交易量相当大,还必须查询技术鉴定资料,进口配件还要查看海关进口报关资料。国家规定,进口商品应具有中文说明,假冒进口配件一般没有中文说明,且包装上的外文有的语法不通,甚至写错单词,一看便能分辨真伪。

2)检查规格型号是否与订货要求相符

大多数汽车配件都有规定的型号和技术参数,凡主机厂生产的配套零部件适用相应的机型;对同一种机型多次进行改进设计时,其某些零部件的尺寸也有所变化。因此,在订购配件时,一定要熟悉整车与配件的型号。在计划经济年代,由于汽车车型种类较少,不容易弄错,而现在不同,比如 BN492QB 发动机就有分别配装在北京吉普车、中巴车、铲车或北京轻型货车上。又如东风朝阳柴油机公司生产的 CY4102BQ 柴油发动机,配装郑州轻型 EQ1060 货车上的是 CY4102BQ-1B 型发动机,配装东风汽车公司 EQ1061 货车上的是 CY4102BQ-11 型发动机,所以要根据车辆的具体型号准确地订购零配件。

3)看质量

产品表面质量是评定产品优劣的第一印象。质量低劣的产品,其表面质量往往是差的,用目测方法主要是查看零部件的表面质量。表面质量主要包括:电镀工艺、油漆工艺、高频热处理、包装工艺等。一些受地方保护主义保护的小工厂和手工作坊,制造假冒伪劣产品较多,因此应仔细查看,认真辨别。

①汽车配件油漆。采用先进工艺生产出的零部件表面与采用陈旧落后工艺生产出的零部件表面有很大差异,目测时可以看出前者表面细腻有光泽,色质鲜明;而后者则色泽暗淡无光亮,表面有气泡和“拖鼻涕”现象,用手抚摸有砂粒感觉,相比之下,真假非常分明。

②镀锌和电镀。汽车零件的表面处理,镀锌工艺占的比重较大,一般零件,如铸铁件和可锻铸铁件、铸钢件及冷热板材冲压件,大都在表面采用镀锌。产品不过关的镀层表面往往是白一块、红一块、黄一块交错混合在一起,一致性很差。电镀工艺技术过关的则是表面金光闪闪,全部表面一致性好,批量之间一致性也没有变化,有持续稳定性。明眼人一看就能分辨真伪优劣。关于电镀的其他方面如镀黑、镀黄等,大工厂在镀前处理用的除锈酸洗比较严格,清酸比较彻底,这些工艺要看其是否有泛底现象。镀钼、镀铬、镀镍可看其镀层、镀量和表面是否均匀,以此来分辨真伪优劣。

③电焊。在汽车配件中,减振器、钢圈、前后桥、大梁、车身等均有电焊焊接工序。大汽车制造厂的专业化程度很高的配件生产厂,大都焊接工艺技术较高,采用自动化焊接,即定量、定温、定速,有的还使用低温焊接法等先进工艺技术。产品焊缝整齐,厚度均匀,表面无波纹形,直线性好,即使是定位焊,焊点、焊接间距也很均匀、规则,对此再好的手工操作也无法

做到。

④表面热处理。汽车配件产品经过精加工以后,才进行高频感应加热淬火处理,因此淬火后各种颜色都原封不动地留在产品上。如汽车万向节内、外球笼经淬火后,就有明显的黑色、青色、黄色和白色,白色面是受摩擦面,因此硬度也是最高的面。在目测时,凡是整个表面全黑色或某一种颜色的,基本上不是高频感应加热淬火。

⑤橡胶制品。汽车上使用的橡胶件均有特殊的要求,它要求耐高温、耐油、耐压、复原性好等。橡胶件使用的原料是一种 CL+CnH2n 氨醇的配方,它的原料成本比一般橡胶原料高出许多,而且这种氨醇在制造橡胶配件时,对模具具有强烈的腐蚀作用,模具损耗很大。在鉴别橡胶件的质量好与坏时,与鉴别机械金属配件不同,橡胶件表面乌黑光亮的不一定是好产品,要了解生产厂家的生产过程,并在实际应用中观察辨别。

⑥汽车配件非工作面的表面伤痕。从对汽车配件非工作表面伤痕的分析,可以分辨正规生产厂产品和非正规生产厂产品、管理现代化的企业与生产混乱企业间的区别。表面伤痕若是在中间工艺环节上,则是由于产品在加工过程中互相碰撞留下的。优质的产品是靠先进的科学管理,特别是先进的工艺技术制造出来的。生产一个零件要经过几十道工序甚至上百道工序,而每道工序都要配备工艺装备,其中包括工序运输设备和工序安放的工位器具。高质量的产品是由很高的工艺装备及工序来保障的,所以有水平的工厂的产品是不可能在中间工艺过程中互相碰撞的。由此推断,凡在产品非接触面留下伤痕的产品,肯定是小厂、小作坊生产的劣质产品。

4)看表面包装和表面商标

汽车零配件是互换性很强、精度很高的产品,为了能较长时间存放,不变质、不锈蚀,需在产品出厂前用低度酸性油脂涂抹。正规的生产厂家对包装纸盒的要求十分严格,要求其无酸性物质,不产生化学反应,有的采用硬质透明塑料真空包装,考究的包装能提高产品的附加值和身价。箱、盒大都采用防伪标记,常用的有激光、条码、暗印等,在采购配件商品时这些都很重要。要认真查看其商标、厂名、厂址、等级和防伪标志是否真实。另外,在商标制作上,正规厂商在零配件表面有硬印和化学印记,注明零件编号、型号、出厂日期,一般采用自动打印字母排列整齐、字迹清楚,小厂、小作坊一般是做不到的。

5)用简单技术手段鉴别汽车配件

(2)经验法

①查看表面硬度是否达标。各配件表面硬度都有规定的要求,在征得厂家同意后可用钢锯条的断茬去试划,划时打滑无划痕的,说明硬度高;划后稍有浅痕的,硬度较高;划后有明显痕迹的,说明硬度低(注意试划时不要损伤工作面)。

②查看转动部件是否灵活。在检验机油泵等转动部件总成时,用手转动泵轴,应感到灵活、无卡滞现象;检验滚动轴承时,一手支撑轴承内圈,另一手转动外圈,外圈应能快速自如转动,然后逐渐停转,若转动部件转动不灵,说明内部锈蚀或变形。另外,用两手分别抓紧轴承内、外圈,相对拉压,若感觉到相对间隙较大时说明该轴承径向间隙过大,是不合格产品或伪劣产品。

③查看装配记号是否清晰。为保证配件的装配关系符合技术要求,在某些零件上,刻有装配定位标记,比如正时齿轮的正时标志,若无定位记号或定位记号模糊无法辨认,将会给装配工作带来很大困难,甚至装错。

④查看粘接零件有无松动。由两个或两个以上零件组合成的配件,零件之间是通过压装、粘接或焊接的,不允许有松动现象,如油泵柱塞与调节阀是通过压装组合的;离合器从动摩擦片与钢片是铆接或粘接的;纸质滤清器滤芯骨架与滤纸是粘接而成的;电器设备的接头是焊接而成的。检验时,若发现松动,应予以调换。

⑤查看配合零件表面有无磨损。若配合零件表面有磨损痕迹,或涂漆配件拆开后发现表面油漆有旧漆,则多为废旧件翻新。当发现表面磨损、烧蚀、橡胶零件材料变质或老化时在目测看不清的情况下,可借助放大镜观察。

⑥查看结合部位是否平整。零部件在搬运、存放过程中由于振动、磕碰,常会在结合部位产生毛刺压痕、破损等,这会影响零件使用,选购和检验时要特别注意。

⑦查看零件有无变形。有些零件因制造、运输、存放不当,易变形,检查时可将轴类零件沿玻璃板滚动一圈看零件与玻璃板贴合处有无漏光来判断是否变形;选购离合器从动盘钢片或摩擦片时,可将其放在眼前观察是否翘曲;在选购油封时带骨架的油封端面应呈正圆形,能与平板玻璃贴合无翘曲;无骨架油封外缘应端正,手握使其变形,但松手后应能恢复原状。在选购各类衬垫时,也应注意检查其几何形状及尺寸。

⑧查看总成部件有无缺件。正规的总成部件必须齐全完好,才能保证汽车的顺利装配和正常运行。所有总成件上的个别小零件若漏装,都将使总成部件无法工作,甚至报废。

(3) 敲击法

判定汽车上的部分壳体及盘形零件是否有不明显的裂纹、用铆钉连接的零件有无松动、轴承合金与钢片的结合情况时,可用手锤轻轻敲击零件并听其响声,如发出清脆的金属声音,说明零件的状况良好;如果发出的声音沙哑,可以判定零件有裂纹、松动或结合不良。

浸油锤击是一种探测零件隐蔽裂纹的最简便的方法。检查时先将零件浸入煤油或柴油中片刻取出后将表面擦干,撒一层白粉(滑石粉或石灰),然后用手锤轻轻敲击零件的非工作面,如果零件有裂纹,振动会使浸入裂纹的油漆溅出,裂纹处的白粉呈现黄色残迹,这样便可看出裂纹所在。

(4) 比较法

用标准零件与被检零件作比较,从对比中鉴别被检零件的技术状况。

(5) 进口汽车配件的鉴别

进口汽车配件可从多方面进行鉴别,主要从包装、内在质量、产品价格和进货渠道来鉴别。

1)根据包装进行识别,是检验进口配件真伪的重要程序

国外专业配套厂生产的纯正部件及配件的包装都制作精美,色彩、花纹、样式都有一定的规则,一般是很难仿制的。但有些仿制者依靠现代先进的印刷技术,将零件包装制作得很逼真,如不仔细辨认,也很难区别。进口汽车配件一般都有外包装和内包装,外包装有包装箱、包装盒;内包装一般是带标志的包装纸、塑料袋或纸袋;纯正进口配件外包装箱(盒)印刷清晰、纸质优良,并印有 GENUINE PARTS(纯正部品)标记,且标有零件编号、名称、数量及生产厂家和国家的名称。而仿制的标签印刷,即使是用电脑打印的零件编号及生产厂商标记,由于印刷不精细,色彩非轻即重,很难与纯正件包装一致,仔细辨认,就能区分真伪。从包装箱(盒)来看,进口的包装箱(盒)质地紧挺、图案清晰,包装盒上一般都印有生产厂和纯正部品标记,如松下公司在整个包装盒上印有松下(KOMATSU)和纯正部品(GENUINE PARTS),三

菱公司在整个包装盒上印有(MITSUBISHI)和纯正部品(GENUINE PARTS),而仿制的包装虽然也可以印上这些标志,但色彩不正,图案不清晰。有的国外公司为防止伪造,在其包装标签上设有防伪标记,可在鉴别时加以注意。内包装一般多为包装纸、纸袋或塑料袋,包装上印有纯正部品和公司标记,并且包装纸的花纹、色彩和图案仿制品很难与其相同。

鉴别进口配件包装时还应注意,工程机械及汽车制造厂都有自己的专业配套零部件生产商。进口厂家配件包装盒上既有整机厂标记,也有配套厂的标记。如三菱重工,其活塞环由日本理研公司(RIKEN CORPORATION)配套,外包装箱印制的是 RIK 标记,但里面单个的活塞环的盒却是三菱标记的花盒包装,其标记为 MITSUBISHI。活塞环说明书既标明有三菱机动车工业株式会社,也注有理研股份公司,故而不要误以为内外不一致就不是纯正部品了。

2)从产品质量来鉴别是识别纯正部件真伪最关键的环节

受利益驱动,有的经销商将进口的纯正零件组装成整机后,再用纯正部件的包装,装上非纯正件向市场销售,故必须对产品的内在质量进行检验,才能确认进口配件的真伪。对产品质量的鉴别主要包括观察、检查和试验。

①从外观上进行检查。查看其产品外表的加工是否精细,颜色是否正常,如果有纯正部件的样品,可进行对照检查,一般仿制品表面都比较粗糙,产品颜色也不正。

②检查产品上的标志。纯正进口零部件上都打印有品牌标记、零部件编号和特定代码等,有些产品上还铭刻有制造厂及生产国。如日本三菱柴油发动机的活塞,在其顶部刻有零件编号、分组目标记 A、B、C 和 U P↑方向标记;活塞裙部内侧铸有机型和三菱标志,并有配套厂的 IZUMI 标志,铸字清楚,容易辨认。仿制品不是漏铸就是字迹模糊不清,很难达到正品的效果。

③通过专用工具测量产品的尺寸,看其是否符合要求。有些厂商还专门为客户提供了测量工具以防假冒。

④对产品进行性能试验。有些零件从外观检测无法辨别真伪,需用专用仪器、检测设备进行检测。如喷油器、柱塞要在试验台上进行性能试验,检测其喷油压力、喷油量、喷油角度等。

⑤对产品进行理化性能测试。这种情况一般是在对产品内在质量产生怀疑或使用中出现问题时,为向厂家寻求索赔时才使用的方法。

3)从产品价格上进行辨别

同样的配件,纯正部件、专业厂件、国产件和仿制品的价格差别很大。纯正部件的价格最高,专业厂次之,国产件、仿制品价格最低,一般纯正部件的价格可超出仿制件的 1~2 倍,甚至更多,国外专业配套厂件比整机厂纯正件略低。定期批量进口的配件执行与外商谈判的协议价,平时零星采购的配件则执行外商每年的统一目录价,有时外商还有定期处理配件的优惠价。这些配件的报价(日元或美元)是按照当时的进口汇率计算的,再加上关税、运输费等,然后将其换算成配件单价,这是行业人士共知的常规价。价格低于常规件的配件,即可判断为非纯正件或专业厂件,但要注意的是进口环节中减税和中间经销商加价也会使价格偏离常规价格。

4)根据进货渠道进行分析

目前进货渠道一般包括两个方面。一是直接从国外进口,二是从经销商那里购买。直接从国外整机厂和零部件配套厂进口的配件,质量都有保障。如果是从经销商那里购买或从港澳转口进来的配件,就要根据上述方法进行鉴别。此外,所有直接从国外进口的机械配件,均有订购合同、提单、装箱单及发票。如果从进口公司采购配件,可让其出示上述单据,否则,可判断为非进口正品。

总之,鉴别汽车配件的方法是多种多样的,不要使用单一的方法,应根据不同的配件种类采取不同的鉴别方法,并综合运用,这样才能识别配件的真伪。下面以发动机的主要零件——活塞的鉴别为例来说明鉴别汽车零件的过程。

进口活塞品种较多,不同的发动机所配装的活塞型号也不同,而我国活塞以日本进口的居多。就工程机械和重型汽车而言,主要厂家有日本自动工业公司,品名为 IZUMI;川合精密公司,品名为 KSK;富士樱兴产业公司,品名为 SAKURA。其中,IZUMI 品牌的活塞在我国进口的工程机械及重型汽车上使用最多。

①检查外包装。首先看包装箱与原进口的质地是否一样,应着重查看包装箱上的纯正部品标签,纯正部品的标签上印有"GENUINE PARTS"、零件编号、名称和整机生产厂的标记,这些标志均为英文且印刷清晰、色彩一致。

②有的进口活塞其第一道活塞环槽上镶有耐蚀的高镍铸铁,如三菱 8DC 系列发动机的活塞,这也是识别活塞是否是纯正件的一个标准。

③进口活塞外观尺寸的测量。活塞的顶部为正圆形,直径最小,从第一道压缩环槽以下开始呈椭圆形,椭圆形逐渐加大至油环槽处为最大,从油环槽向下又逐渐减小,至裙部下方处则略呈椭圆形,活塞裙部的中间部位的直径最大。如不符合上述标准,则不是纯正品。虽然每种型号的活塞都不一样,但其规律是相同的。

④对同机型的一组活塞进行称重,看质量是否相同。纯正活塞制造都很精细,同型号的纯正活塞件,其质量应该基本一样。有些活塞顶部刻有质量参数,检查时,如与同组的几只活塞与标志不符,则不是正品。

⑤检查活塞的标志。活塞上均有品名、零件编号、生产厂等标记。以日本三菱柴油发动机为例,活塞裙部内侧铸有机型:SDC8、SDC9、6D22 等,在机型上面铸有"三菱"标记;在活塞裙部的另一侧铸有活塞生产厂标志 IZUMI,所铸标志为凸出状,工整精确,容易辨认。活塞顶端刻有零件编号,如三菱 ME××××××,根据外径的尺寸不同,刻有分组号(A、B 或 C),标准活塞刻有 STD 字样,加大活塞刻有 0.25、0.50、0.75 或 1.00 数字;活塞顶部还刻有安装方向的标记 UP↑,活塞顶部所有的刻印标记都很清晰、规范。

⑥检查活塞外表的表面粗糙度。纯正活塞的加工工艺精良,无任何疵点,仿制活塞加工粗糙,从活塞裙部表面和活塞销孔部分比较容易区分出活塞加工工艺的好坏。

5.3 汽车配件订购

5.3.1 进货方式和进货量的确定

(1)进货方式

汽车配件销售企业在组织进货时,要根据企业的类型、各类汽车配件的进货渠道以及汽车配件的不同特点,合理安排组织进货。一般有以下四种类型:

1）联购合销

由几个配件零售企业联合派出人员，统一向生产企业或批发企业进货，然后由这些零售企业分销。此类型多适合小型零售企业之间或中型零售企业及小型零售企业联合组织进货。这样能够相互协作、节省人力、凑零为整、拆整分销，并有利于组织运输，降低进货费用。

2）集中进货

企业设置专门机构或专门采购人员统一进货，然后分配给各销售部（组、分公司）销售。集中进货可以避免人力、物力的分散，还可加大进货量，受到供货方的重视，并可根据批量差价，降低进货价格，也可节省其他进货费用。

3）分散进货

由企业内部的配件销售部（组、分公司）自设进货人员，在核定的资金范围内自行采购。

4）集中进货与分散进货相结合

集中与分散进货相结合一般是外埠采购及其他非固定进货关系的一次性采购，办法是由各销售部（组、分公司）提出采购计划，由业务部门汇总审核后集中采购。

上述几种进货方式各有所长，企业应根据实际情况扬长避短，选择适合自己的进货方式。

（2）进货量

控制进货量是汽车配件销售企业确定每次进货多大数量为最佳进货量的业务活动，在进货时不能单纯考虑节约哪一项费用，必须综合分析，以销定进。进货量的控制方法有定性分析法和定量分析法两种，而定量计算方法又有经济批量法和费用平衡法。

1）用定性分析法确定进货量

①按照配件的产销特点，确定进货数量。常年生产、季节销售的配件，应掌握销售季节，季前多进，季中少进，季末补进；季节生产、常年销售的配件，要掌握生产季节，按照企业常年销售情况，进全进足，并注意在销售过程中随时补进；新产品和新经营的配件，应根据市场需要少进试销，宣传促销，以销促进，力求打开销路；对于将要淘汰的车型配件，应少量多样，随用随进。

②按照供货单位的远近，确定进货数量。当地进货，可以分批次进货，每次少进，勤进；外地进货，适销商品多进，适当储备。

要坚持"四为主，一适当"的原则，即以本地区配件为主，以具有知名度的传统配件为主，以新产品为主，以名牌优质品为主；品种要丰富，数量要适当。

③按进货周期确定进货时间。进货周期，就是每批次进货的间隔时间。每批次进货能够保证多长时间的销售，这就是一个周期。进货周期的确定既要保证汽车配件销售的正常需要，又不使汽车配件库存过大，要坚持以销定进、勤进快销的原则。

进货周期的确定，要考虑以下因素：配件销售量的大小，配件种类的多少，距离供货单位的远近，配件运输的难易程度，货源供应是否正常，企业储存保管配件的条件等。确定合理的进货周期，使每次进货数量适当，既可加速资金周转，又可保证销售正常进行。

④摸清市场情况，找出销售规律，确定进货重点。不少汽车配件的需求量是按一定的规律变化的，须在市场调查的基础上，分析实际销售数量和有关影响因素，从而找出销售规律，以便确定进货重点。其方法是：将历年的月销售量抽样绘制成销售曲线图，如图 5.1 所示，从曲线图中分析出配件销售的五种现象：平稳性、趋向性、周期性、季节性和随机性，据此制定相应的进货对策，以期达到准确、及时的估算和预测，防止脱销和超储。例如，对于销售上升的

配件,应保证常年销售不断档;对于具有平稳性、周期性、季节性的配件,应根据实际情况制订进货计划,并注意迎"季"进货,季末销完;对于受随机因素影响的配件,则采取按用户预约登记,及时组织进货的方法。

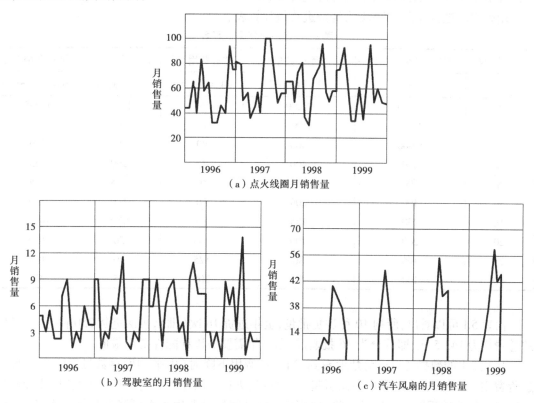

图 5.1　历年月销售量抽样曲线图

⑤遵循供求规律,合理确定进货数量。对供求平衡、货源正常的配件,应采取勤进快销、多销多进、少销少进,保持正常周转库存。具体计算方法是:根据前期销售的实际情况预测下期销售数,加上一定的周转库存,再减去本期末库存预测数,算出每一个品种的下期进货量。

对于供大于求、销售量又不大的配件,则应少进,采取随用随进、随销随进的办法。

对暂时货源不足、供不应求的紧俏配件,要开辟新的货源渠道,挖掘货源潜力,适当多进,多进多销。

对大宗配件,则应采取分批进货的办法,使进货与销售相适应。

对高档配件,要根据当地销售情况,少量购进、随进随销、随销随进。

对销售面窄、销售量少的配件,可以多进样品,加强宣传促销,严格控制进货量。

2)用定量分析法确定进货量

①经济批量法。采购汽车配件既要支付采购费用,又要支付保管费用。每次采购量越少,采购的次数越多,则采购费用的支出也就越多,但保管费用就越少。由此可以看出,采购批量与采购费用成反比,与保管费用成正比,根据这一原理可以用经济进货批量法来控制进货批量。所谓经济进货批量,是指在一定时期内,在进货总量不变的前提下,求得每批次进多少,才能使进货费用与保管费用之和(即总费用)减少到最小限度。

在实际运用中,经济批量法又可细分为列表法、图示法和公式法三种,此处仅介绍列表法。

例:某配件销售公司全年需购进某种配件 4 000 件,每次进货费用为 5 元,单位配件年平均储存费用为 0.5 元,问该汽车配件的经济进货量是多少?

用列表法进行计算,表 5.1 为经济进货量计算表。

表 5.1 经济进货量计算表

年进货次数	每次进货数量/件	平均库存数量/件	进货费用/元	储存费用/元	年总费用/元
(1)	(2)	(3) = (2)÷2	(4) = (1)×5	(5) = (3)×0.5	(6) = (4)+(5)
1	4 000	2 000	5	1 000	1 005
2	2 000	1 000	10	500	510
4	1 000	500	20	250	270
5	800	400	25	200	225
8	500	250	40	125	165
10	400	200	50	100	150
16	250	125	80	62.5	142.5
20	200	100	100	50	150
25	160	80	125	40	165
40	100	50	200	25	225

由表 5.1 可以看出,所列 10 种进货批量,全年进货 16 次(批),每次进货 250 件,全年最低的总费用为 142.5 元,即等分为 16 批购进,则全年需要的该种配件费用最低。

从表 5.1 的数据还可以清楚地看到,当储存费用下降时(由平均库存数量下降而引起),进货费用上升(因进货次数增多而引起)。只有当进货费用与储存费用趋于平衡时,才会使总费用降到较低的程度。如果以上两项费用完全相同时,总费用水平可降到最低。表格中(1)代表的是年进货次数;(2)代表每次进货数量/件;(3)代表平均库存数量,等于代表每次进货数量除以 2;(4)代表进货费用,等于年进货次数乘以 5;(5)代表储存费用,等于平均库存数量乘以 0.5;(6)代表年总费用,等于进货费用加上储存费用。

②费用平衡法。此法是以进货费用为依据,将存储费用累积和进货费用比较,当存储费用累积接近但不大于进货费用时,便可确定其经济进货量。

$$存储费用=销售量×单价×存储费用率×(周期-1) \quad (5.1)$$

例:某一品种配件预计从第一个到第五个周期的销售量各为 50、60、70、80、70 件,单价为 12 元,进货费用为 65 元,每周期的存储费用率为 2.5%,求经济进货量 Q。

第一周期:销售量为 50,存储费用 $=50×12× 2.5\%×(1-1)=$ 0 元。

第二周期:销售量为 60,存储费用 $= 60 ×12× 2.5\%×(2-1) = 18$ 元,存储费用累积为 $18+0 = 18$ 元。

第三周期:销售量为 70,存储费用 $= 70×12× 2.5\%×(3-1) = 42$ 元,存储费用累积为 $18+42 = 60$ 元。

第四周期:销售量为 80,存储费用 $= 80 ×12× 2.5\%×(4-1) = 72$ 元,存储费用累积为 $60+72 = 132$ 元。

第五周期:销售量为 70,存储费用 $= 70 ×12 ×2.5\%×(5-1) = 84$ 元,存储费用累积为 $132+84 = 216$ 元。

由此可见,第三周期存储费用累积 60 元,最接近并小于进货费用 65 元,所以可将第一到第三周期销售量之和(50+60+70)作为一次进货批量,那么,本期的经济批量就是 180 件。

3)广州本田特约维修服务站零部件的配件订购管理

①零部件服务的重要性。满足用户要求的高质量服务不仅需要高超的修理技术,而且还包括服务态度、及时的零部件供应等综合服务的高质量。

没有零部件就无法修理,导致浪费用户的宝贵时间,因此,无论何时何地都应能及时提供零部件,而且必须以纯正零部件和及时提供可提高车辆附加价值的各种用品来保护用户的利益。

零部件服务的好坏直接影响到用户对整车的评价,为提高用户的满意程度,应做到:在用户需要时,将必要的零部件以适宜的价格、可靠的质量提供给用户。

②常用零部件库存的必要性主要有:

a.在售后服务方面,让用户放心。如果修理时经常出现没有"用户急需更换"的零部件导致无法及时修理,用户会对该特约店有何印象?如果常用零部件有库存,就能及时为用户做好修理,用户会对该特约店的售后服务感到很放心。

在选购车辆时,用户日益重视"良好的售后服务"方面的诚信。如果备有常用零部件库存,就可以给用户提供一种信任感和安全感。

b.在修理作业上,可以提高工作效率。如果零部件有库存,就可以及时为用户进行修理,否则,在修理工作中将给管理工作增添许多麻烦。例如,待修车辆的移动及保管空间,缺货零部件的准备及管理。

③正确进行零部件库存管理的必要性。

a.正确管理零部件库存,可以给用户提供满意的服务。即使零部件有库存,但是若找不到,就等于没有库存,所以只有充分利用好零部件库存,才可以及时满足用户的要求。

加强对未到货零部件的管理工作,就不会发生因为不知零部件的现实状况而导致不能按期交货等情况;如果零部件仓库管理得比较好,用户不仅对售后服务,而且会对整个特约部门都留下良好的印象。

b.正确管理零部件库存,将会提高维修作业的效率。若因管理疏忽而忘记订货,等到该零部件出现缺货时才发现,将会影响到工作效率;如果管理得好,定期按时订货,则可以减少零部件的等候时间,提高工作效率。零部件到货后,要尽快分拣、入库、上架,才能保证修理作业的顺利完成。

c.正确管理零部件库存,将会给特约部门带来效益。做好零部件的库存管理,就会以较少的投资获得较多的用户信赖和经济效益。

如果常用零部件的库存不适当,库存是不常用或者用不到的零部件时,就会造成资金积压,最终导致零部件废弃,给企业带来损失;日常管理不当,库存不符,同样也会给部门带来损失。所以日常管理要得当,减少不必要的损失。

d.正确管理零部件库存,应该使更多的人都了解零部件的管理。如果许多人都能了解零部件管理,即使零部件管理人员不在岗,其他人也可以按用户要求提供服务,以免给用户增添麻烦,从而使零部件服务工作得以顺利开展。

用户希望特约部门能够提供"完善的售后服务",零部件服务的好坏会关系到用户对该特约部门的评价和信任。只有重视上述管理问题,才能得到用户的好评,才能满足用户需求。

④正确接受用户订货并正确进行订货管理。对出库的零部件应进行正确管理和维护,为

此应加强管理人员、职工的素质教育,无论修理工作如何忙,也不能偷工减料,同样也不能缓办;无论工作如何忙,也要遵守工作规程,有条不紊地进行工作。只有这样才可实现零部件的正确管理,确保维修工作的正常进行。

a.应使零部件管理责任明确化,每个人分工要明确。如果从事零部件管理的人员工作作风不严谨,一旦发生问题时,就无法查清是谁的问题,同时无法查清该问题出在何处。例如:在零部件订货单的接受订货位置,应填写接受订货负责人的姓名及日期,在已发出零部件订货单上要盖一个"已办"的公章,其他人就可以知道该零部件已发出订货。

b.应使零部件业务标准化。为正确管理好零部件,需要全体职工齐心协力,共同遵守所定规则,使零部件业务标准化。

⑤订货的实际业务操作。在记录完一天的数据以后,要根据库存管理卡来计算订货数量,其操作顺序如下:

a.潜在库存的计算:

$$潜在库存 = 库存量 + 订货中的数量 - 缺货量 \tag{5.2}$$

b.检查需不需要订货。当潜在库存大于最小库存数量时,不用订货;当潜在库存小于最小库存数量时,需要订货。

c.订货数的计算:

$$订货数 = 最大库存数 - 潜在库存 \tag{5.3}$$

d.将订货数量填写在订货单上。有缺货时应填写在紧急订货单上,无缺货时应填写在定期订货单上。紧急订货时,按订单要求随到随订,定期订货可每月订货一次。

填写订货单的示例见表 5.2。其订货数计算方法如下:

表 5.2 订货单示例

零件号码	83540 398 00ZA							
零件名称	左侧盖板(R4C)			广州 HONDA PARTS				
登陆日期	进货价格	销售价格	零件位置号					
95/07/01	192	240	12		最大库存	12	最小库存	10
日　期	接受订货	进　货	发　货	库　存	订货中	缺　货	潜在库存	订　货
04 月 01 日	1		1	8	4		12	
04 月 06 日	1		1	7	4		11	
04 月 15 日		4		11			11	
04 月 20 日	2		2	9			9	3
04 月 27 日	1		1	8	3		11	
04 月	5	4	5	8	3		11	3
05 月 10 日	1		1	7	3		10	2
05 月 18 日	1		1	6	5		11	
05 月	2		2	6	5		11	2
06 月 03 日	3		3	3	5		8	4
06 月 07 日	2		2	1	9		10	2

日　　期	接受订货	进　货	发　货	库　存	订货中	缺　货	潜在库存	订　货
06 月 10 日	3		1	0	11	2	9	3
06 月 21 日		3		3	11	2	12	
06 月 25 日			2	1	11	0	12	
06 月	8	3	8	1	11	0	12	9

- 4 月 20 日

库存 = 前次库存 - 这次发货 = 11 - 2 = 9

潜在库存 = 库存 + 订货中 - 缺货 = 9 + 0 - 0 = 9

是否订货:9 < 10,需要订货

订货数 = 最大库存量 - 潜在库存 = 12 - 9 = 3

- 06 月 10 日

订货中 = 前次订货中 + 前次订货 = 9 + 2 = 11

缺货量 = 订货 - 出库 = 3 - 1 = 2

潜在库存 = 库存 + 订货中 - 缺货 = 0 + 11 - 2 = 9

是否订货:9 < 10,需要订货

订货数 = 最大库存量 - 潜在库存 = 12 - 9 = 3(因为缺货而紧急订货)

- 06 月 21 日

库存 = 前次库存 + 这次入库 = 0 + 3 = 3

订货中 = 前次订货中 + 前次订货 - 这次入库 = 11 + 3 - 3 = 11

潜在库存 = 库存 + 订货中 - 缺货 = 3 + 11 - 2 = 12

是否订货:12 > 10,不需要订货

库存 = 前次库存 - 这次出库 = 3 - 2 = 1(根据缺货消除卡进行出库)

缺货 = 前次缺货 - 这次出库 = 2 - 2 = 0

5.3.2　汽车配件的订购和验收

(1)汽车配件的订购

1)订购进口汽车配件应注意的问题

近 20 年来,为适应国民经济发展的需要,我国进口汽车数量大增,进口汽车维修配件的订购、供应品种、交货期、质量、价格等方面一直是令广大进口汽车配件经营部门、维修企业和用户困惑的问题。由于进口汽车品牌、型号繁杂,而某一具体车型的全国保有量又不多,国内汽车零部件生产厂不愿花费太多精力去研制生产,因此造成进口汽车配件一时成为紧俏商品,除正常渠道进口的配件外,各种假货、水货投进国内市场。为使广大进口汽车配件经营企业和用户正确订购和使用进口汽车配件,作为一个汽车配件进货员,首先必须了解进口汽车配件的订购和验收中应注意的问题。

①建立进口车辆的技术档案,及时掌握车辆及零部件的变更动态。由于我国进口汽车的厂牌车型繁多,其中有的虽为同一种型号的车,但生产年份不同,很多部件设计已经变更,新老车型不能互换,因此必须明确区分生产厂、车辆型号,将各自的技术状况以档案形式分别记

载。主要是具体的车型和该车型的底盘号、发动机号,它们代表着该车型的具体生产年月。在向国外订购时,要确认和认真填写下列诸要素:发动机型号,包括汽缸数、缸径、发动机排量、最大功率、最大转矩;电器系统,包括电压、发电机容量或输出电流,电动机功率;离合器,应包括摩擦式或液力传动式;变速器,应包括型号、挡位数、每挡速比或齿数比,机械操纵式或自动式,变速杆位置在转向柱上或在底板上;制动方式,应包括真空助力液压式、空气助力液压式或空气制动式,手制动器位置在变速器后或在后轮;转向器,应包括左边或右边驾驶,以及机械式或液压助力式;前轴,应包括独立悬挂式、工字梁式或前驱动式;后轴,包括单级减速式、二级减速后加力式等。有了这样的车辆变型技术档案,才能准确掌握第一手资料,对编制进口配件计划提供可靠的依据。在办理订购进口汽车配件时,必须仔细、认真,如有一字之差,就容易造成积压浪费。

②必须认真掌握进口汽车各类不同车型的技术情况。国外汽车多是按系列化生产的,每个系列有多种车型,每种车型又有它特定的底盘型号和发动机型号,每个车型系列都有固定的发动机型号,而且大部分车型(尤其是轻型车及轿车)为适应世界各地的地理、气候条件以及顾客的需要,对散热系统、变速器及制动方式等采取不同的装置,这些装置的形式一般在汽车进口成交合约的附件——技术说明书中详细记载。技术说明书很重要,因此无论编制需要量计划或办理进口业务,都必须提供这些车辆的详细技术资料,只有掌握了这些基本技术资料,才能做到按需进口,适销对路,货尽其用,防止损失和浪费。

③要正确使用原厂配件编号(俗称图号)。有了各种车型的技术档案,只是给编制进口配件计划提供了依据,在正式订购单上还应认真填写原厂的正确零件编号,这些编号来自原厂零件目录,每个零件编号代表着客户所需的零件。按照车辆技术档案记载的情况,在有关车型的零件目录中都可查到相应的零件编号,甚至原厂零件编号比零件名称更为重要,稍有疏忽写错了零件编号,将导致订货错误。当货到后,发现不是所需的零件时,会很难索赔。

所以在编制进口汽车配件需求计划前,一是要查明进口车型的准确型号、发动机型号和底盘型号、出厂年份;二是要掌握零件标准名称和原厂零件编号,并且要认真核对,确信无误后,方可填到订购单上去。

2)国际汽车零部件的类型

国际汽车零部件分为三种:

①纯正件(genuine parts)。它是由汽车制造厂提供给用户维修车辆用的配件,但不一定都是汽车制造厂自行生产的。纯正件质量可靠,但价格较高。在日本,用于本国汽车维修的配件数量约占专业厂产量的 25%,而供国外汽车维修的配件数量约占产量的 15%。纯正件均交给汽车制造厂的仓库,而汽车制造厂通过经营纯正件的经销商销售。

②汽车制造厂组装用配套件(OEM parts)。这是按汽车制造厂提供的生产图样生产,成品由各专业生产厂每天按时送往汽车制造厂供组装汽车用。在日本,OEM 件一般占专业生产厂生产总产量的 60%左右。

③专厂件(replacement)。专厂件也称转厂件,是由各专业零部件生产厂生产的备件(替换零件)用各专业生产厂自己的包装箱包装,不经过汽车制造厂的渠道,而是由其特定的贸易商进行销售。

近些年来,我国从国外订购的汽车维修配件中,专厂件占了相当大的比重,因此,下面着重介绍专厂件的有关情况。在改革开放之后,我国较多、较早从日本进口汽车和配件,在进口维修汽车配件市场上,日本件居多,故举例也以日本件为主。

3）专厂件的有关情况

①我国进口专厂件的历史。一般来讲，订购纯正件的价格比专厂件要高得多。外国汽车制造厂为了其自身的利益，不允许其零部件专业生产厂直接向我国出口零件。在 20 世纪 70 年代初期，我国由于从日本汽车制造厂订购零件价格高，为了节省外汇，想从日本的汽车零部件专业生产厂订购所需要的维修配件，当时日本的中小型零部件专业生产厂开工不足，为了拓宽市场、扩大销售，也有向中国出口其产品的愿望，但日本的汽车制造厂坚决反对，并对这些中小型零部件专业生产厂施加压力，使日本的汽车制造厂与中小型零部件专业生产厂之间引发了严重的矛盾。我国有关部门了解到这个情况后，也向日本有关汽车制造厂家严肃指出，如果哪家汽车制造厂阻挠我国直接从零部件专业生产厂进口维修配件将对其进行制裁，今后不再购买其汽车和维修配件。由于供需双方共同努力的结果，日本汽车制造厂不得不同意其零部件专业生产厂直接向中国出口配件。用户将从日本进口的汽缸套、活塞、活塞环、轴瓦等主要易损件的纯正件和专厂件安装在汽车上进行路试对比，未发现明显质量差异。从此，专厂件正式进入我国维修配件市场。

②专厂件的生产厂和质量。专厂件生产厂一般有三种类型：

a.本身就是纯正件生产厂。例如日本的松江精机工业（Matsue Seike）生产的汽缸套，成品出厂时无标记，送到日本的 OEM 件和纯正件生产厂，即日本活塞环厂（NPR）和日本帝国活塞环厂（TP）后，分别打上 NPR 和 TP 记号，就成为 OEM 件或纯正件。这种类型在日本零部件专业厂中不太多。

b.以生产 OEM 件和纯正件为主，少量生产专厂件。如日本理研公司是世界上最大的活塞环生产厂之一，日本国内活塞环约 65% 的纯正件是由理研供应的。又如，NDCT 厂的轴瓦、衬套等，其提供 OEM 件和纯正件的比例占其总产量的 80% 以上，专厂件生产厂绝大部分是这种类型。

在生产配件的工厂，纯正件和专厂件大多使用同样的生产线，其最后的质量检验要求也多是完全相同的。

c.非纯正件生产厂。其全部产品以自己的商标和包装向外销售。这类生产厂的情况存在着较大差异，多数产品质量较纯正件差，我国进口维修配件市场称这类产品为副厂产品或副厂件。但是，在这种类型的工厂中，有的厂家生产规模大，产品质量较好，如川合精密工业（KSK），其生产的柴油机活塞的质量与纯正件生产厂 IZUMI 的产品相比，所使用的原材料相同，加工尺寸一样，热处理要求也相同，质量检验也一致。

③订购和使用专厂件的特点。

a.价格较低。主要原因是：由专业生产厂生产的零部件装箱后直接送码头装船出口，不需要经过汽车制造厂的中转仓库储存，也不必经汽车制造厂的转手加价。而纯正件汽车制造厂还要用其包装箱进行再包装，从而增加了费用，而专厂件一般只用自己的包装（用纸箱简装）和集装箱运送。

b.付款条件优惠。国外订货的付款条件通常为 L/C，即信用证。一批货物交付码头装船前一个月，由买方进口公司开出有效的信用证，卖方在得到银行信用证号码后，才发货。这样，买方必须在对方发货前一个多月将货款付到其进口公司账户，等到对方发货、海运到港、报关、提货，必须提前 2~3 个月垫付资金。比较优惠的付款条件为 D/P，即卖方将货物装船发运后，才通过银行向买方托收货款，这样，如果衔接得好（报关和提货进度快），到买方付款时，基本上可以取到货物。订 D/P 对卖方有一定风险，一般来讲，订购纯正件，付款条件必须是

L/C;而订购专厂件,只要买方付款信誉好,即可订 D/P,这样就为买方加速资金周转创造了有利条件,同时也可节省一部分利息支出。

c.索赔方便。在进口配件的交货过程中,难免会发生错发、少发或品种差错等方面的问题,这时就需要向对方提出索赔。经营纯正件的商家都向汽车厂索赔,其进度缓慢,若无商检证书甚至会无法索赔;而订专厂件,通过友好协商就可解决索赔事宜,但订购专厂件也有不足之处,如要求订货批量大,交货期有时不如纯正件准时等。

④专厂件在订货和使用时应注意的问题。订购和使用专厂件可以节省外汇,降低费用,但在订购时必须注意以下几个方面的问题:

a.为保证产品质量和具有较低廉的价格,必须选择一个有实力的工厂作为后盾,将信誉较好、与专业零部件厂关系密切的经销商作为合作对象。

b.订购零件时,最好是向既生产 OEM 件和纯正件又可供专厂件的专业零部件生产厂订购。

c.对专厂件的报价要认真核查,一定要将其单价与纯正件单价仔细对比,因为生产厂与经销商的关系十分复杂,由于多方面的原因,有时报的专厂件价格比纯正件还高。

d.视交货快慢,结合配件的使用件计划,分类订购。即交货期较长的早订,如活塞、气门、轴瓦、轴承等均属此类,一般要 7~10 个月交货;交货较慢的要相对早订,如汽缸套、活塞环、燃油系零件、控制拉线、橡胶油封之类,一般要 5~7 个月交货;而交货迅速的可稍晚些订货,如灯芯、滤芯、灯泡、制动片、减振器、万向节、钢圈、倒车镜之类,一般 3~4 个月交货。分类订货可防止集中到货、一次占用资金额较大的弊病。

e.订货时,必须注意产地和生产厂家名称。日本的汽车零部件专业生产厂,为了降低产品成本,不断在国外投资建厂,许多专厂件是在海外分厂生产的,海外分厂产品质量是否可靠,很难保证,所以在订货时,必须明确产地和生产厂,即应该明确其是否属于正宗的零部件专业生产厂,而且应熟悉这些专业生产厂的厂名和商标。

f.确属日本零部件生产厂生产的专厂件,如在使用中发现质量上的疑点或问题,通过可靠的检测后,可向订货经销商联系,追究其质量责任。

g.必须搞清所订购的专厂件的用途,即给什么车型配套,以及该件与纯正件编号的对应关系。订购专厂件较订购纯正件价格低,而且产品质量也有保证,但在订购时,必须弄清楚各大汽车公司的纯正件的产品名称、商标、包装特点和标记,各种不同类型的专厂件生产厂的产品名称、商标、包装特点和标记,取得第一手资料。在订购时,必须弄清配套车型以及该专厂件与纯正件编号的对应关系,这样就可以避免错订进口汽车配件。

(2)汽车配件的验收

1)汽车配件的检验

处在发展初级阶段的汽车配件市场,尤其是进口汽车配件市场,受经济利益的驱动,制假贩假者对消费者的影响是巨大的。他们进口水货、假货,甚至将国产劣质配件利用仿造的进口配件包装,在市场上出售,严重危害汽车及驾驶人员的安全。所以,作为进口汽车配件的进货人员,必须熟悉国外主机厂、配套厂、纯正件生产厂以及零部件专业生产厂的产品、商标、包装及其标志,并掌握一般的检测方法。

一般进口汽车配件的包装精致,在各层包装,尤其是包装箱外表和零件的醒目位置都有厂名和商标(也有的零件上刻印工厂代号和商标)。进口配件到货后,应由外到里、由大包装到小包装、由外包装到内包装、由包装到产品标签、由标签到封签、由零件编号到实物、由产品外观质量到内在质量，都应逐步进行详细的检查验收。

①外包装。一般原装进口配件的外包装，木箱多为 7 层胶合板或选材较好、做工精细、封装牢固的木板箱。纸箱则质地细密、坚挺，不易弯折、变形，封签完好。外表面印有用英文注明的产品名称、零件编号、数量、产品商标、生产国别、公司名称。有的则在外包装箱上贴有反映上述数据的产品标签。

②产品标签。日本的日野、五十铃、三菱、尼桑等汽车公司的纯正部品配件的标签，一般为印有本公司商标、中英文纯正部品字样及中英文生产公司名称、英文或日文配件名称及配件编号，并印有英文"MADE IN JAPAN"及数量的长方形或正方形标签。

日本零部件专业生产厂生产的配件标签无"纯正部品"字样，但一般用英文标明其适用的发动机型号或车型、配件名称、数量及规格、公司名称、生产国别。同时，标签形状也不限于长方形或正方形。在我国进口汽车配件市场上，经常可以看到日野汽车公司、五十铃汽车公司、三菱汽车公司的产品，日产柴油机机器公司（尼桑）、丰田汽车公司、德国奔驰汽车公司等的纯正部品配件标签以及日本活塞环株式会社（NP）的活塞环配件标签；日本大司金属株式会社的各种轴瓦的标签；德国 Monark Diesel（莫娜柴油机公司）的配件标签等。

③包装封签。早期的进口配件小包装盒的封口封签，一般用透明胶带封口，目前大多用印有本公司商标或检验合格字样的专用封签封口。例如：五十铃汽车公司纯正部品的小包装封签；大同金属株式会社的曲轴轴承的小包装盒的封签；尼桑公司的纯正部品的小包装盒的封签；德国 ZF 公司的齿轮、同步器等配件的小包装盒的封签；也有一些公司的配件小包装盒直接用配件标签作为小包装盒的封签，一举两得。

④内包装纸。日本的日野、五十铃、三菱、尼桑等汽车公司的纯正部品配件及配套厂生产的配件，其内包装纸均印有本公司标志，并且一面带有防潮塑料薄膜。例如：日野汽车公司纯正部品的背面带有防潮塑料薄膜的内包装纸；五十铃汽车公司纯正部品的背面带有防潮塑料薄膜的内包装纸；三菱汽车公司纯正部品的正面有带防潮塑料薄膜的内包装纸；日本活塞环株式会社（NPR）生产的缸套活塞组件的背面有带防潮塑料薄膜的内包装纸；德国奔驰汽车公司生产的金属配件一般用带防锈油的网状包装布进行包裹。

⑤小包装。国外产品的小包装盒（指每个配件的单个小包装盒），一般都用印有表示该公司商标图案的专用包装盒，例如日本五十铃汽车公司的纯正部品配件，均用白底红色"纯正部品"字样和白色"ISUZU"字样及五十铃标志图案的小包装盒包装配件。日本日野汽车公司的纯正部品配件，则用棕红底白色"Hino"字样的包装盒，日产柴油机机器公司（尼桑）的纯正件上，用蓝底、红色圆内有白色"UD"二字母或橘黄底、红色圆内有橘黄色"UD"二字母的专用包装盒。日本柴油机机器公司（英文缩写为 D.K.K）的喷油泵及柱塞、出油阀、喷油器三偶件，均用带有特色标志图案及英文"Diesel kiki"字样的小包装盒。日本大同金属株式会社的各种轴瓦，均印有特色标志及英文"DAIDO METAL"的方块图案的专用包装盒包装。日本活塞环株式会社（NPR）的活塞环，均用黄底、黑色圆内有"NPR"及"NIPPON-PISTON RING"黑字的专用包装盒包装。德国奔驰汽车公司的纯正件，均用蓝底白字印有"Mercedes-Benz"及奔驰汽车的商标专用小包装盒包装。德国弗里特里希齿轮厂有限公司（缩写为 ZF）生产的变速器内各种齿轮及同步器的小包装盒，以不规则几何图形为底纹，并用深蓝的"ZF"标记特征图案，很容易识别。

⑥配件外观质量和产品上的永久性标记。从德国、日本进口的纯正品配件及配套生产厂的配件和大专业生产厂生产的配件，做工精细，铸铁或铸铝零件表面光滑、致密、无毛刺，油漆

均匀发亮,而假冒产品则铸件粗糙、不光滑、不平整、有毛刺、喷漆不均匀、无光泽,真假两种配件在一起对比,其差别比较明显。更重要的是原装进口配件一般都在配件上铸有或刻有本公司的商标或名称标记及配件编号。例如:奔驰汽车公司的纯正配件上都有奔驰标记及零件编号;日野纯正部品上刻有 H 标记;日本理研株式会社(RIK)的活塞环在开口处平面上边刻有 R,另一边刻有 S(表示标准环 STD)或 25、50(表示加大 0.25 或 0.50)的字样;日本活塞环株式会社(NPR)的活塞环在开口平面上,一边刻有 N,另一边刻有川、ZNK、3NK、4NK 字样;日本自动车工业株式会社生产的活塞在活塞内表面铸有凸出的 IZUMI 字样;大同金属株式会社生产的曲轴瓦在瓦背上刻有商标标记及尺寸代号;日本柴油机机器公司(DKK)生产的喷油泵柱塞导臂上,一边刻有 O 标记,另一边刻有柱塞型号的刻印代号。例如日野 ZM443 车 EK100 发动机用柱塞尾部导臂的刻印代号为 P25,而 6D22 发动机的柱塞导臂刻印代号为 A43。在喷油嘴上除刻有 O 标记外,还刻有喷油嘴的型号,例如 EK100 发动机的喷油嘴刻有 NP-DllA1505374N464,德国 K.S 公司生产的活塞环在开口平面上刻有 K·S 字样。而奔驰公司纯正的活塞环,在第二道气环表面有镀铝层,从外观看,环的外侧上、下两部分为发亮的白颜色,中间为灰黑色。德国 WABCO(瓦布柯)公司生产的气制动构件上均铆有铝合金标牌。德国 FAG 公司生产的气制动件则在外壳上铸有 FAG 字样。

同时,配件编号也是合同签订和验货的重要内容,一般在与国外大的汽车制造公司或大的配套生产厂或他们的代理商直接签订的进口合同中,每种配件都标有配件编号,当配件编号有新旧变更时,合同上就会同时标明新旧两种配件编号。各大配套生产厂及专业生产厂都有自己所生产的配件与主机厂配件编号的对应关系资料,配件编号一般都刻印或铸造在配件上或标明在产品的标牌上,而假冒产品一般无刻印或铸造的配件编号,验货时应根据合同要求的配件编号或对应资料进行认真核对。

经过以上几个方面的认真检查和仔细辨认,基本上就可以确定配件的真假。但是近年来随着科学技术的发展,制假者的造假手段也在不断翻新,仿真能力越来越强,真假配件的外观越来越接近。所以对一般经销商和用户来说,除对进口汽车配件的包装、标签、封签及产品外观的检查和辨认外,对有些可以直接测量的配件,如汽缸套、活塞、曲轴等,还可以按原厂资料数据和测量方法进行实际检测,获取第一手资料。

在检查辨认的同时,最重要的还是理顺进货渠道,选择资金雄厚、信誉可靠的专业代理汽配件公司长期合作;认真推敲合同条款的要求,避免使用"进口配件"或"某国进口"等含混不清的语句,必须注明所供配件属某个国家、某公司、某某编号的什么配件,可减少很多不必要的麻烦和纠纷。同时,必须实行质量保证,实行售后三包服务,对发现的假冒配件逐级原路退回,索赔损失,这样才能杜绝假冒进口汽车配件的泛滥。

总之,配件入库前,应当由具有汽车常用材料和配件质量控制技能的检验人员进行验收、检查:一是检查配件包装,通过外包装区别是正厂产品还是副厂产品,是进口配件还是国产配件,杜绝质量不可靠的非配套厂生产的配件;二是检查配件外观,对各类铸造件、冲压件、磨加工件、焊接件及各类非金属件的加工表面质量予以评价,从中发现质量问题;三是检查配件材质,根据各种材料的理化、机械及工艺性能,鉴别配件材料的真假和优劣,提出质疑。对汽车配件质量有怀疑时,应当采用测试、诊断仪器对其力学性能、几何尺寸、形状和位置公差及是否具有内部缺陷等方面进行检验。

2) 汽车配件的接受

汽车配件进货员在确定了进货渠道及货源,并签订了进货合同书之后,在约定的时间、地点对配件的名称、规格、型号、数量、质量等进行检验无误后,方可接受。

①对配件品种的检验。应按合同规定的要求,对配件的名称、规格、型号等认真查验,如果发现产品不符合合同规定的要求,应一方面妥善保管,另一方面在规定的时间内向供方提出异议。

②对配件数量的检验。对照进货发票,先点收大件,再检查包装及其标志是否与发票相符。一般整箱配件,先点件数,后抽查细数;零星散装汽车配件点细数;贵重配件逐一点数;对原包装汽车配件有异议的,应开箱开包点验细数。接受方应注意查验配件的分批交货数量和商品的总货量。无论是自提还是供方送货,均应在交货时当面点清。供方代办托运的,应按托运单上所列数量清点,超过国家规定合理损耗范围的,应向有关单位要求索赔。如果发货数与实际验收数之间的差额、实际交货数量与合同规定的交货数量之间的差额不超过有关部门规定的,双方互不退补;超过规定范围的,按照国家规定计算多交或少交的数量;双方对验收有争议的,应在规定的期限内提出异议,超过规定期限的,视为履行合同无误。

③对配件质量的检验。按国家规定的质量标准验收;采用双方协商标准的,按照封存样品或按详细记录样品的标准验收。接受方对配件质量提出异议的,应在规定的期限内提出,否则视为验收无误;当双方在检验或试验中对质量发生争议时,按照《中华人民共和国标准化管理条例》规定,由标准化部门的质量监督检验机构执行仲裁检验。

在数量庞大、品种规格极其繁杂的汽车配件生产、销售中,发现不合格品、数量短缺或污、残、损坏等,是难以避免的现象。如果在提货时发现上述问题,应当场联系解决。如果货到后发现问题,验收人员应分析原因,判明责任,做好记录。一般问题填写"运输损益单""汽车配件销售查询单"查询,问题严重或牵涉数量较多、金额较大时,可要求对方派人来查看处理。

汽车配件从产地到销地,要经过发货单位、收货单位(或中转单位)和承运单位三方共同协作来完成,所以必须划清三方面的责任范围。责任划分的一般原则是:汽车配件在铁路、公路交通运输部门承运前发生的损失和由于发货单位工作差错、处理不当发生的损失,由发货单位负责;从接受中转汽车配件起,到交付铁路、公路交通运输部门转运时止,所发生的损失和由于中转单位工作处理不善造成的损失,由中转单位负责;汽车配件到达收货地,并与铁路公路交通运输部门办好交接手续后,发生的损失和由于收货单位工作问题发生的损失,由收货单位负责;自承运汽车配件时起(承运前保管的车站或港从接收汽车配件时起),至汽车配件交付给收货单位或依照规定移交其他单位时止发生的损失,由承运单位负责,但由于自然灾害,汽车配件本身性质和发、收、中转单位的责任造成的损失,承运单位不负责任。

5.4　汽车配件编码

为了使汽车零部件能适应计算机管理,以便于筹措汽车零部件和提高采购时的准确性,世界上不少汽车制造厂家都对所生产的汽车零部件实行代码分类,即每一个零件都用一组数码和字母表示,但不同的制造厂家表示的方法都不同,不能相互通用。

5.4.1　丰田汽车零部件编码

丰田汽车原厂零件的编码:丰田汽车零件编码由10位数字组成,中间用"-"隔开,部分零件由12位数字组成,如下所示对0000-1;00000-2;00-3。

第一部分的 5 个数字表示零件的基本编号,也叫品名编号;第二部分的 5 个数字表示设计编号和变更编号;第三部分的 2 个数字表示零件的颜色及其他特殊部分,在部分零件上使用。

第一部分的前两位数字一般表示汽车零件的一个总成。例如,用 45 表示转向部分等。第三位和第四位数字表示总成件中某一个组件的位置,如用 10 表示转向部分的方向盘组件,第五位数字表示细分零件,如用 1 表示方向盘。

第二部分的前两位数表示发动机类型,如用 71 表示 1Y 发动机,72 表示 2Y 发动机,54 表示 2L 发动机等。第三位和第四位数字表示设计编号,以区别同类车型中的标准型或豪华型及新车或旧式车等。第 5 位数字为设计序号。

第三部分的两位数字在有颜色等特殊情况下才使用,多用在外观装饰件上。

5.4.2 广州本田零部件号码的组成(含标准零部件的编码)

(1)一般零部件

7　8　5　1　0—S　V　4—9　8　1　Z　A
①　②　③　④　⑤⑥　⑦　⑧⑨　⑩　⑪　⑫　⑬

①②:功能号,表示该零部件功能的号码。

③④⑤:构成号,根据各个零部件名称的不同,由构成号来进行具体区分。

①②③④⑤:主号码,用来说明零部件名称。

例如:1 3 0 1 1 表示活塞环;

　　　1 8 3 1 0 表示喇叭;

　　　3 3 1 0 0 表示前大灯。

⑥⑦⑧:机种号码,用以区别机型的号码。其中⑥所表示的内容如表 5.3 所示。

表 5.3　机种号码⑥表示的内容

1,2,3,4	G,J,K,M	摩托车
5,6	S,P	汽车
7	V,Y	农用汽车
8	Z	发电机、发动机
9		船外用发动机

⑨⑩⑪:种类号码,在主号码①②③④⑤与机种号码⑥⑦⑧完全相同的情况下,为了区别该零部件的不同种类而使用的号码,比如同一零部件的生产厂家不同、零部件的式样变更等情况出现时。

⑫⑬:颜色编号,通常由两位英文字母来表示。这是在①②③④⑤⑥⑦⑧⑨⑩⑪完全相同的情况下,完全相同的零部件,但由于是内饰件或外饰件,零部件的颜色不同,为了区分颜色而使用的一种辅助记号。

(2)螺栓、螺母以及其他标准零部件

①②③④⑤—⑥⑦⑧—⑨⑩⑪⑫⑬

①②③④⑤:主号码;

⑥⑦⑧⑨⑩:尺寸;

⑪⑫:JIS 规格;

⑬:表面处理。

5.4.3　一汽大众—捷达轿车配件编码

在德国大众管理体系中,备件通过阿拉伯数字和英语 26 个字母的组合,使之成为一套简明、完整、精确、科学的备件号系统,每一个备件只对应一个号码,每组数字、每个字母都表示这个备件的某种性质。人们只要找出这个号码,就可以从几万或几十万库存品种中找出所需的备件来。

德国大众备件号码一般由 14 位组成,其组成及含义如下:

例如:191　863　241　AF　LN8　中央托架
　　　(1)　(2)　(3)　(4)　(5)

(1) 车型及型号标记

前三位表示车型或机组型号。它们说明这些备件最初为哪种车型,哪种发动机和变速箱设计和使用,从标记的第三位数字可以区别是左驾驶还是右驾驶。一般规定:单数为左驾驶,双数为右驾驶。

例如:表示车型的—甲壳虫(113)　857　501　AB　0lC　后视镜
　　　　　　　—高尔夫　(191)　419　831　转向器防护套
　　　　　　　—捷达　(165)　941　017　K　左大灯
　　表示机组型号的—发动机(027)　100　103　KV　短发动机
　　　　　　　—变速箱(020)　300　045　T　四挡变速箱
　　　　　　　—起动机(055)　911　023　K　起动机

(2) 大类及小类

根据零件在汽车结构中的差异及性能的不同,德国大众备件号码系统将备件号分成十大类(10 个主组),每大类(主组)又分为若干小类(子组),小类(子组)的数目和大小因结构不同而不同,小类(子组)只有跟大类(主组)组合在一起才有意义。

1 大类:发动机,燃油喷射系统;

2 大类:燃油箱,排气系统,空调制冷循环部件;

3 大类:变速箱;

4 大类:前轴,前轮驱动差速器,转向系统,前减震器;

5 大类:后轴,后轮驱动差速器,后减震器;

6 大类:车轮,刹车系统;

7 大类:手动,脚动杠杆操作机构;

8 大类:车身及装饰件,空调壳体,前后保险杠;

9 大类:电器;

10 大类:附件(千斤顶;天线;收音机)。

例如:191　863　241　AF　LN8 中 8 为大类,称为主组;63 为小类,称为子组。

例如:00—某某总成,63—托架,57—后视镜,45—玻璃,31—车门。

(3) 备件号

按照其结构顺序排列的备件号由三位数(001~999)组成,如果备件不分左右或既可在左边又可在右边使用时,最后一位数字为单数;如果备件分左右件,一般单数为左边件,双数为右边件。

例如:191　863　241　AF　LN8 中的 241

    L1GD   853   753/754   左/右车门防护条

    L1GD   821   021   B/022B   左/右翼子板

(4)设计变更/技术更改号

设计变更号由一个或两个字母组成,表示该件的技术曾经更改过。

例如:不同的材料、不同的结构、不同的技术要求,如:公差、硬度、不同的零件来源。

例如:357   612   107—357   612   107   A   制动阻力器

      91   500   051   H—L191   500   051   G   后桥体

      BBW   129   015   S—1GD   129   015   化油器

(5)颜色代码

颜色代码用三位数字或三位字母的组合来表示,它说明该件具有某种颜色特征。

例如:01 C—黑色带有光泽;041—暗黑色;043—黑花纹;ROH—未加工的原色。

上述备件:191   863   241   AF   LN8 中的颜色代码为   LN8

      19   807   217   T   ROH 前保险杠外罩

      193   853   515   D   2BC 车门防护条

      6N0   711   30   301C   手制动器拉杆

5.4.4　如何查找备件号

汽车配件编码(备件号)的查询必须有原厂授权的配件查询资料(书册或胶片)才能进行配件查询。备件号的查找不能只通过几次培训、几次练习就能掌握,需要不断努力和追求,在工作中学习,在工作中探索,在工作中熟练掌握。下面所给的参数及步骤只是其中的一个例子,实际工作中并非按此步骤运行,这里仅供参考。

(1)确认备件号的有关参数

①车型、款式、规格;

②明确备件名称;

③底盘号;

④发动机型号/输出功率/发动机字母标志;

⑤发动机/变速箱规格;

⑥制造厂家代码及生产日期;

⑦选装件(如中央门锁)、内部装备材料及基本色调(如座椅);

⑧车体外部颜色。

(2)查找备件号的步骤

①须知的最基本参数;

②确定零件所在的大类;

③确定零件所在的小类;

④确定显示备件的图号;

⑤根据备件名称找到插图,确认备件号,或根据车型、款式、备注说明,确认备件号;

⑥根据车辆参数确定备件号并记录下来;

⑦关闭阅读器,将胶片送回原处。

(3)车辆标牌、发动机、底盘号的位置(以一汽大众生产的捷达车为例)

①车辆标牌:位于发动机机舱右围板处或储气室右侧。

②发动机号：位于缸体和缸盖结合处的缸体前端。此外，齿型皮带罩上有一个条形码不干胶标签，其上标出了发动机号码。

③车辆识别号（底盘号）：车辆识别号标在发动机机舱前端围板处，通过排水槽盖上的小窗口即可看到底盘号。

④整车数据：不干胶标签贴在行李舱后围板左侧，其上有下列数据：生产管理号、车辆别号、车型代号、车型说明、发动机和变速箱代码、油漆号、内饰代码和选装件号。

练习题

一、单选

1.购进业务是商品流通过程中的（ ）。

A.第一道环节 B.第二道环节 C.次要环节 D.重要环节

2.汽车配件质量的优劣,关系到（ ）的经营大计。

A.公司 B.客户 C.销售企业 D.个人

3.在汽车配件中,减震器、钢圈、前后桥、大梁、车身等均有（ ）。

A.电焊焊接工序 B.镀黑 C.淬火 D.镶黄

4.探测零件隐蔽裂纹的最简便的方法是（ ）。

A.敲击发 B.浸油锤击 C.经验法 D.目测法

5.识别纯正部件真伪的最关键环节是（ ）。

A.外观 B.标志 C.产品质量 D.性能

6.从资金运动的角度看,（ ）就是货币资金转化为商品资金,使企业的流动资金（指银行存款等）转化为库存资金,开始了流通企业的资金周转过程。

A.购进 B.出售 C.流通 D.交换

7.（ ）是直接关系到生产企业能否得到发展、消费者需求能否得到满足、企业经营状况能否改善的关键问题。

A.商品出售 B.商品购进 C.索赔 D.产品质量

8.进货员正确的预见性来源于对市场的调查和（ ）。

A.了解 B.观察 C.调研 D.预测

9.在进货计划中,配件类别必须划细,要有详细的（ ）。

A.计划 B.数量 C.品种 D.时间

10.进货数量和（ ）要均衡,使配件供应既及时又不积压或中断,合理地占用资金。

A.进货时间 B.进货地点 C.进货员 D.进货品种

11.一般的汽车配件销售企业没有完备的（ ）,但根据经验用目测比较的方法也能识别配件优劣。

A.方法 B.检测手段 C.识别办法 D.经验

12.所谓表面处理,即电镀工艺、油漆工艺、高频热处理和（ ）等。

A.包装工艺 B.检测 C.电焊 D.淬火

13.汽车零件的表面处理,（ ）工艺占的比重较大,一般零件的铸铁件和可锻铸铁件、铸钢件及冷热板材冲压件,大都在表面采用镀锌。

    A.镀黑　　　　　　　B.镀钼　　　　　　　C.镀铬　　　　　　　D.镀锌

14.汽车配件产品经过精加工以后,才进行高频感应加热淬火处理,因此(　　)后各种颜色都原封不动地留在产品上。

    A.加热　　　　　　　B.冷却　　　　　　　C.淬火　　　　　　　D.通风

15.汽车上使用的橡胶件均有特殊的要求,它要求耐(　　)、耐油、耐压、复原性好等。

    A.高温　　　　　　　B.高压　　　　　　　C.高寒　　　　　　　D.高环保

16.(　　)的产品是靠先进的科学管理,特别是先进的工艺技术制造出来的。

    A.高效　　　　　　　B.高档　　　　　　　C.优质　　　　　　　D.品牌

17.有些零件因制造、运输、存放不当,易(　　)。

    A.损坏　　　　　　　B.折断　　　　　　　C.弯曲　　　　　　　D.变形

18.用标准零件与被检零件作比较,从对比中鉴别被检零件的(　　)。

    A.技术状况　　　　　B.性能　　　　　　　C.参数　　　　　　　D.质量

19.同样的配件,纯正部件、专业厂件、国产件和仿制品的(　　)差别很大。

    A.质量　　　　　　　B.价格　　　　　　　C.数量　　　　　　　D.品种

20.控制(　　)是汽车配件销售企业确定每次进货多大数量为最佳进货量的业务活动,在进货时不能单独考虑节约哪一项费用,必须综合分析,以销定进。

    A.进货量　　　　　　B.进货品种　　　　　C.进货时间　　　　　D.进货地点

21.(　　)服务的好坏直接影响到用户对整车的评价,为提高用户的满意程度,要做到:在用户需要时将必要的零部件以适宜的价格、可靠的质量提供给用户。

    A.零部件　　　　　　B.产品　　　　　　　C.售后　　　　　　　D.质量

22.(　　)就是每批次进货的间隔时间,每批次进货能够保证多长时间的销售,这就是一个周期。

    A.出货周期　　　　　B.保质周期　　　　　C.发货周期　　　　　D.进货周期

23.一般进口汽车配件的包装精致,在各层包装,尤其是(　　)外表和零件的醒目位置,都有厂名和商标(也有的零件上刻印工厂代号和商标)。

    A.产品　　　　　　　B.品种　　　　　　　C.包装箱　　　　　　D.内包装

24.(　　)一般都刻印或铸造在配件上或标明在产品的标牌上,而假冒产品一般无刻印或铸造的配件编号。

    A.配件尺寸　　　　　B.配件编号　　　　　C.配件号码　　　　　D.配件数量

25.进货量的控制方法有定性分析法和(　　)分析法两种,而定量计算方法又有经济批量法和费用平衡法。

    A.产品　　　　　　　B.质量　　　　　　　C.服务　　　　　　　D.定量

二、多选

1.进货的原则除了要求购进的商品适销对路外,就是要(　　)。

    A.保质　　　　　　　B.保量　　　　　　　C.价廉　　　　　　　D.物美

2.生产企业实行质量三包,即(　　)。

    A.包修　　　　　　　B.包退　　　　　　　C.包换　　　　　　　D.包赔

3.进口汽车配件可以从多方面进行鉴别,主要从(　　)。

    A.包装　　　　　　　B.内在质量　　　　　C.产品价格　　　　　D.进货渠道

4.进货管理和商品购进原则包括(　　)。

A.勤进快销　　　　　B.以销定进　　　　　C.以进促销　　　　　D.储存保销

5.汽车配件销售企业的进货方式分为(　　　)。

A.集中进货　　　　　B.分散进货　　　　　C.集中与分散进货　　　　　D.联购合销

6.汽车配件的检验包括(　　　)。

A.外包装　　　　　B.产品标签　　　　　C.索赔　　　　　D.产品质量

7.国际上汽车零部件分为(　　　)。

A.组装配套件　　　　　B.纯正件　　　　　C.专厂件　　　　　D.混合件

8.汽车配件进货员在确定了进货渠道及货源,并签订了进货合同书之后,在约定的(　　　)对配件的名称、规格、型号、数量、质量等进行检验无误后,方可接受。

A.时间　　　　　B.地点　　　　　C.产品　　　　　D.规格

9.汽车配件编码(备件号)的有关参数包括(　　　)。

A.车型　　　　　B.款式　　　　　C.规格　　　　　D.底盘号

10.鉴别汽车配件的技术手段包括(　　　)。

A.观察法　　　　　B.经验法　　　　　C.敲击法　　　　　D.比较法

11.积极合理地组织货源,保证商品适合用户的需要,坚持(　　　)、价格全面考虑的购进原则。

A.数量　　　　　B.质量　　　　　C.规格　　　　　D.型号

12.进口汽车配件一般都有(　　　)。

A.外包装　　　　　B.内包装　　　　　C.包装盒　　　　　D.标签

13.纯正进口零件上都打印有(　　　)。

A.标志　　　　　B.品牌标志　　　　　C.零件编号　　　　　D.特定代码

14.对于供大于求,销售量又不大的配件,要少进,采取(　　　)的办法。

A.少量购进　　　　　B.随进随用　　　　　C.周期性　　　　　D.随销随进

15.零部件到货后,要尽快(　　　),才能保证修理作业的顺利完成。

A.分拣　　　　　B.入库　　　　　C.上架　　　　　D.装箱

16.日本的(　　　)等汽车公司的纯正部件及配套厂生产的配件,其内包装均印有本公司标志,并且一面带有防潮塑料薄膜。

A.日野　　　　　B.五十铃　　　　　C.三菱　　　　　D.尼桑

三、判断

1.进口活塞品种较多,不同的发动机所装配的活塞型号也不同,而我国活塞以美国进口的居多。(　　　)

2.购进业务是流通企业的第二道环节,是商品从生产领域进入流通领域,是价值生产阶段开始转变为价值实现阶段。(　　　)

3.进货业务进行的好坏,会直接影响企业的整个经营活动和各项经济指标的完成,而进货员是第一道环节的主要执行人。(　　　)

4.产品表面质量是评定产品优劣的第二印象。(　　　)

5.大多数汽车配件都有规定的型号和技术参数。(　　　)

6.汽车配件销售企业处于生产—流通—消费这个社会再生产总过程中的中间位置,是一个流通企业。(　　　)

7.购进不是目的,销售并获得利润才是目的。(　　　)

8.从资金运动的角度看,购进就是商品资金转化为货币资金,使企业的流动资金(指银行存款等)转化为库存资金,开始了流通企业的资金周转过程。(　　)

9.以进促销原则是与以销定进相联系的,单纯地讲以销定进,进总是处于主动局面。(　　)

10.销售企业要保持一定的合理库存,以保证商品流通连续不断。(　　)

11.进货员的岗位职责之一,就是认真执行费用开支规定,在保证工作需要的前提下努力节省进货费用。(　　)

12.进货时,一方面要考虑适销对路,另一方面也要考虑运输路线、运费价格等。(　　)

13.采用先进工艺生产出的零部件表面,与采用陈旧落后工艺生产出的零部件表面差异不大。(　　)

14.产品不过关的镀锌表面往往是白一块、红一块、黄一块交错混合在一起,一致性很差。(　　)

15.汽车零配件是互换性很强、精度很高的产品,为了能较长时间存放,不变质、不锈蚀,需在产品出厂前用高度酸性抽脂涂抹。(　　)

16.纯正部件及国外专业配套厂配件的包装制作精美,色彩、花纹、样式都有一定的规则,一般是很难仿制的。(　　)

17.对供求平衡、货源正常的配件,应勤进快销、多销少进、少销多进,保持正常周转库存。(　　)

18.当地进货,可以分批次进货,每次少进、勤进;外地进货,适销商品少进,适当储备。(　　)

19.为正确管理好零部件,需要全体职工齐心协力,共同遵守所定规则,使零部件业务标准化。(　　)

20.鉴别汽车配件时,若配合零件表面有磨损痕迹,或涂漆配件拆开后发现表面油漆有旧漆,则多为废旧件翻新。(　　)

21.配件编号一般都刻印或铸造在配件上或标明在产品的标牌上,而假冒产品一般无刻印或铸造的配件编号。(　　)

四、简答

1.购进业务是企业的关键环节,其理由是什么?

2.进货管理的原则是什么?

3.商品购进原则包括哪些方面?

4.汽车配件的进货渠道是什么?

5.经验法鉴别汽车配件都看哪些方面?

五、论述

1.进货员的基本素质包含哪些方面?

2.进货员的岗位职责是什么?

3.为提高工作效率和达到择优进货的目的,可以把产品分成哪几种类型进行检验?

4.进口汽车配件应从哪些方面进行鉴别?

5.用定性分析法确定进货量都包括什么?

第 **6** 章
汽车 4S 店售后服务

汽车是结构复杂、价值较大的消费品,随着生产厂商在生产制造、产品开发、成本价格等方面实力差距的缩小,售后服务正在成为生产厂商市场竞争的焦点,其作用越来越突出。产品与服务的紧密联系已经成为现代市场营销的重要特征,为广大汽车用户提供优质服务,已成为在竞争中取胜的法宝之一。本章着重讲述客户关系管理及售后服务管理等内容。

6.1 汽车 4S 店客户关系管理

6.1.1 汽车 4S 店客户管理系统的建立

随着汽车市场竞争的日趋激烈,企业的汽车产品和服务同质化程度日益增加,若能把握客户的需要,加强与客户的沟通,就能取得竞争优势。客户、供应商以及合作伙伴连成一片的价值链已经成为企业与企业之间竞争的核心。由于竞争的不断加剧以及产品和服务的极大丰富,特别是信息工具和渠道的快速发展,使得客户对产品和服务的选择空间不断扩大,品味不断提高,同时选择欲望也不断加强,因此如何把握客户的需求并以最快的速度作出响应,即如何吸引并保持客户已成为当今企业竞争的焦点。企业需要通过获得与客户关系的最优化来达到企业利润的最优化。为了达到这一目的,企业必须了解与客户相关的各种信息,主要包括客户基本信息、销售信息、市场信息、服务信息、业务运作情况等,并能根据这些信息事先或事后来相应地调整自己的经营行为。

(1)客户关系管理概念

客户关系管理(Customer Relationship Management),简称为 CRM,是著名的 Gartner Groun(甘特纳)IT 分析公司首先提出的,它是企业为提高核心竞争力,达到竞争制胜、快速成长的目的而制定的以客户为中心的发展战略,包括在以客户为中心的基础上开展的判断、选择、争取、发展和保持客户所需要的全部商业过程;是企业通过开展系统化的客户研究,优化企业组织结构和业务流程、提高企业生产效率和利润水平的工作实践;是企业在不断改进与客户关系相关的全部业务流程;也是在自动化实现运营目标的过程中所创造并使用的先进信息技术和优化的管理方法、解决方案的总和。

CRM 系统的宗旨是为了满足每一位客户的个性化需求,同每位客户建立联系,通过与客户的联系来了解客户的不同需求,并在此基础上进行"一对一"的个性化服务。通过 CRM 系统的实施,企业将实现"以产品为中心""以市场为中心"的模式向"以客户为中心"的模式的转变,同时,企业关注的焦点将转移到对客户的关系上来。Harvard Business Review(哈佛商业评论)的研究资料表明,提高 5% 的客户满意度,将使企业的利润加倍。从内涵上说,CRM 首先是一种管理理念,其核心思想是将企业的客户(包括最终客户、分销商和合作伙伴)作为最重要的企业资源,通过完善的客户服务和深入的客户分析来满足客户的需求。

CRM 又是一种改善企业与客户之间关系的新型管理机制,它实施于汽车企业的市场营销、销售、服务与技术支持等与客户相关的领域。它通过向企业的销售、向市场和客户服务的专业人员提供全面、个性化的客户资料,并强化跟踪服务,提高信息分析的能力,使他们能够协同建立和维护与客户及合作伙伴之间的"一对一"关系,从而使企业能够提供更快捷、周到的优质服务,提高客户满意度,吸引和维持更多的客户,从而增加营业额;另一方面则通过信息共享和优化销售流程来有效地降低企业经营成本。

CRM 也是一种管理软件和技术,它将最佳的商业实践与数据挖掘、数据仓库、一对一营销、销售自动化以及其他信息技术紧密地结合在一起,为企业的销售、客户服务和决策支持等提供一个自动转化的解决方案。企业有了一个以电子商务为基础的面向客户的活动中心,从而成功地实现从传统企业模式到以电子商务为基础的现代企业模式的转化。

CRM 的实施,要求以"客户为中心"来构架企业,完善对客户需求的快速反应的组织形式,规范以客户服务为核心的工作流程,建立客户驱动的产品服务设计,进而培养客户的品牌忠诚度,扩大可营利份额。

CRM 不仅可以实现企业的服务自动化,而且能够使企业充分利用客户信息来优化企业的决策过程。CRM 使企业逐步从传统的营销、销售和服务模式,进化到以 Internet 为中心的模式来扩大市场领域,改进客户服务以及增强产品和服务的个性化。CRM 的研究与应用对提高企业运作效率,增加经济效益,以及加强企业竞争力都具有重大的现实意义。

1)客户关系管理的技术功能

客户关系管理的主要技术要求包括 6 个方面:分析信息的能力,对客户互动渠道进行集成的能力,建设集中的客户信息仓库的能力,支持网络应用的能力,对工作流进行集成的能力,与 ERP(企业资源规划)进行无缝连接的能力。

①分析信息的能力。尽管 CRM 的主要目标是提高同客户联系的自动化程度,并改进与客户联系的工作流程,但强有力的商业情报和分析能力对 CRM 也是很重要的。CRM 系统有大量的关于客户和潜在客户的信息,企业有关部门应对这些信息认真分析、归类,使得决策者所掌握的信息更全面、准确,从而能更及时地作出正确的决策。

②对客户互动渠道进行集成的能力。对多渠道进行集成与 CRM 解决方案的功能部件的集成是同等重要的。不管客户是通过 Web 与企业联系,还是与携带 SFA(Sales-force automation,销售业务自动化)功能的便携电脑的销售人员联系,或是与呼叫中心代理联系,与客户的互动都应该是无缝的、统一的、高效的,统一的互动渠道能带来工作效率的提高。

③建设集中的客户信息仓库的能力。CRM 解决方案应采用集中化的信息库,这样,所有与客户接触的企业员工均可获得 CRM 解决方案,采用集中化的信息和实时的客户信息,使得各业务部门和功能模块间的信息能统一起来。

④支持网络应用的能力。在支持企业内外的互动和业务处理方面,Web的作用越来越大,这使得CRM的网络功能越来越重要。以网络为基础的功能对一些应用(如网络自主服务、自主销售)是很重要的。一方面,网络作为电子商务渠道来讲很重要;另一方面,从基础结构的角度来讲,网络也很重要。为了使客户和企业员工都能方便地应用CRM,则需要提供标准化的网络浏览器,使得用户只需很少的训练或不需训练就能使用系统。另外,业务逻辑和数据维护是集中化的,这就减少了系统的配置、维持和更新的工作量,就基于互联网系统的配置费用来讲,也可以节省很多。

⑤对工作流进行集成的能力。工作流是指把相关文档和工作规则自动地(不需人的干预)安排给负责特定业务流程中的特定步骤的人。CRM解决方案应该能具有较强的功能,为跨部门的工作提供支持,使这些工作能动态地、无缝地完成。

⑥与ERP功能的集成。CRM要与ERP在财务、制造、库存、分销、物流和人力资源等环节连接起来,从而提供一个闭环的客户互动循环。这种集成不仅包括低水平的数据同步,而且还应包括业务流程的集成,这样才能在各系统间维持业务规则的完整性,工作流才能在系统间流动,这二者的集成还使得企业能在系统间收集商业情报。

2)客户关系管理系统结构模式

CRM是集市场、销售、服务为一体的管理系统,通常可划分为4个子系统:客户销售管理子系统、客户支持与服务管理子系统、客户市场管理子系统、数据库及支撑平台子系统。

①客户销售管理子系统是全面的销售自动化管理系统,其目标是提高销售的有效性,保证客户销售数据的准确性、及时性和完整性,对客户销售进行有效管理,提供决策支持所需的数据。引入网上商务后,还能够提供对网上商务的支持,进行网络销售。

②客户支持与服务管理子系统集中应用于与客户支持、现场服务和仓库管理相关的商业流程的自动化和优化上。

③客户市场管理子系统使市场营销专业人员能够对直接市场营销活动的有效性加以计划、执行、监视和分析。通过使用工作流技术,使一些共同的任务和商业流程自动化。此外,还可向市场营销专业人员提供分析其市场营销行动有效性的功能。

④数据库及支撑平台子系统提供CRM的数据库解决方案以及网络环境下的系统运行平台,是整个CRM系统的基础。CRM一般包括系统管理、客户信息管理、客户订单管理、销售过程管理(订单跟踪)、市场营销管理、客户服务管理、决策支持系统、市场分析预测等功能模块,并可与电话中心应用软件、财务管理软件、MRP Ⅱ、SCM等有机连接,不仅能有效、及时地掌握客户需求,而且能做好客户服务。

3)CRM工作过程

CRM按照业务规则实现各业务组成间数据的自动流转。在销售环节,使用客户的销售管理中,销售人员能够通过桌面计算机、笔记本电脑甚至掌上电脑随时得到从报价、订货一直到结算的整个过程中生产、库存、订单处理的有关信息,同时也可对客户资料与合同进行全面管理,随时随地与客户进行业务活动,从而在一定程度上实现销售自动化,使销售人员将主要精力集中在开拓市场上,也使决策者能预测全球范围内市场的风云变幻,将企业的运营维持在最佳状态。此外,通过网上商务,还可以提供基于Web的自助销售能力,使客户能通过Internet选择并购买产品或服务。在市场营销环节,客户市场管理可以提供市场营销自动化解决方案,例如:基于Web和传统的市场营销活动的策划和执行;客户需求的生成和管理;预测和预算;宣传品的制作和管理;产品及竞争对手信息的汇总;对有购买意向的客户跟踪、分配和管理等。这些功能可帮助企业实施针对性强、效率高的市场营销活动,从而争取和保留更多、更有利的客户。

在支持与服务环节,客户支持与服务管理可帮助企业提供有竞争力的售后支持、修理和维护服务。可以实现纠纷、欠货和订单的跟踪;维修人员的预约、调度和派遣;记录发生过的问题及其解决过程;现场服务的管理;备件的管理及其他后勤保障;服务请求及服务合同的管理;服务收费自动核算等功能;允许客户选择电话、Web 访问等多种方式与企业联系;企业与客户打交道的各个部门也能随时得到与客户相关的资料,真实、全方位地了解客户。

(2)客户关系管理在汽车服务业中的应用

以汽车经销商的标准销售流程为例,标准的销售流程实际是一个获取客户的过程,从初次接触到最终实现销售,卖家始终都是以与客户保持沟通为基础的,而客户关系管理也正是要求销售员要严格按照这个流程来开展工作,并且保证每一步都要与客户进行深入的沟通并记录下来。以试车为例,在经销商处购车,都要为客户提供试车服务,如果在营销过程中没有进行这一步骤,经销商必须要记录其中的原因,比如,是由于客户主动放弃,还是由于经销商暂时无法提供试乘车或是由于销售人员忽略了这个步骤。经销商要认真总结和分析这些原因,不断完善和优化自己的业务流程,提高客户对汽车产品和企业的满意度。曾有国际著名调研公司对国内汽车行业进行过一次客户满意度调查,结果表明上述流程的各个步骤正是影响汽车经销商客户满意度的最主要原因之一。

在汽车服务行业中,处于不同价值链的链点企业对其核心竞争力的理解也不同,但是客户基础是这些企业共同的核心竞争力之一。在"以产品为中心"向"以客户为中心"的营销策略转变过程中,对客户资源的管理就成为一个逐渐凸显的重要问题,尤其是对于潜在客户的管理更是成为汽车服务行业的焦点。当绩效考核的范围不仅仅是管理结果,而且还包括管理过程时,销售过程中的规范与标准流程也成为汽车行业提高客户满意度的重点之一。在汽车服务行业整个客户关系管理的核心中,最主要的是利用潜在客户、现有客户的销售过程和服务过程中的各种有效信息建立一个客户价值评估体系,而围绕这个客户价值体系(实际上就是消费者行为模型群集)将有一个对应的流程体系,整个流程是以客户为中心、以客户需求为驱动的,每一个关键流程都有一个关键控制点,每一个关键控制点都有相应的指标来进行绩效考核。

国外汽车服务行业已进入自助服务、网络服务、服务营销等领域。根据美国汽车行业统计出来的数字:每个车主每隔 6 年就会买一部新车;每卖出 100 辆汽车,有 65 辆是经销商的老客户买走的;开发一个新客户的成本是保留一个老客户的 5~10 倍;保留客户的比率增加 5%,企业获利可增加 25%,这些数据都说明了汽车服务业使用 CRM 的必要性。

(3)客户关系管理

1)客户档案

现代企业的经营管理越来越重视客户服务、客户信息反馈、客户信息挖掘分析及客户关怀,留住了客户即是留住了企业的生命线。本系统内的客户关系管理完整、细致且功能强大,完全等同于一个专业的客户关系管理系统。

在客户管理中,客户档案是录入的一个最主要模块,主要信息有客户的姓名、联系方式、车辆信息以及客户生日、客户类型、地区、分类、客户来源等,字段设置简洁实用,先进合理。

此模块除了可以查询客户的详细资料,还便于以后对客户多种数据的统计和查询,更好地实现客户管理工作的展开。客户档案除了汽修客户之外还可以处理供应商、销售客户、合作伙伴等所有资源,通过客户类型来区分。如果客户是一个企业,还可以建立多个联系人,并记录联系方式;还可以设定提醒服务,到期自动提醒从而不错失任何一个工作安排、不错失任何一个合作机会;另外还有短信功能,可及时联系、问候。

2)客户分析模块

客户分析包括:不同信息客户资料的分析统计、客户价值分析、热销产品分析、销售分析、销售走势、业绩排名等。

6.1.2 汽车 4S 店维修客户的管理

(1)汽车维修客户管理中存在的问题

1)汽车客户信息不全

许多汽车服务企业掌握的客户信息不够全面,仅仅是了解客户表面的、外在的信息,对于更深入、更重要的信息缺少针对性的调查。

2)汽车客户信息零散

一些汽车服务企业虽然建立了客户管理档案,以各种方式收集、记录客户信息,但却没有对客户信息进行统一的管理,导致客户信息零散。

3)汽车客户信息陈旧

还有一些汽车服务企业虽然建立了自身的客户信息管理系统,但却不愿继续投入,缺乏对已有信息的更新与维护,认为信息工作已经一步到位,忽视信息的时效性,从而导致企业在决策时依据的信息完全过时、陈旧,严重影响企业对客户现状的判断。

4)汽车客户信息管理不够科学、规范,缺少专门、标准的客户数据库

有些汽车服务企业已经认识到客户信息管理是一项非常重要的、经常性的工作并给予足够的重视,但在具体操作上还采用传统的书面档案管理方式,明显不能满足现代企业客户信息管理的需要。这类企业缺少专门、标准的客户数据库进行科学、先进、规范的管理。

(2)客户信息管理

1)汽车客户信息管理的用途

①用于信用分析。只有全面收集客户的所有信息,才能对客户进行全面细致、准确的信用分析,为企业建立规范、科学的资金使用及项目审批提供真实准确的信息基础。

②用于交易决策中防范风险。加强对客户信息的管理,可以全面准确地判断客户的信用情况,避免在交易时因为客户信息不全以及信息不真实所造成的风险及欺诈。通过客户信息管理,可以及时并且连续不断地对客户的信用状况进行监控,避免由于客户信息陈旧、过时所带来的失误。

③有利于各部门之间的沟通。采用规范的客户信息管理系统可以打破各部门对信息的垄断,避免由于各部门缺乏有效的交流、沟通所带来的信息重复调查以及其他相关资料的浪费,降低管理成本。

④保护公司宝贵的客户资源。严格的客户信息管理,可以使公司对宝贵的客户资源进行统一、规范的管理,避免公司少数业务人员独占客户资源,最大限度地杜绝企业内部人员与少数不良客户勾结,损害企业的利益。

加强客户信息管理,还可以有效维护老客户与企业的良好关系,提高客户忠诚度。统计资料表明,多数企业营业额的 80% 来自 20% 的经常购买者,如能加强这部分客户的管理,就可以维持正常的维修额,这是企业取得长期稳定维修收入的重要条件。

2)汽车客户信息的档案内容

①汽车客户基础资料。即客户最基本的原始资料。主要包括客户名称、地址、电话、所有者、经营管理者、法人代表以及他们个人的性格、兴趣、爱好、家庭、学历、能力、创业时间、与本公司交易时间、企业组织形式、业种、资产等。这些资料是客户管理的起点和基础,他们主要是通过维修员进行客户访问收集得来的。

② 汽车客户特征。主要包括服务区域、维修能力、发展潜力、经营观念、经营方向、经营政策、企业规模、经营特点等。

③汽车业务状况。主要包括销售业绩、经营管理和业务人员的素质、与竞争者的关系、与本公司的业务关系及合作态度等。

④汽车交易现状。主要包括客户的维修活动现状、存在的问题、未来的对策、保持的优势、企业形象、声誉、信用状况、交易条件以及出现的问题等方面。

对新老客户都应该建立管理卡,对他们的资料进行妥善保管,既作为公司的综合材料,同时也为维修业务人员对外推销提供参考,并通过公司新老客户资料表的内容制作客户档案资料卡。

3)汽车客户信息档案建立的方法与原则

①按照维修量的大小排序是最常见的方法。

a.按产品种类建立客户档案;

b.按产品和服务提供的行业划分;

c.按维修地区对档案进行分类;

d.按客户资信等级建立客户档案。

②汽车客户档案管理的原则。

a.突出重点;

b.灵活运用;

c.动态管理;

d.管理制度化。

(3)汽车客户资信等级管理

1)不同资信等级客户的管理

资信等级评价不是最终目的,最终目的是利用资信等级对客户进行管理。维修公司和各维修片区应针对不同资信等级的客户采取不同的维修管理政策。

对 A 级客户,由于资信较好,可以不设限度或从严控制,在客户资金周转偶尔有一定困难,或旺季进货量较大、资金不足时,可以有一定的赊销限度和回款限期,但赊销额度以不超过一次进货量为限,回款宽限以不超过一个进货周期为限。

对 B 级客户,可以先设定一个限度,以后再根据其资信状况渐渐放宽。一般要求现款现货,但在如何处理现款现货时,应讲究艺术性,不要让客户难堪。应该在摸清客户确实已准备好货款或准备付款的情况下,再通知公司发货。对特殊情况可以用银行承兑汇票结算,允许零星货款的赊欠。

对C级客户,应仔细审查给予少量或不给信用限度,要求现款现货,如对欠债特别多的客户,业务员要坚决要求现款现货,丝毫不能退让,而且要考虑好一旦该客户破产倒闭应采取怎样的补救措施。C级客户不应列为公司的主要客户,应逐步以资信良好、经营实力强的客户取而代之。

对D级客户,不给予任何信用交易,坚决要求现款现货或先款后货,并在追回货款的情况下逐步淘汰该类客户。

新客户的资信等级评价。新客户一般按C级客户对待,实行"现款现货"。经过多次业务往来,对客户的资信情况有较多了解后(一般不少于三个月),再按正常的资信等级进行评价。需要注意的是,要提防一些异常狡猾的小客户或经销商,他们在做头几笔生意时故意装得诚实可信,待取得信任后再开始行骗。

2)汽车客户资信等级的定期核查

汽车客户资信状况是不断变化的,有的汽车客户资信等级在上升,有的则在下降。如果不对客户资信等级进行评价并根据评价结果调整维修政策,就可能由于没有对资信等级上升的客户采取宽松的政策而导致不满,也可能由于没有发现客户资信等级下降而导致货款回收困难。因此,应定期对客户的资信等级进行核查,以随时掌握其资信情况。

6.1.3 汽车4S店售后服务合同

(1)汽车维修合同的概念

汽车维修合同是承修、托修双方当事人之间设立、变更、终止民事法律关系的协议,它属于加工承揽合同。加工承揽合同是承揽方按照定作方提出的要求完成一定工作,定作方接受承揽方完成的工作成果并给予约定报酬的协议。

(2)汽车维修合同的特征

汽车维修合同是一种法律文书,其目的在于明确承修、托修双方设定、变更和终止权利义务的一种法律关系。通过合同条款来确定当事人之间的权利义务,而所发生的法律后果是当事人所要求的;同时签订汽车维修合同是承修、托修双方意思表示一致的法律行为。"意思表示一致"是合同成立的条件,意思表示不一致,合同则不能成立。在合同关系中,承修、托修双方当事人的地位是独立的、平等的、有偿的、互利的。

(3)汽车维修合同的作用

1)促进汽车维修企业向专业化、联合化方向发展

实行合同制,使各部门、各环节、各单位通过合同明确相互的权利义务和责任,便于相互监督、相互协作,从而有利于企业发挥各自的优势,实行专业化,促进横向经济联合。

2)维护汽车维修市场秩序

合同明确了承修、托修双方的权利义务,可以保障当事人的权益。因为依法订立的合同受法律保护,使当事人维修活动行为纳入法制轨道,使合法的维修活动受法律的保护并防止或制裁不法维修活动,从而维护维修市场的正常秩序。

3)有利于汽车维修企业改进经营管理

实行合同制,企业要按照合同要求来组织生产经营活动,企业的生产经营状况与合同的订立和履行情况紧密联系在一起。企业只有改进经营管理,努力提高维修质量,才能保证履行合同。只有这样,企业才能有信用,也才能有市场,不断改善经营条件,才能获得更好的经

济效益和社会效益。

(4)汽车维修合同的主要内容

按照交通部和国家工商行政管理局发布的《汽车维修合同实施细则》的规范,汽车维修合同主要有以下内容:

①承修、托修双方名称。

②签订日期及地点。

③合同编号。

④送修车辆的车种车型、牌照号、发动机号、底盘号。

⑤送修日期、地点、方式。

⑥交车日期、地点、方式。

⑦维修类别及项目。

⑧预计维修费用。

⑨托修方所提供材料的规格、数量、质量及费用结算原则。

⑩质量保证期。

⑪验收标准和方式。

⑫结算方式及期限。

⑬违约责任和金额。

⑭解决合同纠纷的方式。

⑮双方商定的其他条款。

(5)汽车维修合同的使用

1)汽车维修合同的签订

①合同签订的原则。汽车维修合同必须按照平等互利、协商一致、等价有偿的原则依法签订,双方签章后生效。

②合同签订的范围。凡办理以下维修业务的单位,承、托修双方必须签订维修合同。

a.汽车大修;

b.汽车总成大修;

c.汽车二级维护;

d.维修预算费用在 1 000 元以上的汽车维修作业。

③合同签订的形式。汽车维修合同的签订形式分两种。第一种是长期合同,即最长在 1 年之内使用的合同;第二种是即时合同,即一次使用的合同。承修、托修双方根据需要也可签订单车或成批车辆的维修合同,也可签订一定期限的包修合同。如果是代签合同必须要有委托单位证明,根据授权范围,以委托单位的名义签订,对委托单位直接产生权利和义务。

2)汽车维修合同的履行

汽车维修合同的履行是指承、托修双方按照合同的规定内容全面完成各自承担的义务,实现合同规定的权利。

维修合同的履行是双方的法律行为。但是,若双方当事人中有一方没有履行自己的义务在前,另一方有权拒绝履行其义务。维修合同签订后,承、托修双方应严格按合同规定履行各自的义务。

①托修方的义务。

a.按合同规定的时间送修车辆和接收竣工车辆；

b.提供送修车辆的有关情况(包括送修车辆基础技术资料、技术档案等)；

c.如果提供原材料，必须是质量合格的原材料；

d.按合同规定的方式和期限交纳维修费用。

②承修方的义务。

a.按合同规定的时间交付修竣车辆；

b.建立承修车辆维修技术档案，并向托修方提供维修车辆的有关资料及使用的注意事项；

c.按照有关汽车修理技术标准(条件)修理车辆，保证维修质量，向托修方提供竣工出厂合格证，在保证期内应尽保修义务；

d.按规定收取维修费用，并向托修方提供票据及维修工时、材料明细表。

3)汽车维修合同的变更和解除

①汽车维修合同变更和解除的含义。

a.变更是指合同未履行或完全履行之前由双方当事人依照法律规定的条件和程序，对原合同条款进行修改或补充；

b.解除是指合同在没有履行或没有完全履行之前，当事人依照法律规定的条件和程序解除合同确定的权利义务关系，终止合同的法律效力。

②汽车维修合同变更、解除的条件。

a.双方协定变更、解除维修合同的条件：

ⅰ.必须双方当事人协商同意；

ⅱ.必须不因此损害国家、集体利益或影响国家指令性计划的执行。

b.单方协定变更、解除维修合同的条件：

ⅰ.发生不可抗力；

ⅱ.企业关闭、停业、转产、破产；

ⅲ.双方严重违约。

除双方协商和单方决定变更、解除合同的法定条件之外，任何一方不得擅自变更或解除合同。发生承办人或法定代表人的变动、当事人一方发生合并或分立、违约方已承担违约责任的情况，均不得变更或解除维修合同。

③变更、解除维修合同的程序及法律后果。

汽车维修合同签订后，当事人一方要求变更或解除维修合同时应及时以书面形式通知对方，提出变更或解除合同的建议，并取得对方的答复，同时协商签订变更或解除合同的协议。例如：承修方在维修过程中发现其他故障需增加维修项目及延长维修期限时，应征得托修方同意后达成协议方可承修。因一方未按程序变更或解除合同，使另一方遭受损失的，除依法可以免除责任外，责任方应负责赔偿。

④汽车维修合同的担保。

汽车维修合同的担保是合同双方当事人为保证合同切实履行，经协商一致采取的具有法律效力的保证措施。其担保的目的在于保障当事人在未受损失之前即可保障其权利的实现。

汽车维修合同一般采取的是定金担保形式。它是一方当事人在合同未履行前，先行支付给对方一定数额的货币,这种形式是在没有第三方参加的情况下,由合同双方当事人采取的保证合同履行的措施。定金是合同成立的证明,托修方预付定金违约后,无权要求返还定金;接受定金的承修方违约应加倍返还定金。定金的制裁作用,可以补偿因不履行合同而造成的损失,促使双方为避免制裁而认真履行合同。汽车维修合同的担保也可以另立担保书作为维修合同的附本,内容包括抵押担保、名义担保和留置担保等。

不履行或不完全履行合同义务的结果是承担违约责任。承、托修双方中任一方不履行或不完全履行义务时就发生了违约责任问题,对违约责任处理的方式一般分为支付违约金和赔偿金两种。

6.1.4 汽车维修合同管理

(1)汽车维修合同示范文本制度与填写规范

1)汽车维修合同示范文本制度

汽车维修合同是规范市场经营行为,保护承、托修双方合法权益的法律措施,是道路运政管理部门处理汽车维修质量和价格纠纷的依据。为了规范汽车维修合同管理和使用,国家工商行政管理局和交通部联合发布了专门通知,在全国范围内统一了汽车维修合同示范文本(GF-92-0384),明确该文本由省工商行政管理部门监制,省(市)交通厅(局)统一印制、发放、管理,汽车维修企业和经营业户必须使用。汽车维修合同示范文本见附录。

2)汽车维修合同填写规范

根据《道路运政管理规范》的规定,应按以下要求填写汽车维修合同:

①"托修方"栏填写送修车辆单位(个人)的全称。

②"签定时间"栏填写托修方与承修方签订汽车维修合同时的具体时间(年、月、日)。

③"合同编号"由省级道路运政管理机构和地级道路运政管理机构核定,前两位数为地域代号,后六位数为自然序号。

④"承修方"栏填写汽车维修企业的全称和企业类别。

⑤"签定地点"栏填写承、托修双方实际签订合同文本的地点。

⑥"车种"栏按货车(重、中、轻)、客车(大、中、轻、微)填写。

⑦"车型"栏填写车辆型号,如"东风141""桑塔纳2000"等。

⑧"牌照号"栏按交警部门发放的车辆牌照号填写。

⑨"底盘号"栏按生产厂家编号填写。

⑩"发动机编号"栏按汽油机、柴油机及生产厂家编号填写。

⑪"送修日期、方式、地点"栏填写送修车辆时间、车辆独立行驶或拖拉进厂及托修车辆的交接地。

⑫"接车日期、方式、地点"栏填写托修方报修项目及附加修理项目。

⑬"维修类别及项目"栏填写托修方报修项目及附加修理项目。

⑭"预计维修费总金额"栏填写承修方初步估算的维修费(包括工时费、材料及材料附加费等)总金额。

⑮"工时费"栏填写工时单价。

⑯"材料提供方式"栏按"托修方自带配件""承修方提供需要更换的配件"等填写。

⑰"证期"用大写填写质量保证的天数和行驶里程数。

⑱"验收标准及方式"栏填写所采用的标准编号和双方认同的内容、项目及使用设备等。

⑲"结算方式"栏在双方认同的一栏中打钩。

⑳"结算期限"栏在双方认同的一栏中打钩。

㉑"违约责任及金额"栏填写双方认同的各自责任和应承担的金额数。

㉒"解决合同纠纷的方式"栏在双方认同的一栏中打钩。

㉓"双方商定的其他条款"栏填写双方未尽事宜。

（2）汽车维修合同的管理

1）机构职责

国家工商行政管理局和地方各级工商行政管理局是法定的统一维修合同管理机关,其主要职责是:统一管理维修合同,对合同的订立和履行进行监督和检查;确认无效合同;仲裁合同纠纷案件;查处违法合同及利用合同进行违法活动的行为;对维修合同进行鉴证。

交通运政管理部门是汽车维修合同的行业主管部门,其主要职责包括:认真贯彻国家关于汽车维修合同管理的法规,制定实施办法;负责汽车维修合同的印制、发放、管理;组织指导和监督检查所辖单位之间的合同关系;处理合同履行中出现的问题,调解维修合同纠纷。

金融机关包括人民银行和信用合作社。其对汽车维修合同的监督管理主要是通过信贷管理及结算管理,监督汽车维修合同的履行;对发生法律效力的仲裁决定书、调解书或判决书、裁定书,在规定期限内当事人没有自行履行时协助执行。合同管理机构如图6.1所示。

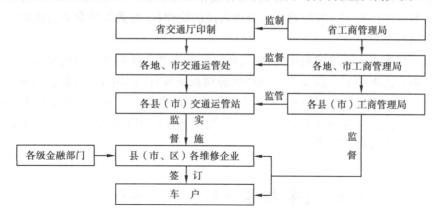

图6.1 合同管理机构

2）汽车维修合同的鉴证

鉴证是汽车维修合同管理的一项主要内容。通过鉴证,可以证明维修合同的真实性,使合同的内容和形式都符合法律要求;可以增强合同的严肃性,有利于承、托修双方当事人认真履行;便于合同管理机关监督检查。

汽车维修合同鉴证实行自愿原则。在承、托修双方当事人请求鉴证的情况下,约定鉴证的合同只有经过鉴证程序才能成立。

经审查符合鉴证要求的,国家工商行政管理机关予以鉴证,应制作维修合同鉴证书。

3）汽车维修合同纠纷的调解

汽车维修合同发生纠纷,承、托修双方当事人应及时协商解决。协商不成,可向当地交通运政部门申请调解,由主诉方填写申请书。交通运政部门通过调查取证,作出调解意见书,并监督双方当事人执行。当事人一方或双方对调解不服的,可向国家工商行政管理部门及国家规定的仲裁委员会申请调解或仲裁,也可直接向人民法院起诉。纠纷费用原则由责任方负担,或根据承、托修双方责任的大小分别负担。

4)汽车维修合同的仲裁

当发生了合同纠纷且调解失败后,当事人可采用仲裁方式解决纠纷,双方当事人应当自愿达成仲裁协议。仲裁协议包括合同订立的仲裁条款和以其他书面方式在纠纷发生前或者纠纷发生后达到的请求。没有书面仲裁协议,一方申请,仲裁委员会不予受理。如果已达成仲裁协议,一方向人民法院提出起诉,人民法院将不予受理,但仲裁协议无效的除外。

仲裁委员会应当由当事人协议选定。仲裁委员会应根据事实,符合法律规定,公平合理地解决纠纷。

仲裁不实行级别和地域管辖,仲裁依法独立进行,不受行政机关、社会团体和个人的干涉。

仲裁实行一裁终局的制度。裁决作出后,当事人就同一纠纷再申请仲裁或向人民法院起诉的,仲裁委员会或者人民法院不予受理。裁决被人民法院依法裁定撤销或者不予执行的,当事人就该纠纷可以根据双方重新达成的仲裁协议申请仲裁,也可以向人民法院起诉。

当事人对仲裁协议的效力有异议的,可以请求仲裁委员会作出决定或者请求人民法院作出裁定。一方请求仲裁委员会作出决定,另一方请求人民法院作出裁定的,由人民法院裁定。仲裁委员会对维修问题认为需要鉴定的,可以交由当事人约定的鉴定部门鉴定,也可以由仲裁庭指定的鉴定部门鉴定。经仲裁委员会或人民法院仲裁,仲裁委员会或人民法院应向双方当事人下达裁决书。

已经裁决当事人申请撤销裁决的,应当自收到裁决书之日起 6 个月内提出。人民法院应当在受理撤销裁决申请之日起 2 个月内作出撤销裁决或者驳回申请的裁决,当事人应当履行裁决。一方当事人不履行的,另一方当事人可以依照民事诉讼法的有关规定向人民法院申请执行。受申请的人民法院应当强制执行,仲裁费用原则上由败诉方承担,但在实践中考虑到各种因素由当事人分摊仲裁费。

6.2　汽车 4S 店维修售后服务及管理

6.2.1　汽车 4S 店售后服务与管理规章制度建设

(1)售后服务的意义

保证销售企业的长盛不衰以及整个汽车生产集团的信誉,在很大程度上取决于对顾客服务的质量,对顾客服务的质量是由同等重要的两部分即服务质量和工作质量组成的。

每个销售公司都应做到:"必须确保顾客受到热情、规范的服务,企业的售后服务负责人应通过抽样调查掌握顾客的满意度。另外,还要负责使工作质量在各个方面均能与顾客的愿望和生产商的要求相一致。"

虽然售后服务只是整个企业的一部分,但是绝不能轻视。因为售后服务出售的不仅是对顾客服务的各种成果,还有零配件,能促进新、旧汽车的交易,而且影响着整个企业的形象。售后服务所能达到的成效,取决于维修工作的质量和对顾客提供优质服务的长久努力。它们具体表现为：

①在接受维修委托时，只需给顾客一些细心、专业和友好的建议。

②在维修和保养工作中，只需多一些细心和责任心。

③只需定期地认真地控制工作质量。

④只需绝对准确、清楚地制定顾客账单。

如果能按照这一原则进行售后服务，一定能从众多竞争者中脱颖而出，但这也必须具备一定的基础条件，如维修车间应聘用具备专业知识的人员，他们负责与顾客接触，给顾客建议；具备面积大小适当的工作场地、停车场地、检测场地以及必需的生产设备和工具等。

（2）售后服务管理规章制度

售后服务，是现代汽车维修企业服务的重要组成部分。售后服务工作由业务综合部负责完成。做好售后服务，不仅关系到本公司产品的质量、完整性，更关系到客户能否得到真正的、完全的满意。为此，需要制定维修服务规章制度。

1）售后服务工作的内容

①整理客户资料、建立客户档案。

客户送车进厂维修养护或来公司咨询、商洽有关汽车技术服务，在办完有关手续或商谈完后，业务综合部应于两日内将客户有关情况整理制表并建立档案，装入档案袋。客户有关情况包括：客户名称、地址、电话、送修或来访日期，送修车辆的车型、车号、车种、维修养护项目，保养周期、下一次保养日期，客户希望得到的服务，在本公司维修、保养记录。

②根据客户档案资料，研究客户的需求。

业务人员根据客户档案资料，研究客户对汽车维修保养及其相关方面的服务需求，找出"下一次"服务的内容，如通知客户按期保养、通知客户参与本公司联谊活动、告之本公司优惠活动、通知客户按时进厂维修或免费检测等。

③与客户进行电话、信函联系，开展跟踪服务，业务人员通过电话联系，让客户得到以下服务。

a.询问客户用车情况和对本公司服务有何意见；

b.询问客户近期有无新的服务需求；

c.告之相关的汽车使用知识和注意事项；

d.介绍本公司近期为客户提供的各种服务，特别是新的服务内容；

e.介绍本公司近期为客户安排的各类优惠联谊活动，如免费检测周、优惠服务月、汽车使用新知识晚会等，内容、日期、地址要告之清楚；

f.咨询服务；

g.走访客户。

2）售后服务工作规定

①售后服务工作由业务综合部经理指定专门业务人员——跟踪业务员负责完成。

②跟踪业务员在客户车辆送修进厂手续办完后，或客户到公司访谈咨询业务完成后，两日内建立相应的客户档案。

③跟踪业务员在建立客户档案的同时，研究客户的潜在需求，设计拟定"下一次"服务的针对性通话内容、联系时间。

④跟踪业务员在客户接车出厂或业务访谈、咨询后两天至一周内，应主动电话联系客户，

作售后第一次跟踪服务并就客户感兴趣的话题与之交流。电话交谈时,业务员要主动询问曾到本公司保养维修的客户车辆运用情况,并征求客户对本公司服务的意见,以示本公司对客户的真诚关心与其在服务上追求尽善尽美的态度;对客户谈话要点要作记录,特别是对客户的要求、希望或投诉,一定要记录清楚并及时予以处理。能当面或当时答复的应尽量答复;不能当面或当时答复的,通话后要尽快加以研究,找出办法;仍不能解决的,要在两日内报告业务经理,请示解决办法,并在得到解决办法的当日告知客户,一定要给客户一个满意的答复。

⑤在"销售"后第一次跟踪服务一周后的 7 天以内,跟踪业务员应对客户进行第二次跟踪服务的电话联系。电话内容仍要以客户感兴趣的话题为准,内容避免重复,要有针对性,仍要体现本公司对客户的真诚关心。

⑥在公司决定开展客户联谊活动、优惠服务活动、免费服务活动后,跟踪业务员应提前两周把通知先以电话方式告之客户,然后于两天内视情况需要把通知信函向客户寄出。

⑦每一次跟踪服务电话,包括客户打入本公司的咨询电话或投诉电话,经办业务员都要做好电话记录,并将电话记录存于档案,将电话登记表归档保存。

⑧每次发出的跟踪服务信函,包括通知、邀请函、答复函都要登记,并归档保存。

⑨指定跟踪业务员不在岗时,由业务经理临时指派本部其他人员暂时代理工作。

⑩业务经理负责监督检查售后服务工作,并于每月对本部售后服务工作进行一次小结,每年末进行一次总结;小结、总结均以本部工作会议形式进行,由业务经理提出小结或总结书面报告,并存档保存。

⑪本制度使用四张表格:"客户档案基本资料表""跟踪服务电话记录表""跟踪服务电话登记表""跟踪服务信函登记表"。

6.2.2 汽车 4S 店维修服务管理

正确地维修车辆是任何维修业务的核心,其工作流程是:来车→问候顾客→填写维修工单→诊断→估价→计划完成时间→进行维修→跟踪维修工作→检验完成的工作→向顾客提交车辆→跟踪。

(1)为有效工作流程制订时间计划

1)时间安排

为彻底检验每一辆车,必须制定一个好的时序安排。"早到者"服务或预约系统可以增加维修顾问花在每辆汽车上的时间,使维修顾问可以更仔细地检查每一辆车。而对汽车底部以及隐藏在引擎舱里的那些部件来说,不能通过驾驶测试来检查。这些检查可以分派给那些工作得心应手的技术工人,或者其他懂得储藏区域技术的工人来做。

经销商规模越大,维修工作量就越大。当工作量增加了,维修员工同样也会增加,而员工一多,就容易变得手忙脚乱。维修顾问、技术人员、门房、驾驶员、收款员可能会不知道车辆或钥匙放在了哪里,如果合理安排了工作时间,并且设备也到位了,就能顺利地进行工作,找不到汽车或钥匙的问题就不会再出现。

许多经销商用编了号的"帽子"来帮助识别车辆,通常是带磁性底盘的、较大的、不易破损的塑料标记。这样,员工们就可以从车顶上看过去,通过标牌来识别车辆,而不再需要在停车区里穿行来寻找某辆车了。此外还有一项建议,就是用蓝色的"帽子"来标记第一次维修的车辆,用红色"帽子"来标记重复维修的车辆。

2）维修日记

①概括。

②维修进度。

③客户联系。

维修日记能够向维修顾问提供识别顾客和车辆的方法,而不需要查看维修订单。维修日记也方便维修顾问了解维修进度。只要知道了顾客的名字,就能在维修日记上找到维修订单的编号,通过与调度员或维修顾问协商,员工们就可以知道必要的维修可能需要花多少时间。

（2）典型维修工作流程

1）登记区

当顾客第一次来维修车辆,那就先要在登记区执行以下五个步骤。

①问候顾客,能给顾客一个全面的好印象。需要记住的是,维修顾问的穿着、态度和友善都将影响到客户对经销商的看法。在顾客到来时,立即上前问候,感谢他的到来。如果有任何事造成耽搁应向顾客道歉,并告诉他你什么时候有空;如果遇到早晨高峰,同样要向顾客道歉,可能的话应提出重新安排约见的时间,并且建议顾客以后可以打电话预约。

②填写维修工单。维修工单是关于顾客所要的维修工作的合同,必须保证它完整、明确和清洁,同时还要保证它详细地描述了所完成的工作。还要记得向客户询问关键信息,如电话号码(家庭电话及工作电话)和期望完成的时间等。如果客户是来重新维修的,需要参考先前的维修订单以了解对这辆车进行过哪些维修,并与现在的问题相比较。此外,要在维修订单上做上返修的标记,还要注意是不是保修的,因大多数制造商对保修的车辆都要求分别开维修订单。

③诊断,即要求顾客详细描述汽车出现的问题。仔细地听并从中寻找线索,亲自检查出问题症结所在或交给技术人员来检查。如果必要,与顾客一起进行实地测试以保证了解真正的问题所在,考虑车辆产生问题的大概原因以及纠正方法;一定要对观察到的或听到的其他问题进行检查,并可以提供必要的其他维修服务;最后,完成维修订单,确定工作合同,维修订单同时也是工作任务书,所以一定要字迹清晰。

④定价,并决定顾客如何支付维修费(保修的车辆除外):现金、支票、信用卡及往来账户等。告知顾客预计的劳务及零配件价格,并向他们解释清楚为什么需要花费这么多。如果在顾客离开后发现还需要对车辆进行其他维修,一定要在进行这些维修前打电话给顾客以获得他们的允许。

⑤安排完成时间。将维修订单提交到调度区,并安排工作完成的时间。如果可能的话,要确定在承诺交货日期以前将车辆维修好。维修时,要根据维修工作的复杂程度和类型,以及技术人员的能力和可用性来分配工作。维修日记上,登记维修订单的时间,并把已安排过的时间划掉;还有负责维修工作的技术人员姓名,以及能识别车辆的足够信息,然后将维修订单的所有副本分发到各个维修环节。注意,如果是返修的车辆一定要在日记上反映出来。如果可能的话,将返修的车辆交给原先对它进行维修的技术人员,一定要保留复原日记,并且在所需的工作当天不能执行的情况下,重新安排与客户的约见时间;如果有几项维修工作相互牵连,就要安排好每个负责维修工作的技术人员的工作时间。

2）在维修区

以下三个步骤发生在车辆进入维修区后,或在停车区等候维修的时候。

①执行维修工作。调度员分配维修订单,在记录卡上记录时间并且写明维修厂使用的劳动时间标准所允许的工作时间。然后,技术工人收到维修订单和汽车,并使用维修订单的记录卡或零配件需求单来记录所需的零配件。这样可以减少等待的时间,也可以在用到零配件之前进行预先申领。维修工人则按既定的完工时间要求进行维修,如果需要进行额外的其他维修,由技术工人通知调度员,再由调度员通知维修顾问,由他们联系顾客,以获得他们的允许;如果拿不到所需的零配件,维修顾问就应打电话通知顾客或交货时在订货单上写明,以告知顾客,这就完成了所有可能的工作。

②维修监控,即监督工作进度及排定的完工时间。可以通过定期检查、观察和询问来监督,检查维修订单上所要求的工作。必要时,给予技术工人一定的帮助,把维修进程与车间中的其他工作联系起来,一定要保持时序和工作量安排系统的优先权。同时,要注意汽车位置上的身份标签和控制号码。这个区域的任务就是加快工作速度,使技术工人了解零配件的供应情况等。如果出现需要其他维修工作,缺少零配件或者要求技术工人在某项工作前先完成其他有优先权的工作的情况,这就需要重新安排工作时间。当某辆特定的车需要几个技术工人时,应注意加快每个方面的调配工作。如果一项工作需要留到第二天才能完成,那么也要反映在调度表上;如果车辆不能按时修理好,一定要通知顾客,要解释清楚是什么原因造成了这样的延误,并且要确定新的交货时间。

③检验已完成的工作。当技术工人完成维修工作以后,将维修订单的硬拷贝(记录卡)交给调度员,由调度员用打卡机记录完工时间,并记录技术工人的工作时间。完成的工作要接受检验并与维修订单上的要求相比较,也许这可以在一天中生意较少的时候来完成,如果有必要,可以进行实地调试;如果维修工作通过了检验,就可以签字、盖章了,接下来,要在调度表上注明完工,并要确认维修订单的所有副本都填写正确,交由出纳员作最后处理。如果检验结果显示需要进行其他附加维修,则将车辆直接交给将负责完成附加维修工作的技术工人,要注意,在维修完工后一定要立即通知顾客。

3)在停车区

维修好的车辆停放在停车区等候顾客提取时,需要做以下两个步骤:

①向顾客提交车辆。应该把顾客直接指引到出纳员处,维修订单的客户联将被作为发票。在承诺提交车辆时就把车辆交给顾客,并且要像承诺的那样及时和清洁,要弄清楚顾客是否满意。如果还有任何问题,就与顾客一起进行实地测试;如果顾客要求进行附加维修,那么一定要安排一个将来约见的时间;如果顾客不满意已完成的维修,那就要立即重新安排时间进行纠正。

②跟踪,即建立和维持跟踪措施可以带来"回头客",使用经销商调查卡来获取顾客是否满意以及维修部管理控制是否有效的信息反馈。跟踪联系也可以告知顾客延期到货的零配件的现状,一旦零配件到货,就可以安排维修预约。如果顾客不满意已做的维修,安排纠正维修的预约。

总的来说,在适当分析并按规则建立起了处理工作流程的程序后,典型的维修工作总要经过以上概括的几个步骤。

(3)正确安排维修工作时间和维修工作量

1)工作时间及工作量的确定

工作时间及工作量安排的目的是:

①建立有效工作流程。

②减少无生产效率的工作。

③增加维修收入。

④提供信息反馈。

工作时间及工作量安排系统是为了通过计划安排每个技术工人的工作量来减少被浪费的和没有生产效率的时间而设计的。安排工作时间就是指在一段预先确定的工作期间内的某个规定的时间,把特定的工作预先分派给特定的技术工人(见表 6.1)。这个系统可以保证技术工人按照自己的速度持续工作一整天,从而也可以增加维修收入。

表 6.1　维修订单时间表

入场序号	施工号	维修订单号	顾客支付	保修	重新维修	内饰装备	顾客姓名	备注	开始时间	结束时间	必需的维修	维修记录员	技术人员

工作时间及工作量安排系统的关键在于生产计划员估计完成每项工作步骤所需时间的能力。估计一项工作完成所需时间的最简单的方法之一就是直接询问技术工人,由他们估计自己需要花费多少时间来完成这项工作(见表 6.2)。如果他们说要 1 个小时,而现在是早上 8 点,那么接下来的工作就应该安排在 9 点。维修顾问对车辆故障的描述和维修指导说明越详细,时间估计得就会越准。

在填写完每份维修订单后,就可以将每项工作分配给具体的技术工人,通过几个星期的工作,生产计划员就能知道哪些技术人员擅长哪些工作。而且这个系统用的时间越长,生产计划员对时间的估计越熟悉,就能更好地计划技术工人的工作时间。

表 6.2　技术人员工作时间安排表

日期　　　　　　　　　　　　工作日　　　　　　　　　　时间

技术人员	估计									
	实际										
技术人员	估计										
	实际										
技术人员	估计										
	实际										

严谨的工作时序和工作量安排系统将增加维修部门的收入,同时,它也能显示出每个技术工人工作的好坏,并且可以看出维修部运作及控制存在的问题。

技术工人的时间估计通常是很准确的(但也有失误的时候)。在确定了技术工人一定的工作水平后,对有可能花费更多时间的工作进行复核,将有助于精确地找到运作中人或事所存在的问题,或者确定技术工人是否有需要进行附加培训。

为了改进时间估计和帮助找出问题,应该使用调度表格,这样就可以更精确地估计时间,将技术工人估计的时间记录在维修订单号码栏及工作报告单后面。如果某个技术工人需要完成一个以上的工作,一定要将每项工作的时间都记录下来。需要记住的是,这些时间都是技术工人估计的时间(能显示精确到 1/10 小时的打卡钟会有助于生产计划员及调度员记录时间)。

用打卡钟记录技术工人收到及交回维修订单的时间(如果打卡钟不是那种能接受维修订单的型号的话,就用人工记录卡),确定一般维修所需要的时间,使用打卡钟能在技术工人交换维修订单时把事情变得简单化。

如果每种均配置合理,并正确使用这个系统,那么经销商能增加 30%~60% 的维修收入,见表 6.3。

表 6.3 生产潜力百分比

总定额收费小时销售比率÷总定额收费小时销售目标=生产潜力百分比

记录已分配的小时数	可用小时数	已产出的定额收费小时	定额收费小时销售比率	生产率	效率

2)必须遵守的岗位职责

维修部门要健全各项岗位职责,技术工人、维修顾问及生产计划员都必须遵守对他们的基本要求。

①维修顾问。

a.完整、详细地说明每项维修工作,这样技术工人就能做出实际的估计;

b.检查调度表格上所记录的每项时间,以了解维修工作实际需要花费多长时间;

c.一旦熟悉了每项工作需要的时间,就应该记录消耗了多少工作时间,还有多少时间可以接新的维修工作。

②计划员。

a.在分配工作前,要求技术工人估计时间。

b.跟踪每项工作。对于半小时的工作,应在工作结束前检查 10~15 分钟。而对耗时 1 小时或更长时间的工作,要从中途开始检查,并在工作结束前 10 分钟再检查。如果有必要,重新安排技术工人的工作时间,以弥补所需的额外时间或可用的附加时间。

c.详述并提供每项工作的准确时间数字。每天工作结束时,复查所有未完成的维修订单,并安排它们第二天的时间。所有仍在进行中的工作,应在第二天交回给同一个技术工人。

③技术工人。

a.以最舒适、自在的速度工作;

b.尽可能准确地估计工作时间,记住在使用该系统的前几天内改进他们快速估计工作时间的能力;

c.每天工作结束时,上交所有未完成的维修订单。维修订单会在第二天还给技术工人,这是每天早上的第一件事,但如果技术工人前一天没有上交维修订单,那调度员就可能忽视第二天的工作安排。

3)按时间安排表执行

任何时间安排表都有适用性,可以使用以下的检查列表来决定某个特定的时间安排表是否有价值。

时间安排表告诉我们:

- 已安排多少时间以及还有多少可供安排的时间;
- 能否接受更多工作;
- 什么类型的维修工作已付出多少时间,以及还有什么工作需要多少时间;
- 是否已将工作分配给了技术工人,是否存在工作问题;
- 维修顾问是谁;
- 顾客姓名及预约时间;
- 顾客状况;
- 维修订单编号;
- 车辆的型号;
- 承诺的时间;
- 估计的时间及实际完工的时间;
- 是否有完工记录;
- 是否有延误时间及其原因的记录;
- 技术人员的工作效率如何。

表 6.4 所示的时间安排表并没有包括所有提到的项目,但对于建立最小的控制基础已足够了。

这张表格应尽量详细,这对于任何维修厂来说都是十分必要的。很多时候,仅有两三个技术人员的小型维修厂认为他们不需要时间安排表,但是我们鼓励每个经销商都使用时间安排表。

表 6.4 可选的时间安排表

姓　名	维修订单号	车　辆	承诺的时间	技术人员					备　注
				1	2	3	4	5	

确定维修厂有效工作时间的方法:

每天早上将技术人员用员工的工时乘以 8(或者使用定额收费小时来代替实际时间),当维修完成后,再从最后的总数中减去这些时间。建议以半小时为增量来"销售"这个时间,这样可以使计算简便。以 1.5 小时计算的工作能够很方便地从总数中去除;以 1.2 小时计算的工作应该表示成 1.5 小时。这可以保证你售出过多的有效工作时间。当然,销售过多会导致违约、匆忙工作以及令顾客不满意。

为了科学地安排工作时间,提高维修效率,应考虑:

①恰当的工作分配。恰当的工作分配是指将恰当的工作指派给合适的技术工人,这也包括记录和跟踪每个维修订单,这样做就可以对每项维修工作进行有效的控制,不论是零售、保修,还是内部零件维修。分配工作以及计划技术工人工作日程的进行取决于调度及时间安排。预先计划技术工人工作日程的方法很简单,而且仅需要一个人来安排时间、指派和分配工作,如果有几个人来一起分担责任,那就会降低工作效率。

②恰当地预算时间。根据每个技术工人的能力和工作效率充分利用他们的工作时间,了解维修厂估计的工作生产量,并设法使预算的时间尽可能与它的生产量相接近。

③具备所需的专用工具和设备。不论技术工人的维修水平有多高,没有专用的工具和设备就不可能进行高质量的维修,其中包括针对特殊模型的各种专用维修工具以及各种设备。如果技术工人不得不临时准备这些工具和设备,就会浪费时间,降低生产效率,最终导致收入损失。因此,要给予这些工具和设备良好的维护,并将它们有效地组织起来。

④为每项工作挑选合适的技术工人。调度员的决定应该建立在每个技术工人的技术水平、经验和效率上,这样才能确定这个技术工人是否胜任指派的每项工作。将一项复杂的工作交给一个不适当的技术工人会导致返工和浪费时间,并有可能会增加对车辆的损害;相反的,如果将更换润滑油的工作指派给一个技术专家来做,那么这就是一种技术能力的浪费。

6.2.3 汽车 4S 店维修价格的制定与管理

(1)汽车维修价格的特点

①政策性强。汽车维修收费标准的制定是属于物价管理的内容,是一项政策性非常强的工作。

②项目简单。汽车维修收费主要有工时费和材料费两项,比较而言,项目比较简单。

③种类繁多。由于汽车维修项目的作业内容不同、技术要求不同、耗费时间不同、材料项目不同,因此收费的种类繁多。

④执行周期较长。汽车维修收费因受汽车技术进步、运输市场变化以及商品换代等多种因素的影响,其标准形成之后,一般执行周期均较长。

(2)汽车维修价格的制定依据

制定汽车维修价格的依据是成本。维修成本主要由以下几部分组成:工资、材料费、折旧、外协加工费、管理和业务费。维修成本确定后,加上一定比例的盈利就是维修价格。即:

汽车维修价格=维修成本+合理盈利额=(1+合理盈利率)×维修成本

(3)汽车维修价格的计价方法

汽车维修行业是一个工种和工艺繁杂的行业,点多面广,为适应多种复杂情况,在实际工作中,维修价格一般采用以下两种计价方法:

①统一固定价格。即固定工时定额和工时单位价格。这种价格形式适用于维修工艺过程比较固定,修理技术差别较小,工时、原材料耗用量比较稳定的维修作业。如汽车大修一般

采用这种计价形式,按客、货车和车型不同分别规定统一的收费标准。

②由经营者按规定的计价原则核定。这种形式适应于工艺流程有差别,工时、原材料消耗不一的维修作业,如各种维护、修理作业。其中,总成和专项修理作业一般采用这种计价方式。这种计价方式的价格由三部分组成:工时费用、材料费用和管理费用。为了正确确定价格,必须通过调查制定各个作业项目的汽车维修工时定额标准并统一制定单位工时价格标准。材料费用是指维修过程中合理消耗的材料费用,应按规定合理计价;管理费用是以材料费用为基础,按一定比例计算的,它不是维修成本中的管理费用,而是包含了一定数量利润的费用。对于进口汽车或无统一规定的作业项目的收费,可按实际工时和材料消耗参照以上方法计算价格。

(4)汽车维修价格结算的特点

1)合法性

汽车维修价格结算必须遵循国家有关价格法律法规和行业管理规章并承担相应的法律责任。要做到明码实价,公开服务项目和收费标准,公平合理收费,不强迫对方接受不合理的价格,不见危加价,不见生欺客,不夸大维修项目,不隐瞒本企业无能力承修的项目,不接受超出经营范围的维修项目,配件材料不以次充好、以旧充新。

2)准确性

汽车维修价格结算工作务必做到统计准确,每项收费有凭有据,做到不错收、漏收或重复收费。

(5)汽车维修价格结算的依据

为了加强汽车维修企业价格结算工作的管理,规范汽车维修企业价格结算行为,保护汽车维修承、托双方的合法权益,在进行维修价格结算工作时,必须遵照交通行政管理部门的规定,把以下单据作为结算工作的依据:

- 汽车维修合同文本;
- 施工单(或称派工单);
- 工时定额收费标准;
- 《汽车摩托车维修业户专用发票工时费结算明细表》;
- 仓库出料单;
- 《汽车摩托车维修业户专用发票材料费结算明细表》;
- 《汽车摩托车维修业户专用发票》(小规模纳税人用);
- 《增值税专用发票》(增值税一般纳税人用)。

1)汽车维修合同

汽车维修合同是一种契约。它是托修方和承修方当事人为了协同其汽车维修活动,达到按规定标准和约定条件维修汽车的目的而协商签订的相互制约的法律性契约。汽车维修合同依法签订后,即具有法律约束力。承、托双方必须对合同中的权利和义务负责,必须承担由此而引起的一切法律后果。为此,签订汽车维修合同应注意以下几个问题:

①严肃认真地签订汽车维修合同。汽车维修合同是承、托修双方的法律行为,合同依法成立后,必须信守合同,否则,必须承担法律规定或双方约定的违约责任。因此,签订汽车维修合同必须严肃、认真。

②尽可能了解对方。为了慎重签订汽车维修合同,使合同稳妥可靠,应尽可能了解对方。

只有了解对方,才能心中有数,合同才稳妥可靠。

③遵守国家法律、行政法规和政策规定。汽车维修合同从形式到内容,都必须符合国家法律、行政法规和现行政策的规定。承、托修双方不得签订违反国家利益和社会公共利益的汽车维修合同。

④贯彻平等互利、协商一致、等价有偿的原则。汽车维修合同依法成立后,承、托修双方当事人的法律地位是平等的,权利和义务也是对等的。

⑤汽车维修合同主要条款必须明确。

⑥明确承、托修双方的违约责任。汽车维修合同的违约责任是汽车维修合同内容的核心,是其法律约束力的具体体现。当事人必须根据法律规定或双方约定明确各自的违约责任。否则,合同就失去了约束力,不利于全面、严肃地履行汽车维修合同。

⑦材料提供方式。车辆维修所需的原材料和零配件原则上应由承修方负责提供。如合同约定由托修方提供原材料或零配件,托修方应按合同规定的品种、规格、数量、质量、时间提供,承修方对托修方提供的原材料或零配件应及时检验,不符合要求的应立即通知托修方调换或补齐。因托修方责任延误维修期限由托修方负责,承修方对托修方提供的原材料和零配件不得擅自更换,不得偷换车辆原有的零配件。擅自调换托修方提供的原材料、零配件或车辆原有的零配件,托修方有权拒收,承修方应当赔偿托修方因此蒙受的损失。

汽车维修合同示范文本由国家工商行政管理局和交通部正式发布,该文本由各省、市工商行政管理机关监制和监督工作,由交通主管部门印制和发放。

2)施工单(或称派工单)

由业务部门根据维修合同中的"维修类别及项目"一栏开出实施维修工作的单据,是维修车间进行维修工作的依据。

业务人员填写施工单时,必须依据维修合同的"维修类别及项目"进行。施工单中的维修项目必须符合维修合同的"维修类别及项目",不能超越维修合同所规定的维修范围。

施工单在车辆的维修过程中在维修车间随车一起流动。维修人员若在维修过程中发现新的问题需要增加维修项目,必须反映给接车的业务人员。新增维修项目,由业务人员与车主取得联系,经车主同意后方可增加,否则,进行该项目所发生的工时费、材料费等一切费用在结算时无法律效力,即未经车主同意增加的维修项目不能进行结算计费。施工单随着车辆维修竣工,最后回到业务部门。价格结算员进行工时费计算时,按施工单和维修合同,对照施工单中的维修项目是否超出维修合同中"维修类别与项目"一栏中所列出的范围做出工时结算。

3)工时定额标准

为加强对维修行业的管理,规范各维修户的经营行为,维护维修业承、托修双方的合法权益,由交通行政管理部门和物价部门制订了工时定额,适用于各类各种经济形式的汽车维修业户。

①收费原则。规定的工时定额和收费标准为最高限额,各业户在执行中只许下浮,不得上浮,否则视为违章行为。根据优质优价的原则,部分维修质量好、技术水平高的业户如需提高收费标准,需报请当地交通委员会、物价局批准方可执行。

②承修要求。汽车维修企业在承修作业过程中,应严格按照国家或交通行政管理部门制订的工艺规范和技术标准作业,不弄虚作假,不偷工减料,如发现有新的需修项目或超出预算

500 元以上的,必须在征得托修方同意后方可继续作业。

③工时定额说明。

汽车全车大修工时定额:指大修一辆汽车所需全部工时的最高限额;

汽车总成大修工时定额:指大修某一总成所需全部工时的最高限额;

汽车维护工时定额:指汽车进行某一级维护所需全部工时的最高限额;

汽车专项修理工时定额:指专项修理所需全部工时的最高限额;

汽车小修工时定额:指某一小修作业单项工时的最高限额;

汽车综合性能检测收费标准:内含汽车各单项不解体检测的收费规定。

汽车维修的收费标准直接关系到维修户的经济效益和广大用户的利益,也是汽车维修市场最敏感的问题。汽车维修收费标准由省物价局会同省交通厅制定发布,从根本上解决汽车维修行业存在的乱收费、收受回扣等不正当的经营行为,实现了依法管理。汽车维修工时收费标准是由维修作业工时定额和工时单价来确定的。

工时收费＝工时定额×工时单价

工时单价:是指核定的汽车维修每一工时的收费标准,其单位为"元/小时",工时单价的确定是以汽车维修和生产中的工时成本为依据的。

工时成本包括:维修生产工人的平均工资、奖金、福利待遇费用、修理设备和工具、加工设备、检测设备和计量器具、生产辅助设备、厂房等的折旧,水、电、油、动力等消耗,部分辅助材料消耗和其他用于生产的支出费用等。

制定方法是对汽车维修涉及的各种工时成本分别进行统计和计算,按各工种花费工时的平均比例,采用加权平均的方法算出汽车维修的平均工时成本,再根据平均工时成本确定出合适的工时单价。工时单价确定后,应报经物价部门批准后执行。

4)汽车摩托车维修业户专用发票工时费结算明细表

价格结算员根据合同的维修项目、施工单的工作项目、工时收费标准,核准后填写的用于工时费结算的表格。

5)仓库出料单

在汽车维修作业过程中,经常需要更换或消耗一些零配件、原材料、辅助材料等,具体使用时要仓库出料,并健全出料制度,制订仓库出料单。仓库出料单是汽车维修材料费结算的依据。仓库出料单料应包括以下栏目:

①工作单号:本次承、托修合同编号

②车主:车主姓名或单位名称

③车牌号:托修车辆车牌号

④车型:托修车辆型号

⑤日期:领料日期

⑥材料名称

⑦单位:材料计算单位

⑧数量:领出材料数量

⑨单价:领出材料单价

⑩材料费:领出材料费

⑪备注

⑫领料:由领料人签名

⑬出料:仓库发料人签名

⑭序号:本出料单顺序号。

(6)汽车维修价格结算的程序与计算方法

1)汽车维修价格结算的程序

①先查看汽车维修合同,按合同内容审核施工单的作业项目是否合理,项目增减部分是否已经征得托修方的同意。

②确定施工单和外加工费用无误后,填写《汽车摩托车维修业户专用发票工时费结算明细表》。

③按维修项目核实各工种所领用的材料单,核算材料费,填写《汽车摩托车维修业户专用发票材料结算明细表》。

④按规定的税率和法定规费计算收费总额。

⑤开具《汽车摩托车维修业户专用发票》(小规模纳税人适用),或者开具《增值税专用发票》(增值税一般纳税人适用),向托修方收费,把发票联和提车联交给托修方作财务凭证。

2)汽车维修工时的计算

①维修作业范围的确定。为了核实维修施工单的作业项目,要正确地填写"工时费结算明细表"并确保不会重复或漏项收费,就一定要熟悉以下各种维修类型所包含的工艺内容和范围。

a.汽车全车大修。汽车全车大修作业范围包括:发动机总成、前桥总成、后桥总成、车架总成、变速箱总成、客车车身总成、货车车身总成的解体、拆卸清洗、分类检验、备料、换件、零件修复、装配,总成的组装调试、竣工验收等全部工作过程。按以往的概念,我国汽车货车大修以发动机总成大修为主,在前桥总成附转向器总成,变速器附传动轴总成,后桥总成中两个或两个以上总成达大修条件为标志。客车以车身大修为主,而车架总成或发动机总成以其中一个总成达大修条件为标志。

b.发动机总成大修。发动机总成大修的作业范围包括:发动机的解体、清洗、分类检验、换件、零件修复、总成装配调试、竣工验收的全部工作过程,卸装发动机总成的工时另计,镗磨汽缸体、磨曲轴工时另计;发动机大修的工艺标志是镗磨汽缸体和磨曲轴,当维修发动机需要镗磨汽缸体和磨曲轴时,可以按发动机总成大修的工时定额计算,并按其工艺规范和技术标准进行修理工作。

c.前桥总成大修、后桥总成大修、变速器总成大修。以上各总成的作业范围包括:该总成零部件解体清洗、分类检验、换件、修复、装配、调试及竣工验收的工作过程。

总成大修的标志是壳体发生变形、裂断、基孔磨损严重需要机械加工、焊、镶套校正或换新桥体,这时就可以按总成大修的工时计算。从汽车上拆卸安装总成的工时和机加工壳体的工时另计。例如变速箱中间轴齿轮更换但壳体是好的,未达到大修变速器的条件,只能计算为小修项目。

d.当车架出现断裂、弯曲、扭曲、铆钉松动必须拆卸其他总成后才能修复则为车架总成大修。在计算工时中,拆装其他总成的工时另计。

e.客车车身和货车车身(驾驶室,车厢)总成大修作业包括彻底修复横直梁、骨架断裂、霉烂、变形,其标志是横直梁、骨架断裂、较大面积更换外蒙皮或外观霉烂严重变形。

f.汽车小修作业项目范围包括:个别零部件的修理、更换、润滑、故障排除、调整、试车、竣工验收的过程。小修是指在基础件如壳体、缸体、梁体不用修复或更换的情况下发生的各种零部件修理过程或发生在总成装拆过程中需要拆卸附带零部件,其工时计算特点是单项性,可直接在工时定额标准表内查阅到。

g.汽车维护作业项目:汽车维护作业分为一级、二级维护。在交通行业标准 JT/T 201 — 95《汽车维护工艺规范》中已明确规定了汽车维护的作业范围和具体工艺内容。凡维护作业范围之外的修理都属于附加项目,可附加计算收费。

h.汽车不解体的单项性能检测项目:在进厂检测诊断中发生的检测项目可附加计算收费。

②维修工时费的计算。根据施工单列出的各工种作业项目,按照企业实际收费标准(以行业标准为原则)计算总工时费用,计算前注意核实有无重复项目、漏项或未作业项,审核无误后填写《汽车摩托车维修业户专用发票工时费结算明细表》。

3)汽车维修材料费计算

①按照各工种在维修作业时所领用的材料单,核实维修合同或施工单上是否注明是包工包料的,比如漆工、钣金工种部分。

②各工种在维修作业时领用的低值易耗品或通用标准紧固件和工具等应包含在维修工时内,不另收费。

③查核仓库出料单开具材料明细表,计算材料费总费用。

4)外加工费用结算

汽车维修外协加工下列两种情况的费用可作维修成本处理:

①全包工的项目(全车大修、总成大修、全车喷漆)。在本项目工艺规程内的中间工序如发生外协加工时,如驾驶室顶篷或坐垫缝工、镗磨汽缸体、磨曲轴、壳体机加工、调校工字梁、调校高压油泵、计算机解码、计算机调漆等,及其外协加工的费用。

②在项目作业范围之内因零件磨损超过技术标准要求,需要通过机械加工修复的,如镗制动鼓、铆制动蹄片等,及其外协加工的费用。

5)总费用结算

①小规模纳税人类型的维修业户进行汽车维修总费用结算的方法。

a.引用维修收费结算系数 K:

$$K = \frac{1+企业管理费率}{1-(税率+法定规费率)}$$

维修收费额 = 维修成本 × K

b.因为填写发票时工时费及材料收费为单独两栏,所以计算两种总数填入发票;

工时收费总额 = 工时结算明细表总值 × K

材料收费总额 = (材料费明细表总值 + 外协费) × K

c.按发票数额由客户到财务交清款项后即为维修费用结算手续完成。

②增值税一般纳税人类型的维修业户进行汽车维修总费用结算的方法。

a.工时收费结算额:

$(S_{工时费})$ = 工时费结算明细表合计值 × (1+企业管理费率) ÷ (1-法定规费率)

b.材料费、外协费未加企业管理费的原始销售额：

$(S_{原始材料、外协费}) = (材料结算明细表合计值 + 外协费值) \div (1+17\%)$

材料费、外协费应收的销售额：

$(S_{材料、外协}) = S_{原始材料外协} \times (1+企业管理费率) \div (1-法定规费率)$

c.增值税专用发票中的总销售金额：

$$(S_总) = S_{工时费} + S_{材料外协}$$

d.应填税额 $= S_总 \times 17\%$；

e.应填价税合计 $= S_总 +$ 税额；

f.按发票数额由客户到财务交清款项即为维修费用结算手续完成。

（7）汽车维修收费标准制定的原则

①要符合党和国家的方针政策，符合全局性的价格要求。

②要符合价值规律的要求，能正确反映维修价值，制定的标准能使生产消耗得到合理补偿，并保持一定的利润水平。

③要反映供求关系的要求，能反映供求关系相对平衡的要求。

④要正确处理行业内部的比差。汽车维修行业存在车型差异、维修项目的技术难易差异、内部许多互相关联的工种差异，因此应确定合理的收费标准比差。

⑤要有超前意识。

（8）汽车维修收费标准的制定

汽车维修的计费内容一般包括三项，即工时费用、材料费用、其他费用。工时费用是工时单价与维修项目的定额工时两个参数相乘之积。工时定额由交通主管部门制定，一般由交通主管部门会同物价管理部门联合发布。工时单价是指核定的汽车维修工时每小时收费的标准；工时单价的制定方法是对汽车维修涉及的各工种的工时成本分别进行统计和计算。其具体方法是按各工种计费工时的平均比例，采用加权平均的方法算出汽车维修的平均成本，再根据平均工时成本确定出合适的工时单价。工时单价的制定是一项与地域经济发展相关、涉及面广、政策性强的工作，在制定过程中应首先进行大量的调查、验证、测算。工时单价的制定一般由交通主管部门向物价管理部门提供调查资料，提出标准，经物价部门复核审定后公布执行。材料费用是指维修过程中合理消耗的材料费用，包括汽车维修生产中消耗的材料零配件以及辅助材料费等。计费标准应按照交通主管部门和物价管理部门的规定进行，其他费用包括厂外加工费和材料管理费等。

通常工时费用中含管理费用成分，如果不含其费用，则将其计算在其他费用中。汽车维修收费标准的制定要注意参照本区域财政、物价部门已有的规定；在制定过程中还应注意与本区域经济环境的协调，并与当地有关部门搞好配合。

（9）汽车维修收费的管理

汽车维修收费的管理是一项十分重要的工作内容，其主要表现在对收费标准的贯彻执行中。收费标准有效地贯彻执行，可以实现对汽车维修市场的宏观控制，引导汽车维修行业以质求存、有序竞争、稳定发展。汽车维修收费的管理应从以下几个方面做好工作：

①建立健全汽车维修收费的管理机构、落实管理人员，这是保证抓好收费管理工作的前提。

②建立和健全收费管理法规。交通主管部门应根据有关法规制定实施细则，用法律手段

增强收费管理的权威性,使管理工作有法可依。

③制定必要的管理工作制度,结合实际建立各项工作制度及资金账单卡,搞好内部管理基础工作建设,加强同其他管理工作的配合协调,提高管理效能。

④进行收费执行情况的监督检查,行政管理部门要把收费监督检查作为一项日常工作抓好,并及时做好纠错和违章处理工作。

⑤强化社会宣传、社会监督,实行收费标准公布制度。

⑥建立维修业户的承诺和保证制度,明确必须遵守的收费纪律。

⑦对于越权定价、调价、擅自提价、加价、乱收费、行贿、回扣等行为,应按有关规定予以处理,对触犯刑律者移交司法机关追究刑事责任。

⑧积极主动地做好与相关部门的配合、协调。

6.2.4　汽车 4S 店汽车维修职业道德规范与诚信机制

(1)汽车维修职业道德的社会性

汽车维修业是道路运输事业的一个重要组成部分,是为道路运输市场服务的。我国道路运输生产活动的社会性质决定了汽车维修职业的利益与社会利益的一致性。汽车维修生产任务的完成状况(生产进度和维修质量)直接影响道路运输的状况,影响到公共的利益和人民生命、国家财产的安全。汽车维修从业人员从事生产活动过程中,直接与服务对象进行面对面的交往,还经常同社会其他职业(如汽车配件经营业户等)发生直接联系。这种特有的工作性质,要求从业人员在实践汽车维修职业道德时,首先要履行社会公德,要自觉将自己置身于社会大环境下严格要求,为生产、流通、消费全方位展开服务。

(2)汽车维修职业道德范畴

汽车维修职业道德范畴反映了汽车维修职业与其他职业之间、汽车维修与社会之间、汽车维修职业内部职工之间的最本质、最重要、最普遍的职业道德关系的概念。认识并掌握这些范畴,对于正确理解和履行汽车维修职业道德具有重要的指导意义。汽车维修职业道德范畴主要有以下几个方面:

1)汽车维修职业义务

汽车维修职业义务,是指汽车维修从业人员在职业生活中所履行的道德义务,道德义务是从职业责任中引申出来的。当汽车维修从业人员认识到自己的职业责任,从而产生积极推动汽车维修行业发展进步的使命感和责任感,并落实到每修一台车,在实际工作中自觉自愿地履行职业责任,这就是一种道德行为,就是履行汽车维修职业义务的表现。

我国汽车维修职业的社会责任是:保持汽车技术状况良好,保证安全生产,充分发挥汽车的效能和降低运行消耗。汽车维修是道路运输事业的技术保障体系,是发展现代化交通运输业的一部分。与社会责任相联系,我国汽车维修职业和汽车维修从业人员应承担和履行的职业道德义务应当是:热爱汽车维修,献身汽车维修,确保道路运输车辆技术状况良好,努力发展交通运输事业。

2)汽车维修职业良心

汽车维修职业良心,是同汽车维修职业义务密切相关的重要道德范畴,是蕴藏在汽车维修从业人员内心深处的一种情感,一种意识活动。如果说义务是自觉意识到的一种道德责任,那么良心就是对道德责任的自觉意识。汽车维修职业良心主要有两层含义:一是汽车维修从业人员内心的强烈的对汽车维修业、对服务对象的道德责任感;二是汽车维修从业人员依据汽车维修职业道德的基本要求进行自我评价的能力。

汽车维修职业良心对职业行为影响很大,它可以激发、鼓励从业人员行为从善,抑制不道德行为。汽车维修职业良心是从业人员内心的道德法庭,它对职业行为的后果和影响有评价作用。履行了职业义务并产生良好的后果和影响,良心上会感到满足,否则,就会受到良心的谴责。我们必须在职业活动中自觉培养职业良心,使职业行为更加符合社会主义道德要求。

3)汽车维修职业信誉

汽车维修职业信誉,包括汽车维修职业信用和名誉,它表现为社会对汽车维修职业的信任感和汽车维修在社会生活中的声誉。在社会主义市场经济条件下,信誉对于汽车维修职业至关重要。信誉高,将会产生强大的吸引力、凝聚力,增强从业者的职业荣誉感和责任感。汽车维修职业的社会声誉,是汽车维修职业形象的外在表现,形象是资源、是效益。形象好,社会信誉就好,由此而带来的生产和经营效果就会好。否则,汽车维修职业的经济效益和社会效益都会受到影响。因此,汽车维修从业人员一定要重视职业信誉在道德建设中的作用,树立讲求汽车维修职业信誉的观念。

4)汽车维修职业尊严

汽车维修职业尊严,是指社会或他人对汽车维修职业的尊重,也指汽车维修从业人员对汽车维修职业的尊重和爱护。汽车维修职业尊严可以使从业人员自我控制和支配职业行为,使自己的一举一动,都从维护汽车维修职业尊严出发,避免不利于或者有损职业尊严的行为。

职业尊严是职业形象内在素质的客观反映,与职业义务、职业责任、职业纪律、职业道德有紧密联系。从业者认真履行职业义务,尽职尽责地搞好维修服务,人们就会尊重你的职业活动、尊重你的为人,也就树立了你的职业形象。如果你对服务对象傲慢无礼甚至妨碍、侵害其利益,就会受到社会的谴责而损害职业形象。因此,维护职业尊严就要忠实地履行职业义务,全心全意搞好服务。

5)汽车维修职业责任和情感

汽车维修职业责任是指汽车维修从业人员所承担的社会责任。在社会主义社会,任何一种正当职业都承担着一定的社会责任。汽车维修职业所承担的社会责任具体来讲就是对汽车技术状况负责,对托修方负责,从客观上讲,就是承担保障道路运输事业发展的重大职能,正确、圆满地履行这种社会责任,必须具备高度的对人民负责的职业情感。只有具备了这种情感,才能主动地、自觉地为维修车辆、为托修方服务。在汽车维修职业活动中,对学习掌握维修技术缺乏积极性,对汽车维修服务工作马马虎虎、汽车维修质量低劣等现象,就是缺乏这种职业情感的具体反映。汽车维修从业人员应时时事事关心托修方的利益,以高度的责任感和热爱汽车维修职业的饱满热情,全心全意为托修方提供汽车维修服务,保障车辆安全运行。

(3)汽车维修职业道德的特点

汽车维修职业道德作为社会主义职业道德的重要组成部分,除了具有一般社会道德的特点外,还具有以下特点:

1)协作性

汽车维修技术工人是由发动机修理工、底盘修理工、电工、胎工、漆工、钳工、焊工、刨工、铣工、钣金工等诸多具体工种所组成的集合称呼。汽车维修作业是一个多工种的组合,其生产过程处处体现着协作精神。完成一项修理作业,各工种、车间、班组之间必须相互配合、相互支持、团结协作,特别是流水作业的修理厂,只要一个工序不能按期完成,就会影响整个部件的按期完成。协作性,既是汽车维修行业的特征,又是汽车维修职业道德的具体体现。

汽车维修职业道德的协作性,要求每一个汽车维修职工发扬团结协作的行业传统,不计个人得失,不图自我方便,自觉维护经营业户的整体利益和行业信誉,从生产的总体目标出发,在努力做好本职工作的基础上密切配合其他工种、班组、车间,保质保量地完成车辆维修工作;遇事不推诿、不扯皮,顾全大局,各负其责,团结协作。

2)服务性

汽车维修是以汽车的维护和修理为其工作目的和内容的。汽车维修的生产过程,需要运用一些技术装备,依靠系统的经营管理,消耗一定的精神劳动和物化劳动,向社会提供的只是劳务服务,其生产作业具有鲜明的服务性。

汽车维修服务性的特点,决定了从事汽车维修职业的人们必须树立为用户服务、满足用户需求的思想观念;必须摆正自己与服务之间的关系,摆正社会效益与经济效益之间的关系;牢固确立服务为本、用户至上的道德意识,自觉保证维修质量,讲求服务信誉,千方百计地维护用户的利益,以优质的服务满足用户对车辆维修的要求。

3)时效性

汽车客货运输生产的组织、车辆的调配,是建立在车辆维修计划基础上的。如果车辆不能按计划完成维修任务,进厂维修的车辆不能按时出厂,就会影响运输生产的正常进行。因此,按时完成维修任务,保证为用户正点及时地提供完好的车辆,反映在汽车维修职业道德上就是时效性特点。

汽车维修职业道德的时效性,要求汽车维修企业制定科学合理的维修作业计划,选择合适的劳动组织形式,尽量缩短在厂车日,保证不误工期,确保在限定时间内或合同期内保质保量地完成维修任务。汽车维修职业道德的时效性,是衡量汽车维修企业职工工作态度与企业信誉的标志。

4)安全性

汽车维修质量的好坏,直接关系到行车安全,关系到国家财产和人民生命财产的安全。在汽车维修中,大至各类总成,小至一个螺栓、螺母,无不与汽车的安全行驶密切相关。只有确保维修质量,才能保证车辆的安全行驶。牢固树立质量意识、安全意识就成为汽车维修职业道德的鲜明特点。

汽车维修职业道德安全性的特点,要求汽车维修人员在车辆维修工作中必须严肃认真、一丝不苟、精工细修,为车辆用户提供安全可靠、优质高效的维修服务。

5)规范性

汽车维修是一项技术要求很高的工作。在汽车维修工作中,为了保证汽车维修的质量和行车安全,国家有关部门和汽车维修行业陆续颁布了一系列有关汽车综合性能和总成部件的技术规范和修理工艺等方面的标准和法规性文件。这些技术标准、工艺标准和法规性文件在汽车维修职业道德中就表现为鲜明的规范性特点。

任何一个汽车维修企业,从车辆进厂检查、维修到竣工检验,都离不开标准、规范。在汽车维修过程中,不仅有技术标准、管理标准、工作标准,而且各种标准种类很多,仅技术标准就包括各种基础标准、原材料标准、零部件标准、工艺标准、设备标准、能源标准、计量标准等。这些标准和规范是对汽车维修生产实践的科学总结,是企业从事生产活动的基本依据。汽车维修的过程,实际上就是标准化、规范化活动的过程;汽车维修工作质量的好坏,在很大程度上取决于标准化、规范化工作水平的高低。严格遵守汽车维修各项标准和规范,并以此指导自己的行动,是对汽车维修人员的基本要求,也是衡量汽车维修从业人员职业道德水平高低的重要依据。

(4)汽车维修职业道德的作用

汽车维修行业作为精神文明建设的窗口单位,直接面向广大汽车用户,面向社会。汽车维修从业人员职业道德的优劣,行业风气的好坏,对整个社会道德风气有着极其重要的影响。

①良好的职业道德有利于调节汽车维修从业人员的职业行为,维护正常的职业生活秩序。汽车职业道德,是指导汽车维修从业人员提高职业认识、培养职业感情、锻炼职业意志、确立职业理想、养成良好职业习惯必不可少的前提条件。它不仅能使汽车维修从业人员正确认识自己生活的规律和原则,而且还能规范和约束自己的职业行为,从而维护正常的职业生活秩序。

汽车维修职业道德对汽车维修职工的道德行为不仅有原则性的规定,而且也有具体的规范。这些具体规范往往与企业的规章制度、行规行约、守则等结合在一起,并以职工纪律的形式加以规定。因此,严重违反职业道德的行为不仅要受到社会舆论的谴责,有时还要受到纪律处分,甚至法律的制裁。

②良好的职业道德有利于促进汽车维修事业的发展。汽车维修作为汽车运输保障体系中不可缺少的环节,在国民经济和社会发展中处于重要的地位。我国改革开放以来,随着人们对社会主义本质认识的不断深化,人们的价值观念和思想观念发生了很大的变化。如果缺少了职业道德的保障和调节作用,国家政策就难以保证正确执行,市场经济也就难以健康有序地发展。

加强职业道德教育是促进社会各行各业健康发展的重要保障。在汽车维修领域,通过汽车维修职业道德教育,不仅可以引导汽车维修职工正确看待自己的职业,树立爱岗敬业的主人翁责任感,养成良好的职业感情和荣誉心,还可以促使从业人员改善服务态度,提高服务质量和工作效率,从而保证汽车维修事业的健康发展。

③良好的职业道德有利于调节行业内外的关系。从行业与社会的关系来看,社会上任何一种职业、任何一个行业都不是孤立的。它必然与其他职业、行业存在着不可分割的联系,只有将这些相互联系、相互制约的各种职业、行业联结成一个有机整体,才能使整个社会健康、协调地发展。因此社会主义职业道德在处理职业与职业、行业与行业间的相互关系时,要以集体主义作为基本准则,以集体利益和国家利益作为职业活动的基础。这就要求我们每一个汽车维修从业人员,在职业活动中必须时刻把国家和人民利益放在首位,全心全意为人民服务,牢固树立顾全大局、团结协作的精神,当好汽车运输业的配角,保障车辆的安全运行。

汽车维修行业有许多工种,这些工种或分成若干个组,或分成早、中、夜班进行作业。显然,工种与工种、组与组、班与班之间的各种联系就更为广泛和密切,一旦上述联系出现脱节,产生矛盾,就必须对其进行调节。与规章制度的调节相比,职业道德是一种更灵活、更有效的调节体系,是规章制度必不可少的补充。因此,汽车维修职业道德,可以有效地调节汽车维修过程中的各种关系,并保障汽车维修职业活动的正常进行。

④良好的职业道德有利于汽车维修行业良好风气的形成。我国汽车运输在保障工农业生产、保障人们正常的工作和生活秩序等方面,发挥着极其重要的作用,这与广大汽车维修从

业人员忠于职守、坚守岗位、保质保量地完成各类车辆的维修任务有着不可分割的关系。在他们中间,涌现出了许多具有高尚道德品质的模范人物,受到人民的称赞和爱戴。但是也应看到,在我们汽车维修从业人员中,也确实存在着一些不讲道德的行业不正之风,比如一些汽车维修从业人员缺乏全心全意为客户服务的思想,以业谋私,吃拿卡要,甚至刁难勒索驾驶员;个别人员甚至利用职务之便,从事不正当的经营活动,如采用请客、送礼、给回扣等办法,引诱、拉拢一些贪图小利的驾驶员或汽车管理人员,并从中抬高价格或降低维修质量,中饱个人和小团体私囊。这些行业不正之风的存在,除了其他原因外,一个重要的因素就是放松了对汽车维修从业人员进行职业道德教育。

在市场经济条件下,如果管理不善,各种不正当的竞争手段,各种损人利己、损公肥私的行为就有可能变得更为严重。因此,要纠正行业不正之风,改善和提高汽车维修行业形象,使汽车维修从业人员明确职业责任,遵守职业纪律,树立正确的人生观、价值观、世界观,培养和形成良好的职业行为习惯,从而形成良好的行业风气。

⑤良好的职业道德有利于全社会道德素质的提高。职业生活是人类社会生活最主要的领域,职业关系遍布社会各个侧面和角落,职业道德就是通过这些广泛的职业关系对整个社会生活产生深刻影响的。把职业道德规范转化为维修从业人员的职业行为和习惯,这无疑会不断提高汽车维修行业的道德水准,同时也有利于全社会道德水平的提高。首先,整个社会是由各行各业汇合而成的统一整体,如果各行各业都注重道德建设,遵循各自的职业道德,那么随着行业道德素质的提高,从业人员抵御各种不良思想和行为的腐蚀,抵制以权(职)谋私等不正之风的能力就会大大增强,就会形成"人人为我,我为人人"的良好社会风气。其次,各行各业的道德风尚可以相互影响,相互作用,汽车维修行业作为维修服务业的一个组成部分,与整个社会具有十分广泛的联系。汽车维修从业人员每天都要和社会上各种各样的人打交道,如果他们都能自觉履行职业责任,遵守职业道德,通过这个"窗口"就会影响和带动许多人提高道德水平。反之,就会对整个社会道德风尚带来不利的影响。

(5)汽车维修职业道德的基本原则

汽车维修职业道德的基本原则是对汽车维修职业道德体系的总体概括和对从事汽车维修职业的人们提出的基本道德要求,它反映了汽车维修职业活动的基本方向。正确认识和理解汽车维修职业道德的基本原则,并把它贯穿于职业活动的始终,是每一个汽车维修人员义不容辞的职责和义务。

汽车维修职业道德的基本原则,概括起来说,主要有以下三个方面:

①坚持为人民服务的根本宗旨。为人民服务,对社会负责,是社会主义职业道德的基本要求。把全心全意为人民服务的根本宗旨作为汽车维修职业道德的基本原则,指明了汽车维修职业活动的总方向。汽车维修行业的一切工作,都必须围绕这一根本方向进行。每一个汽车维修从业人员都应当把这一原则贯彻到职业活动中,并用以指导自己的职业实践。汽车维修从业人员只有在全心全意为人民服务的过程中,才能受到社会的尊敬,才能实现人生的价值。在任何时候处理任何问题时,都应当把用户的利益放在首位,而把个人利益放在为用户服务这个大前提之下,这才是社会主义汽车维修职业道德的根本要求。

②热爱和忠实于汽车维修职业,这是汽车维修职业道德意识的综合反映。所谓道德意识,包括道德认识、道德情感、道德理想、道德意志和道德观念,其中道德认识是基础。只有对自己从事的职业有充分的认识,才可能对自己的职业产生热爱的道德情感,才可能迸发出忠

实于自己职业的诚挚的道德理想,以及把毕生的精力献身于汽车维修职业的坚定的道德意志和信念。如果汽车维修从业人员能充分认识自己所从事职业的社会价值,真正感受到该职业值得珍惜和爱护,他就会自觉地选择有利于维护汽车维修职业尊严的行为。汽车维修人员能否在职业实践中认真履行职业责任和义务,与他对自己所从事的职业是否有深刻的认识有十分密切的关系。

热爱和忠实于社会主义汽车维修职业作为社会主义汽车维修职业道德的基本原则,是社会主义道德在汽车维修职业活动中的具体体现。在社会主义国家,任何一个职业都是社会主义事业不可缺少的组成部分,社会主义现代化建设需要各行各业千百万人的共同努力。如果每一个行业的从业者都能热爱和忠实于自己所从事的职业,认真履行本职业的责任和义务,社会主义建设的目标就一定会实现。相反,如果每个行业的从业者都是从个人或小团体的利益出发,各吹各的号,各唱各的调,任何工作都不会做好。

③自觉做到安全优质,文明高效。这是汽车维修职业道德的基本原则,也是汽车维修职业道德评价的基本标准,以及汽车维修职业社会责任的内在要求和外在表现。汽车维修最基本的职责就是以合适的价格、上乘的服务,按要求的修理期限,使各种车辆得到及时的维护和修理,保证车辆的技术性能得到充分的发挥,确保车辆的安全运行。如果收费不合理,服务质量差,车辆得不到及时维修,修理质量没有保证,就会对社会生产和人民生活带来不利的影响,甚至阻碍汽车运输事业的发展。

我国的汽车运输行业是现代化建设的先行官,是国民经济发展的战略重点。要当好汽车运输这个"先行官"的角色,就要求汽车维修人员必须把安全、优质、文明、高效作为职业行为的准则。如果汽车维修从业人员能为社会提供安全、优质、文明、高效的服务,汽车维修职业的社会信誉就高,从业人员就会产生强烈的职业荣誉感,职业对从业人员的吸引力就大,由此带来的经济效益和社会效益也就好。安全、优质、文明、高效作为汽车维修职业道德规范的基本原则,比较集中地反映了整个社会对汽车维修职业内部各种活动的根本要求。

(6)汽车维修职业的特点及客观要求

汽车维修就是为汽车用户提供车辆维修服务。它的基本职责是:通过汽车维修从业人员提供的劳动服务,使各种车辆得到及时的维护和修理,维持或恢复车辆的技术性能,保证运输车辆始终处于良好的技术状况,确保行车安全,延长汽车的使用寿命。这种特殊的职业使命和责任,就给汽车维修从业人员提出了以下一些特殊要求:

①汽车维修人员为社会提供的不是实物形态的产品,而是维修劳动服务。对车主来说,只要交付了足够的维修费用,就要求获得一个满意的服务。因此,精工细修、正点及时、安全可靠、优质高效地向用户提供经过维修后的车辆,就成为每一个汽车维修从业人员的基本职业责任。这就要求汽车维修人员必须牢固树立质量意识、安全意识,以优取胜,以质取胜。

②汽车维修职业最明显的特征就是以其技术上的可靠性,恢复汽车的使用性能,使汽车能正常运行。这就决定了从事汽车维修工作的人员必须牢固树立为客户服务的思想,热爱本职工作,努力钻研技术,爱岗敬业、忠于职守、尽职尽责,以精湛的技术、熟练的业务、优良的服务满足汽车用户对车辆维修的需要。

③汽车维修既有连续性的维修作业,也有临时性的小型修理,维修企业内部各层次、各环节、各工种之间存在着十分密切的关系,有一个相互衔接和配合的关系问题。同时,汽车维修行业作为汽车运输生产的保障体系,它与整个汽车运输行业又有着纵横交错的联系,与整个

社会有着千丝万缕的关系。这一特点,就向广大从业人员提出了服务大局、团结协作的要求。

④汽车维修工作是一项技术性强、安全要求高的工作,加之汽车修理工都掌握着一定的修理技术,有于人于己的"方便"之处。这一特点客观上又向从业人员提出了遵章守纪、规范操作、廉洁自律、克己奉公、不谋私利、维护国家和集体利益的基本要求。

⑤汽车运输成本开支伸缩性最大的项目是油料费支出和修理费支出。这些虽然与驾驶员有关,但更重要的是与维修工的工作质量有关。这就要求汽车维修从业人员必须价格公道、精打细算、点滴节约、爱护器材、加强维修成本核算、降低费用开支和材料消耗,赢得良好的信誉和经济效益。

(7)汽车维修职业道德的基本规范

1)规范与职业道德规范

所谓规范,是在职业道德原则指导下形成的,调整职业活动中人们的利益关系,判断职业行为善恶的具体标准、准则。社会生活中有各种各样的规范,如政治规范、经济规范、法律规范、技术规范等。道德是社会规范的一种,它是调整人们之间关系,判断人们行为善恶的准绳。不同的职业具有适应各自职业生活不同的道德规范,汽车维修职业道德规范就是从事汽车维修职业的广大从业人员在职业活动中应当遵循的基本行为标准和准则,它是汽车维修职业道德基本原则的具体化和现实化,是汽车维修职业特点及其要求的道德反映;同时也是广大群众判断汽车维修从业人员职业行为、职业活动优劣的基本评价标准。

汽车维修从业人员在职业活动中,不仅要遵循社会公德和汽车维修职业道德的基本原则,而且还要遵守具体的行为标准和规则。这些具体的行为标准和规则就是职业道德规范。

2)汽车维修从业人员职业道德规范的主要内容

①热爱本职工作、忠于职守。

a.热爱本职工作。创业和立业,首先要热爱本职工作,即爱岗敬业。热爱汽车维修工作,是汽车维修从业人员职业道德规范的首要内容。它反映了汽车维修从业人员对职业价值的正确认识和对本职业的真挚感情。一个人只有首先爱岗位,爱自己所从事的工作,才能有高尚的职业道德。爱岗敬业就是指汽车维修从业人员立足本职工作,有强烈的责任心和责任感。爱岗敬业主要表现为严守岗位、尽心尽责、注重务实、服务行业。

b.忠于职守。忠于职守是每一位工作人员必须履行的法定义务,也是汽车维修从业人员最基本的职业责任。能否做到忠于职守、尽职尽责、勤奋工作、不弄虚作假,是衡量汽车维修从业人员职业道德水平的重要标志。忠于职守主要表现为:严格标准、严格工艺程序、严守行规行约、尽职尽责。

②钻研业务、提高技能。

钻研业务是指为事业刻苦学习,善于钻研,努力提高本职工作能力和水平。钻研业务有三方面的具体要求:一是认真学习技术,提高工作技能。汽车技术发展很快,对维修服务工作的要求越来越高。要搞好维修服务,就必须认真学习新技术,并勇于实践,不断提高自己的工作技能,这是完成职业使命的基本条件。二是要拓宽知识面。由于汽车维修的市场化,给维修工作带来了许多技术难题,因此,汽车维修从业人员还要学习一些与汽车维修相关的知识,以提高综合分析、解决问题的能力。三是认真学习国家的方针、政策、决定和决议,提高自身的政治觉悟,树立正确的人生观、价值观,为促进行业的发展和企业经济效益的提高而努力工作。

③遵章守纪、严以律己。

高度的组织性和纪律性，是中国工人阶级的传统本色，也是我们各项事业取得成功的基本保证。随着社会主义现代化的不断深入发展，社会分工越来越细，岗位职责更加严格，汽车维修工作也有着严格的行规行约、厂规厂纪和岗位操作规程。因此，要求每一名从业人员一定要从自身做起，从基础做起，在职业活动实践中养成自觉遵章守纪的好习惯，时时处处按制度办事，做守纪的模范，并勇于同一切违纪行为作斗争，以保证汽车维修服务工作的顺利开展，确保修车质量。

④顾全大局、团结协作。

a.顾全大局。顾全大局主要体现在正确处理国家、集体和个人之间利益的关系上。国家、集体、个人三者利益兼顾，是现实物质利益关系的科学反映，三者利益从根本上说都是劳动人民的利益，是一致的，但也存在着矛盾。在处理这一矛盾时，要求做到：国家利益高于集体和个人利益，人民利益高于一切，个人利益必须服从人民的利益。

b.团结协作。团结协作是社会主义现代化大生产的客观需求。汽车维修服务工作具有很强的整体性和衔接性，它是多工序、多工种共同劳动的成果，这在客观上要求汽车维修从业人员要坚持集体主义原则，以平等友爱、相互合作、共同发展的精神处理好内外团结，自觉服务于改革、发展和稳定的大局。

⑤文明礼貌、优质服务

"讲文明，有礼貌"，这是中华民族的传统美德。只有讲文明礼貌，搞好优质服务，整个社会才会逐步形成相互理解、关系融洽、团结和谐的良好氛围。文明礼貌，优质服务，就是要求从业人员说话和气、热情主动、耐心周到。热情主动表现为待客如宾、态度积极；耐心周到表现为心平气和、沉着冷静、想服务对象所想、急服务对象所急，真正把服务对象的事情当做自己的事情来办，让服务对象体会到一种到家的感觉。只有这样，才能保持承、托修双方之间长期、良好的合作关系。

⑥务实高效、竭诚奉献。

务实高效、竭诚奉献，这是新时代对从业人员提出的新的行业准则。务实就是从实际出发，实事求是，说实话办实事，不做表面文章，不搞形式主义；高效就是在维修服务工作中，讲求快节奏、高效率，最大限度地满足服务对象的需求，提高企业的经济效益和社会效益。务实、高效与奉献是密切相关的，务实是高效的前提和基础，奉献是务实和高效的落脚点。每一名维修从业人员都应该以本业为荣，以本职为乐，积极为维修行业发展奉献出自己的力量，不能只讲索取，不讲奉献。在维修服务工作中，要不计名利、勇于吃苦、任劳任怨，用"毫不利己，专门利人"的精神，在奉献中充分体现自己的人生价值。

(8) 市场的信用环境

1) 社会信任的伦理

信用的基础是社会信任和法律关系之间的平衡，其实质是一个道德问题，它直接反映在市场交易过程中。一个经济行为理性与否，必须放在其社会文化环境中进行考察。经济行为并不纯粹是个人的活动，更是团体的活动。在财富被创造出来之前，人们必须学会如何共同工作。最高的经济效益不见得是由理性追求私利的个人所达成的，反而是由个人所组成的团体来实现。诚然，追求私利是现代经济行为的推动力，但是单凭着对利益的追求并不足以成就现代市场经济。一个社会要有能够形成有效合理经营的企业组织，这是成就市场经济的要素。因此,能否形成一定规模的企业组织与经营形态,乃是经济能否持续发展的关键。

形成如此企业组织的力量并非来自理性地追求效益极大化的个人,而必须有其社会文化基础,也就是在一种文化所代表的社会内部,原本就要有形成超乎家族的自愿结合的能力。这种自愿结合能力的强弱,应视自发社会力的高低而定。自发社会力的高低,表现了一个社会内部成员之间的信任程度的高低,相对于资本和劳动力而言,自发社会力可以说是一种社会资本,社会资本和其他形态的人力资本不同,它由宗教、传统、历史习俗等文化机制决定。一种社会结构开创怎样的工商业,与它的社会资本紧密相关,如果一个企业内的员工都遵循共通的伦理规范,彼此信任,则可以大大降低企业的经营成本。

信任程度高的社会能允许多样化的社会关系产生,而信任度低的社会,往往将信任关系局限于家族之内,因此以家族企业居多,难以发展现代的专业公司和大型企业。从将信任视为社会资本的理论看,契约中的非契约因素对于社会生活意义重大。中国文化受到儒家学说的深刻影响,儒教的君子只致力于外表的行为端正,而不信任他人,就像他也相信别人不会信任自己一样,这种不信任妨碍了所有信用与商业的运作。中国文化的强势家族主义、子嗣平分家产的传统、对外人的极度不信任,使得华人社会中的经济活动仅限于中小企业规模。这种文化观念如果不加改变,中国的非国有经济部类将难以立足于世界经济强手之林。

根据社会学理论,创建这类道德社团所需要的社会资本,没有办法像其他形态的人力资本一样,通过理性的投资来获得。衡量社会信任的社会资本的获得,需要的是整个社团普遍拥有道德规范,成员需要具备忠诚、务实、可靠等美好情操。增加社会资本的途径是在设定的规范下,不懈地纠正原有的不良文化习俗。

作为现代的经营者,应该从这个历史事件中得到启示:不论做什么事,最重要的是要讲信用。你和你的公司,如果能得到社会大众的信任,能在社会大众心目中树立起这样的认识:"这个老板说出的话,一定做得到"或者"他公司的产品,一定没问题",那么,你就已在竞争日趋激烈的生意场上立于不败之地了。信誉是一股强大的力量,更是一种无形财富。身为老板,若能得到员工的信任,他们自然会为他效力;若能得到消费大众的信任,他就能获得更多的利润。要使消费大众信任你,并不是一朝一夕就能办到的,必须经过长期不懈的努力,诚心诚意地兑现所许诺的每一件事,才能慢慢培养起来。

2)失信惩罚机制

不论征信国家还是非征信国家,民众都认为失信行为是不道德的。采用赊销方法的企业对于失信客户的行为都是深恶痛绝的,都会同意对失信行为作出相应的惩罚。在征信国家里,国家信用管理体系中必然有一个失信惩罚机制。失信行为一般指的是尚未达到诈骗等刑事犯罪程度的经济活动不守信行为。对于失信行为的惩罚,除了法律规定的罚款处罚以外,惩罚的主要目标有二:一是让不讲信用的自然人不能方便地生活在我们的社会;二是让不讲信用的企业法人没有机会将生意做大,甚至逐渐被商业圈唾弃,失信惩罚机制的独特之处表现在执法上。在任何一个信用管理体系运转正常的征信国家,对于失信惩罚的执法都分工明确,执法者包括适用法律指定的政府执法机关和民间"执法"两个部分。由于来自后者的惩罚等效于全民执法,其效果更加显著,政府执法机关由每部信用管理相关法律作出文字性规定,例如在美国,"公平信用报告法"规定的该法的政府执行机关为美国联邦交易委员会,在一国范围内,失信惩罚机制必须有如下功能:

①汇集失信事件的记录,尽快记录在责任人的信用档案中,并予以广泛地传播。

②具备完整的法律法规,以对不同程度的不讲信用的责任人进行适量的惩处。

③在法律允许的期限内,由专业信用报告机构较长期地保存并传播失信人的原始不良信用记录。

④教育全民在惩罚期限内,不要向有不良信用记录的企业和个人进行任何形式的授信。在美国,对于自然人的失信记录将被保存和传播 7 年。

⑤在法定期限内,政府工商注册部门将不允许从有严重违约记录的企业出来的原法人和主要责任经理注册新企业。由失信惩罚机制需要达到的效果看,其中最重要的环节是制作有失信记录的企业和消费者个人的"黑名单",并允许向全世界开放。这个"黑名单"是由专业信用管理公司制作和维护的,它们有偿地传播企业"黑名单",并根据消费者保护有关法律的限制向合格的用户提供消费者个人的不良信用记录。专业信用管理公司应该是公正的第三方。

依我国的国情,在国家信用管理体系尚未建成的情况下,失信惩罚机制的功能必须由中央人民政府、各级人民政府和一些国有企事业单位联合作为执行机构才能实现。因为,仅从获取公民个人和来华外国人的有关信息角度谈,初期只有公安、税务、工商、商业银行、公用事业单位联合才能取得一定效果。所谓的惩罚效果,是让这些有失信记录者在一定的时间区间内不能再取得工商注册、银行贷款、信贷销售服务、支票账户、信用卡等,甚至不能取得家庭电话和租房等服务。

在征信国家,对于不讲信用行为的惩罚是从一点一滴生活小节上开始的。例如拖欠一个电话公司的电话费,其结果是电信、联通或未来市场上出现的其他电话公司均不为有不良信用记录者提供安装电话的服务。如果一个公司雇用一个有不良信用记录的人担任高级管理职位,它将冒着很多公司不同其做生意的风险。其结果是,正常人都很在意在应允的时间内还清所欠的房租、电话费、水电费、信用卡最低付款、分期付款等。在西方,所谓某人有良好信用指的是他(她)能够欠债,并能够按时还债。从不欠任何人的债,只说明该人没有好信用,也没有坏信用记录,是不能在西方国家做生意的,甚至在生活上也会产生诸多不便。

3)信用管理有关的法律

运转国家信用管理体系需要建立一系列法律。信用管理有关法律应该起到的作用包括四个方面的内容:惩罚失信的责任人,保证信用管理行业的发展,规范商业授信,规范信用管理行业的行为。对于失信责任人的惩罚,必须由法律定义出什么样的行为是失信行为,给出"量刑"标准,并指定政府执法机关执行。关于法律保证信用管理行业的发展,所指的是由法律来界定合法征信数据范围,强制政府和民间征信数据源或征信数据控制者向信用管理类公司开放征信数据。例如,允许信用管理类公司从有关政府机构取得全国任何一家企业的财务报表,有关政府机构不得拒绝,但可以收取一定的手续费。再如信用管理类公司到商业银行了解一家企业的不良贷款记录、发生时间、次数及其恶劣程度,商业银行必须作出书面回答,但可以对不良信贷的额度进行保密。规范授信指的是要求授信人对消费者诚实,消除授信人和消费者之间知识和信息的不对称,使任何消费者都有平等的取得授信的机会以保护消费者,包括保护消费者个人的隐私。这类法律在实质上规定了信用管理行业的服务方式方法。例如美国的"公平信用报告法"规定,消费者个人信用报告的市场范围,只有符合 8 种情况之一的人或者单位才可以从信用局购买报告。

从立法角度看,信用管理有关的立法工作可以分为两个部分,即修改有关现行法律的一些条款和建立专门的法律。从2000年以来的"两会"提案看,涉及信用管理的提案共有5个,其中三个是关于信用管理相关立法的。政协的提案包括修改"银行法"、修改"反不正当竞争法"和建立"公平商业信息报告法",其目的是界定征信数据的合法性和开放征信数据。

4)国家信用管理体系

前面多次提到的国家信用管理体系是一种社会机制,它是具体作用于一国的市场规范,它保证一国的市场经济从以原始支付手段为主流的市场交易方式向以信用交易为主流的市场交易方式进行健康的转变。也就是说,这种机制创造了一种适应并规范信用交易发展的市场环境,最直接地保证一国的市场经济走向成熟和全球化,并扩大一国的市场规模。就功能而言,国家信用管理体系必须包括四个主要的组成部分,它们分别是:

①征信数据的开放和信用管理行业的发展。

②信用管理有关系列法律的立法和执法。

③政府对信用交易和信用管理行业的监督和管理,包括信用管理民间机构的建立。

④信用管理正规教育和学科研究的发展。

征信数据开放,并允许以市场方式经营征信数据,让信用管理行业得以发展可以说是国家信用管理体系建立的物质基础。而广义的信用管理行业包括如下十个行业分支,它们分别是:企业资信调查(工商征信)、消费者个人信用调查、财产调查和评估、市场调查、资信评级、商账追收、信用保险、国际保理、信用管理顾问、通过电话和网络手段查询支票有效与否和其他票据的真伪。前五个分支属于征信业务范畴,在此范围的专业企业多是征信产品的制造商;后五个分支则属于信用管理服务类,属于此范围的企业不生产征信产品,但依赖征信产品向企业提供管理咨询服务,但属于这一类的公司也可能从事开发信用管理软件的业务。

所谓的信用管理民间机构,是指在民政部注册的一种民间社会团体,如信用管理行业协会、行业沙龙、专业基金等组织,它们由信用管理从业者组成,辅助政府对行业进行规范,扶持业者取得业务进步和发展,帮助业者进行政府公关,提供业务交流机会,推动对市场的教育,保护业者的利益。例如"中国信用联盟"就是一个专业的民间机构。根据我国政府对民间社团组织的管理方法,直接挂靠在一个政府正部级单位的社团组织是一级协会,挂靠在另一个社团组织上的是二级协会,对于一些民间社会团体,政府还会给一定数额的事业编制。

6.2.5 汽车4S店维修站形象建设

企业形象对现代企业生产经营活动的作用越来越大,良好的企业形象是企业重要的无形财富。售后服务如同销售一样,它是汽车厂商经营活动与用户使用消费的联系纽带,售后服务工作属于"窗口"性工作,对企业形象建设肩负重要使命。

为推进企业形象建设,售后服务必须实行"标准化",它包括服务站建筑物设计、布置的标准化(如服务站大门、厂房外墙等按标准色彩、图案建设);厂标、厂徽、标牌、悬挂物及色彩搭配的标准化(如树立灯光或荧光的标准厂徽、标准路牌、标准图案,标准统一的字体、字样及颜色等);服务程序的标准化。影响消费者对企业形象形成的主要因素有产品使用性能及厂商的服务质量、企业窗口部门的工作质量及其外观形象、企业的实力及企业的社会口碑等。就售后服务网络而言,企业形象建设的手段主要有售后服务企业外观形象建设、公共关系、提高以质量保修为核心的全部售后服务内容的工作质量等。目前,国内外汽车服务企业的外观形象建设已从仅仅悬挂汽车主机企业的厂旗、厂徽、厂标,发展到厂容、厂貌、色彩、员工着装的标准化和统一化,厂房、厂区建设的规范化以及设备配置的标准化等。大型汽车厂商售后服务的内容是有机联系的,特别是现代信息技术的发展使得计算内容之间的关系可以概括为"技术培训是先导,质量保修是核心,备件(配件)供应是关键,网点建设是平台,管理机制是保障,信息技术是手段,形象建设是文化"。

汽车厂商售后服务网络的基层组织通常叫做服务站(网点)。服务站的类型一般有两种:一种是"四位一体"经销商(下设有维修工厂或车间),这类服务站属于汽车厂商的整车销售网络之一;另一种是只承接单纯的汽车维修业务的小型维修企业,这类服务站一般是前一种服务站的补充形式,例如在第一种类型的服务站不能覆盖或服务能力不足的市场区域可以设立此种类型的服务站。

【小结】

本章对售后服务进行了较为全面的讲述。但售后服务工作不是一成不变的,每个 4S 店都有自己特色的服务理念,因此售后服务是没有现成的样板去模仿的,它需要不断创新,才能推进我国汽车 4S 店售后服务工作向前发展。

附录

GF—92—0384

汽车维修合同

托修方   签订时间   合同编号

承修方   签订地点

一、车辆型号

车　种		牌照号		发动机	型　号	
车　型		底盘号			编　号	

二、车辆交换期限(事宜)

送　修			接　车		
日　期		方　式	日　期		方　式	
地　点			地　点		

三、维修类别及项目

预计维修费总金额(大写)＿＿＿＿＿＿＿＿＿＿(其中工时费＿＿＿＿＿＿＿＿＿＿)

四、材料提供方式

五、质量保证期

维修车辆自出厂之日起,在正常使用情况下,_____天或行驶_____km 以内出现维修质量问题承修方负责。

六、验收标准及方式_____

七、结算方式及期限

现金_____ 转账银行_____ 汇款期限_____

八、违约责任及金额_____

九、如需提供担保,另立合同担保书,作为本合同副本

十、解决合同纠纷的方式:经济合同仲裁_____ 法院起诉_____

十一、双方商定的其他条款_____

托修方单位名称(章)		承修方单位名称(章)	
单位地址:		单位地址:	
法定代表人:		法定代表人:	
代表人		代表人	
电话	电挂	电话	电挂
开户银行	账号	开户银行	账号
邮政编码		邮政编码	

说明:

(1)承修、托修方签订书面合同的范围:汽车大修、主要总成大修、二级维护及维修费在 1 000 元以上的。

(2)本合同正本一式两份,经承修、托修方签章生效。

(3)本合同维修费是概算费用。结算时凭维修工时费、材料明细表,按实际发生金额结算。

(4)承修方在维修过程中,发现其他故障需增加维修项目及延长维修期限时,承修方应及时以书面形式(包括文书、电报)通知托修方,托修方必须在接到通知后 天内给予书面答复,否则视为同意。

(5)承、托修方签订本合同时,应以《汽车维修合同实施细则》的规定为依据。

注:本合同一式 份。承、托修双方各一份,维修主管部门各 份

监制 印制

练习题

一、单选

1.CRM 系统的宗旨是为了满足每一位客户的特殊需求同每位客户建立联系,通过与客户的联系来了解客户的不同需求,并在此基础上进行( )的个性化服务。

A.点对点   B.一对一   C.面对面

2.CRM 首先是一种管理理念,其核心思想是将(　　)作为最重要的企业资源,通过完善的客户服务和深入的客户分析来满足客户的需求,保证实现客户的终生价值。

　　A.企业的客户　　　　　B.企业的员工　　　　　C.企业的合作人

3.CRM 是集市场、(　　)、服务为一体的管理系统,通常可划为 4 个子系统:客户销售管理子系统、客户市场管理子系统、客户支持与服务管理子系统、数据库及支撑平台子系统。

　　A.顾客　　　　　　　　B.品牌　　　　　　　　C.销售

4.对 A 级客户,在客户资金周转偶尔有一定困难时,可以有一定的赊销限度和回款限期。但回款宽限以不超过(　　)为限。

　　A.半个月　　　　　　　B.一个月　　　　　　　C.一个进货周期

5.对于新客户,应进行不少于(　　)的了解后,再按正常的资信等级进行评价。

　　A.两个月　　　　　　　B.三个月　　　　　　　C.四个月

6.汽车客户档案管理的原则是动态管理突出重点灵活运用(　　)。

　　A.管理科学化　　　　　B.管理制度化　　　　　C.管理合理化

7.汽车维修合同的签订形式分两种。第一种是长期合同,即最长在(　　)之内使用的合同。

　　A.一年　　　　　　　　B.二年　　　　　　　　C.三年

8.已经裁决当事人申请撤销裁决的,应当自收到裁决书之日起(　　)内提出。

　　A.5 个月　　　　　　　B.6 个月　　　　　　　C.7 个月

9.双方协定变更、解除维修合同的条件:必须双方当事人协商同意和(　　)。

　　A.发生不可抗力　　　　　　　　　　　B.企业关闭、停业、转产、破产

　　C.必须不因此损害国家或集体利益,或影响国家指令性计划的执行

10.跟踪业务员在客户车辆送修进场手续办完后,或客户到公司访谈咨询业务完后,(　　)内建立相应的客户档案。

　　A.两日　　　　　　　　B.三日　　　　　　　　C.四日

11.指定跟踪、业务员不在岗时,由(　　)临时指派本部其他人员暂时代理工作。

　　A.销售经理　　　　　　B.客户经理　　　　　　C.业务经理

12.必须确保顾客受到热情的规范的服务,企业的售后服务负责人应通过抽样调查掌握(　　)。

　　A.顾客的满意度　　　　B.服务质量　　　　　　C.工作质量

13.估计一项工作完成所需时间的最简单的方法之一就是直接询问(　　)。

　　A.调度员　　　　　　　B.维修顾问　　　　　　C.技术工人

14.(　　)能够向维修顾问提供识别顾客和车辆的方法,而不需要查看维修订单。

　　A.维修日记　　　　　　B.维修手册　　　　　　C.调度表格

15.对于半小时的维修工作,计划员在工作应该结束前检查(　　)分钟。

　　A.5　　　　　　　　　　B.5~10　　　　　　　　C.10~15

16.制定汽车维修价格的依据是(　　)。

　　A.市场价格　　　　　　B.成本　　　　　　　　C.员工工资

17.汽车维修企业在承修作业过程中,如发现有新的需修项目,或超出预算(　　)元以上的,必须在征得托修方同意后方可继续作业。

A.100 元　　　　　　B.500 元　　　　　　C.1 000 元

18.汽车维修职业的(　　),是汽车维修职业形象外在表现的反映。

A.职业道德　　　B.职业良心　　　C.社会声誉

19.(　　)是职业形象内在素质的客观反映。

A.职业道德　　　B.职业尊严　　　C.职业良心

20.(　　)是道德意识的基础。

A.道德认识　　　B.道德情感　　　C.道德理想

21.信用的基础是社会信任和法律关系之间的平衡,其实质是一个(　　),它直接反映在市场交易过程中。

A.道德问题　　　B.法治问题　　　C.社会问题

22.汽车维修职业道德的(　　),是衡量汽车维修企业职工工作态度与企业信誉的标志。

A.规范性　　　B.安全性　　　C.时效性

23.(　　)是汽车维修职业道德评价的基本标准,以及汽车维修职业社会责任的内在要求和外在表现。

A.热爱和忠实于汽车维修职业　　　B.自觉做到安全优质,文明高效

C.坚持为人民服务的根本宗旨

24.服务站的类型一般有两种:“四位一体”经销商和(　　)。

A.只承接单纯的汽车维修业务的小型维修企业

B.服务网点

C.维修车间

25.为推进企业形象建设,售后服务必须实行(　　)。

A.统一化　　　B.个性化　　　C.标准化

二、多选

1.企业需要通过获得与客户关系的最优化来达到企业利润的最优化。为此,企业必须了解与客户相关的各种信息,主要包括(　　)。

A.客户基本信息　　　B.销售信息　　　C.市场信息

D.服务信息　　　E.业务运作

2.客户关系管理的主要技术要求包括:分析信息的能力、对客户互动渠道进行集成的能力和(　　)。

A.支持网络应用的能力　　　B.建设集中的客户信息仓库的能力

C.对工作流进行集成的能力　　　D.与 ERP 进行无缝连接的能力

3.CRM 首先是一种管理理念,其核心思想是将企业的客户作为最重要的企业资源,通过完善的客户服务和深入的客户分析来满足客户的需求,保证实现客户的终生价值。其中,企业的客户包括(　　)。

A.最终客户　　　B.供应商　　　C.合作伙伴　　　D.分销商

4.汽车客户信息的档案内容有(　　)。

A.汽车客户基础资料　　　B.汽车客户特征

C.汽车业务状况　　　D.汽车交易现状

5.在汽车维修合同关系中,承修、托修双方当事人的地位是(　　)。

A.独立的　　　　　B.平等的　　　　　C.有偿的

D.合作的　　　　　E.互利的

6.凡办理( )维修业务的单位,承、托修双方必须签订维修合同。

A.汽车大修　　　　B.汽车总成大修　　　C.汽车二级维护

D.维修预算费用在 1 000 元以上的汽车维修作业

E.维修预算费用在 2 000 元以上的汽车维修作业

7.保证销售公司的长盛不衰,在很大程度上取决于对顾客服务的质量。对顾客服务的质量是由同等重要的( )组成的。

A.服务态度　　　B.服务质量　　　C.工作态度　　　D.工作质量

8.售后服务工作的内容有( )。

A.整理客户资料、建立客户档案　　　　B.根据客户档案资料,研究客户的需求

C.与客户进行电话、信函联系　　　　　D.开展跟踪服务

9.维修日记包括( )。

A.维修工作完成时间　B.概括　　　C.维修进度　　　D.客户联系

10.维修工作时间及工作量安排的目的是( )。

A.建立有效工作流程　　　　　　　B.减少无生产效率的工作

C 增加维修收入　　　　　　　　　D.提供反馈

11.分配工作以及计划技术工人工作日程的进行取决于( )。

A.调度　　　　B.工作量　　　C.维修技能　　　D.时间安排

12.汽车维修价格的特点是( )。

A.政策性强　　　B.项目简单　　　C.种类繁多　　　D.执行周期较长

13.我国汽车维修职业的社会责任是( )。

A.保持汽车技术状况良好　　　　　B 保证安全生产

C.充分发挥汽车的效能　　　　　　D.降低运行消耗

14.我国汽车维修职业和汽车维修从业人员应承担和履行的职业道德义务应当是( )。

A.热爱汽车维修　　　　　　　　B.献身汽车维修

C.确保道路运输车辆技术状况良好　　D.努力发展交通运输事业

15.汽车维修职业道德除了具有一般社会道德特点外,还具有( )特点。

A.服务性　　　B.协作性　　　C.时效性

D.安全性　　　E.规范性

16.道德意识包括( )。

A.道德认识　　　B.道德情感　　　C.道德理想

D.道德意志　　　E.道德观念

17.汽车维修从业人员的职业道德规范的主要内容是( )。

A.热爱本职工作、忠于职守　　　　B.钻研业务、提高技能

C.遵章守纪,严于律己　　　　　　D.顾全大局、团结协作

18.影响消费者对企业形象形成的主要因素有( )。

A.产品使用性能及厂商的服务质量　　B.企业窗口部门的工作质量及其外观形象

C.企业的实力　　　　　　　　　　　　　D.企业的社会口碑

19.就售后服务网络而言,企业形象建设的手段主要有:(　　　)。

A.售后服务企业外观形象建设　　　　　　　B.广告宣传

C.提高以质量保修为核心的全部售后服务内容　　　　D.公共关系

三、判断

1.CRM 是一种旨在改善企业与客户之间关系的新型管理机制,它实施于企业的市场营销、销售、服务与技术支持等与客户相关的领域。(　　　)

2.CRM 的主要目标是提高同客户打交道的个性化程度,并改进与客户打交道的业务流程,但强有力的商业情报和分析能力对 CRM 也是很重要的。(　　　)

3.客户支持与服务管理子系统集中应用于与客户支持、现场服务和仓库修理相关的商业流程的智能化和优化上。(　　　)

4.对 B 级客户,资信较好可以不设限度或从严控制,在客户资金周转偶尔有一定困难,或旺季进货量较大,资金不足时,可以一定的赊销限度和回款限期。(　　　)

5.新客户一般按 C 级客户对待,实行"现款现货"。(　　　)

6.对 C 级客户,应仔细审查给予少量或不给信用限度,要求先款后货。(　　　)

7.汽车维修合同的担保目的在于保障承修在未受损失之前即可保障其权利的实现。(　　　)

8.汽车维修合同一般采取的是定金担保形式。(　　　)

9.汽车维修合同鉴证实行强制原则。(　　　)

10.售后服务,是现代汽车维修企业服务的重要组成部分。(　　　)

11.跟踪业务员在客户接车出厂或业务访谈、咨询后十日内,应主动电话联系客户,作售后第一次跟踪服务。(　　　)

12.售后服务出售的不仅是对顾客服务的各种成果,还有零配件,并能促进新、旧汽车的交易,而且影响着整个企业的形象。(　　　)

13.经销商用编了号的"帽子"来帮助识别车辆,用红色的"帽子"来标记第一次维修的车辆,用蓝色"帽子"来标记重复维修的车辆。(　　　)

14.对耗时 1 小时或更长时间的维修工作,计划员要从中途开始检查,并在工作结束前 10 分钟再检查。(　　　)

15.用打卡钟或人工记录卡记录技术工人收到及交回维修订单的时间。(　　　)

16.汽车维修收费主要有工时费和业务费两项。(　　　)

17.汽车维修价格结算的特点是合法性和透明性。(　　　)

18.规定的工时定额和收费标准为最低限额,各业户在执行中可以上浮。(　　　)

19.未经车主同意增加的维修项目不能进行结算计费。(　　　)

20.汽车维修职业道德,包括汽车维修职业信用和名誉。(　　　)

21.汽车维修人员为社会提供的是实物形态的产品。(　　　)

22.汽车运输成本开支伸缩性最大的项目是油料费支出和修理费支出。(　　　)

23.汽车厂商售后服务网络的基层组织通常称为服务站。(　　　)

24.技术培训是先导,质量保修是关键,备件(配件)供应是核心,网点建设是保障,管理机制是平台,信息技术是手段,形象建设是文化。(　　　)

25.售后服务工作属于"窗口"性工作,对企业形象建设肩负重要使命。(　　)

四、简答

1.客户关系管理的技术功能有哪些?

2.汽车维修客户管理中的问题有哪些?

3.汽车客户信息管理的用途有哪些?

4.汽车维修合同的概念是什么?

5.维修合同的作用是什么?

6.售后服务工作的内容包括哪些?

7.维修服务的流程是什么?

8.维修顾问的岗位职责是什么?

9.汽车维修职业良心的含义是什么?

10.简述汽车维修职业道德的作用。

11.简述汽车维修职业道德的基本原则。

五、论述

1.汽车企业对汽车客户怎样进行资信等级管理?

2.如何确定技术工人的工作时间及工作量?

3.汽车维修职业道德对汽车维修从业者提出哪些要求?

第7章
汽车维修接待及管理

汽车 4S 店维修接待工作,对企业的形象、效益甚至市场竞争能力都有极大的影响。为此,本章介绍 4S 店汽车维修接待及管理的主要内容及其方法。

7.1 汽车 4S 店客户接待技巧

7.1.1 顾客满意度

对营销企业来说,顾客满意度是维持现有客户、争取更多潜在客户、扩大市场份额的关键因素之一。

(1)顾客满意度的含义

学术上有一个理论,顾客满意度与 QVS 三要素有关,Q 代表品质(Quality)、V 代表价值(Value)、S 代表服务(Service),所以顾客满意度是品质、价值、服务三个因素的函数,可以表示为

$$CS=f(Q,V,S)$$

式中   CS——顾客满意度。

CS 可以定义为一种情形,就是顾客愿意去购买某公司的产品或服务,并且对该公司保持着某种忠诚度,因为该公司能够满足顾客的需要和期望,或者超出了顾客的期望。

要想做到让顾客满意,必须使三个方面都能让顾客满意,而实际上顾客是否满意不是取决于维修部门做得最好的一个方面,而是做得最差的那一个。

(2)顾客满意定律

根据调查,也可归纳出顾客满意三定律,即:

1)顾客满意第一定律

杠杆比 24 倍,就是当听到一个顾客抱怨的背后代表有 24 个相同的抱怨声音。

2)顾客满意第二定律

扩散比 12 倍,即一个不满意的顾客对企业造成的损失需要 12 个满意的顾客创造出的利润才能平衡。

3）顾客满意第三定律

成本比 6 倍，就是吸引一个新客户的成本是维护老客户的 6 倍。

顾客是维修企业获得利润的生命线。维修企业要想有效益，企业的一切工作必须以顾客满意为中心。目前，维修企业服务的对象已从过去低文化、低素质、低层次、好应付的顾客转变为高素质、高文化、高层次、自我保护意识逐步提高的顾客，对待这样的顾客就需要提供更耐心、更优质的服务。然而，现实不是这样简单，因为顾客越来越挑剔，越来越多地将更多的东西看作理所当然。并且，维修企业比营销企业更难得到较高的顾客满意度，因为爱车，维修本身就是一件令人不开心的事情。因此，成功的服务不再仅仅是优质的维修服务，而是包括更多的内容，这其中包括现代的经营理念、管理思想、服务理念和服务流程等，这一切都是以顾客满意为中心的。

（3）顾客不满意的原因

造成顾客对特许经销部工作不满的原因之一是他们觉得自己没有受到应有的重视。

若是将车子送到特许经销部进行修理，车主们需要重新安排自己的日程。也许对维修人员来说，所有的顾客都一样，没什么特别，但是每个顾客都希望得到特别的关注。将车子送到维修部来，既费时又费力，因此，许多车主在车子刚刚出现毛病时，尽量能拖则拖，并不想来维修部修理。

浏览一下顾客对汽车制造商及销售商的抱怨，就可以了解顾客想要的究竟是怎样的服务。顾客对零配件部门及维修部门的反映经仔细地研究，结果不容乐观，无论是国内还是国外的顾客，对经销部的总体评价是：

①不能人性化地接待顾客，对顾客的需求没有及时关注。

②不称职。即维修工作不能按时完成，顾客多次往返维修部才能取到车。

③较高的收费性价比低。

④不方便，即不在顾客要求的时间内与他们联系。

顾客对维修部的不良印象成为他们买车时的主要影响因素。由于顾客认为绝大多数特许经销商提供的服务一样差，由此购车时他们就将价格作为最重要的参考因素。当然，情况也并不总是这样，例外还是有的。

（4）让顾客满意从何做起

1）顾客满意度的内心期望

根据心理学的理论来解释顾客内心的期望，可以说影响顾客内心期望的因素分为满意因素和保健因素。

①满意因素代表着顾客内心所期望能获得产品或服务的情境。在汽车维修中，满意因素有：

- 被理解；
- 感到受欢迎；
- 感到自己很重要；
- 感到舒适。

②保健因素只能降低客户的不满，不能提升顾客的满意。在汽车维修中，保健因素有：

- 将车辆的故障排除；
- 在预定交车的时间内交车；

● 正确地判断故障；

● 维修质量。

这就是我们经常说的,顾客抱怨是一种满足程度低的最常见的表达方式,但没有抱怨并不一定表明顾客很满意;即使符合顾客的愿望并得到满足,也不能确保顾客很满意。

调查表明,大多数顾客在送修之前几乎总是看到缺点:工时费用高、配件费用高、送车和取车耗时,以及修车时无车可开等。所有的这一切,原则上都是客户满意度的负面条件。因此,我们服务的目的就是增加满意因素,赢得顾客的信任,让顾客满意。

2)怎样使顾客满意

使顾客满意的工作并不是从维修部门开始的,而是从顾客踏进特许经销部的那一瞬间就开始了。如果顾客在买车或修车过程中有过不愉快的经历,他们将变得非常挑剔,要使他们满意就比较困难,指望他们再次光顾更是难上加难了。

由于汽车的平均价格较高,顾客的期望值也随之水涨船高。若是维修部将每个没有得到满足的顾客视作一个利润源的话,高的期望值同样可以带来许多获利机会。如果顾客没有在竞争对手那里享受到满意的服务,这是维修部战胜对手的好机会;如果这样的情况发生在你的维修部里,同样也是维修部改进服务、重新赢得顾客的好机会。要耐心地倾听顾客的抱怨,因为这样就可以从这些抱怨中发现自身的问题所在。若是维修部能解决这些问题,顾客们自然会光顾,退一步说,即便只是尝试着去解决问题,维修部也很有可能获得成功。

然而,解决顾客的抱怨并不是真正最重要的事情,最重要的问题是对服务不满意的顾客中的96%的人,他们不会埋怨什么,只是不再光顾你的店铺而已。如果你能使这些不满意的顾客重新回头,你将会获得更大的成功。

7.1.2　优秀的服务流程

(1)顾客期望优质服务

优质服务是维修部运营成功的基石。

服务质量与企业声誉之间的关系是:

①对产品或服务质量不满意的顾客中仅有 1/27 的人会开口埋怨公司。

②有过一次不愉快经历的顾客会将这一问题告诉9~10个人。

③抱怨公司的客户中13%的人会将这一问题告诉20多个人。

④有过满意经历的顾客仅会将这一经历告诉5个人。

优质服务是利润之源。不能提供优质服务将给维修部门造成不利后果,工作将更难以开展,使顾客感到不满,企业的声誉和利润受损。声誉同样是企业经销部门的资产之一,声誉不佳甚至导致企业破产。由此可见,劣质服务将很快击垮你的生意,因此维修部必须牢牢记住以下两点:

①优质服务对整个经销部的成功是至关重要的。

②必须采取必要措施,以保证向顾客提供最优质的服务。

(2)什么是优质服务

质量服务部运作的基本目标是:确保维修部提供让顾客满意的优质服务,以及使顾客认识到管理者为保证服务质量所作的努力。

根据调查统计,质量服务部的顾客中平均有43%的人怀疑维修技术人员的能力,认为他们不能一次将顾客的车辆修理好;将近 40% 的顾客说,他们将不得不再次到维修部来整修车辆。此外,顾客还经常抱怨维修部员工的态度生硬、对车子的问题缺乏了解等。

　　优质服务就是要竭力使顾客满意,从维修工作的一开始就要牢固树立这一概念。但是提供优质服务绝非易事,涉及面广,包含着复杂的任务,应经常修改维修计划,勤奋工作,给予顾客足够的关注。应当明确,优质服务必须从每一个员工做起,工作从头做起,所有的员工都必须明白自己所在岗位所负的特殊职责,员工必须能够写出正确而完整的维修单,维修技术人员须经过相应的培训;给技术人员分派工作时,要使他们的能力与工作难度相匹配;必须给技术人员们配齐所需的工具,并保证这些工具保养良好,放在容易取到的地方;必须安排专人制定工作日程和分派工作,以确保技术人员们有足够的时间按时、按质完工;车辆驶离维修车间之前,还要由专人再次检查。提供优质服务不仅需要全体维修人员和管理人员的共同努力,还要制定相应的措施,例如制定质量控制表,见表 7.1。

表 7.1　质量控制计划表

(1)保证所有维修工作的质量。	(11)修复车辆的主要故障。
(2)重复修理免费。	(12)聆听顾客意见,并适当提问。
(3)有顾客签名的完整、详细的维修单。	(13)特殊问题请专业人员解决。
(4)不能完成顾客要求的工作时,不要随意承诺。	(14)对修好的车辆进行检查和试驾。
(5)核准后方能作出承诺。	(15)管理车辆返修记录。
(6)迅速、合理的诊断。	(16)检查和减少重复维修。
(7)安排新车首先交付。	(17)检查免费的修理项目。
(8)所有工作在最终完工前的验收。	(18)调查顾客反映。
(9)车辆交给顾客之前,须解决所有问题。	(19)提高技术人员的技术,并增强其适应性。
(10)仔细诊断车辆的故障。	(20)礼貌周到地对待顾客。

优质服务的作用:
①使顾客满意并减少返工。
②加强维修部与顾客之间的相互信赖。
③鼓励顾客向别人推荐你的维修部。
④增加维修部利润。
⑤建立维修部及整个经销部的良好声誉。
⑥增加使顾客再次光临维修部的可能。

(3)人性化服务

要使顾客完全满意,首先要考虑到他们的心理需求。每个员工均应殷勤礼貌地对待客户,如不要让顾客久候不理、聆听顾客的解释和抱怨、用简单的术语阐述车辆所需进行的修理内容等。如果能够让顾客感受到企业员工对他们的关注,并且使他们相信企业技术力量雄厚,能毫不费力地解决问题,这就是考虑到顾客心理感受的人性化服务模式。有些顾客遇到过多次不愉快的修车经历,则认为维修部没有对自己讲真话或该维修部技术水平低下,这样肯定会引起顾客的不满,更别说提供人性化服务了。尽管从一开始就能找出车辆的问题所在,顾客仍然会对此报以怀疑态度。这很正常,所以必须耐心细致地工作,告诉顾客(并向他们展示)我们正在努力提供优质的服务以满足顾客的需要,同时给顾客留下一个积极的印象,即企业对顾客的想法很感兴趣,而且正在提供完整的、针对每个个体的优质服务。

(4)提高优质服务的途径——便捷服务

1)优质服务的责任

维修部经理应该为维修部所提供服务的质量负责。优质服务取决于经理的管理、领导以及统筹安排的能力。经理不仅应具有较高的业务水平、管理能力,还应善于做员工的思想工作,使员工们尽职尽力、团结协作并相处融洽;坚决杜绝影响服务质量的任何事情。

2)便捷服务是关键

在顾客看来,时间就是金钱,顾客们希望在服务中得到方便。在过去的数年中,人们形成了与以往完全不同的购物习惯。比如过去汽车的主人会主动来找销售商,然后按照销售商的日程表来安排自己的时间,但是现在则不同。这是为了适应生活方式变化的需要且这些变化已经影响到许多服务行业,而不仅仅是汽车销售业。

汽车维修业的服务对象也发生了很大的变化。例如,购车者的平均年龄正呈下降的趋势,单身或已婚的女性购车者增多,更多的购车者是在职人员。现在绝大多数家庭中的父母都是双职工,人们越加重视自由、流动性和休闲时间。

尽管维修汽车是必需的,而且也是保护投资的方法之一,但大多数顾客都认为修车是件不方便的事情,需要耗费自己最有限的资源、时间。当车辆需要修理时,车主希望车子的问题能尽快得到解决,同时也期望优质的服务和合理的收费,而劣质的服务是令人无法忍受的,若要在如今的市场上拥有竞争力,无论是汽车销售商还是汽车维修部,都必须能够提供便捷优质的服务。

顾客们对便利程度要求的增加直接损害了汽车销售商的利益。大量技术含量低但方便快速的维修工作获利丰厚。但是,特许经销商的这部分生意常常被别人抢走,使得经销商提供的服务成为获利较少的复杂的劳动密集型工作。由于绝大多数经销商在自己的维修部投入了大量资金,这也增加了他们的盈利难度。

顾客寻找更便捷服务的原因:

①顾客的时间是有限的。在经销商维修部的营业时间内将车子送去修理,将占用顾客的时间;若是车辆需要返工,那顾客们就更加觉得难以忍受了(40%的车辆需要返工)。

②维修人员通常给顾客这样的印象:他们一直很忙以至于没时间与顾客交谈,而且他们好像也不愿意倾听顾客谈及车辆的问题。

③尽管顾客已经提前预约,但他们赶到维修部时总要排队等候,顾客们仿佛是在同一时间都涌到了维修部。

④无论车辆需要进行怎样的修理,即便是极其微小的问题也须在维修部停留一整天。

⑤维修部在顾客们的正常工作时间是开门营业的,而在更方便顾客的晚间则不对外营业。

⑥当维修工作免费时,顾客们尚且能够忍受种种不便;当需要自掏腰包时,顾客们理所当然会去其他更方便的地方。

维修部可能会发现自己的顾客中全部或大多数人会出现以上情况,这样一来,免费保修期过后他们就不再上门了。几乎所有的特许经销部都存在着同样的问题,即被顾客认为是一个极不方便的维修场所。绝大多数情况下,这种印象来自顾客的亲身经历,也有可能是听朋友说起的。当然这一印象是可以改变的,不同的经销部有着不同的做法,但是有一点要牢记:做不到的事情不要轻易承诺。若是维修部想改变顾客对自己的期许,经销部的印象就必须进行根本的改变。虽然这些改变会耗费一些时间,但还是值得做的,因为顾客们会相信自己亲眼看到的事情而不仅仅是听来的消息。

3)维修部应主动解决优质服务中的矛盾

①解决忙乱状况。

调查显示,顾客们看不惯维修部的忙乱不堪。他们认为这种情况表明了维修部的时间安排极其不合理,这也是顾客们抱怨较多的问题之一。当没有足够的工作人员接待上门的顾客时,怎么能指望维修部做好维修工作呢?这便是顾客在排队等候时考虑的问题。若是维修顾问总是对电话预约的顾客说"请明天一早来",就可能把问题弄得很糟;若是维修部甚至不接受电话预约,那问题就更加严重了。

此外,当顾客们问及何时可以取车时,几乎每个顾客都被告知"下午 3:30 左右来吧"。这种随意的说法恶化了顾客与维修部之间的关系。维修人员应当告诉顾客准确的取车时间,如果出现无法预见的延误应主动通知车主,而不要坐等顾客来电询问。记住,你正在争取一个回头客!

②安排兼职接待员。

在高峰时段安排兼职接待员。做好接待员工作并不需要技术背景,为给顾客留下良好的第一印象,接待员应该是和善且擅长沟通的。顾客一旦出现,接待员就应立即以礼貌的问候迎接他们,接待员应该能够帮助维修顾问填写维修单上的常规项目;提醒顾客在必要时出示客户卡并帮助传递信息,如向顾客出示价目表、告知他们当日当班的维修专家等,给顾客端上一杯新泡的咖啡,同样也是很好的招呼方式。

③增加兼职维修顾问。

缓解上午忙乱状况的另一方法是增加兼职维修顾问,这种做法,一方面可以防止顾客产生"特许经销部从销售部门到维修部门都已乱成一团"的想法;另一方面,让销售人员充当维修指导也是展示两个部门之间协作关系的机会,可加强两部门员工与顾客的接触以增进与他们的关系。通过增进与顾客的关系,可以塑造全新的销售服务和维修服务形象,有利于培养顾客的信任度并增加他们的满意度,使得他们愿意再次光顾。要注意的是,兼任维修指导的销售人员必须了解维修工作的基本操作办法,这也是赢得顾客信任所不可或缺的。

当顾客来电预约时,应在电话询问中完成维修单上大多数项目的填写。这样当顾客到来时,一张已填写得相当完备的维修单能够加快维修进程,也可让顾客感到维修部管理有序。

④使用电话。

妥善使用电话是维修服务竞争的有效途径之一。致电询问的潜在客户通常想了解到关于价格、服务条款及所需时间等方面的信息,将客户指南上的信息告诉顾客就可解决以上所有问题。

⑤了解维修部的服务区域概况。

在确定使利润最大化的时间表时,要考虑到维修部所处的位置,是在某个独立的点上,还是地铁站附近?周围是住宅、公寓,还是公司?是在郊区,还是交通拥挤的大卖场附近?总之,确定使维修部获得最大利润的最佳区域在哪里。当了解到最有可能成为自己顾客的人的类型后,还应该作些适当的调查,以便制定更好的吸引顾客的策略。

⑥合理安排时间。

现在顾客们希望维修部的营业时间应便于自己的时间安排。在许多行业,晚间服务已经是常态,顾客们对服务的其他要求也将很快得到满足,汽车维修业开放晚间服务也是势在必行的。邻近商业区的顾客对维修部开放晚间服务的要求更为强烈。若是维修部附近的公司拥有汽车队或卡车队,工作时间修理车辆显然会影响公司业务,因此夜间维修就很受欢迎,但开放夜间维修策略应通过调查研究,结合自己的实际情况谨慎作出决定。有时候采用小规模轮班的方法,可能比延长夜间维修的时间更加有效,在商务繁忙和车辆众多的地区更是如此。

⑦提供特色服务。

居住在维修部附近的顾客最可能对晚间维修作出积极反应。上班族比个体老板或退休的人更喜欢晚间维修。维修部附近还有许多潜在顾客,应多加留意争取这些潜在客户。也许维修部附近的许多修理部都提供晚间修理,那么也可以通过延长服务时间为上班族提供服务。

顾客选择光顾你的维修部,可能因为其他地方缺少优质的维修服务,但也有可能是因为到你的维修部交通比较方便。特别注意车辆的已使用时间(年)和已行驶的总里程数。通过了解车龄,可以考虑向顾客提供一些有针对性的服务来吸引顾客,显然销售这些服务要比销售商品容易得多,销售商可以采用特别的销售策略来鼓励消费者购买需要的维修服务。

⑧考虑信用卡付账。

绝大多数人都不喜欢随身携带大量现金。因此,在制定服务策略时,必须考虑允许信用卡付账。通过检查现金付款单和信用卡付款单可以确定晚上是否需要收银员,也许零配件部门或维修部门的某些员工可以兼做收银工作,但专业的收银员应该会更好一点。

为达到向顾客提供优质服务的目标,要尽量采取可行的方法以保证上午的忙乱得到解决。如果维修部的大多数生意都是在上午开门以后1~2小时接下的,那就应该查找原因,及时建立一个使自己和顾客都能受益的预约系统,特别要注意防止因为上午的顾客排成长队让维修人员觉得工作压力很大,而维修顾问拒绝额外修理工作的倾向。

4)提高维修顾问行为准则的标准

①维修顾问的作用。维修顾问(业务接待员)是维修部与绝大多数客户直接沟通的形象代表,与收银员不同的是,维修顾问也可能是顾客在维修部接触到的唯一的服务人员,因此维修顾问必须给人以很热情、很专业的印象,同时应能做到向顾客提供有针对性的服务,并使顾客满意。

当顾客把车辆开来维修时,他们希望能够得到耐心的帮助和关注,使车辆的故障尽快得以排除。也许过去因为曾有过不愉快的经历而对维修部门失望过,但要相信通过与顾客很好地沟通,真诚地服务,顾客们的看法是可以改变的。

维修顾问必须获得有关车辆故障的完整、准确的信息,必须正确填写维修单。建议维修顾问在填写维修单时使用顾客易于理解的语言以方便与顾客交流,同时这样做从一开始就避免误解,当维修完成时也便于与顾客一起来验收,以此来进一步提高顾客的满意度。

维修顾问必须认真倾听顾客的讲话,以明确车辆的毛病所在,而且要"积极"地倾听,即顾客在讲话时,既不要分神,也不要打断顾客的讲话。如果维修顾问没能理解顾客的意图,那就要提出问题直到弄清楚为止。记住:维修部的两大经营目标是使顾客满意和使自己盈利。维修顾问对实现这两大目标有着很强的控制力,是特许经销部的重要职员。因此,应该重视维修顾问一职,注意避免下列倾向:

a.形象差;

b.薪资待遇低;

c.未明确该岗位的职责;

d.曾经雇佣低素质的人担任维修顾问。

事实上,维修顾问应具有足够的专业知识和业务水平,能尽快诊断出车辆的故障,并填好易于理解的维修单。此外,维修顾问还应善于观察顾客的心理动态,理解顾客的心情。顾客知道经销部、维修部想多做生意多赚钱,但他们真正的兴趣在于自己的要求得到满足。维修顾问必须认识到顾客的这些需求,并且推荐顾客能够接受的服务,所以,维修顾问应该熟悉自己所要推销的服务,并知道怎样向顾客解释接受这些服务所带来的益处——销售不是劝说顾客花自己原本并不想花的钱或是购买自己并不需要的服务,而是应该倾听顾客的意见,通过向他们展示各项服务的功效来帮助他们作出决定。

②维修顾问职责。维修顾问是顾客与经销部之间沟通的中介,直接影响着维修部及零配件部门的销售。一个维修顾问的职责包括以下基本内容:

- 热情、礼貌地接待顾客;
- 在维修单上准确地填写顾客的需求或车辆的故障;
- 指出附加的修理要求;
- 估计维修费用和修理车辆所需的时间;
- 决定付费方式;
- 获取顾客的办公室电话及住宅电话;
- 亲自确认和检查重复维修的车辆;
- 信守诺言;
- 迅速礼貌地处理咨询电话;
- 帮助顾客拖运车辆,与他们讨论车辆的问题和所进行的修理;
- 通知顾客特殊型号零配件已到货,并与顾客预约时间安装;
- 建议相关的维修服务;
- 检查正在进行中的维修工作;
- 检查车辆,并进行试驾;
- 协助管理维修档案;
- 详细完成文字记录;
- 复查已完成的维修记录;
- 做好与顾客的跟踪联系。

维修顾问不仅是经销部与顾客打交道的代言人,同时也是顾客在特许经销部的代言人。维修顾问应该亲自向每位顾客解释任一维修项目的进展情况以及收费标准的拟订根据。维修顾问应该采取措施避免所有问题,当问题发生时,要将解决问题视作自己的职责。总之,要全心全意、真诚地对待顾客,想方设法使顾客满意。

尊重是与顾客相处的关键,它是与顾客相处的心理工具。当得到他人的尊重时会感到满足,这是人之常情,顾客们也不例外。用耐心的态度对待顾客,让他们感觉被尊重,比如在顾客等候的时候,给他们送上一份报纸或是一杯咖啡以表达对他们的尊重。

因为维修服务是一项商业活动,与顾客的任何一次接触都是商业性的,所以顾客期待得到一个很专业的服务,为此维修顾问要给人以专业人士的印象,即便在着装风格及言谈举止等方面也不能马虎。

(5)如何使顾客成为回头客

1)方法:培养顾客信任感

培养顾客信任感是增加服务销售量的有效方法,而且这一方法花费不多,仅仅是需要一些时间和关注而已。

维修部员工应该努力做到以下三点:

①推荐车辆的保养方法,包括行驶里程数不同的最新车型的保养服务价格。

②列出车辆检查单:当汽车还在维修车间时,列出所有与安全相关的检查项目。

③填写好维修顾问的工作日记。每日填写工作日记,以便与顾客保持联系、监控维修进程;日记也可用作车辆维修的跟踪记录,这是使顾客成为回头客的关键。日记上有维修部与客户交流时所需要的全部信息,而且是多次交流积累下来的全部信息,从中可以看出客户真正喜欢的事宜,正是这种特别的关注使得他们在需要维修服务时光临你的维修部。

2)方法与步骤

①要关注主要的维修项目。

车辆需要进行的修理或吸引他们来到经销部的主要维修项目是首先需要填写的。在试图做其他事情之前准确写下所有的信息,有些经销部甚至将维修项目以主要条款的形式标出来,与顾客们一同确认所写的东西:"主要的问题在于……"只有当顾客赞成你的想法时,你才可能做下一步的工作。

②充分利用各种场合。

向正在等候的顾客推荐流行的车辆保养方法或提供一些免费的维修服务,如更换滤清器、免费保养车辆等。在上午忙碌的时候,接待员可以给等候的顾客递上一杯咖啡和一份写有推荐维修项目的清单,让顾客们在与接待员交流之前可以了解一下车辆应做的各种保养。

③销售常规的车辆保养服务。

定期的车辆保养是一项高收益的工作,因此,应随时提醒顾客及时保养自己的车辆。

例如,对只行驶了3 000 km路程的车辆进行日常维护保养时,维修顾问可以这样对顾客说:"让我们来关心你的车辆情况,这样您就可以少跑一趟了。"但是,若是顾客的车辆已经行驶了5 000 km——该进行检测了,维修顾问就该这样说了:"把您的车子开来吧,我们会很好地检测这辆车,保证它能够高效经济地为您服务。"顾客在车子上投资了成千上万的钱,因而希望能够定期保养车子,销售这些定期保养服务能使顾客愉快地用车,并与经销部保持良好的联系。若在上午忙碌的时候没有其他维修业务,那至少可以提供一些车辆必需的保养服务,如修理堵塞的消音器或水箱漏水等。对于一些行驶里程很长或是看上去车况较差的车辆,在将维修单交给调度员之前可在上面附一张免费的检查单,要让顾客们相信你将无偿为他们服务——"李先生,我们将对你的车子进行25项检查,以上检查完全免费。"有些经销部甚至支付给维修技术人员报酬让他们对车辆进行检查,其中包括检查轮胎。全部项目完成之后,检查单原件附在维修单复印件上,复印件将交给维修顾问在随后的修理中使用。

④工作记录。

对每一位顾客,维修顾问需要立即在工作日记上给他们做好简明的记录。此外,记录维修单编号、顾客姓名及车辆的信息时做到以下两点非常重要:一是工作日记使得维修顾问能够跟踪了解车辆的维修情况;二是检查维修过程,以确保维修工作按时完成。应在工作日记的意见栏留出空隙,以便添加顾客和车辆的信息,记下这些就可以使维修顾问很方便地在维修当天或一周后致电顾客,与他们继续联系,这样维修部就可以向顾客展示对他们的特别关注,并采取相关行动使他们成为回头客。

当确定车辆需要额外的修理时,请立即通知顾客,但若是需要增加付费,只需给顾客打一次电话即可。举例来说,当维修技术人员发现刹车需要修理时,不要立即给顾客打电话,首先让技术人员确认一下维修单上的项目是否正确,是否不需要进行其他修理。如果顾客当时不愿意接受额外的修理,维修顾问应该努力在以后售出这些服务,因此需要保留一份未售出的服务清单以便日后派用场。

⑤告知顾客相关情况。

如果维修部主动通知顾客他们的车子已经修好,顾客们将对这家维修部形成较好的印象。尽管有时顾客并不需要提前取车,但他们仍然希望得到维修部的特别关注。车辆修好时,调度员应该立即通知维修顾问,维修顾问要检查主要维修项目确保其妥善完成、车辆的故障得到排除,然后及时致电顾客,告诉他们车子的全部情况并感谢他们的光临。通话可按照以下的方式进行:"李先生,您的车子已经修好,您可以随时来取。我亲自检查了车轮和把手,这次整修使您的车子开起来像新买的车一样,再次感谢您的光临。"

⑥获取顾客的反馈信息。

当维修顾问发现无法按期交付车子时,应立即致电顾客,再与他们约一个弹性的交车时间。顾客们也许会对延误感到不快,但他们还是很欣赏维修部及时来电。交车后的两天内,维修顾问可以参照先前的工作记录与顾客联系。通话是为了了解顾客对服务的满意程度,而不是试图推销任何东西,询问主要维修项目的维修效果,提醒顾客希望能帮助他们保持车辆的良好状态,感谢顾客的光临。即便知道顾客可能需要更换刹车片,也不要在这次电话中提起这件事,这只是一个问候顾客的电话。通话可按照以下的方式进行:"我们为您安装了新的动力转向泵后,车子的运行状况好吗?我们只想了解一下所提供的服务是否能够让您满意,再次感谢您的光临,李先生。"通电话虽然仅仅耗时几秒,但收效却很好。也许你并不能与每个顾客都取得联系,但为了与顾客建立友好关系,经常联系顾客还是值得的。

⑦推销维修服务的电话。

为车辆所需的维修服务建一个档案并不困难,车辆的检修单复印件或每日的工作日记中就潜藏着大量的商机。通话可按照以下的方式进行:"李先生,最近好吗?我刚刚又检查了维修档案一次,建议您最好约一个时间来这里修理一下您的刹车,你觉得这个提议怎样呢?"这个电话应该在主要维修项目完成之后的 8~10 天之内打出去。如果顾客在第一次通话中并没有决定是否接受有关服务,机会还是有的。顾客迟早需要修刹车的,而维修部已经向他表达了对此事的关注。两周以后再打一次电话,不要放弃还没有做成的生意,刹车总是要修的,而我们维修部就是能立即提供服务的人,所销售的零配件是正宗的、绝对保证质量。若 4 周以后再打一次电话,就会惊讶地发现,即便过了 4 周之久还是可以售出许多服务的。当车辆的维修完成以后,何时与顾客接触可完全由维修顾问自己来决定,在每一次的接触中,都要尽量向顾客展示维修部对他们的关心,记得使用以下类似的语句:

"我们希望您用车愉快。"

"我们希望能帮助您安全驾车。"

"我们希望您的车一切正常。"

"我们希望您的车看上去很好,且使用寿命更长。"

"感谢您的光临。"

⑧逐步赢得顾客的信任。

"使顾客成为回头客"是一个循序渐进的过程,若是能够让顾客们感受到维修部是真心对待每一位顾客的车辆的话,维修部将逐步拥有忠实的客户,销售量将随之上升,同时维修部的工作环境将变得越来越好,获利也将更多。为了赢得顾客的信任,应注意以下几个方面的工作:

- 关注顾客的主要维修项目;
- 进行常规的车辆保养服务;
- 提供免费的车辆检查;
- 每天记录工作日记;
- 告知顾客车辆所需进行的其他维修和维修费用;
- 尽快致电顾客告诉他们车辆的全部情况;
- 完成修理后的1~2天内,致电顾客询问他们对服务的满意程度;
- 一周后,跟踪联系顾客以推销其他服务。

⑨特殊需求。

将近60%顾客说,经销部从来没有人告诉他们特别型号的零件已经到货,他们总是不得不自己打电话去询问。因此,必须迅速通过电话与顾客保持良好的沟通,只有当维修部无法通过电话与他(她)取得联系时才可寄出卡片,或是通过邮件告知顾客特殊型号的零件已经到货,人们对友好声音的反应远比对一封公文式的信件好得多。当维修顾问填写特殊型号零件的需求单时,需要与顾客一起或通过电话确认所需的型号,因此,以下3项是必须要知道的:

a.顾客的住宅电话;

b.顾客的办公电话;

c.与顾客联系的最佳时间。

若是顾客了解有关情况,绝大多数人还是很讲道理的,顾客购买零部件应该是维修顾问获取准确完备的信息,并与顾客及时沟通的结果。如果维修顾问或是零配件生产部门让顾客觉得购买了其实并不需要的东西时,那问题就麻烦了。工作成果是由顾客的期望得到满足的程度来衡量的,因此作为特许经销部代表的维修顾问应该能够创造使顾客满意,甚至超出顾客期望的销售机会。

⑩按时提供零配件。

监督零配件部门按时提供零配件也是维修顾问的职责。这是一项非常容易的工作,即在列表中找到顾客的姓名和特殊型号零配件的预定日期。到了预定的时间,维修顾问向零配件部门的员工确认零件是否已到货,若是没有到货,就需联系其他的代用零件。零件的型号一旦确定,维修顾问就要立即联系顾客,并向他们解释有关情况。维修顾问主动联系顾客,而不是坐等顾客来电询问,这是非常重要的。

⑪维修交付体系。

我们应该把维修的交付看作一个潜在的可以得到或者失去顾客信任的领域。维修顾问有责任知道该车什么时候能修理好,或者掌握检查、维修进度,顾客有权利预期他们何时可以取回自己的车,因此建立一个维修交付体系是非常重要的。

　　维修顾问和员工更适宜通过叫顾客的称呼主动接待他们到来,这样就会很快建立一种理念:顾客是值得记忆的人,是有价值的人。通常,顾客是非常期望和欣赏这种谦恭和礼貌的;对于新的顾客来说,如果自己的称呼被记住,通常都会又惊又喜。所以,必须努力把顾客的称呼和相貌联系起来,在繁忙的时候,赞誉变得加倍重要。另外,主动搭理那些正在等待的顾客,这样会使顾客能够相信很快就会轮到自己了。

　　如果维修部门拥有一个预约服务系统,维修顾问就能够很好地计划工作。维修顾问通过该系统可以发现顾客非常欣赏为他们提供的便利,而且这个系统也会帮助维修顾问在预定的时间内完成工作。当提车时,顾客就知道什么工作是经过他们授权的,这可以帮助他们仔细检查一下他们的维修订单。

　　维修顾问应该与员工一起或单独有步骤地做上述工作,顾客的问题得到了解答,疑惑也就消失了,同时也会让顾客进一步相信维修部做了他们所要求的,当顾客下一次再想修车时就会提醒他们在这里不会遇到任何麻烦。同样,顾客也应该知道哪些工作还没有全部及时完成,包括未完成原因以及什么时候列入计划。

　　把修理中所用的所有部件都列入明细表是个好方法,但是可以发现,顾客对零部件清单感到十分奇怪,因为这些清单常常是用零部件清单的序号来表示的。一些特许经销部向顾客提供没有保单的部件,那么请指明维修部门已经提供的免费服务,如维修单上有顾客没有要求的项目,如更换保险丝或其他小的零部件,这会让顾客感到维修部是在努力使他们满意。

　　通常,顾客会找员工付款并领取钥匙,或者被领到维修顾问处咨询汽车修理项目。如果顾客对最终费用有任何疑问,或者想确认是否还有其他问题,就让顾客面见服务部门经理,弄清心中的疑问。这对提高顾客的信任感和满意度都非常重要,使顾客感到自己是一位有价值和受尊敬的顾客。

　　⑫服务跟踪。

　　不像顾客第一次买新车的销售交付,维修服务交付对于顾客来说不是非常重要的,但是,维修交付却是一个向顾客展示或提升维修部良好形象的大好机会。它可以增强顾客对特许经销商的信任,同时还可以让顾客成为回头客,或者将来到你这里买新车;要提高服务管理的形象,最要紧的是要给顾客留下热情、积极和永久的印象,如把零部件像朋友一样对待,服务跟踪也是维修服务交付的一个重要部分。如果想知道顾客是如何评价你的服务管理的,那就在维修部窗口上放好服务评价卡,这表明特许经销部非常重视他的顾客。更好的办法是在服务工作完成以后的 1~3 天内给顾客打电话询问一下汽车现在的情况,以及对服务是否满意等。记住一定要视顾客为上帝!这种服务跟踪能够赢得朋友,并且能够向顾客表明特许经销部是非常关心顾客的。

7.1.3　维修预约阶段的工作范围

　　建议维修部门在制定程序的过程中,应该考虑使用一个预约系统。迄今为止,我们所提到的工作控制问题都是与预约系统相匹配的,而事实上,在预约系统的支持下,它们可以起到更好的作用,关键就在于建立有效的预约机制。

(1)预约系统的优点

①容纳更多的顾客。

②分摊工作量。

③缓解早晨高峰。

④预填维修订单。

⑤有计划地进行一天的工作。

⑥平衡繁忙工作日与空闲工作日的工作量。

⑦建立专业形象。

一个有效的预约程序是与工作计划密切联系的。

（2）有效的预约系统内容

①接听新进顾客的电话。

②记录预约时间。

③预先填制维修订单。

④对于没有绩效所采取的措施。

通常,小型经销商由维修顾问来负责运作与维护预约系统,中型经销商由调度员来负责,而大型的经销商则专门指派一个员工来担任预约秘书或书记员。

1)推荐预约维修

当顾客来电询问维修事宜时,应向他们推荐维修预约,时间可以定在早上10点到下午3点之间,或者是顾客空闲的时候,这样就能草拟出技术工人的工作时间了。如果顾客是中午来预约的,那么应该向顾客说明不需要将车辆整天留在这里,也不要询问顾客什么时候把车送来。通常,顾客总是想在早晨就把车送来,维修顾问可建议顾客不要在通常工作比较繁忙的早晨或星期一、星期五来,而改到星期二、星期三或星期四来。

2)将预约的内容记录在时序及工作量安排表上

将预约内容记录在时序及工作量安排表上,并计划技术工人的工作时间。把预约内容在日历上标出,以供维修顾问参考。如果是由维修顾问记录预约的,那么他们可以将以后5天的计划表保留在维修通道,这些计划表应放在便于维修顾问检查未来销售时间和记录新预约的地方;如果是由调度员来记录预约的,那么应该将未来计划放在当前计划的下面。在大型经销商中,由预约秘书担任记录预约的工作,所有打来的电话都必须转交给管理未来计划表的职员。

3)预先填制维修订单

这不仅使顾客认为经销商很专业,而且提供必要的信息可以增加顾客的维修委托,从而避免了"没有绩效"的现象。预先填制的预约维修订单应该在维修通道处按字母顺序准备好,这样在顾客把车辆送来时就能很快得到维修。维修顾问可以通过预先填写当前的维修订单来节约时间,而这些时间则可用来销售其他所需的维修服务。

4)控制"没有绩效"的现象

预先填写维修订单是将预约的过程提升到了口头合同的层次,而且事实上它就是一个口头合同。要向顾客说明维修部门正在计划技术工人的工作时间,要求顾客在发生紧急事件时要尽快联系,这样就可以把技术工人重新安排到其他岗位上去。在约见的前一天晚上打电话给顾客以再次确认约见的日期和时间,这是能保证顾客依约而来的最有效方法。一旦顾客失约,调度员要立即将"没有绩效"的现象通知维修顾问,维修顾问要立即打电话给顾客,并要建议重新安排一个预约时间。维修部门的职员是预约系统的制定者,而通常破坏预约系统的也是他们。只有每个员工都始终如一地促进和巩固这个系统,这个管理系统才会是有效的。所有部门的职员都必须提醒顾客:预约可以减少等候的时间,并且可以增加私人维修。

(3)主动联系顾客

1)为了确保服务收益

①一个公司或者售后服务机构运转的所有费用,包括员工的工资都来自顾客,也就是说收入取决于顾客对我们的忠诚度。然而,如果只是被动地等待顾客上门,也许顾客早已把我们的特约店给忘记了。

②想尽一切办法尽力留住顾客是非常重要的,在所有的方法中最有效的一种方法就是"主动联系顾客",也就是"电话营销"。

2)为了提高顾客满意度

①为了更加安全、舒适、经济地用车,有必要定期对车辆进行保养。

②在恰当的时候通知顾客来店做定期保养检查是特约店的责任。这一点对于提高顾客满意度也是非常重要的。

顾客满意度指数得分与顾客满意度调查中,主动联系顾客的百分比关系如图 7.1 所示。

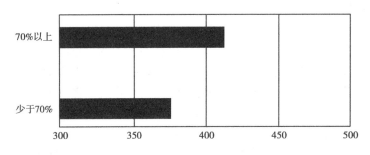

图 7.1　顾客满意度指数

7.1.4　制定维修单阶段的工作内容

(1)对维修工单填写要求

①填写正确的顾客联系方式,能使我们有效地工作,最糟糕的事莫过于当车有问题时,服务顾问却联系不上顾客。

②对顾客的问题有清晰的描述,使技师能正确地诊断问题并一次就修复好。正如我们提到的,提问和倾听技巧可以了解和记录下顾客的问题。

③正确的车辆信息(如车型、年份、序列号)将帮助技师选择零件和了解保修状况。

(2)维修工单应包括的内容

①工作单号:本次承、托修合同编号。

②车主:车主姓名或单位名称。

③电话:车主联系电话号码。

④车牌:托修车辆牌照号码。

⑤车型:托修车辆型号。

⑥接车日期。

⑦预约交车日期。

⑧完工交车日期。

⑨维修类别:包括大修、总成大修、维护和小修。

⑩作业项目:具体作业项目。

⑪修理工:修理工完成作业项目后签名。

⑫定额工时:指该维修类别与作业项目的定额工时。

⑬工时费:指该维修类别与项目的工时费。

⑭工时单价:该工种的工时单价。

⑮增加作业项目:增加项目、工时数、工时单价、修理工签名、客户签名和备注等栏目。

⑯序号:本施工单顺序号。

(3)维修工单核对表内容

①顾客信息是否准确。

②对顾客问题的清晰描述。

③对车辆症状的清晰描述。

④对车辆在接车状态时的清晰描述。

⑤对维修的准确预估。

⑥时间。

⑦费用。

(4)说明在特约店维修的价值

①接受过厂家培训的技师,可以给顾客提供高品质的诊断和维修保障,尽可能一次就把车修理好。

②使用原厂的纯正零件。

③提供高品质的专用工具和设备以保证一次就修复。

④顾客关怀,例如为顾客提供休息区(包括上网,电影,儿童游乐区)。

(5)填写故障车辆的维修工单

1)准备工作

①询问车辆状况。

②倾听顾客的描述,中途不要打断(确保获得尽可能多的信息),询问易于判断故障原因的问题,以确定正确的维修作业内容。

③检查车辆并向顾客解释说明故障情况。

④如果对顾客的车辆故障已经有了一定的了解,就要进行具体的检查,在检查中要注意与顾客交谈中所提到的问题,以确认这些问题并作为检查的重点。

⑤环车检查的同时,根据需要举升车辆及路试检查,使故障现象再现。

⑥确保在检查顾客车辆之前,已经装好各种防护用品。

注意:有的故障可能需要试驾才能确认,尽量与顾客一起试驾,做一个全面的检查来诊断故障原因,尽量使用诊断仪器、仪表、维修手册等。判断是否属于赔偿范围,如果无法判断,就要咨询相关部门。

2)填写内容

销售店可能使用手写或电脑打印修理单,不管采用哪一种,都应包括以下过程和信息:

①客户明细:包括电话号码(家,商务或移动电话)、付款方式、客户签名。

②车辆明细:包括 VIN(车辆识别代号)或车身号码、车辆型号、生产日期、车辆登记日期(PDS)、车辆牌号、里程表读数。

③工作明细:包括客户要求的详细描述、技术员所做工作的详细描述(测量、调整和观察、油类和润滑液量等、更换零件、估价)、工作起止时间的记录、质量检查的证明(车间主任或总检签名,其他)。

④额外明细:包括业务接待员的姓名、工作类型(保修,保养,修理)、车辆环车检查结果、所需的额外工作、保留更换的零件、许诺的交车时间、追踪服务的优先方式、精确的修理单信息和有效的维修过程管理等。

7.2 维修接待员的作用与职责

7.2.1 维修作业阶段的工作内容

(1)作业安排

服务顾问在接待顾客的同时,维修作业安排以及作业管理也是其工作内容。作业管理板将完整地把车间工作情况与车间实际结合起来,提供一个可视的、动态的管理。车辆维修情况被作业管理板严格控制,以便在承诺的时间内准时完工,保证顾客的利益。作业管理板能确保为及时交车做最好的准备。同时特约店的利益也得到保证,提高了生产效率及产能,并利用它增加利润和提升顾客满意度。

1)原则

①保质保量完成维修项目。

②保证按时交车。

③提高效率,提高工位利用率,减少可能浪费的时间,将工位利用最大化。

2)要点

将这一步骤做得成功,需要:

①将工作与维修技师的专业技术结合起来。

②管理维修技师的时间进度。

③根据技师的特长及水平安排工作。

④利用维修技师 100%的有效时间,使利润最大化。

3)要求

①车间作业管理板。

②修理工单。

③作业管理板应放在靠近服务顾问的地方(在靠近预检工位、服务前台等)。

4)注意事项

要按照对顾客承诺的时间和修理内容分配工单,应考虑以下 3 个标准:

①时间——技师能在规定的时间内完成。

②技师——技师具备能完成该项维修的技术水平。

③设备——完成该项维修项目所需的设备能立即使用。

5）流程

①实施作业安排。

a.将填写完的维修工单以及相关文件放到同一个文件夹；

b.安排维修技师；

c.将文件夹放到作业管理板。

②服务顾问将维修项目与技师的技术水平结合起来。

针对维修项目，指派能满足该项目技术要求的维修技师来完成这项工作是非常重要的。每个技师都有自己独特的技能和认证，在分配工作时应充分考虑每个技师的特长。一个运行正常的售后服务部，汇集着具有不同专长的维修技师，每个人都有自己擅长的一些技能。因此，根据维修项目，将能发挥某位技师技能的车辆交给他，这有助于提高劳动效率，增加一次维修成功率，保证按时完成，也为车间工作安排提供了最大的灵活性。

③车间作业管理板的管理。

在相应维修技师的名字上放置装有维修工单的文件夹，指示出预定维修开始时间和预计结束时间。该结束时间是服务顾问根据标准作业时间估算出来的；在作业完成时间和取车时间之间，还应该为试驾、内容填写、再次报价等预留充足时间；服务顾问在与顾客商定取车时间的时候，应该充分考虑到这些因素。

④将此项工作安排给有能力完成该项工作的技师或者灵活调度，以确保在承诺交车时间内完成。

a.在各项维修项目实施之间，至少应该预留 15 分钟，以备可能出现的意外情况，因此，这个技师的下一项工作的开始时间应该在上一项工作完成后的 15 分钟内开始；

b.服务顾问应该随时检查作业管理板，以便确认下一步事项；

c.所有工作均按时开始；

d.所有工作均按时完成。

⑤如果车间容量已满，没有工位实施维修时，要重新选择或安排，在取得顾客同意之后，把时间调整到能开工维修的时间。

a.将顾客的不满度控制在最小范围内；

b.将时间高峰段的工作调整到不太忙的时候；

c.如果当天无法按照承诺顾客的时间完成时，为减少顾客的不满，尽可能向顾客提供一辆代步车；

d.服务顾问应该留意并调整未饱和工位；

e.如果有未饱和工位，试着安排其他内部或外部的工作；

f.根据顾客以前来店情况，核对顾客车辆维修履历，找出顾客来店维修保养的基本规律；

g.向顾客主动推荐特约店开展的促销活动，促使顾客到店；

h.服务顾问需要知道车间的生产负荷（维修技师的数量、专项技能和车间的工位数）；

i.服务顾问应该预估准确的维修时间（工时数）来保证一次维修成功率；

j.服务顾问分派任务并追踪进度。

（2）作业管理

这一步骤为维修技师提供一份清晰、详细的维修工单，使技师能够提高维修工作的质量和效率。顾客利益主要是及时完工和交车;特约店利益主要是最好的工作质量和最高的工作效率。

1)作业管理原则

①切实保质保量地完成顾客要求的所有维修工作,并按时交车。

②按照最高标准把顾客车辆修到最好的状态,使其感觉到在特约店消费物有所值。

2)作业管理要点

在这一步骤要做得成功,需要:

①进行质量检查程序以确保维修车辆一次修复成功。

②确保整个维修过程的质量保证,并在完工之前按照维修工单列出的修理项目进行完工检查。

3)作业管理要求

①技术信息(维修手册,服务信息等)。

②使用专业设备。

③使用专用工具。

④洗车设备。

⑤供等待维修及检验车辆的停车区。

⑥服务交车区。

⑦挂钟。

⑧悬挂的镜片(可选)。

7.2.2 质量检查阶段的工作内容

(1)汽车维修质量检验的含义

汽车维修质量检验是指采用一定的检验、测试手段和检查方法测定汽车维修后(含整车、总成、零件、工序等)的质量特性,将测定的结果同规定的汽车维修质量标准相比较,从而对汽车维修质量作出合格或不合格的判断。汽车维修质量检验是监督检查汽车维修质量的重要手段,是汽车维修户在整个汽车维修过程中必不可少的重要环节。

(2)汽车维修检验的目的

汽车维修检验的目的是:判断汽车维修后是否符合汽车维修质量标准和规范,向汽车维修户提供有关汽车维修质量方面的数据,代表托修单位(或下道工序)、代表汽车维修业户验收维修质量,进行汽车维修质量监督。对技术工人来说,如果他们知道有人检查他们的工作,他们就会花更多的时间来确保正确地完成自己的工作。通常,技术工人都会对自己完成的工作感到非常自豪,并且想得到别人对他们工作的专业质量的认可。

(3)汽车维修质量检验的方法

汽车维修质量检验的方法分为两大类:一类是传统的经验测试方法;另一类是借助各种仪器、仪表、检测设备对参数进行测试的方法。经验测试方法是凭人的感官检查、判断,带有较大的盲目性。仪器仪表测试可通过定性或定量地测试和分析,准确地评价和掌握车辆真实的技术状况。随着现代科学技术的进步,特别是汽车不解体检测技术的发展,人们有可能在室内或特定的道路条件下安全、迅速、准确地测试汽车的各种性能。

（4）汽车维修质量检验的工作步骤

汽车维修质量检验是一个过程，一般包括以下工作步骤：

①明确汽车维修质量要求。根据汽车维修技术标准和考核汽车技术状态的指标，明确检验的项目和各项目的质量标准。

②测试。用一定的方法和手段测试维修车辆或总成的有关技术性能参数，得到质量特性值的结果。

③比较。将测试得到的反映质量特性值的数据同质量标准要求作比较，确定是否符合汽车维修质量要求。

④判定。按比较的结果判定维修车辆或总成的质量是否合格。

⑤处理。对维修质量合格的车辆发放出厂合格证，对不合格的维修车辆查找原因，记录所测得的数值和判定的结果并进行反馈，以便促使各维修工序改进质量。

（5）汽车维修质量检验工作的职能

质量检验工作有三大职能：

1）保证职能

保证职能即把关职能，是指通过对原材料（外购配件、外协加工件）、维修的半成品进行检验，保证不合格的原材料不投产，不合格的半成品不转入下道工序，不合格的成品不出厂。

2）预防职能

通过检验处理，将获得的数据及时反馈，以便及时发现问题，找出原因，采取措施，预防不合格品产生。

3）报告职能

将质量检验的情况及时向企业主管部门和行业主管部门报告，为加强质量管理和监督提供依据。

（6）建立维修部门自己的质量检验程序

1）确定维修质量检查员

许多经销商发现由维修顾问来担任检验工作比较有利，因为维修顾问整天都跟着汽车，而且对客户需要什么都很熟悉，但在用维修顾问进行检验工作的过程中，要注意避免他们的检查范围铺得太广，以影响每天所填写的订单数。然而，如果他们花多点时间充分做好他们的工作，那么每笔维修订单的平均销售额就会增加，这里的标准指标是平均10分钟填写一份维修订单。如果某个维修顾问还兼做调度和检验工作的话，那么他可以用20分钟来完成一张维修订单。决定哪一个现有员工可以担任质量检验工作以及他们每天可以做质检工作多长时间，都要随同他们的其他职责一起考虑。一个维修检验员必须是一个有执照的驾驶员，他需要有良好的驾车记录，具有相应的汽车机械知识，并且他还要十分注意细节，办事有条理；同时必须有较高的素质，以及与维修部职员友好相处的能力。

2）明确任务

列出不同类型的维修任务和每项任务所必须检查的比例。例如，关于汽车发出吱吱嘎嘎声和气流噪声以及汽车发生振动的现象，通常需要实地测试，这是保证解决客户提出问题的唯一方法。在其他类型的维修中，可能只要检查整项工作的20%~50%。有历史返工情况的维修工作是必须检查的，保留返工日记，可以确定什么类型的维修任务频繁地出现。工作任务中所要接受检查的比例，会根据完成这项工作的技术工人的不同而变化，如果一个或两个技术工人有很多返工现象,那么这个检查的比例就要更大一些了。

3)确定每天要做的检验工作的数量目标

这个可以通过制定个人每日工作计划来完成。例如,一个维修部经理可将检验工作安排在每天上午 9~11 点和下午 3~5 点。此外,还需确立一个每天检验 20 项工作的目标,并设立日常报告程序。

维修顾问可能被分派在早晨高峰之后及顾客夜间提车之前进行质量检验工作。如果是维修顾问做检验工作,那就要尽量保证他们检验的是自己详细登记过的车辆。某个维修厂中,如果在车辆交到技术工人手中之前已有其他人进行过诊断,那么无论是谁做的诊断工作,他必须同时负责检验工作。大多数经营有方的经销商,通常要求技术工人在完成工作时,要重新再检查一下工作质量,如果有必要的话,还可以运用实地驾驶测试。维修部经理会要求对某些特定类型的维修项目进行实地测试,则需要在维修订单上写明进行了"实地测试"。如果公司能够设立一个检验区,挂有"在汽车离开我们维修厂之前,我们对它所做的所有工作都经过双重检验"的标牌,也能给顾客留下好印象。记住,顾客的满意来源于对商家的好印象。

4)制定检验程序的操作指南

检验程序的操作指南必须适合维修部的管理手段,下面所列的内容就比较典型。在一定程度上,它们可以适用于检验工作中的每一个人。

①复查维修订单上的每一个项目,以确保它们都符合顾客的要求。

②对列有性能投诉的所有车辆进行实地测试。

③快速检验所有车辆,以尽可能保持检验区的清洁。

④当检验工作完成并符合要求时,检验员应将车辆停放在指定的停放区。

⑤检验结束后,检验员应立即将维修订单交还调度员。

⑥检验员应告知调度员哪些项目没有维修或没有适当地完成、技术工人是否没有指出工作已完成或没有完成必需的项目清单。

⑦检验员应在与技术工人讨论维修任务之前,和调度员一起复查一遍所有的问题。

⑧对经检验员认可的车辆进行抽样调查(由维修经理或者由经销商来进行)。

⑨将没有通过检验的车辆退回到原来维修该车辆的技术工人手里。

⑩直到检验员对维修工作认可以后,才能标记技术工人的报酬。

像这样用在程序初始阶段的另一个工具是质量检验日记。质量检验日记对帮助每个人按检验程序办事的习惯很有用。每个在日记上签过名的人必须每天在新的表格上记录每次车辆检验,这些日记需在每天工作结束后交给维修经理,以核查检验工作是否执行及是否按照已建立的程序办事。同样,它也是对碰到问题的技术工人提供可用的建议或帮助的一种工具。

7.2.3 交流及交车阶段的工作内容

(1)交车准备

1)检查完工项目(交车前检查)

①服务顾问获取竣工车辆和钥匙。

a.车辆和钥匙的交接。

b.放入完工文件。

c.前台看板更新。

②维修人员共同检查完工项目,分析故障原因以及所采取的措施。同时,车辆部件以及维修过程更换的零件也要检查,以便向顾客汇报并提出专业性建议。最后,礼貌地说明额外维修项目,如添加玻璃水、四门润滑和装修喷漆等;确保车辆问题已完全解决并补充试驾过程所消耗的汽油。

2)检查维修结果

结合技术人员报告和派工单或报价单,检查维修结果是否满足顾客要求。

3)车辆清洁度

①检查完工车辆是否清洗干净以及顾客特别提到的部位。

②如果完工车辆不需要立刻交车,确保维修项目在承诺时间以内完成。

4)准备结算单

①步骤。

a.对照派工单、维修报告、零件价格和报价单的数据准备结算单。

b.再次核对结算单并向主管咨询。

c.清洁所更换的零部件,以便向顾客说明维修项目。

②准备结算单的原则。

a.精确——服务顾问应在顾客确认的维修项目的估价范围内计算费用。

b.迅速——维修工单转至服务顾问后,应立即作结账单。

c.清楚——顾客能清楚地了解费用的组成(所维修的项目、所使用的零部件)。

③如果在交车过程中没有提供结算单,往往会导致:

a.顾客不清楚服务细节,因此对维修项目表示怀疑,从而对特约店的服务能力产生担忧和疑虑。

b.员工无法说明维修项目,使顾客不情愿付费或从此以后不会再来特约店维修。

④当服务顾问无法亲自交付车辆时,应该做到:

a.在结算单上给顾客留言并罗列所有维修项目。这种情况下,顾客会感受到维修店的工作态度,同时也很容易掌握维修项目的细节。

b.如果需要将竣工车辆移交至特约店以外的地方如顾客家中,也要在交给顾客的相关文件中详细写明。

(2)说明维修项目和费用

1)要点

①与顾客一起结算车辆检查所有的维修项目和相关的费用。

②提醒将来需要进行的维修项目和日常保养。

③指出特约店为顾客提供的"免费"服务。

④感谢顾客的惠顾,送别顾客。

2)竣工后及时通知顾客

①当顾客过来取车时,和来店接待时一样,销售人员应主动向顾客问好,并告知维修完毕,此时可以对顾客说:"欢迎您回来,您的车已经维修完毕"。

②当顾客等待维修过程时,到顾客休息室告知维修项目结束,此时要对顾客说:"谢谢您的耐心等待,您的车已经维修完毕"。

3）保养项目说明

①征求说明：询问顾客是否希望了解完工项目的详细说明。

②维修细节介绍：向顾客说明完工车辆的性能；在介绍完工项目之前，当着顾客的面取下车辆防护三件套。

③要点。

a.根据派工单或交车单详细说明维修项目。

b.首先需要让顾客清楚故障车辆已经维修完毕，然后详细说明维修细节，如启动发动机、旧件展示等。

c.逐条说明维修细节（在什么地方、怎么做的等）。

d.涉及更换的零件时，需要向顾客展示换下的报废零件并说明其原因，同时听取顾客关于处理旧件的意见。

e.建议顾客下次保养时需要更换的零件。

f.主动向顾客介绍免费服务项目。

④检查车辆外观和顾客留在车内的物品：绕车一周查看车辆外观情况；检查顾客留在车内物品是否遗失；请顾客到接待台前核对维修费用说明。

⑤维修费用说明和结算。

a.再次确认维修项目。

b.维修费用说明：根据交车单说明零件及工时费，确认顾客能够完全清楚。

⑥收费。

a.收取现金、支票或信用卡，然后递交收银台。

b.除此之外，返还顾客交车单附件和其他相关资料。

⑦交车和目送顾客离开。

在服务过程中，所有的经历都应使顾客获得非常满意的感受。如果在此环节不认真对待顾客，比如不送行或者不重视交车等，可能会降低服务过程中顾客的满意度。因此，认真做好这个环节将有助于维持和提高顾客的满意度，并由此提高顾客对特约店的忠诚度。

7.2.4 跟踪回访阶段的工作内容

客户顾问负责对客户的跟踪回访，在回访前首先要整理出三天前交车的全部结算单，根据结算单记录的内容与客户通过电话取得联系。通话时要用标准话语，首先介绍本单位的名称及本人姓氏、职务，之后要说明此次沟通的目的和所需的时间。如客户方便接受访问就使用跟踪回访统计表记录客户对上次的服务是否满意；如客户表示不满意，应尽量了解客户不满意的原因并设法解决；如果是不能立即解决的客户信息，应及时转交相关部门经理处理。最后感谢客户接受本次访问并结束通话。相关部门经理要定期（一般按每周或每月）汇总跟踪回访统计表并及时上交给总经理，客户顾问要分析客户不满意的根源，由相关部门制定、实施改进方案和实施措施，由客户顾问或部门经理对提出有价值意见、建议的客户进行信息反馈。

（1）做售后跟踪回访的目的

通过售后跟踪回访工作，应做到除了在顾客购车以后及每次保养、检测时要好好维系顾客以外，还必须根据顾客的要求给顾客提供提醒服务，包括售后联络。

（2）跟踪回访的基本内容

售后服务人员应该定期分析并修改回访顾客流程。

回访的时间：应该在交车以后第3~5天与顾客取得联系比较合适。如果顾客在回访之前就投诉车辆或其他问题，那么这个回访是无意义的。如果是保修期内的维修，请一定及时联系或者第二天联络顾客，确认车辆状况。

回访的对象：所有到店接受过服务的顾客都是回访的对象。如果由于特约店系统设置的局限，无法与所有顾客取得联系，可以选择给顾客寄信的方式或者是既寄信又打电话，这个要根据顾客前来做服务的内容而定，或者根据顾客对回访的态度来决定。

执行回访的人：每家特约店都应该安排专职人员担任此项工作。如果有困难，销售人员或者保险业务员可以分担该工作。

回访工具：可以使用顾客信息表、电脑中的顾客信息以及结账单，所有以上信息都需要收集并及时更新。

1）回访前的准备

《维修工单》信息整理。

a.建立新顾客的《车辆维修档案》，参看表7.2。

表7.2　车辆维修档案

第一次维修内容							回访信息			
维修日期	维修项目	建议维修项目	行驶里程	服务顾问	工单编号	维修费	本次回访日期	下次保养里程	下次回访日期	下次回访内容
2006-5-9	更换机油滤清器、更换前刹车片	更换转向拉杆、前轮定位	15 679 km	王波	0509023	185.00	2006-5-12	21 000 km	2006-8-5	提醒顾客保养

b.更新来店老顾客的《车辆维修档案》。

2）回访工作的实施

①记录回访结果，参看表7.3所示的回访记录表。

表7.3　回访记录表

你对我们员工的服务态度满意吗？		你对我们的维修质量满意吗？		你对维修时间满意吗？		你对我们提供的休息场所满意吗？		维修工作是否在承诺时间内完成？		服务顾问是否说明结账内容？		服务顾问是否陪同您取车？	
是	否	是	否	是	否	是	否	是	否	是	否	是	否

②无效顾客回访的统计。

③分三个不同的时段尝试与顾客联系。

④如果无法联系到顾客,应邮寄明信片。

⑤记录无效顾客回访的原因。

⑥回访问题的设定。

⑦回访问题的统计与分析。

(3)如何进行回访

进行电话回访时,拨通电话后,首先要确认的是顾客的住宅电话或是手机,另外需要注意的是,不要拨错电话号码。如果电话拨错了,或者信息记录有误,要礼貌地道歉,另外要与销售部门取得联系,确认并修改电话号码,有必要的话,可以向电话公司查询。在询问对方是谁之前,先要自报姓名、公司名称及所在部门;先让顾客感到放松,才能引导顾客进行顺利地交流。在通报了自己的姓名之后,请确认接电话的是否为顾客本人,有时候家庭成员之间声音比较类似,容易造成误听。如果顾客本人不在,说明致电原因,感谢到店保养,以及了解车辆状况;如果是简单保养,如更换机油,则仅仅留下感谢信息,不需要再继续拨打电话,或者确认再次电话时间,确认可以给顾客打电话的时间,是打到顾客家里还是其他号码,以及什么时间方便;感谢接听电话(占用了顾客时间),然后留下信息。若为顾客本人接电话,首先对顾客来店表示感谢,然后陈述致电理由并询问顾客是否方便接听电话,确定后再要求顾客提供对车辆状况和特约店服务质量的反馈意见,回访的流程图如图 7.2 所示。

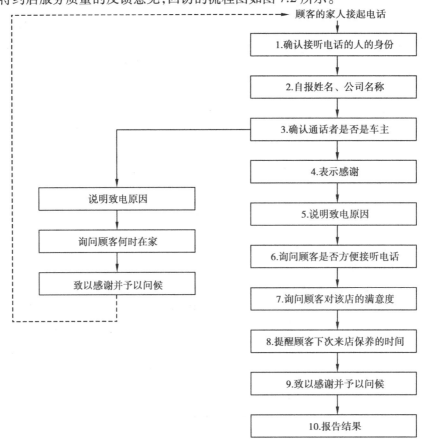

图 7.2　回访流程图

【小结】

本章重点讲述了维修接待技巧及接待员的职责和作用,一位合格的维修接待员应该学会如何与顾客之间营造和谐气氛并建立信任感。

练习题

一、单选

1.影响顾客内心期望的因素分为保健因素和(　　　)。

A.维修质量　　　　　　B.满意因素　　　　　　C.服务态度

2.维修企业要想有效益,企业的一切工作必须以(　　　)为中心。

A.顾客满意　　　　　　B.获取高利润　　　　　　C.诚信

3.(　　　)应该为经销部所提供服务的质量负责。

A.维修技术人员　　　　B.维修顾问　　　　　　C.维修部经理

4.(　　　)更欢迎晚间维修。

A.自我雇佣的人　　　　B.受雇于人的人　　　　　C.退休的人

5.(　　　)是增加服务销售量的有效方法。

A.培养顾客信任感　　　B.降低收费　　　　　　C.准时交车

6.服务工作完成以后的(　　　)天内给顾客打电话,询问一下汽车现在的情况,以及对服务是否满意等。

A.1~3　　　　　　　　B.4~5　　　　　　　　C.6~7

7.小型经销商的预约系统由(　　　)来负责。

A.专门员工　　　　　　B.调度员　　　　　　C.维修顾问

8.由维修顾问记录预约内容的,他们可以将以后(　　　)天的计划表保留在维修通道。

A.4　　　　　　　　　B.5　　　　　　　　　C.6

9.预先填制的预约维修订单应该在维修通道处按(　　　)顺序准备好。

A.时间　　　　　　　　B.字母　　　　　　　　C.预约

10.预约应排除开始工作后(　　　)内的高峰时段,并把预约计划均衡地分派到全天。

A.半小时　　　　　　　B.一小时　　　　　　C.两小时

11.为每个服务顾问安排合适的预约时间,1小时(　　　)台车,留一个空余车位给未预约顾客。

A.3　　　　　　　　　B.4　　　　　　　　　C.5

12.使用原厂的纯正零件,保修期为(　　　)个月。

A.6　　　　　　　　　B.10　　　　　　　　C.12

13.在各项维修项目之间,至少应该预留(　　　)分钟,以备可能出现的意外情况。

A.10　　　　　　　　　B.15　　　　　　　　C.20

14.主要的顾客利益是(　　　)。

A.及时完工和交车　　　B.最好的工作质量　　　C.最高的工作效率

15.经验测试方法是凭人的(　　　)检查、判断汽车维修质量的。

A.视觉　　　　　　　B.嗅觉　　　　　　　C.感官

16.如果维修顾问兼做调度和检验工作的话,那么他可以用(　　)分钟来完成一张维修订单。

A.15　　　　　　　　B.20　　　　　　　　C.25

17.对列有性能投诉的所有车辆进行(　　)。

A.实地测试　　　　　B.质量复检　　　　　C.复查维修单

18.在检验结束后,检验员应立即将维修订单交还(　　)。

A.调度员　　　　　　B.维修顾问　　　　　C.技术工人

19.结合派工单和(　　),检查维修结果是否满足顾客要求。

A.报价单　　　　　　B.技术人员报告　　　C.维修报告

20.维修中涉及更换的零件(　　)。

A.做废弃处理　　　　B.直接返回厂商　　　C.向顾客展示并说明其原因

21.原始档案的保存以(　　)为保管顺序。

A.车牌号　　　　　　B.维修时间　　　　　C.顾客姓名

二、多选

1.顾客满意度与(　　)有关。

A.品质　　　　　B.态度　　　　　C.服务　　　　　　D.价值

2.国内外的经销部都存在的问题是(　　)。

A.不能人性化地接待顾客,对顾客的需求不够关注

B.不称职,维修工作不能按时完成

C.与不称职的工作相对的高收费

D.不方便,不在顾客要求的时间内与他们联系

3.在汽车维修中,保健因素有(　　)。

A.将车辆的故障排除　　　　　　　　B.在预定交车的时间内交车

C.正确地判断故障　　　　　　　　　D.维修质量

4.在汽车维修中,满意因素有(　　)。

A.被理解　　　　B.感到受欢迎　　　　C.感到自己很重要　　D.感到舒适

5.为了使顾客成为回头客,维修部员工应该努力做到(　　)。

A.推荐车辆的保养方法　　　　　　　B.填写好维修工单

C.填写好维修顾问的工作日记　　　　D.列出车辆检查单

6.顾客到 4S 店修车最好选在(　　),避开工作繁忙的时候。

A.星期一　　　　　B.星期二　　　　　C.星期三　　　　　D.星期四

7.(　　)是预约顾客来店的注意事项。

A.避免顾客到店后,由于顾客较多,造成停车位、顾客人满为患

B.顾客的预约维修项目被简化或被拒绝

C.顾客感觉预约服务工作敷衍了事

D.顾客预约到店后等待办理接车手续时间过长而产生不满

8.维修工单核对表包括(　　)。

A.时间　　　　　　　　　　　　　　B.费用

C.对维修的准确预估　　　　　　　　　　D.顾客信息

9.要按照对顾客承诺的时间和修理内容分配工单,应考虑的标准是(　　　)

A.质检　　　　　　B.时间　　　　　　C.设备　　　　　　D.技师

10.车间的生产负荷包括(　　　)。

A.维修技师的数量　　B.专项技能　　　　C.车间的工位数　　D.设备的工作能力

11.汽车维修质量检验工作的职能是(　　　)。

A.保证职能　　　　B.监督职能　　　　C.预防职能　　　　D.报告职能

12.一个维修检验员必须有(　　　)。

A.驾驶证　　　　　　　　　　　　　　B.良好的驾车记录

C.相当的汽车机械知识　　　　　　　　D.令人愉快的性格

13.准备结算单的原则是(　　　)。

A.精确　　　　　　B.清楚　　　　　　C.迅速　　　　　　D.详细

14.售后服务人员定期讨论并修改回访顾客流程的内容包括(　　　)。

A.回访的时间　　　B.回访的对象　　　C.执行回访的人　　D.回访工具

三、判断

1.顾客满意第一定律——杠杆比24倍,就是一个顾客抱怨的背后代表有24个相同的抱怨声音。(　　　)

2.顾客满意第三定律——扩散比12倍,即一个不满意的顾客对企业造成的损失需要12个满意的顾客创造出的利润才能平衡。(　　　)

3.顾客满意第三定律——成本比6倍,就是吸引一个新客户的成本是维护老客户的6倍。(　　　)

4.没有顾客抱怨就表明顾客很满意。(　　　)

5.质量服务部的运作有两个基本目标:确保维修部提供高优质服务;使顾客认识到管理者为保证服务质量所作的努力。(　　　)

6.优质服务是利润之源。(　　　)

7.中型经销商由维修顾问来负责维护预约系统。(　　　)

8.由预约秘书来记录预约内容的,那么他们可以将未来计划放在当前计划的下面。(　　　)

9.一旦顾客失约,维修顾问要立即将"没有绩效"的现象通知调度员。(　　　)

10.在约见的前一天晚上打电话给顾客以再次确认约见的日期和时间。这是我们现在所知道的能保证顾客依约而来的最有效的方法。(　　　)

11.在预约时,如果有任何顾客是潜在的新车或二手车购买者,要交一份有说明的表格副本给销售部。(　　　)

12.有的车辆故障可能需要试驾才能确认,尽量与顾客一起试驾。(　　　)

13.如果车间容量已满,没有工位实施维修时,应将时间高峰段的工作调整到不太忙的时候。(　　　)

14.维修作业完成的时间就是顾客取车的时间。(　　　)

15.如果用到维修顾问做检验工作,那就要尽量保证(可能的时候)他们检验的是他们详细登记过的车辆。(　　　)

16.如果某个维修厂中,在车辆交到技术工人手中之前已有其他人对其进行过诊断工作,

那么无论是谁做的诊断工作,他必须同时负责检验工作。(　　　)

17.通常,维修部经理会要求对某些特定类型的维修项目进行实地测试。(　　　)

18.由维修经理或者甚至由经销商来对经检验员认可的所有车辆进行调查。(　　　)

19.交车时需要向顾客说明特约店为顾客提供的"免费"服务。(　　　)

20.当顾客过来取车时,和来店接待时一样,此时可以对顾客说:"谢谢您的等待,您的车已经维修完毕"。(　　　)

21.客户经理要分析客户不满意的根源,由相关部门制定、实施改进方案和实施措施。(　　　)

四、简答

1.顾客满意度的含义是什么?

2.优质服务对维修企业的作用有哪些?

3.预约系统的优点有哪些?

4.维修工单的填写有哪些要求?

5.预约顾客来店的原则是什么?

6.汽车维修检验的目的是什么?

7.汽车维修质量检验的工作步骤是什么?

8.汽车维修质量检验的含义是什么?

9.交车阶段的作用是什么?

10.如果在交车过程中没有提供结算单,会出现什么情况?

11.跟踪回访顾客具有哪些优点?

五、论述

1.如何使顾客成为回头客?

2.怎样使顾客满意?

第 **8** 章
业务接待及接待礼仪

维修服务管理很大程度上就是与顾客沟通,向顾客推销维修服务。本章主要讲述在进行业务接待过程中的行为规范以及与顾客沟通的方式和技巧。

8.1 业务接待

8.1.1 业务接待的作用

大多数汽车维修企业或专业维修中心(站)都设有业务接待部门。业务接待部门由业务经理、试车员或业务接待员组成,负责承接车辆维修的业务工作,以及与之相关的涉外服务、档案管理等。

业务接待是维修企业进行业务活动的第一个环节。进厂维修的车辆,客户第一个见到的就是业务接待人员。业务接待人员的工作水平及工作质量,不仅对整个企业的维修质量有特别重要的意义,而且还会影响到客户对企业的第一印象。因此,提高业务接待人员的工作质量,是维修全面质量管理的重要内容。

接待顾客的态度对企业的形象关系重大,应该尽可能地主动、热情、耐心,因为它会给顾客留下深刻的印象,而顾客的印象直接影响着企业的信誉及营销。从顾客将车开进标志清晰的企业停车场时起,对顾客的接待活动就开始了,停车场的位置应尽量靠近顾客接待中心,同时,顾客接待中心的门口当然应该是整洁的,标志要醒目或时尚。顾客进入接待中心后,应该使他立刻感受到友好、真诚的气氛,首先要给他以热情的问候,服务处接待员和顾客谈话时,应做到语气委婉,详细回答顾客的提问,尽量争取顾客的满意。因为,大多数顾客常常自觉或不自觉地通过对企业的认可度和信任度来作出自己的决定。对于走进接待中心的顾客能不能够成为真正的客户,并成为忠实的顾客,或者下次是不是还光顾这家企业,或是经常地更换地方。这一切,顾客服务处接待员有着不可推卸的责任。不满意的顾客还会在其他场所抱怨自己的不满,这种影响会产生不可估量的损失,因此,企业要重视业务接待工作。

8.1.2 业务接待的职责

业务接待的首要职责就是让"顾客满意"。完成这一职责的前提是和顾客友好地交谈,包括仔细倾听、耐心回答、解释相互的关系和权利,给出一个合理的、专业性的建议。汽车对大多数顾客来说,在精神上和物质上都占据很高的地位,并且常常是他财产的重要组成部分。为此,最好是同顾客一起检查车辆,检查时应仔细、认真,像对待自己的车一样爱护顾客的车,这样肯定会赢得顾客的信任。

业务接待人员的工作质量包括两方面的内容,即服务质量和业务质量。

(1) 业务接待人员的服务质量

服务质量,简单地说就是业务接待人员在接待客户时的周到程度。业务接待人员服务质量水平的高低受多方面因素的影响,即:

①个人的自身条件,如个人的性格、性别、气质等。一个性格开朗、热情、气质好的业务接待人员自然会给人留下良好的印象。

②个人的修养。文化素质高、善于交谈、彬彬有礼的接待人员会赢得顾客的好感。

③个人的事业心。一个富有强烈进取精神和事业心的人,自然能够认认真真做好自己的工作。

④知识技能。作为汽车维修的业务接待人员应懂得市场营销学、消费心理学,同时还应具备汽车维修知识、法律知识等。

⑤社会环境。主要是指行业的主管部门以及有关执法部门对企业的限制程度、支持程度。

⑥企业的管理机制。企业的管理结构主要是指企业本身管理模式以及企业管理者赋予业务接待人员的权限。

⑦竞争对手的情况。一个没有竞争对手的企业是很难把服务质量做得很完满的。总之,业务接待人员的服务质量情况除了受个人自身条件的影响外,加强其培训和管理工作,提高其素质,是提高服务质量的有效办法。业务接待人员的服务质量可以通过客户抱怨、纠纷频率进行考核,也可以通过发放客户满意调查表进行统计。

(2) 业务接待人员的业务质量

业务质量是指业务接待人员完成自身业务工作,使客户达到满意的程度。业务接待的业务质量工作包括以下几项内容:

①做好维修车辆的情况登记。内容包括:车辆的牌照号、厂牌、车型、客户名称、地址、联系电话、发动机号、底盘号、颜色等。对于新来客户,还应详细查明以前的维修情况,为档案管理打好基础。

②拟定完善的维修方案。在制订维修方案之前,应认真听取用户对车辆的故障陈述和客户的特殊要求,查明故障的真实部位。如对故障情况不明确时,应亲自试车,并与其他人员共同讨论;对于需要解体某些部位或总成才能确定故障时,应与客户商定,得到客户同意后拟定维修方案。

③开具详细的任务委托书。在拟定维修方案以后,开具任务委托书。任务委托书中的维修内容要详细,力求做到维修项目是检查某个部位,拆装或维修某个零部件;对于只能拆检后才能确定故障的情况,业务接待人员应亲自到现场查看,然后补足缺少的内容。

开具后的任务委托书应请客户过目,待无异议后,请客户在委托书上签字。

④对于客户不能等待接车和当天不能完工的车辆,在办理车辆入厂登记时,应查明车辆中所存物品及其他不愿修理的故障情况,如车上是否有备胎、车身是否有划痕、空调机、收录机是否正常等;对于车上有贵重物品的车辆,最好请客户将贵重物品带走或自己妥善保管起来,避免出现不必要的纠纷。

⑤业务接待人员应经常到维修现场,以便更多地掌握车辆的维修情况,其中包括更换的零配件情况、故障的发生机理等,这是业务接待人员不断提高故障诊断能力的最有效途径。

⑥对于在维修过程中出现的新故障或的确需增加维修项目时,应及时与客户讲清楚。如果客户不在现场,应通过各种方式及时联系客户并如实地告知客户具体情况,避免在结算时费口舌,甚至给客户留下不好的印象。

⑦车辆修竣以后,业务接待人员应查看车辆,确认进厂报修单上所有维修内容已经全部完成,再通知客户接车、结算。

⑧在通知财务结算之前,接待员应把维修中的大致情况和所要花费的维修费用告诉客户,这也是赢得用户信赖的重要工作之一。

⑨在通知财务结算时,对于一些小的花费,业务接待人员切不可斤斤计较,特别是对于一些新来的客户应给予一定的优惠,决不能因小失大,一切应从长计议。

⑩客户结算后,要离开企业时,业务接待人员切不要忘记与客户攀谈几句,道上一声"走好""再见""欢迎再来"的话,送上一件小纪念品。

⑪做好客户档案管理工作。档案管理工作是业务接待人员向企业经营者提供市场情况的重要资料之一。业务接待人员很可能在与客户接触时并没有注意到有关客户的更多信息,通过整理档案,也许会发现很多有用的东西。如果条件允许,收集一些有关客户的情况,如客户单位的经营情况、主管领导的情况等内容记入档案之中,这样的档案是非常有价值的。

⑫经常与客户保持联系也是业务接待人员的一项工作内容。在客户离开以后,隔一段时间给客户打个电话,询问一下有关维修车辆的情况以及对本企业工作的反映,这样会增进与客户的感情。

⑬练就一副"火眼金睛"。业务接待人员应学会擅记人名的本领,在客户第二次来厂时,业务接待人员如果能叫出客户的名字,那么客户一定会非常愿意与你再次合作。

⑭学会与"挑剔"客户打交道的本领。在接待的客户中,有些客户做事很粗犷,对什么事从不斤斤计较,而有些客户做起事来可能很认真,甚至非常"挑剔"。凡是遇到这种客户就更应该认真对待,从接待开始对每一项内容都应仔细、耐心地去做,凡遇到问题应及时与之商量,使其无挑理的机会。只要把业务接待工作都做得很完美,那么他将是最好的宣传媒介。

业务接待的工作内容是相当繁杂的,但也是非常重要的。业务接待员面对的是双重用户,即企业内部的维修人员和广大客户,而业务接待员在中间起着纽带和桥梁的作用。因此,做好接待工作,将对推行维修全面质量工作起着推动作用。

8.1.3 业务接待的职业道德修养

(1)职业道德修养的含义

修养是指一个人在政治、学识、道德、技艺等方面自觉进行学习、磨炼、涵养和陶冶的功夫,以及经过长期努力所达到的某种能力和素质。

所谓道德修养,就是人们为了提高自己的道德素质而在思想品质和道德行为等方面的自我教育、自我锻炼、自我改造。职业道德修养是道德修养的一个重要方面,它是从业人员依据职业道德原则、规范的要求,在职业认识、职业意志、职业情感和职业信念和行为等方面自我教育、自我锻炼,以提高自己的道德素质,做好本职工作。

(2) 职业道德修养的内容

①职业道德情感的修养:主要是培养热爱本职工作的道德情感、培养热爱集体的道德情感和培养社会主义的职业幸福观。只有热爱本职工作、敬业勤业,热爱自己生活的集体,关注企业的命运,为企业发展作出贡献,内心就会感到无比光荣和自豪,表现在工作上才有积极主动的工作态度,有认真负责的职业行为,有不怕困难、不畏压力的勇敢精神。

②职业道德认识的修养:指汽车维修从业人员通过职业道德理论的学习,明确汽车维修服务工作的作用和地位,明确汽车维修从业人员的职业道德规范。

③职业道德信念的修养:是产生职业道德行为的内在推动力。道德行为往往是人们的自觉行为,这种行为不是来自行政权力规定"必须做"的,而是来自人的自觉自愿"应该做"的,是为了实现理想目标而自然迸发出来的行为。

④职业道德行为习惯的修养:是指在职业活动中,人们在道德意识支配下表现出来的有利于他人、集体和社会的行为,它的养成需要一个反复磨炼的过程。在这个过程中,职业行为总会有不完全符合职业道德要求的方面,这就要求不断地自我检查,不断地矫正自己的行为方向。有了一辈子做好事的思想信念,就一定能培养成良好的职业道德行为习惯。

(3) 职业道德评价的形式

汽车维修业务接待员的职业道德评价,是通过行业舆论、社会舆论、职业传统习惯和人们的内心信念四种形式来进行的。

①行业舆论评价:指行业内尤其是本企业内有工作联系的人员通过互相监督、互相评议、互相感染,促进良好的群体意识和职业精神的形成。

②社会舆论评价:主要是指汽车维修服务对象——汽车车主对托修车辆维修质量和汽车维修人员的工作水平和道德素质进行评价。

③传统习惯的评价:即评价道德行为善恶时,人们总会先看某一行为是否合乎习俗,是否反常,把这作为最起码的标准。从另一个角度看,道德行为往往只有成为人们日常的行为习惯,成为社会一定的道德风尚,才算达到它应有的成就。

④内心信念的评价:是指以人的道德信念即道德责任感来评价人的道德行为。它是以良心上的自我谴责或自我满足的形式来进行的,即以强烈的责任感作为人们对行为进行善恶评价的内在动力和强制力。

8.1.4 业务接待的行为规范

(1) 站立规范

女士:抬头,挺胸,收紧腹部,肩膀往后垂,两腿直立,两脚夹角成 45°~60°,身体重心落在两个前脚掌,站的时候看上去有点儿像字母"T",因此人们称之为"基本 T"或者"模特 T"。站立时好像有一条绳子从天花板把头部和全身连起来,感觉很高,身体都拉起来了,这就是正确的站姿。站起来应该是很舒服的,很大方的,人显得总是镇定冷静、泰然自若,手轻轻地放在旁边。

男士:挺胸,抬头,收紧腹部,两腿稍微分开,脸上带有自信,也要有一个挺拔的感觉。

(2)**行走规范**

走路要尽量走成一条直线。

女士:抬头,挺胸,收紧腹部,肩膀往后垂,手要自然地放在两边,轻轻地摆动,步态要轻盈,不能够拖泥带水,要想到有一条绳子从天花板垂下把头和身体连在一起,走起来高很多,而且要有信心。在转弯以后,两脚依然要保持"丁"字形。

男士:脚步不用太轻,也不用走"丁"字形,但一定要稳健,抬头挺胸,充满自信。

(3)**就座规范**

女士:腿进入基本站立的姿态,后腿能够碰到椅子,从椅子的左侧进入,轻轻坐下来;两个膝盖一定要并起来,不可以分开,腿可以放中间或放两边;两手叠放于左右腿上,两条腿是合并的,绝不能分开。

男士:膝部可以分开些,但不宜超过肩宽,更不能两腿叉开。如长时间端坐,可双腿交叉重叠,但要注意将上面的腿向回收,脚尖向下。

入座时要轻,至少要坐满椅子的2/3,后背轻靠椅背,身体稍向前倾,表示尊重和谦虚。不正确的坐法:两腿叉开,腿在地上抖动,腿翘得太高。

(4)**下蹲规范**

女士:下蹲时不要光弯腰,臀部向后撅起,这非常不雅,也不礼貌。正确的方法应该弯下膝盖,两个膝盖应该并起来,不应该分开,臀部向下,上身保持直线,这样的蹲姿就典雅优美了。

男士:没有严格的要求。

(5)**见面规范**

见面时在一般情况下,应是男士向女士先打招呼致意,所谓"打招呼男士为先,握手女士为先",但当对方是客户或上司时应主动招呼。

当对方打招呼,应立即有所反应,作出积极又成熟的表示,微笑回应一下,向对方致意时也应保持微笑。

(6)**握手规范**

握手时,伸手的先后顺序是上级在先、主人在先、长者在先、女性在先。伸出自己的手与对方的手相握,同时启动的应该是你的身体向前倾;握手时,应站起来握,如果你是坐着的,有人走来和你握手,你必须站起来。

标准的握手姿势应该是平等式,即大方地伸出右手,用手掌和手指用一点力握住对方的手掌,男士女士同样适用。握手的力度要适当,过重过轻都不宜,尤其握女士的手,不能太重。握手的时间通常是3~5秒钟,匆匆握一下就松手,是在敷衍;长久地握着不放,又未免让人尴尬;别人伸手同你握手,而你不伸手,是藐视对方,是一种不友好的行为;无论男女长幼,谁先伸手都可以。握手时,不可把一只手放在口袋;握手的一刹那,应该面带微笑,双目注视对方,显得你非常有诚意,而且充满了友善。

(7)**介绍规范**

介绍时应按顺序先将男士介绍给女士,将年轻者介绍给年长者,将职位低者介绍给职位高者,将晚到者介绍给早到者;介绍时,最好先用"请允许我向您介绍"或"让我来介绍一下"或"请允许我自我介绍"之类的礼貌用语作引子,这样既不会唐突,也显得彬彬有礼。如果在介绍他人时不能准确知道其称呼,则应礼貌地问一下被介绍者:"请问你怎么称呼?"介绍时的姿态应是面向对方,伸出手做出介绍手势,介绍手势是手掌向上,五指并拢伸向被介绍者,千万不能用手指指点,因为这样做太粗俗。当别人介绍到你或对方向你自我介绍后,你应该有所表示,或微笑或握手或点点头,如果你正坐着,应该起立,如有些不便,则点头微笑或者稍欠欠身表示礼貌。

(8) 交谈规范

①交谈时,应面对面,目光注视对方,距离最好在 2 m 以内,但不要靠得太近。

②交谈时,应用表情、动作或语言对对方的谈话有所反应,让对方感受到你对谈话的态度。

③交谈时,应耐心听对方讲话,不要随便打断对方,另外还可用对方最后的话来发挥,帮助对方扩展话题,提高交谈兴趣。

④交谈时,应该想好了再讲话,讲话的速度要慢,可以把话缩短分段,这样听起来有节奏感也有说服力,给人一种有条有理的印象。另外,讲话的措辞应得当,交谈时如赞美对方也要注意恰如其分。

⑤交谈时,不要提会使对方反感的话题,即使是敏感的内容,也要以善良真诚的心态和语言去谈论。

⑥交谈时,"请""谢谢""对不起"常挂在嘴边,会产生愉快的气氛,这应该成为业务员的口头禅。

⑦交谈时,应称呼对方的职务、职称,如"×经理""×教授"等;无职务、职称时,称"×先生""×小姐"等,而尽量不使用"你"字,或直呼其名。

⑧交谈时,对不同的说话对象应有不同的语气,对上司要尊重谨慎,对同事要用亲切商量的语气,对长辈要恭敬,对客户要亲切尊重。

⑨交谈时,适当地重复对方的话,既能够确定对方谈话内容加深自己记忆,也可以表示你是认真地在听对方说话。

⑩交谈时,应控制自己的情绪和举止,千万不能手舞足蹈。

⑪交谈时,因故必须离开时,应向对方道声"对不起",表示歉意说明理由以求得谅解。

⑫交谈时,如有些话题你不好意思提起却又不得不提时,不妨用"为了慎重起见"做开场白,这样既不会得罪对方,又能让彼此都能解决问题。

⑬如对方在交谈中表示无礼,你应宽容和克制。

⑭如果对方对你的讲话表现出焦急、不耐烦、心不在焉的神态,你应及时巧妙地转换话题或中止自己的讲话。

⑮交谈时避免用"好""不好"之类的答话,过于简单的答话是拒人千里的表示,结果自然会让对方感到你不愿交谈。

⑯交谈最后,如果需要强调某个话题,讲话时语言要清晰,明确有力,这样会给对方留下深刻印象。

(9) 名片的使用

①名片不要和钱包、笔记本等放在一起,原则上应该使用名片夹,可放在上衣口袋(但不可放在裤兜里),要保持名片或名片夹的清洁、平整。

②递名片的基本次序是由下级或访问方先递名片,如是介绍时,应由先被介绍方递名片。

递名片时,应说些"请多关照""请多指教"之类的寒暄语。

③互换名片时,应用右手拿着自己的名片,用左手接对方的名片后,用双手托住;要看一遍对方职务、姓名等;遇到难认字,应事先询问;在会议室如遇到多数人相互交换名片时,可按对方座次排列名片。

8.2　接待礼仪

8.2.1　身体语言及运用

(1)目光

与客户交流时,应注视对方的眼睛,不要不停地眨眼和移动眼神。如果这样做,对方会认为你是不礼貌、不真诚的。在交流中的注视,绝不是瞳孔的焦距收缩、紧紧盯住对方的眼睛,这会使对方感到尴尬,交谈时正确的目光应当是自然地注视;道别握手时,更应该用目光注视着对方的眼睛。

(2)微笑

微笑可以表现出温馨、亲切的表情,能有效地缩短双方的距离,给对方留下美好的心理感受,从而形成融洽的交往氛围。面对不同的场合、不同的情况,如果能用微笑来面对,可以反映出自身高超的修养、待人的至诚。微笑还是人际关系中的润滑剂,是广交朋友、化解矛盾的有效手段。微笑要发自内心,不要假装,要想象对方是自己的朋友或亲人,就可以自然大方、真实亲切地微笑。

(3)交谈时积极的身体语言

与客户坐在一起交流时,应保持上身前倾,多次点头,保持微笑。

(4)安排座次

相对于客户,你坐在或站在什么位置十分重要。通常主宾坐在右侧,主人坐在左侧。译员、记录者则分别安排坐在主宾和主人的身后;如果会谈桌一端朝向正门,即纵向摆放时,则以进门方向为准,右侧为客方,左侧为主方;在会议室安排座位时,门口的右侧为客人席,左侧为主人席,远离门口的为上席。

(5)距离

每个人都有属于自己的空间区域,不喜欢别人侵入,因此,在社交活动中应注意以下几种情况。

①亲密区域:没有距离约束。

②私人区域:半径在 0.5 m 之内,这个范围适于亲密的朋友、同事和那些与之在一起会让人感觉很舒服的人。私人区域即可接触区域只适于很亲近的朋友和亲属。如果是被并不十分了解的人侵入了这个距离,则会让人感到各种不适,对有些人来说甚至会很痛苦,因此,被迫闯入别人的这个空间时,应该首先表示道歉。

③社交区域:半径在 0.5~1 m,这个距离适用于业务、陌生人及正式场合。

④公共区域:半径在 1 m 以上。

根据以上理论,为提高客户进入公司后的舒适感。当客户进入大厅后,业务员应与客户保持 1 m 以上的距离,与客户进行交流时,应保持 0.5 m 以上的距离。

8.2.2 与客户沟通的技巧

(1) 沟通的含义

沟通就是为了达到设定的目标,把信息、思想和情感在个人或群体间传递,并达成共同协议的过程,即把可理解的信息和思想在两个或两个以上人群中的传递和交换的过程。沟通的基本内涵:

①沟通是一个完整的行动过程。

②沟通是一种信息的分享活动,双方在传递、反馈等一系列过程中获得信息,包括情感的交流。

③沟通不是一般意义上的单向的信息传递,而是通过双向的信息互动、情感交流,使双方认识趋于一致、行动趋于协调。

在维修部门中,接待员通常是以当面交谈和打电话的方式与顾客进行沟通。沟通主要包括 3 个基本要素:

第一,沟通一定要有一个明确的目标。如果大家来了但没有目标,那么不是沟通,而是闲聊。沟通就要有一个明确的目标,这是沟通最重要的前提。沟通时说的第一句话,就是说出你要达到的目的,这是非常重要的,也是你的沟通技巧在行为上的一个表现。

第二,要达成共识、达成共同的协议。沟通结束以后一定要形成一个双方或多方都共同承认的一个协议,只有形成了这个协议才称为完成了一次沟通。在实际的工作过程中,常见到大家一起沟通过了,但是最后没有形成一个明确的共识,由于对沟通的内容理解不同,又没有达成共识,最终造成了工作效率的低下,双方又增添了很多矛盾。在明确了沟通的第二个要素的时候,你应该知道,在和别人沟通结束的时候,一定要用这样的话来总结:"非常感谢你,通过刚才的交流我们现在达成了这样的共识,你看是这样的吗?"

第三,沟通信息、思想和情感。沟通的内容不仅仅是信息,还包含着更加重要的思想和情感。事实上,在沟通过程中,传递更多的是彼此之间的思想,而信息并不是主要的内容。信息是非常容易沟通的,而思想和情感是不太容易沟通的。在平常工作的过程中,如果思想和情感无法得到一个很好的沟通,则将会导致互相之间工作不协调、关系不融洽。

(2) 与顾客沟通的重要性

任何一种商业活动中的大多数商业问题及顾客不满的根源都是失败的沟通。顾客满意指数是建立在顾客的感觉之上的,而这种感觉正是通过沟通被积极或消极地影响着。顾客是企业工作的对象,他们是销售的来源,是盈利的基础,并且是企业能够存在的基础。"销售"意味着给顾客提供服务并使他们满意,提高对顾客销售的主要方法是通过学习和运用优秀的沟通技巧。沟通的技巧在于如何巧妙运用读、写、说及听这些基础工具,这些沟通的技巧和其他技巧一样,也是需要学习的。

(3) 接待顾客的法则

和顾客的每一次细微接触都是一次建立商业上联系的天赐良机,应抓住机会建立与顾客的销售关系,这样做将有机会给企业多争取一个客户、增添经济效益,随之而来的是个人的额外加薪、晋升及提高责任范围等个人机遇。

①问候你的每一位顾客,确认顾客的需求,并做一切你能做到的事情,尽量满足对方。

②如果来了新的维修顾客,向每一位致以问候,并让顾客放心你将按次序接待他们。向顾客主动问候,使他们感到亲切、感到温馨,这是赢得顾客信任的好方法。每一位顾客都是怀着一个火烧眉毛的心情,带着问题风尘仆仆而来,目的是寻求解答。当你赢得了顾客的信任,就等于掌握了销售的主动权。

③要是电话铃响了,此时你又在忙,可以迅速地接起电话说:"您好,现在我正与一位顾客谈事情,可以稍候给您回电话吗?"眼前的事情办理完后,一定要回拨电话。

④如果你的一位同事打断了你们的会谈,若这将持续30秒以上,应征求顾客意见,获得允许后去同事那儿。否则,显得对顾客不礼貌,容易引起顾客的不愉快,甚至是反感。

⑤大多数顾客都能理解一个人无法在同一时间内完成两件事,如果顾客在这时得到及时的问候、一杯免费的咖啡,就会在心理上获得一些安慰,他们会耐心等待而不对经销商产生一丝坏印象。实际上,热情的服务以及有条理的办事将给予顾客一个比较良好的印象。当然,在直接的面谈中,除了有秩序地接待顾客外,还要注意服务态度。

顾客来到维修部无疑只有一个原因:他们的汽车有某种需求。记住每位顾客的需求,对企业来说,都是一次商机,哪怕是他们的抱怨也是如此。因此,把每位顾客都视为建立商业联系的机会,应该以热情的态度打下良好的基础,给人留下一种该企业不仅仅是负责修理汽车的,更是为了给顾客提供帮助的印象。在维修顾问或维修接待的言谈、表情及外表中,要用一种积极的、热情的态度去沟通,顾客的满意将会扩大企业的市场份额,提高企业的市场竞争能力。

(4)提高沟通技巧

沟通技巧不仅给顾客留下良好的印象,也给维修顾问捕捉商机创造了条件。

1)聆听

仔细聆听的秘诀是聚焦。全神贯注于顾客所言,同时应保持与顾客的眼神沟通,一边聆听,一边整理你接收到的信息。辨识出要点,进行记录,这样做让顾客感到对方关切着自己。如果顾客会注意到你缺乏专心,同样会分散注意力,使你错过有价值的信息。

2)观察

观察将为你提供有关顾客的线索。通常,人的心理状态表现在眼神、面部表情上,因此,通过仔细观察顾客的表情,可以大概估计顾客的难处以及欲望;通过观察,可以大概判断顾客购车态度是积极的、中性的还是消极的;通过观察,可以了解到顾客对待自己的汽车是精心护理的,还是粗心大意的。仔细观察顾客及他的汽车,将帮助你比较准确地掌握顾客线索,有助于与顾客的沟通。

3)提问

用开放式的提问来获得你所需信息,询问像谁、什么时候、在哪儿及为什么等类似问题。当你能重申顾客的埋怨、处境或需求及他们要求的补救措施,从而使一切又回到顾客满意的范畴,这就是提问的技巧。

在销售中,用聆听与观察相结合的方式提问,基本上有以下3种形式的问题:概括性的、具体性的、领导性的。

①概括性的问题拥有开放式的回答。它们本质上比较自由开阔,这样顾客就有充分的空间来回答。它们通常以"什么"或"怎样"作为开头,"你的问题是什么?""今天我能怎样帮助你?"

②具体性的提问引领顾客的兴趣,转向销售上的诱导。比方说,当你在处理顾客的问题时,问道:"让我们为您出面解决,您看好吗?"具体性的提问索求一个单一话题的详细情况;具体性的问题帮你理清顾客正在谈论内容的头绪。这对维修部技术人员来说,获取相关信息显得尤为重要。

③领导性的问题是为了得到想要的答案而设计的。提问的方式应该迫使顾客接近销售这一主题,例如:"您不愿意您的刹车控制器凌驾于您之上吧,是吗?"

4)检验

寻求反馈信息并验证它,这在与顾客的沟通中十分重要。在维修部中,检验意味着仔细地验证,以此来保证在维修部和顾客间已达成一致共识。对于检验反馈有 3 个目的:

①确认对顾客的抱怨及需求的理解。顾客很有可能没有将自己的需求表达清晰或完整。因此,运用验证技巧来保证顾客已说出了想要说的话,并且你也正确无误地接收到了。当验证顾客的真正意图时,有可能激发顾客对于另外信息的需求,这正是验证的目的。

②确认顾客理解所建议的进行程序。"思维的谈判"是一切书面或口头合同的基础,顾客只有理解到接待员的所言,才能够接受接待员的推荐,并认可维修或服务的进行。

③当彼此的理解准确无误的时候,确认顾客是否同意。如果接待员的理解和顾客共享时,就很容易运用验证技巧来获得顾客的同意,并引导这场交易走向如人所愿的结局。

聆听、观察、提问以及验证技巧都是为了获得顾客信息而采用的方法,但任何一种情形下,"推荐"也必须同时运用。为了做到这一点,需要运用理解的技巧。当回答顾客问题时清晰、直率并具有逻辑性地解释清楚,并站在顾客的角度来作推荐,这样顾客就很容易明白你的建议或推荐的真正价值。这其中包括 3 个步骤:

①在大脑中辨别出作解释的目的。

②从顾客的角度出发,在脑海中组织解释、举例及图解说明的内容。

③流利地说出你的解释。

向顾客传达的每一条信息都必须有一个明确的目的,有些目的是回答某一个问题,处理某一个异议,展示销售的价值。

5)解释

需要给顾客解释时,应站在顾客的立场上考虑顾客的需求,解决顾客的问题,并最终使顾客受益,同时脑海里要牢牢地记着解释的目的,在内心里组织解释的内容,选择出要点并将它们系统地编排起来。给顾客作解释时,尽量使用通俗易懂的语言,避免技术术语,简而言之,努力做到真诚。

(5)电话交流

电话对维修部及经销商来说,是一种很重要的商业工具。

顾客满意度的大小,很大程度上取决于维修顾问成功运用电话这个通信工具来建立与顾客间良好关系的能力。在电话交谈中,说话人是经销商与顾客的唯一纽带,它是为成功的销售提供舞台的最初接触。所以,应将电话看作是一个积极地建立与客户间关系的工具,应该充分利用这个工具来建立更融洽的客户关系。

8.2.3　电话礼仪

电话作为现代通信联络手段,在企业经营中起着十分重要的作用。如果你在打电话时比较随意,或者把你自己的个人禀性感情色彩掺杂在里面,很可能因此会给企业造成不良影响。所以,一个优秀的服务顾问首先应该在电话里表现出良好的职业规范和讲话水平。

通话时要态度谦虚,说话的声调应表达出诚恳、热情、亲切;注意控制语气语调,通话时语气态度注意配合对方,这样有利于双方愉快交流;当你正在通话时,又碰上客人来访,原则上应先招待来访客人,此时应尽快和通话对方致歉,得到许可后挂断电话。不过电话内容很重要而不能马上挂断时,应告知来访的客人稍等,然后继续通话;如果电话突然中断,应再拨给对方,尤其是自己拨出的电话时更应尽快再拨;上班时间不应长时间拨打或接听与公司业务无关的私人电话。

(1)接电话要领

1)接听

在电话铃响 3 声之内接起电话,不管是哪个部门的电话铃响都要接,要形成习惯;如果自己正在接待顾客,又没有人接,这时要征得顾客的谅解以后再接电话;如果电话响了 3 声以上,接电话后要先向对方道歉,如"对不起""让您久等了"之类的话。

2)自报名称

接起电话后首先要自报公司名称、部门名称以及自己的姓名,并确认对方的姓名。语言简单明白,语调彬彬有礼,平和安详,使打电话的人既能立即知道企业的名字,也能感受到训练有素的员工表现出的职业水准,更能使对方对接电话者及所在企业产生好印象,切忌拿起电话劈头就问:"喂,找哪个"。

3)寒暄和问候

使用礼貌用语,对顾客特意打来电话表示感谢。

4)倾听

耐心倾听顾客的需求,中途不要打断对方。如果线路不清楚,应温和地告诉对方"对不起,电话声音太小,麻烦您重复一遍"。听电话时要记住 5h(who、when、where、what、why,即谁、时间、地点、事情、原因、处理措施)的要领就不会有疏忽,另外对顾客陈述的内容要表示认同。

若电话刚好是找某人时要注意以下 3 种情况:

①刚好本人接电话——"我就是,请问您哪位?"

②本人在但不是他接电话——"他在,请稍候。"

接电话并通知被找的人接电话时,应语调平和,称呼其姓名或职务,不能大叫大嚷,唤其绰号或工作以外的称号。

如果来电话者未能马上与他要找的人通话,你应该使他知道你的努力情况。有时,来电话者因为急事或等待太久而着急,显得不耐烦甚至发脾气,你的责任就是尽量化解他的焦躁。如果他要找的人在企业内部暂时无法与他通话,你应每隔 30 秒就对来电者说一声"对不起,让您久等了,某某正在维修场地上,他马上就过来。"使来电者知道你未冷落他,仍在为他努力,使他感到宽慰。

③他不在办公室——这时应说一声"对不起,他刚好出去。您需要留话吗?"切忌只说一声"不在",就把电话挂上。打电话人需要留话,应清晰地报出姓名、单位、回电号码和留言,但要注意言语简洁,节约时间。接话人应将来电留言放在有关人士桌上以示提醒;或者向对方建议,是否请其他有关人士,比如"对不起,某某不在,购车方面的事您是否需要同我们的另一位业务员谈谈?"。

5）记录

接电话时要养成做记录的习惯,平时就在电话机旁准备一本记录本,认真记下来电者的姓名、企业、电话号码、重要事宜,不清楚的地方可再问一遍对方,以便必要时可再与他联络。电话内容记录应简洁完整,有必要时向顾客做简单引导性的询问。

6）确认

在顾客叙述完后,要确认记录的内容有无遗漏,重复顾客叙述的要点。

7）答复

对顾客提出的问题给予答复,如果对顾客的提问不知如何回答,可找同事或主管帮忙,或确认顾客的姓名及联系方式,可在找到答案后致电对方予以回答。这样做,对方必然会感到满意。

8）结束

在电话内容结束后,应再次诚恳地感谢顾客打来电话。挂电话时,要确认对方挂断电话后再挂。

（2）打电话的要领

1）准备

在打电话前准备好资料和记录用纸,当对方提出问题时再找资料就很没有礼貌了,而且事情也谈不好,必要的资料事先要准备好放在旁边;理清将要说的事情,安排好说话的顺序。

2）确认顾客资料

在打电话前要确定顾客的姓名、电话号码;确认约好的时间、地点;确认顾客是否方便接电话(考虑时间、地点、情况等),要避开清晨、吃饭、深夜等时间。

3）拨打电话

拨打电话时要脸朝正面,姿势端正,用食指认真地按键。不要用铅笔按键或斜着按键,否则往往容易打错电话,万一打错了电话要说:"对不起,打错电话了",然后再挂电话,切忌不道歉直接挂断。

4）电话接通时周围的人要保持安静

打电话时周围的人不要私语,电话半径 5 m 内的音响设备音量不要太高。因为在通电话时混入其他高音就会使顾客感到很嘈杂,失去耐心,分散注意力。万一发生此类问题,应郑重地向顾客道歉。公共场合通话要注意控制音量,以免影响他人或泄漏公司商业机密。

5）交谈时要简明扼要

在电话接通后,首先要自报公司名称和自己的姓名,并问候顾客;确认对方是否方便接听电话,谈话可以这样开始:"现在与您交谈合适吗?"在交谈时,内容应言简意赅,语言简洁、口齿清晰、避免啰唆;事情要讲清楚,表达要易懂,重点突出,讲完后要确认对方是否听明白。

6）结束通话

通话结束后要向顾客致谢,如:"打搅您了,对不起,谢谢您在百忙之中接我的电话,再见。"确认对方挂断电话后再挂,而且电话挂断时要轻。

总之,在接打电话时要保持声音语调态度令人愉快,使人感到你不仅熟悉业务,而且非常有礼貌,非常称职。

【小结】

优秀的接待员应该具有良好的沟通能力,最终达到吸引顾客来店消费的目的。

练习题

一、单选

1.不是个人修养的是(　　)

A.文化素质高　　　　B.善于交谈　　　　C.开朗的性格

2.企业的管理结构主要是指企业本身管理模式以及企业管理者赋予业务接待人员的(　　)。

A.权限　　　　　　B.义务　　　　　　C.责任

3.(　　)是提高服务质量的有效办法。

A.加强监督机制　　B.加薪奖励　　　　C.加强其培训和管理工作

4.对车辆故障情况不明确时应(　　)。

A.解体车辆　　　　B.亲自试车　　　　C.告知顾客

5.业务接待人员不断提高故障诊断能力的最有效途径是(　　)。

A.和专业人员一起诊断　　　　　　B.看书学习

C.经常到维修现场,以便更多地掌握车辆的维修情况

6.(　　)是产生职业道德行为的内在推动力。

A.职业道德信念　　B.职业道德认识　　C.职业道德情感

7.(　　)是人们对行为进行善恶评价的内在动力和强制力。

A.道德习惯　　　　B.强烈的责任感　　C.传统习惯

8.女士站立时抬头,挺胸,收紧腹部,肩膀往后垂,前腿轻轻地,重心全部放在(　　)。

A.后腿上　　　　　B.前腿上　　　　　C.右腿上

9.就座规范不正确的是(　　)。

A.两腿叉开,腿在地上抖动,腿翘得太高

B.男士就座时膝部可以分开些,但不宜超过肩宽

C.女士腿可以放中间或放两边

10.女士就座时从椅子的(　　)进入。

A.右侧　　　　　　B.左侧　　　　　　C.前侧

11.握手的时间通常是(　　)秒钟。

A.2　　　　　　　B.3~5　　　　　　C.6~8

12.不符合介绍顺序的是(　　)。

A.先将男士介绍给女士　　　　　　B.将年轻者介绍给年长者

C.将职位高者介绍给职位低者

13.交谈时应面对面,目光注视对方,距离最好在(　　)米以内。

A.1　　　　　　　B.2　　　　　　　C.3

14.(　　)还是人际关系中的润滑剂,是广交朋友、化解矛盾的有效手段。

A.微笑　　　　　　　B.目光　　　　　　　C.肢体语言

15.入座时应至少坐满椅子的(　　)。

A.1/2　　　　　　　B.1/3　　　　　　　C.2/3

16.握手是为了进入(　　)。

A.私人区域　　　　　B.社交区域　　　　　C.公共区域

17.社交区域的半径为(　　)。

A.0.5～1 米　　　　　B.0.5 米　　　　　　C.1 米以上

18.递名片的基本次序是(　　)。

A.上级先递名片　　　B.被访问方先递名片　C.被介绍方先递名片

19.当我们被不认识的人包围时,我们愿与其保持至少(　　)米以上的距离。

A.0.5　　　　　　　B.1　　　　　　　　C.1.5

20.(　　)的问题拥有开放式的回答。

A.具体性　　　　　　B.领导性　　　　　　C.概括性

二、多选

1.业务接待部可以由(　　)组成,负责承接车辆维修的业务工作。

A.业务经理　　　　　B.业务接待员　　　　C.客户顾问　　　　　D.试车员

2.与顾客友好交谈的内容包括(　　)。

A.仔细地倾听　　　　B.提出问题　　　　　C.解释相互的关系和权利

D.给出一个合理的专业性的建议

3.业务接待人员的工作质量包括两方面的内容,即(　　)。

A.服务质量　　　　　B.业务质量　　　　　C.态度　　　　　　　D.礼貌

4.业务接待员的个人条件包括(　　)。

A.性格　　　　　　　B.性别　　　　　　　C.气质　　　　　　　D.文化素质

5.作为一名业务接待员应具备(　　)知识。

A.市场营销学　　　　B.消费心理学　　　　C.汽车维修　　　　　D.法律

6.业务接待人员的服务质量可以用(　　)进行统计。

A.客户抱怨　　　　　B.收入提成　　　　　C.纠纷频率

D.通过发放客户满意调查表

7.职业道德修养的内容包括(　　)。

A.职业道德认识的修养　　　　　　　　B.职业道德情感的修养

C.职业道德行为习惯的修养　　　　　　D.职业道德信念的修养

8.职业道德评价的形式有(　　)。

A.社会舆论评价　　　B.行业舆论评价　　　C.传统习惯的评价　　D.内心信念的评价

9.正确的见面规范是(　　)。

A.女士向男士先打招呼致意　　　　　　B.男士向女士先打招呼致意

C.对方是客户或上司时应主动招呼

D.当对方打招呼,应有所反应,作出积极又成熟地表示,微笑回应一下

10.交谈时,应用(　　)对对方的谈话有所反应,让对方感受到你对谈话的态度。

A.表情　　　　　　　B.动作　　　　　　　C.语言　　　　　　　D.眼神

11.交谈时,对不同的说话对象应有不同的语气,以下说法正确的是(   )。

A.对上司要尊重、谨慎　　　　　　　　B.对同事要用亲切商量的语气

C.对长辈要恭敬　　　　　　　　　　　D.对客户要亲切尊重

12.如果对方对你的讲话表现出焦急、不耐烦、心不在焉的神态,你应(   )。

A.巧妙地转换话题　　B.中止自己的讲话　　C.继续谈下去　　　　D.劝说对方平静心情

13.交谈时的积极身体语言为(   )。

A.盯住对方的眼睛　　B.多次点头　　　　　C.保持微笑　　　　　D.应保持上身前倾

14.在(   )情况下,目光必须注视对方的眼睛。

A.交谈　　　　　　　B.握手　　　　　　　C.道别　　　　　　　D.递名片

15.名片可以放在(   )。

A.钱包　　　　　　　B.笔记本　　　　　　C.上衣兜　　　　　　D.名片夹

16.每个人都有一个空间区域,不喜欢别人侵入。这些空间区域有(   )。

A.亲密区域　　　　　B.私人区域　　　　　C.社交区域　　　　　D.公共区域

17.对顾客提问基本上有 3 种形式的问题,即(   )。

A.概括性的　　　　　B.抽象性的　　　　　C.领导性的　　　　　D.具体性的

三、判断

1.业务接待的首要职责就是让"顾客满意"。(   )

2.一个性格开朗、热情、气质好的业务接待人员自然会给人留下良好的印象。(   )

3.没有竞争对手的企业才能把服务质量做得很完满。(   )

4.对于需要解体才能确定车辆故障的将车辆直接解体。(   )

5.开具后的任务委托书应请客户过目,待无异议后,请客户在委托书上签字。(   )

6.对于在维修过程中出现的新故障或确需增加维修项目时,应及时与客户讲清楚。(   )

7.男士正确的站姿应该是挺胸,抬头,收紧腹部,两腿并紧,脸上带有自信,也要有一个挺拔的感觉。(   )

8.男士的脚步不用太轻,保持"丁"字形,但一定要稳健,抬头挺胸,充满自信。(   )

9.女士就座时,前腿进入基本站立的姿态,后腿能够碰到椅子。(   )

10.见面时在一般情况下,应是女士向男士先打招呼致意。(   )

11.握手时应该女士主动。(   )

12.介绍时的姿态应是面向对方,用手指指向被介绍者。(   )

13.当别人介绍到你或对方向你自我介绍后,如果你正坐着,必须起立。(   )

14.交谈时应控制你自己的情绪和举止,千万不能手舞足蹈。(   )

15.与客户交流时,应紧紧盯住对方的眼睛表示关注。(   )

16.名片可以放在裤兜里。(   )

17.座位的安排通常是主宾坐在左侧,主人坐在右侧。(   )

18.打电话时周围的人不要私语,电话半径 5 m 内的音响设备音量不要太高。(   )

19.在电话铃响 3 声之内接起电话。(   )

四、简答

1.业务接待人员的服务质量受哪些方面影响?

2.业务接待人员怎样与挑剔的顾客打交道?

3.什么是职业道德修养?

4.与顾客沟通的重要性是什么?

5.接待顾客的法则是什么?

6.沟通的含义是什么?

7.沟通三要素是什么?

8.女士下蹲时有怎样的规范?

9.正确的站立规范是什么?

10.在交流中,我们如何运用微笑?

五、论述

1.试论业务接待的作用。

2.如何提高沟通技巧?

第 **9** 章
汽车 4S 店的信息"管理"

9.1 汽车质量信息反馈

在新技术所创造的激烈竞争中,信息技术已不仅仅是提高企业竞争力的工具和手段,更是推动企业改进业务流程的重要能力因素——它们使不可思议的企业能力的实现成为可能,并大大地提高了企业竞争的起跑线。

信息反馈方面,定期回访客户、了解客户的心理及需求,倾听客户的意见,认真做好记录,建立客户档案,可为经销商带来新的商机。在工业社会里,战略资源主要是资本,而在现代信息社会里,信息成了主要的战略资源。因此,及时掌握信息是一切市场营销者的第一要务。强有力的市场营销信息系统,对于企业监视市场变化,为营销决策提供全面、迅速、准确、有效的信息,增强企业的市场竞争地位,具有重要意义。信息系统是现代企业市场营销不可缺少的重要工具。

9.1.1 汽车质量反馈单

汽车 4S 店的另一个角色是情报工作者——负责向汽车厂家提供客户的信息,包括客户公司或个人的信息,其购买的车辆信息,这些信息是厂家开发市场、改进产品的重要依据。汽车厂家从客户的强保申请和索赔申请中,就可以总结出比较完整的客户档案信息和市场信息。厂家还可通过各种专门调查表收集更多的信息。

所谓质量反馈单,就是客户使用了一段时间的新车之后,服务站对客户的使用状况的调查表。厂家可以通过这张表了解客户对新车的基本评价,包括质量、性能、价格、服务等评价。营销信息系统构成如图 9.1 所示。

9.1.2 汽车质量反馈的意义

(1)汽车产品的质量保证
1)质量保证工作的内容
质量保证是售后服务工作的核心,内容包括以下几个方面:

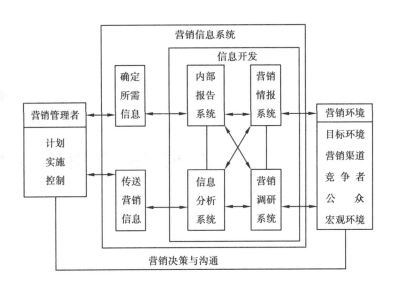

图9.1 营销信息系统的构成

①受理用户的索赔要求,并向企业反馈用户质量信息。售后服务网络的第一线是受理索赔,作出赔偿决定,由售后服务部总部赔偿,鉴定科对赔偿进行复核,然后综合分析,向企业的设计、生产、销售等部门反馈质量动态和市场趋势等信息。质量保证带有极强的政策性和技术性,用户有《产品质量法》《保护消费者利益权益法》等政策、法律的保护,有国家技术监督部门的监督和社会舆论的保护,使得汽车生产企业的生产经营活动必须遵守有关的法律和法规,并接受社会舆论的监督。从技术方面看,汽车的复杂性使得其故障和事故后的状况千差万别,故障和事故的责任认定没有一个明确的界限,交通管理部门和技术监督部门很难简单地用法令的形式来处理,往往会出现用户和企业或经销商纠缠不清的现象。西方国家目前都采取强制车险的办法,这样,一般行车事故都由保险部门统一处理,减少了对企业的纠缠。所有企业的质量保证管理规定都明确,只对企业本身质量原因的直接损坏零件赔偿,不负担相关损失的赔偿,并保留最终技术仲裁权。

②汽车召回与汽车三包。目前针对后市场质量管理的法规主要有汽车召回和三包。召回是在汽车使用过程中发现的一些可能造成人身、财产安全的缺陷,这些缺陷主要由设计制造不当所致,发现后以召回的方式来消除缺陷,确保用户的使用安全。召回解决的是某一批次中同一性质的不合理危险,一般由制造商出面公布,汽车经销商和维修商出面免费为用户解决。三包针对的是个别的、偶然的、不具有普遍代表性的问题,一般只由汽车经销商和维修商出面解决。汽车产品的认证、召回和三包三种制度相互支持、相互补充,才能对公共安全、产品质量进行完全的管理。汽车三包涉及消费者、经销商和厂家三方的利益。对于经销商来说,下有消费者的投诉,上有厂商的强硬态度,处于两难境地。对于厂商来说,三包规定的出台使他们有了具体的规章可循,但真正的挑战在于产品和服务质量。从表面上看,汽车召回和三包都是为了解决汽车出现的一些质量问题,维护消费者的合法权益。但两者在问题的性质、对象、范围和解决方式等方面是有区别的,具体如下:

a.性质不同。汽车召回的目的是为了消除缺陷汽车安全隐患和给全社会带来的不安全因素,维护公众安全;汽车三包的目的是为了保护消费者的合法权益,在产品责任担保期内,当车辆出现质量问题时,由厂家负责为消费者免费解决,减少消费者的损失。

b.对象不同。召回主要针对系统性、同一性与安全有关的缺陷,这个缺陷必须是在一批车辆上都存在,而且是与安全相关的。"三包规定"是解决由于随机因素导致的偶然性产品质量问题的法律责任。对于由生产、销售过程中各种随机因素导致产品出现的偶然性产品质量问题,一般不会造成大面积人身伤害和财产损失。在三包期内,只要车辆出现质量问题,无论该问题是否与安全有关,只要不是因消费者使用不当造成的,经销商就应当承担修理、更换、退货的产品担保责任。

c.范围不同。"三包规定"主要针对家用车辆。汽车召回则包括家用和各种运营的道路车辆,只要存在缺陷,都一视同仁。国家根据经济发展需要和汽车产业管理要求,按照汽车产品种类分步骤实施缺陷产品召回制度,首先从 M1 类车辆(驾驶员座位在内,座位数不超过 9 座的载客车辆)开始实施。

d.解决方式不同。汽车召回的主要方式是:汽车制造商发现缺陷后,首先向主管部门报告,并由制造商采取有效措施消除缺陷,实施召回。汽车三包的解决方式是:由汽车经营者按照国家有关规定对有问题的汽车承担修理、更换、退货的产品担保责任。在具体方式上,往往先由行政机关认可的机构进行调解。

2)质量保证的工作要点

汽车产品的质量保证是企业吸引用户购买产品的一个重要条件。产品的质量保证工作要点有以下 3 个:

①准确。即对用户反映的情况,必须先经过核实,然后再作出处理。也只有在此基础上,才能向企业反馈回可靠的质量信息,以利于企业对产品的设计或生产迅速进行改进。

②快速。这样可以尽量地缩短用户等待的时间,使用户的损失减至最小,也使用户不快的心理得以缓和,增强对企业和产品的好感。

③宽厚。如果是产品质量缺陷,生产企业有责任帮助用户恢复产品的技术功能,使用户免于承担损失,同时也维护了企业和产品的信誉。

日本的丰田公司以优良的售后服务在全世界获得广大的市场。在车型投放市场 3 个月之内,公司便迅速了解该车的使用及质量情况。在此期间,卖出的车辆如发生故障,则全部免费修理。必要时,在车辆修理期间,可借给用户代用车,费用全部由公司承担,尽可能不损害用户的利益。从 1967 年起,丰田公司率先在日本将新车型的保证期定为 2 年或 5 万千米。另外,雪铁龙公司认为,搞好产品销售和售后服务与采用新的生产技术同样是企业生存的关键条件。该公司不惜巨大代价以提高其声誉,在保证期内免费为用户检修汽车,更换有缺陷的零部件。进入 20 世纪 80 年代以来,雷诺公司由于受到竞争对手强大的压力,为扭转载货车销售滑坡的局面,从提高产品质量和改进售后服务入手。他们调查发现:售后服务的好坏主要取决于服务网点密度、提供配件的速度、维修人员的技术水平及车辆保证合同的内容。公司认为售后服务是一种推销手段,也是密切与用户联系的一条重要途径,保证期之后,还应与用户保持相当长时期的联系,以便发现质量问题进行改进。

3)公司产品质量担保的内容

①质量担保期限,从领取行车证之日起算,为期××月(或××km)。

②车辆出现故障,只有特约维修站有权受理质量担保申请,而且故障一旦出现,用户应立即与特约维修站联系并由维修站排除。所发生的一切费用均由维修站向汽车公司结算。

③对售出的汽车及配件进行质量担保。

④如果出现的故障在非特约维修站修理过,已装上未经汽车公司许可的零件或未按汽车公司许可的方式对车辆进行了改装、顾客没有遵守车辆的使用规定(使用说明书、维修保养计划等),汽车公司将不承担质量担保。

4)客户质量索赔及处理

质量保修应有专人负责。质量保修专职人员(索赔员)的任职条件及工作职责如下:

①索赔员的任职条件。对质量保修有正确的认识,对工作认真负责;熟悉、掌握质量保修工作业务知识;具有 3 年以上的汽车维修实践经验,具有对汽车故障进行检查和判断的能力;索赔员需经培训合格,并发给合格证书,才能正式进行工作。

②索赔员的工作职责。对待用户热情、礼貌;对每一辆属于质量保证范围的故障车辆进行检查,并作出质量鉴定;严格按质量保修条例为用户办理质量保修申请;严格按有关规定填报技术信息,以及质量保证的有关报表、报告,并按要求提供索赔文件;主动搜集并反馈有关车辆使用的质量、技术信息;积极向用户宣传质量保修政策,为用户提供使用、技术方面的咨询服务。

5)质量保修工作流程

①用户至特约维修站报修。

②业务接待员听取用户的反映及报修内容。

③业务接待员对车辆进行初步检查,根据故障情况及用户反映的情况,分为普通报修车及申请索赔车。

④申请索赔车辆交由索赔员检查鉴定。

⑤确属索赔范围的车辆,由索赔员登记有关车辆数据。

⑥修理工作结束后及时在索赔件上挂上标签。

⑦用户凭修理订单领取车辆,所有属于质量保修范围均免费修理。

⑧每天工作结束后,由索赔员根据当天的修理情况,填写好故障报告并将带有标签的索赔件放入索赔件仓库。

⑨定期向售后服务科寄发"故障报告单"。

⑩定期完成"索赔申请单",寄往售后服务总部。

⑪所有的索赔件保持原样,按有关规定处理。

⑫根据计算机清单,定期向总部结算索赔费用。

6)收集产品使用质量信息

故障报告是获得使用质量信息最重要的来源,能准确地反映情况,并且信息反馈速度快。通过维修站获取质量反馈信息是最为简便快捷的方法,这些反馈信息通过分析和总结,有助于供货厂家对产品设计作出更改或是在售后服务领域内采用新的故障解决办法。所有的质量问题应按要求填写故障报告,并按规定时间与供货厂家联系,在填写故障报告时,作为证明应将损坏件保存下来,这是为了尽快找出损坏的原因。

7)进行技术服务

随着科学技术的发展,汽车产品已经成为高、精、尖技术的代言者。汽车企业首先要对技术服务人员和商业人员进行专业培训,内容涉及介绍、讲解汽车的技术性能、维护知识等,然后通过售后服务网络对用户进行技术培训、技术咨询、技术指导、技术示范等。现在汽车养护越来越受到重视,汽车保养是指保持和恢复汽车的技术性能,保证汽车具有良好的使用性和可靠性,这是一项技术含量很高的复杂工作,必须由专业人员来操作。汽车在运行中,由于机件磨损、自然腐蚀和其他原因,技术性能将有所下降,如长期缺乏必要的维护,不仅汽车本身的寿命会缩短,还会成为影响交通安全的一大隐患。及时正确的保养会使汽车的使用寿命延长,安全性能提高,既省钱又免去许多修车的麻烦。售后服务部门要定期提醒客户进行汽车保养,以改善汽车的使用状况,为用户带来实惠。

8)塑造企业形象

售后服务部门是企业的一个窗口,是企业形象的直接体现。售后服务部门应该建立统一的企业形象标准,如悬挂汽车企业的厂徽、厂标;厂容、厂貌的标准化、统一化;色彩、着装的标准化;厂房、厂区建筑的规范化和设备的标准化。

由于汽车使用的复杂性,致使售后服务部门涉及的业务范围很广,如道路交通管理、保险、税务、工商、银行、其他的零部件制造商等,售后服务部门必须在这些领域广泛开展公共关系活动,以保证售后服务工作的顺利进行。在与用户交往上,应该选用有丰富的技术知识和良好的人际交往能力的人做业务接待。

售后服务虽然属于服务性的工作,但它与普通意义上的"服务"不同,因为它有很高的技术含量。如果一个业务接待员不具备技术知识,就很难赢得用户的信任,也直接影响了客户对企业的信任,这一点对企业是至关重要的。另外,还要加强其他售后服务工作人员的教育管理和业务培训,使他们从心理上真正地把用户当作上帝,为他们提供及时、快速、周到、热情的服务,在用户心中树立一个良好的企业形象。

(2)开发市场,改进产品

在当今竞争激烈的汽车市场上,企业要想持久地占领市场,仅仅依靠现有产品是绝对不行的,企业产品必须不断推陈出新,才能适应经常变化的市场需求。因此,不断研究和开发新产品,是企业战胜竞争者的秘密武器。为此,企业新产品开发应做到"人无我有,人有我优,人优我转"和"改进、开发、预研"的统一。

任何一种车型,由于生命周期规律的作用,都不可避免地会进入衰退期,此时必须推出换代产品。另外,产品在使用过程中,也可能会暴露出各种新问题,影响着用户的满意程度。为此,企业必须经常对在产汽车品种实施改进措施,不断完善和提高企业产品的质量和性能水平。实践表明,企业对在产汽车不断地进行技术革新,走"量变到质变"的产品发展道路是可取的,而那种平时不进行革新,在失去竞争力后再停产走"垂直换型和转产"道路的企业,其行为是不可取的。

企业对在产汽车(老产品)改进的方法有很多,但通常都是根据用户在使用过程中暴露的问题,营销部门将故障(不属于用户使用不当造成的故障)信息反馈给企业的产品部门或设计部门,修改产品设计或改进制造工艺,从而不断地提高老产品的综合技术水平。有的改进项目是由产品部门根据科学技术的发展,将新技术成果应用到本企业的产品上;有的改进项目是营销部门根据竞争对手的先进水平提出改进意见,由产品部门负责实施。

9.1.3　质量情况反馈规定

汽车 4S 店直接面对客户,最了解客户的需求,掌握着第一手的客户信息、质量信息及客户对汽车制造厂质量、服务评价的信息。所以,汽车 4S 店反馈的信息是汽车制造厂提高产品质量、调整服务政策的重要依据。

每一个汽车 4S 店都应该组织一个质量检查小组,由经理带领,会同索赔员、服务顾问、备件管理、车间主任和技术骨干,对进入汽车 4S 店维修的所有车辆的质量信息进行汇总研究、技术分析,排除故障试验,并向汽车制造厂索赔管理部定期作出反馈。汽车制造厂售后服务部门将为提高汽车产品的质量,提高各汽车 4S 店的维修水平定期发布技术通信和召开质量、技术研讨会。同时,汽车制造厂索赔管理部将把质量情况反馈工作作为对汽车 4S 店年终考核的一项标准,并对此项工作做得出色的站点给以嘉奖。

为了让各汽车 4S 店的质量研究工作统一有序地进行,各汽车 4S 店应做好以下工作:

(1)重大故障报告

各汽车 4S 店在日常工作中如遇到重大的车辆故障,必须及时、准确、详尽地填写《重大故障报告单》,立即传真至汽车制造厂索赔管理部,以便汽车制造厂各部门能及时作出反应。重大故障包括:影响汽车正常行驶的,如动力系统、转向系统、制动系统的故障;影响乘客安全的,如主、被动安全系统故障、轮胎问题、车门锁止故障等;影响环保的故障,如排放超标、油液污染等。

(2)常见故障报告和常见故障避除意见

各汽车 4S 店应坚持在每月底对当月进厂维护的所有车辆产生的各种故障进行汇总,统计出现频率最高的 10 项故障点或故障零件,并对其故障原因进行分析,提出相应的故障排除意见。各站需在每月初向汽车制造厂索赔管理部提交上月的常见故障报告和常见故障避除意见。

(3)用户质量抱怨反馈表

各汽车 4S 店应在用户进站维修、电话跟踪等与用户交流过程中,积极听取用户对汽车制造厂的意见,并作相应记录。意见包括某处使用不便、某处结构不合理、某零件使用寿命过短、可以添加某些配备、某处不够美观等。各站需以季度为周期,在每季度末提交用户情况反馈表。

9.2 汽车市场需求信息反馈

我国汽车工业正处于迅速发展时期,呈现出市场需求大、市场上推出的新车型多、市场竞争日趋激烈、潜在客户中持币待购者众多、对车型的挑剔十分严格等特点。为此,汽车企业必须进行市场分析,对市场的现状、今后的走向进行调查,用以指导本企业产品开发和生产,达到适应市场、服务于消费者,以及企业发展的目的。

9.2.1 汽车市场调研

市场是企业所有经营活动的起点。市场调研是营销管理的起点,是伴随着市场产生、发展而出现的如何认识市场、分析市场的科学管理工作。

(1)市场营销调研的概念

市场营销调研作为一种营销手段,对于许多经营企业来说已成为一种竞争武器。自 1919 年美国柯蒂斯出版公司首次运用成功,市场营销调研在世界范围内迅速扩展开来,并由最初的简单收集、记录、整理、分析有关资料和数据,发展成为一门包括市场环境调查、消费心理分析、市场需求调研、产品价格适度、分销渠道、促销方法、竞争对手调查、投资开发可行性论证等在内的综合性学科。

市场营销调研又称市场调研、市场调查、市场买卖调查、买卖调查、市场研究,其实质就是运用科学的方法,有计划、有目的、有系统地收集、整理和研究分析有关市场营销方面的信息,并提出调研报告,总结有关结论,提出机遇与挑战,以便帮助管理人员了解营销环境,发现问题与机会,并为市场预测与营销决策提供依据。

(2)汽车市场调研的内容

按调研内容划分,汽车市场调研包括:

①市场营销环境调研;

②营销组合策略调研,如调查价格走势、产品开发与技术发展趋势、产品与售后服务质量状况等;

③竞争对手调研;

④用户购车心理与购买行为调研等。

按产品是否已经进入市场划分,汽车市场调研包括:

①产品进入市场前调研。此类调研主要应弄清目标市场是什么,如何进行产品定位,主要竞争对手是谁,他们的营销策略怎样,市场结构与购买特点如何,有哪些有利与不利因素,以及生产发展趋势等问题,并最终提出主要研究结论、对策和建议。

②产品进入市场后调研。此类调研应着重对本企业产品的市场规模、市场结构、市场占有率、与竞争对手相比在营销组合策略上存在的差距,以及营销环境的新变化等作出调研。重点在于比较研究,找出企业市场营销的不足之处,为改进营销工作服务。

按汽车市场商品消费目的的不同划分,汽车市场调研包括消费者市场调研和生产者市场调研。

按汽车市场调研的地域空间层次的不同划分,汽车市场调研包括国际性市场调研、全国性市场调研和地区性市场调研。

(3)汽车市场调研的步骤

汽车市场调研一般可分为调研准备、调研实施、分析整理资料、统计处理和调研总结五个阶段。

1)调研准备

市场调研第一步要做的工作就是调研准备,即分析初步情况、明确调研目标、确定指导思想、限定调查的问题范围。也就是要弄清楚为什么要调查,想要知道什么,得到结果以后有什么用途。企业市场营销涉及的范围很广,每次调研活动不可能面面俱到,而只能就企业经营活动的部分内容展开调研。例如,调研的目的是为了企业制定市场营销的战略规划,还是为了改进企业市场营销活动的效果等。如果调研的目标和指导思想不明确,调研肯定就是盲目的,调研效果就会欠佳。调研目标一般应由企业营销综合职能部门提出,由主管领导批准。调研目的和指导思想一经确立,调研工作小组在以后的调研活动中应始终围绕本次调研的总体目标和指导思想进行工作。

在明确了市场调研的目标之后,就应成立专门对该次市场调研负责的调研工作小组,这可使调研工作有计划、有组织地进行,否则调研效果就会欠佳。目前国内外许多大的企业和组织,根据生产经营的需要,大都设立了专门的市场调查部门,组织市场调查已成为这类企业固定性、经常性的工作。企业当然也可借助企业外部的市场调查机构进行市场调查,此类机构大体上有 3 种类型:

①综合性市场调查公司。这类公司专门搜集各种市场信息,承接各种市场调查委托,具有涉及面广、综合性强的特点;

②咨询公司。这类公司服务的范围更广;

③广告公司的调查部门。广告公司大都设立了调查部门,从事与广告活动有关的、必要的市场调查工作。

在工作小组成立后,要对市场进行状态与问题分析。状态与问题分析是指在调查之前,详细了解企业的各种情况和所处的社会经济环境。在此基础上,分析企业所面临的问题,从而确定调查什么,哪些是没有了解充分的等,并在此基础上提出问题与假设,提出命题、概念、指标、变量等。

接下来就要进行市场调研的调研方案和调研程序的制定,具体如下:

①确定调查手段与抽样方法。在状态与问题分析之后,通过对研究假设的分析,确定所采用的调查手段及相应的抽样方法。例如,如果在状态与问题分析时发现,企业对消费者对产品的态度与需求情况不清楚,应该选择问卷法和访问法;如果发现企业对竞争产品的策略不明,可以选择观察法和访问法;如果是企业仅仅对产品的价格不了解,可以采用实验法等。

②调查设计与抽样。确定了调查手段与抽样方法之后,要进行调查设计与实施抽样。这个阶段要通过试调查以确定调查方案是否合理,能否反映调查目的等,同时还要确定抽样方法,是选择概率抽样,还是非概率抽样;如果选择概率抽样,具体用哪种方法。

2)调研实施

进行实际调查是市场调研的正式实施步骤。为了保证调查工作按计划顺利进行,如需必要应事先对有关工作人员进行培训,而且要充分估计出调研过程中可能出现的问题,并要建立报告制度。课题组应对调查进展情况了如指掌,做好控制工作,并对调查中出现的问题及时采取解决或补救措施,以不拖延调查进展,以上方面对于派调查人员外出调查的方式更为重要。在这一步骤内,调查者还必须具体确立收集调查信息的途径,因为有些问题可以利用第二手资料。当需要进行调查获取第一手资料时,应具体确定被调查对象或专家名单,对典型调查应具体确定调查地点或其他组织名单。

3)分析整理资料

资料整理阶段主要包括资料审核、复核问卷、数据编码、数据录入等。

4)统计处理

在资料整理之后,一般采用计算机进行统计处理。在市场调查中,计算机统计一般是用通用的 SPSS 或 SAS 软件来进行。

5)调研总结

调研报告是市场调研的必然过程和最终结果。调研报告编写的程序应包括:主题的确立、材料的取舍、提纲的拟订和编写报告。在编写调研报告时,要注意紧扣调研主题,力求客观、扼要并突出重点,使企业决策者一目了然;要求文字简练,避免或少用专门的技术性名词,必要时可用图表加以形象说明。在调研结束后,要针对调研的内容进行追踪调研,以确定调研结果的真实性和有效性;同时还要对调研没有解决的问题,进行补充调研。

范例:汽车市场需求及产品状况调查

中档轿车市场调查问卷

1.下列选项中您认为中档轿车销售最受影响的因素是:

　　a.经销商所在地理环境　　b.经销商的规模　　　　c.代理品牌

　　d.售前和售后配套服务　　e.经销商的知名度

2.下列选项中您认为应该是经销商提供的服务是:

　　a.整车售卖　　　　　　　b.牌照全包　　　　　　c.零配件供应

　　d.售后维修服务　　　　　e.信息反馈　　　　　　f.其他

3.您对下列中档轿车感兴趣的品牌是:

　　a.国产品牌:奥迪、帕萨特、上海别克、红旗

　　b.日本品牌:本田、雷克萨斯、三菱、丰田、马自达、尼桑

　　c.美国品牌:进口别克、克莱斯勒、林肯、欧宝威达

　　d.欧洲品牌:雷诺、雪铁龙、大众、奔驰、宝马、沃尔沃、奥迪

　　e.其他品牌:大宇蓝龙

4.下列您比较关注的汽车促销活动是:

　　a.降价　　　　　　　　　b.送礼　　　　　　　　c.折扣　　　　　　　　d.保险优惠

　　e.长保修期　　　　　　　f.赠品　　　　　　　　g.驾驶培训　　　　　　h.代办执照

5.您认为中档轿车界定的根据是:

　　a.价格,范围在 20 万元至 50 万元　　　　　　b.品牌,如本田雅阁、红旗、帕萨特

　　c.排气量,排气量在 1.7 L 至 2.3 L

6.您购买中档轿车时主要考虑的因素是:

　　a.质量　　　　　　　　　b.价格　　　　　　　　c.品牌　　　　　　　　d.款式(颜色、外观)

　　e.耗油指标　　　　　　　f.维护保养服务　　　　g.乘坐的舒适程度

7.您认为未来几年销售中档轿车的数量将会:

　　a.每年都有较大幅度的提高　　　　　　　　　　b.每年都有较小幅度的提高

　　c.基本不变　　　　　　　　　　　　　　　　　d.每年都有较小幅度的减少

　　e.每年都有较大幅度的减少

8.您得到有关汽车信息的一般渠道是:

　　a.展示厅　　　　　　　　b.报纸　　　　　　　　c.杂志　　　　　　　　d.电视

　　e.广播　　　　　　　　　f.新闻报道　　　　　　g.展销会　　　　　　　h.亲朋好友推荐

9.您的个人及家庭情况:

　　(1)性别:□男□女

　　(2)年龄:□18 岁以下□19～28 岁□29～39 岁□39～49 岁□50～60 岁□60 岁以上

　　(3)婚姻:□已婚□未婚

　　(4)文化程度:□初中以下□高中□大专□本科及以上

　　(5)职业:□工人□公务员□科技文卫人员□企业职员□企业管理人员□其他

　　(6)家庭平均月收入:□2 000 元以下□2 000～5 000 元□5 000～10 000 元

　　　　　　　　　　　　□3 000～5 000 元□5 000 元以上

9.2.2 市场需求测量与预测

(1) 衡量市场需求与有效市场

开展市场调研的主要目的是为了确定市场机会和风险。企业在制定任何市场策略前,必须仔细评价每一个机会,慎重衡量与预测每个机会潜在的规模、成长潜力和利润空间。财务部门利用销售预测筹集投资和经营所需的现金;制造部门用以估算产能;采购部门用以订购正确数量的零部件;人事部门用以确定所需的员工。如果预测远离实际,可能出现库存积压,或由于供不应求而使企业获利减少。

1) 需求衡量

需求衡量可以按不同产品层次、不同空间层次、不同时间层次进行。一个企业可作出一个特定轿车产品的短期预测,以便汽车生产商订购原材料、计划生产工作和安排短期融资。销售商也可以为汽车生产商的产品作出一个区域需求的预测,以便决定是否进行区域销售。

2) 市场类型

市场可分为潜在市场、有效市场、目标市场和渗透市场。每一市场的规模由特定市场的产品购买人数而确定。潜在市场是指那些对已经在市场上出售的产品(如别克凯越轿车)有一定兴趣的顾客群体;有效市场是由对某一种产品感兴趣、又有固定收入、有购买能力的潜在市场顾客所组成。显然,有效市场比潜在市场小,是潜在市场的一部分。

目标市场是企业决定要在有效市场上追求的市场。例如,美国通用汽车公司可能决定将别克君威轿车的市场营销和配销努力集中到中国,中国市场就成为其目标市场。上海通用别克凯越在上市前就将其产品定位在中级车市场,并将一些中小型企业的中高层经理以及政府、机关的一些中层干部作为目标消费群体。渗透市场是指那些已经买了本企业汽车的顾客群体。各类市场顾客群体的界定是动态的,如果一个企业对它目前的销售情况不满意,可以降低潜在顾客的合格标准,可以向其他有效市场拓展,可以降低价格以扩大有效市场的规模,还可以用大量广告使不感兴趣的消费者变为感兴趣者,从而扩大潜在市场。

(2) 需求衡量的有关概念

1) 市场需求

市场需求是在一定时期、一定地理区域、一定生产环境、一定营销环境和一定营销方案下,愿意购买某个汽车的特定顾客群体的总数量。它是随外界条件的变化而变化的变量,因此,也被称为市场需求函数。如在一定时期内,劳动者就业率和收入可能有较大差异,因而导致不同需求水平的产生。

2) 市场预测

根据汽车市场过去和现在的资料,以及市场宏观环境和微观环境的状况,运用科学方法和逻辑推理,对未来发展趋势进行估计和推测,定性或定量估计出市场的发展前景,被称为市场预测。市场预测是汽车企业经营决策的前提和依据,市场预测可使汽车企业更好地适应市场变化,提高竞争能力。

3) 市场潜量

市场潜量是在一个既定的环境下,行业营销努力达到无穷大时,市场需求无限接近的量。市场预测指出的是预期的市场需求,不是最大的市场需求。如果想要达到最大需求水平,必须经过非常"高"的行业营销努力才能达到,并且以后再进一步增加营销努力,其刺激需求的效果微乎其微。

4) 企业需求

企业需求是企业在营销努力基础上估计的市场需求份额,取决于该企业的产品、服务、价格、促销等与竞争者的关系。如果其他因素相同,则企业的市场份额取决于它的市场费用在规模和效益上与竞争者的关系。

5) 销售预算

销售预算是对预期销售量的一种保守估计,它主要为当前采购、生产和现金流量决策服务;销售预算要考虑销售预测和需求,以规避过度投资的风险。销售预算一般略低于企业预测。

6) 销售潜量

销售潜量是当企业相对于竞争者的营销努力增大时,企业需求所能达到的极限。当然,企业是针对市场潜量确定需求极限。当企业取得 100% 的市场,即该企业已成为市场的垄断者,企业销售潜量和市场潜量相等。在绝大多数情况下,企业销售潜量低于市场潜量,即使是企业的营销费用超过竞争对手相当多的时候也是如此。其原因是每个国家几乎都有相关法规,不允许行业垄断,每个企业都有竞争对手;每个竞争企业又都有一定的忠实购买者,这些人对其他企业怂恿他们离开的努力很少有反应。如在我国已经生产销售了近 20 年的桑塔纳轿车,很多专家认为其技术落后,应该被淘汰,但目前仍占有相当的市场份额,主要原因在于其有大量的忠实消费者。

(3) 估算当前需求

营销主管需要估计总市场潜量、地区市场潜量、实际销售额和市场份额。

1) 总市场潜量

总市场潜量是在一定的时期内、在一定的行业营销努力和一定的环境条件下,一个行业所有公司所能获得的最大销量(数量或金额)。一个常用的估计公式为

$$Q = nqP$$

式中　Q——总市场潜量;

　　　n——在一定的假设下,特定产品(市场)的购买者数量;

　　　q——一个购买者的平均购买数量;

　　　P——每一产品的平均价格。

2) 地区市场潜量

企业应选择最佳的区域并在这些区域最适当地分配它们的营销预算。因此,它们需要估计不同国家以及一个国家不同地区的市场潜量。一般企业都采用市场组合法估计市场潜量。市场组合法要求辨别在每一市场上的所有潜在购买者,并且对他们潜在的购买量进行估计;如果企业有一张全部潜在购买者的清单和他们将购买产品的可靠估计,则可直接应用该法,可惜这些条件往往是不能获得的。另外,也可以按收入增长和需求弹性计算市场潜量。

3) 实际销售额和市场份额

除了估计总的潜量和地区潜量外,企业还需要知道发生在市场上的实际销售额,也就是说,它还必须辨认竞争对手和估出竞争者的销售额。汽车行业协会经常会公布各公司每年或每季度的销售量和销售额,每个公司都可以利用这个渠道估算自己在本行业中的绩效。假如一个公司在一年中增加了 5% 的销售额,而行业销售额的年增长率为 10%,那么,这个公司实

际上正在丧失行业中相应的地位。

(4)估算未来需求

在大多数市场上,总需求和企业需求并不稳定,于是,可靠的预测成了企业成功的关键。预测失误可能导致存货过多、牺牲性的减价或由于缺货而丧失销售机会。需求越不稳定,预测的准确性就越关键,预测过程就越复杂。企业销售额预测通常经过三个阶段,即宏观经济预测→行业预测→企业销售预测。预测要求对通货膨胀、失业率、利率、消费者开支和储蓄、企业宏观经济投资、政府支出、净输出,以及与本企业有关的其他重要因素和事件进行预测。产生一个全国总产出的预测。应用这种预测数据结合其他环境指标,便可预测行业销售额。然后,企业把假设在行业销售中能达到的一定数量的份额作为它的销售预测的基础。

许多大的汽车公司有自己的计划部门,它们使用高级数理技术来执行这些任务。有的也向其他公司购买预测市场所必需的资料,这些公司有:①营销研究公司,通过会见顾客和分销者,与其他有见识的人士预测未来;②专业预测公司,对特定条件下的环境作长期预测,如人口、自然资源和技术;③未来学研究公司,产生推测性的预测方案。

一般市场销售预测的方法有以下 5 种:

1)购买者意向调查法

市场总是由潜在购买者构成的,预测就是预估在给定的条件下潜在购买者的可能行为。如果购买者有清晰的购买意图,愿意付诸实施,并能告诉访问者,则这种调查就特别有价值。

2)销售人员意见综合法

在不能直接与顾客见面时,企业可以通过听取销售人员的意见估计市场需求。

绝大多数汽车企业在使用销售人员的估计时都要作些调整。销售人员往往是有偏见的观察者,他们可能是天生的悲观主义者或乐观主义者;他们也可能由于最近的销售受挫或成功从一个极端走向另一个极端;此外,他们通常不了解较大的经济发展和影响他们地区未来销售的企业营销计划;他们可能瞒报需求,以达到使企业制定低定额的目的;他们也可能没有时间去作出审慎的估计,或可能认为这不值得考虑。

为了促使销售人员作出较好的估计,企业可向他们提供一些帮助或鼓励。如为销售人员提供一份他过去为企业所作的预测与实际销售的对照记录,提供企业在商业前景上的设想及企业欲追求的利益等。吸引销售人员参加预测有许多好处:销售人员在市场发展趋势上可能比其他人更具敏锐性;通过参与预测过程,销售人员会对销售定额充满信心,从而激励他们达到目标;他们的预测还可产生按产品、地区、顾客和销售人员为细分参量的销售估计。

3)专家意见法

企业也可以利用诸如代理商、销售商、供应商及其他一些专家的意见进行预测。

专家意见法的主要优点是:①预测过程迅速,成本较低;②在预测过程中,可以得到各种不同的观点,从而为最终决策提供更多的依据;③如果缺乏基本的数据,可以运用这种方法加以弥补。主要缺点是:①专家意见未必能反映客观事实;②责任较为分散,估计值的权数相同;③一般仅适用于总额的预测,而用于区域、顾客群、产品大类等预测时,可靠性较差。

4)市场测试法

直接市场测试特别适用于新产品的销售预测、为产品建立新的分销渠道或地区的情况。

5)时间序列分析法

以过去的资料为基础,利用统计分析和数学方法分析预测未来需求。这种方法的依据是:①过去的统计数据之间存在着一定的关系,而且这种关系利用统计方法可以揭示出来;②过去的销售状况对未来的销售趋势有决定性影响,销售额只是时间的函数。

科学的预测,要有科学的程序。不同的预测,程序的繁简有所不同,但一般来讲,程序和过程是相互接近的。

9.3　汽车 4S 店竞争对手信息反馈

所谓"知己知彼,百战百胜",企业在制定竞争战略和策略之前,首先要弄清谁是自己的竞争者,他们的营销目标和营销策略是什么,其优势和劣势又是什么等问题。只有准确地掌握了这些信息,企业才能够制定出正确的竞争对策。

9.3.1　竞争者识别与分析

(1)识别竞争者

企业要制定发展战略,使其在竞争中获取更大的成功,首先必须要了解竞争对手的战略。因此,对竞争对手的分析同对目标顾客的分析一样重要。

1)识别谁是竞争对手

看上去识别竞争对手很容易,似乎只有经营范围类似、规模相当的企业才是企业的竞争对手,而这恰恰是犯了"竞争者近视病",有可能忽略许多大小不一、现实或潜在的竞争对手。

2)了解竞争者的目标

确定谁是企业的竞争对手之后,还需了解他们在市场上追求的目标是什么。人们经常认为每位竞争者都在追求利润最大化、市场占有率和销售增长等。而实际上,大多数竞争对手和自己一样,在追求一组目标,各目标之间有轻重缓急、侧重点的不同,通常企业会为各项目标规定一个合理且可行的期望值。如美国公司多以最大限度增加短期利润为目标;日本公司则主要以最大限度扩大市场占有率为目标。企业还应随时了解竞争对手进入新的细分市场或开发新产品的目标,以便预先有所防备或制定应对措施。

3)确认竞争者的战略、优势与弱点

一般来说,多数行业中相互竞争的企业均可分为采用不同战略的群体。企业可通过了解竞争者的产品质量、特色、服务、定价和促销策略等,判断由哪些公司组成哪些战略群体和这些战略群体之间的差异如何。

每位竞争对手能否有效地实施其战略并达到目标,取决于他们的资源与能力、优势与弱点。企业可通过收集每位竞争对手过去的重要业务数据,如销售额、市场占有率、投资收益率、生产能力利用情况等分析其优势和不足;也可通过向中间商、顾客调查来了解竞争者的实力;还可以通过追踪调查竞争者的各项财务指标的变化情况,特别是利润和周转速度的变化来了解竞争者。

4)竞争者的反应模式

公司的战略和策略行动,必将引起竞争对手的某种反应,公司只有事先能较准确地估计到竞争者的反应,采取适当的措施,方可保证自身战略目标顺利地达到。

竞争者的反应模式首先受行业竞争结构的影响,如在寡头垄断和垄断竞争的行业,竞争者的反应不可能一样;其次,受竞争者的目标、优势和劣势的影响。此外,各竞争者都有自己的经营哲学、企业文化、传统信念,这种心理状态形成的惯性也是公司要研究的。

常见竞争者的反应模式可归纳为以下几种:

①从容不迫型。即竞争者没有反应或反应不强烈。公司主要应搞清楚他们反应不强烈的原因:是因为没有作出强烈反应所需的资源实力,还是因为企业信念,对自己经营前景和顾客的忠实性充满信心,抑或仅因为反应迟钝。

②选择型。即竞争者可能仅对某些方面的攻击行为作出反应,而对其他方面的攻击不予理会。如有的公司对产品更新、质量创优反应强烈,而对削价竞争不予理会;另一些公司对削价竞争反应强烈,绝不甘拜下风,但对广告费用的增加不作反应,认为不会构成威胁。

③强烈型。也有个别竞争者对任何有碍于他的进攻都会作出迅速而强烈的反应,而且对抗到底。这类公司当然一般都具有相当实力,其激烈的反应也是为向竞争者表明他坚定的态度,以使其他公司不敢轻易发动攻击。

④随机型。这类竞争对手的反应难以琢磨,而且无论根据其资源实力、历史还是其他方面的情况,都很难预见其如何反应。

(2)竞争者层次分析及竞争地位划分

1)竞争者层次分析

公司的竞争者主要有以下 4 个层次:

①直接竞争者。即以相似价格向相同顾客提供类似产品或服务的公司。

②同类产品的竞争者。即公司把凡是生产相同产品或同类产品的公司都视为自己的竞争对手。

③提供相同服务的竞争者。即公司把所有提供相同服务产品的公司都视为自己的竞争者。如汽车制造商不仅要把同行公司视为自己的竞争者,还把生产自行车、摩托车的公司视为自己的竞争对手。

④争取同一消费基金的竞争者。即公司把所有那些为争取同一笔消费基金的公司都视为自己的竞争对手。如汽车制造商的竞争者可能要扩大到房产公司、国外度假旅游服务公司、珍宝经营公司等。

2)竞争地位的划分

分析了竞争对手,企业还需要对自己在行业中的竞争地位有确切的了解和估计,方可决定竞争策略。关于竞争地位的划分有多种,这里介绍一种,即将所有竞争企业划分为 4 种类型:市场主导者、市场挑战者、市场追随者和市场补缺者。

①市场主导者。很多行业里都有一家公司被认为是市场主导者,它在行业内享有最高的市场占有率,并在新产品开发、定价、促销强度、分销覆盖面等方面起着主导作用,从而深深地影响着行业内其他企业的营销活动。如美国通用公司,其一方面享受着处于第一的荣耀,另一方面也是那些不甘落后的竞争企业进攻的众矢之的。一旦稍有疏忽,就可能被夺去第一的宝座而沦为第二名、第三名。主导公司如打算保证其优势地位,需要采取以下措施:扩大整体市场规模,保护自己已有的市场,提高市场的占有率。

一般来说,在竞争公司的进攻下,领先企业不可能全面地防守。真正解决问题的方法是分辨出哪些是应不惜代价防守的阵地,哪些是可以放弃而风险不大的领域,然后集中使用资源,达到战略目标。

②市场挑战者。挑战型的企业大多在行业中处于第二、第三位,甚至更低的名次。他们的共同之处是决心向主导企业或其他竞争者发动进攻,夺取更大的市场占有率。他们与市场追随者的唯一区别在于后者宁可维持现状,避免引起任何争端。如广州本田的新雅阁,被有关人士认为是在"一手握着品牌大旗,一手又举起价格屠刀"的营销战略思想下杀入汽车市场的。

挑战者的决策主要由两方面内容组成:一是确定进攻对象和目标;二是选择适当的进攻策略。挑战者企业可选下述三类企业中的一类作进攻对象,重要的是一定要有明确的目标:攻击市场主导者,就是比自己还强大的对手,因此攻击的风险很大,当然成功的吸引力也很大;攻击与自己实力相当者,主要是那些经营不善或资源不足的企业,以争夺他们的顾客;攻击一些仅在有限细分市场上从事经营活动的小企业。在美国,主要通过企业吞并实现,甚至可通过合并若干小企业使自己成为一流的大企业。菲利普·科特勒在《市场营销管理》和《新竞争》两书中借用了军事战略家们常用的术语,将进攻策略归纳为5种:正面进攻、侧翼进攻、包围进攻、迂回进攻和游击式进攻。

③市场追随者。并非所有在行业中处于第二位或第三位的企业都可以或愿意充当挑战者。实践证明,成功地采取追随战略的企业也能获取高额利润。市场追随者策略的核心是寻找一条避免触动竞争者利益的发展道路。但追随并不等于被动地挨打,况且,追随者又是挑战者的攻击目标,因此,追随者还要学会在不刺激强大竞争对手的同时保护好自己。

④市场补缺者。市场补缺者基本属于行业中的小企业,他们不与那些大中企业竞争,而专营那些大公司忽略或是不屑一顾的小市场,也能为市场提供有用的产品或有效的服务,并获得不菲的利润。市场补缺者成功的关键因素是专业化:有专业化的技术、人才、产品和促销手段。

9.3.2 汽车市场的竞争策略

每个企业都要依据自己的目标、资源和环境以及在目标市场上的地位来制定竞争战略和策略。即使在同一企业中,不同的产品也应有不同的竞争战略与策略,不可强求一律。

(1)竞争战略

概括地讲,企业的竞争战略有以下几种基本形式:

1)成本领先战略

企业努力降低产品生产和分销成本,从而使自己产品价格低于竞争者的价格,以迅速扩大销售量,提高市场占有率。如日本丰田汽车公司在20世纪六七十年代就一直采取此种战略,不断提高丰田汽车在国际汽车市场上的竞争地位。

2)差异性战略

企业大力发展别具一格的产品项目,以争取在产品或服务等方面比竞争者有独到之处,从而取得差异优势,使顾客愿意接受较高价格。如世界上那些生产名贵汽车的汽车公司就一直采用此种竞争战略。

3)集中战略

集中力量为某一个或几个细分市场提供最有效的服务,更好地满足一部分顾客的特殊需要,从而争取到局部的竞争优势。

上述3种战略,企业如果专一执行某一种,效果就好,执行得越彻底,获益越大;相反,企业如果不专一执行某一种战略,没有明确的竞争战略,而采取模棱两可的中间战略,则效果肯定不佳。企业企图面面俱到,结果反而面面俱损。除了以上战略外,还有创新取胜、优质取胜、技术取胜、服务取胜、速度取胜及宣传取胜等战略战术。

(2)竞争策略

由于各个汽车企业在汽车市场上所处竞争地位不同,所以不同类型的企业应采取不同的竞争策略。

1)市场领先者的竞争策略

在行业中处于领先地位的企业,具有最大的市场占有率,一般是行业中的导向型企业。作为市场领先者来说,其营销战略重点更多的是维持其市场份额和保持其市场地位,在此基础上进一步扩大市场份额。

市场领先者一般有以下3种主要的竞争战略:

①领先企业找到扩大市场总需求的方法。在同行业的产品结构不变的情况下,当市场规模扩大时,市场领先者得到的好处会大于同行业其他企业。这种战略又包括新市场战略、市场渗透战略、地理扩展战略、产品新用途战略等。

②企业应采取较好的防御措施和有针对性的进攻来保持自己的市场地位。这种战略主要包括阵地防御、侧翼防御、反击式防御、收缩防御等。

③在市场总规模不能有效扩大的情况下,市场领先者也应随市场情况的变化及时调整企业的营销组合,努力在现有市场规模下扩大自己的市场份额。这种战略的主要做法有:产品创新、质量策略、多品牌策略、增加广告策略、有效的销售促进等。

由于汽车工业本身是一种垄断竞争行业,在我国目前情况下,市场领先企业主要采取的是进攻策略。进攻的对象一般应选择实力比自己差的中小企业,尤其是生产主机的中小型厂家,通过兼并、联合等多种形式推进汽车工业走向集中,最终形成只有少数几家大型企业集团有序竞争的汽车工业格局。这是被世界汽车工业发展反复证明过的有效竞争策略,也是符合汽车工业客观发展规律的。

2)市场挑战者的竞争策略

市场挑战者是市场占有率位居市场主导者之后而在其他竞争对手之前的企业,它是市场中最具进攻性的企业。市场挑战者可以选择两类战略策略,即进攻策略或固守策略。市场挑战者如要发起挑战,首先必须确立自己的战略目标和挑战对象,其次要选择适当的进攻策略。

①确立战略目标和挑战对象。战略目标的确立是同挑战对象的选择紧密相连的。对不同的挑战对象,应有不同的挑战目标。对于挑战者来说,可以选择的挑战对象及相应目标有以下几种:

a.市场主导企业。这种挑战富有刺激性,挑战者应认真分析成功的机遇和失败的风险。挑战企业应抓住市场主导企业的某些弱点展开猛烈攻击,或者在填补市场主导企业留下的某些真空方面做出成绩,因而挑战所达到的目标一般不可能给市场主导企业以全面的打击,而只能从局部给以重创。随着本企业与市场主导企业实力对比的改变,适时地再调整竞争战略,从而实现企业以弱胜强的长远目标。在世界汽车工业史上不乏此类案例,如通用汽车公司早已在20世纪20年代就超过了福特汽车公司,时过半个世纪,日本汽车工业又为全世界上了一堂漂亮的"军事课",一跃登上了"大哥大"宝座,令欧美强国目瞪口呆。

b.实力相当者。"商战如兵战",没有永久的朋友,只有永久的利益。如果挑战企业同市场主导企业实力相差悬殊,为免遭"以卵击石",企业也可向实力相当者开刀,与其展开针锋相对的竞争或攻其不备。"两虎相争勇者胜",企业与实力相当者竞争,关键是信心要足、决心要大、意志要强,要有持久作战的思想准备。而对此类竞争者,企业既可以击败对手,也可以打击对手作为竞争的目标,这应视有关政策、法律及企业的需要而定。例如,"反垄断法"可能会限制一个行业企业数目过少的情况,或者企业认为对手的存在可以为自己带来某些好处,譬如实力相当者的存在可以牵制一部分更强大对手的力量;实力相当者的失败可能导致失败者投靠更强大对手,反而给自己带来更大的威胁;实力相当者的存在可以为自己在产品开发、市场开拓等方面作出贡献等。当企业以击败对手为目标时,应迅速扩大战果;当以打击对手为目标时,企业则应适可而止。

c.弱小企业。这是一种"鱼吃虾"的战略,即企业将实力不如自己的竞争对手逐出竞争领域,或收编成自己的一部分。需要说明的是,在现阶段我国汽车企业都能够很容易地找到实力与自己相当或较差的企业,除了几家大企业难以评价谁的实力更强外,多数企业都能找到比自己强的企业。在我国汽车工业大发展的今天,各个企业应认真选择好自己的竞争对手,确立正确的竞争目标,抓住发展的有利时机,以使本企业获得更大的发展。

②选择进攻策略。主要有两种可供选择的进攻策略:a.正面围堵进攻。进攻者针对对手的强项或全方位大规模地展开进攻,此种竞争策略适合针对实力相当或弱小的对手,常用方法有:产品对比、价格战、采用具有攻击性的广告等。b.侧翼或迂回进攻。集中优势力量攻击对手的弱点(有时也可采用"声东击西"的方法),或者避开对手的锋芒间接地攻击对手,如发展新产品取代现有产品,或实行多角经营等。

市场挑战者也可在下列条件下采取固守策略:a.当所在行业的市场需求呈总体缩小或是衰退时;b.估计竞争对手会对所遭受的进攻作出激烈反应,而本企业缺乏后继财力难以支持长期消耗战时;c.企业已有更好的投资发展领域并已开始投资,但前景不明时;d.主要竞争对手调整了战略或采用新的战略目标,一时不能摸清对手的战略意图和战略指向时。

3)市场追随者的竞争策略

由于这类企业不需自己投资研制新产品,获利能力一般并不差,多属实力不强的中小企业。如我国汽车行业的非骨干企业,他们通常是生产与骨干企业类似的产品,甚至是购买骨干企业生产的零部件从事装配生产,他们通常也有两种策略。

①紧跟模仿。这种策略即在企业营销活动的各个方面尽可能多地模仿市场领先型企业,行动上亦步亦趋,但以不触怒市场领先者为限。

②有差异模仿。这种策略即模仿者只在一些主要方面模仿市场领先型企业,而在其他方面又保持差别,或自成特色。常见的市场追随者多执行此策略。追随者经营上不同于假冒伪劣者,他属于正常的经营者,其产品有自己的品牌和商标,产品上注明制造企业名称等;而假冒者则隐瞒实情,冒充其他企业名称及产品商标,旨在以假乱真,以次充好,属于不正当经营。

此类企业的竞争性策略主要是寻找竞争对手所忽略的市场空隙,致力于在空隙中生存和发展。他们只要仔细经营,通过为用户提供满意的产品和服务,通常可以获取较大的投资收益率,且利润率常常超过大型企业。在我国汽车市场上,目前还存在着众多的中小型企业。从长远看,此类企业应向着市场补缺者发展。据资料介绍,美国、日本和俄罗斯在 20 世纪 70 年代末,专用汽车的年产量分别占普通型汽车产量的 65%、60% 和 46%。如美国有近千家专用汽车厂,其中约有一半企业的职工不足 20 人,每种专用车的年平均订货水平只有 3 辆。其他汽车发达国家大体上也表现出类似特征。由此看来,生产特种、专用汽车是这批中小企业的出路,但应注意其产品必须是名副其实的专用汽车,那种旨在投机取巧将普通车辆改换专用汽车名称的做法,实乃自欺欺人。同时,专用汽车并不意味着产品质量差,档次低,中小型企业对此应有正确的认识。

9.4　汽车信息反馈平台的建立与完善

在信息经济时代,信息就是生产力。现代汽车服务企业如何将企业的客户信息、车辆信息、技术信息、配件信息、员工信息、竞争对手信息、政策信息、资金信息、设备信息等纵横交错的信息,用计算机网络平台加以管理,加以分析,为决策提供可靠依据,这是为企业提高工作效率、降低成本、增强竞争力的一种科学的管理方法和管理手段。

9.4.1　信息系统建设的方法和内容

(1)架构网络平台,实现资源共享

如何合理有效地将企业人、财、物等资源更好地优化配置,是企业经营的根本之道。传统企业经营管理主要以金字塔形直线管理模式为主,纵向上由职能部门对所属业务进行垂直管理。这样的管理模式在传统企业运作中具有一定的积极作用。但是随着新经济时代的到来,它的副作用也日益明显,即横向上各部门之间缺乏有效的信息交流手段,纵向上信息的下行和反馈行为滞缓,不能高效率地组织好信息资源。所以,利用现代信息技术来改善传统企业的生产经营管理模式,就必须架构一个供大家共享资源的平台,即信息网络平台。实现的方法就是进行计算机网络建设,并与数据库和应用软件开发相配套。

目前,内部网作为一种利用互联网技术组建企业内部网络的先进技术,已成为企业各部门之间信息查询的通用平台,是实现企业信息化最重要的途径。这种解决方案在实际应用中是切实可行的,目前已有成功的先例可以借鉴。尤其是计算机网络系统结构已从过去的终端/主机模式、客户/服务器模式发展到现在的浏览器/Web 服务器模式。由于浏览器/Web 服务器概念,实现了开发环境与应用环境的分离,使开发环境独立于用户前台应用环境,便于用户的使用。在业务应用方面,可将企业各部门业务信息管理系统构筑到网络平台之上,帮助企业实现决策支持;在内部信息发布方面,可将企业的新闻消息、重大事件、生产行为、决策信息快捷准确地发布到内部网上,每一名关心企业发展的职工都可以在第一时间了解企业的有关情况。

(2)开展电子商务

1)电子商务的概述

电子商务是传统产业面临的新的经济环境、新的经营战略和新的运作方式。电子商务的目标是利用互联网技术,优化产品供应链及生产管理,优化用户服务体系,完成传统产业的提升与转化。它包括以下内容:①企业应用现代信息技术——互联网;②通过优化生产及供应链来降低成本;③通过更加直接和广泛的客户服务来扩大市场覆盖面;④基于互联网经济的新兴公司的产生,以及利用互联网优化传统企业的运作方式,达到传统企业向新经济的转型;⑤电子商务的最终目标就是在新经济环境下,形成企业新的核心竞争力。

所以,电子商务是一种新的商务活动形式,它采用现代信息技术手段,以通信网络和计算机装置替代传统交易过程中纸介质信息载体的存储、传递、统计、发布等环节,从而实现企业管理和服务交易管理等活动的全过程在线交易。电子商务不是单纯的技术概念,也不是单纯的商务概念,而是依靠互联网支撑的企业商务过程。

2)电子商务的特点

①书写电子化,传递数据化(这发生在企业与企业之间,以及企业内部)。

②减少店面租金成本。

③减少商品库存压力。

④很低的行销成本。

⑤经营规模不受场地限制。

⑥支付手段高度电子化。

⑦便于收集客户信息(数据库建设)。

⑧特别适用于电子信息产品的销售。

把整个百货商店里的商品做成网页,然后让消费者点击购买,这就是电子商务。值得指出的是,电子商务绝不是把现实生活中的买卖一模一样地搬到网上。因为这样的电子商务并没有增加或者减少什么,好像它与传统商务的区别只是在于一个是信息的,另一个是实物的。传统商务基于工业社会,工业社会的商务属于迂回经济;电子商务基于信息社会,而信息社会的商务属于直接经济。把百货商店照搬到网上,只是把工业生产方式照搬到网上,骨子里仍是传统商务,或者说只是迂回的电子商务。

走电子商务之路可以提高企业的供应能力、订单的管理和处理能力,最大化地利用人力资源,从而增强商务的基础建设;增加业务收入市场份额,搜寻新的市场空间,增强区域和全球的合作伙伴关系;保持和取悦用户,提高客户服务能力和水平,交叉相关销售;降低内部成本,加速现金流动,削减中间环节,降低通信成本,保持竞争地位,满足业务伙伴的需求;保护市场份额,利用网络刺激市场。

(3)启动上网工程

企业上网是企业信息化的重要内容。企业网站在现代及未来的信息社会将成为不可缺少的企业识别标志之一,有人将其形象地称为企业的电子商标。由于互联网在全球迅速普及,上网人数呈几何级增长,一些具有前瞻性的企业纷纷启动上网工程,建立门户网站,这样不仅可以展示企业形象,提高知名度,更有助于加强企业与社会之间的信息联系、沟通及互动交流。

企业上网包含两方面的含义,一是企业登录互联网,浏览查询各类信息,帮助企业了解外部世界,从而快捷准确地寻找到有价值的信息。主要有两种途径可以实现这项工作,即拨号接入和专线接入,企业可根据自己的实际情况来选择。二是企业在互联网上建立自己的网站和主页,让众多的上网者了解企业的有关情况,达到宣传自己、提高影响力的目的。

(4)信息化建设的内容

信息化建设并不是一个单纯的技术问题,而是一项系统工程。它不仅包括了计算机软硬件技术、网络技术,更重要的是在信息化的过程中,必须对企业的管理制度、组织机构、运行机制进行深层次的变革,必须融入现代化思想,应用现代化管理方法,提高职工的整体素质。交流、协作、控制是现代化企业办公管理的目标,企业的内部网络应能实现如下功能:采集、加工、传递、查询、分析各类业务系统信息数据,员工之间、部门之间、企业之间的信息交流与协作,人事、档案、公文、会议等办公管理,企业资源管理,财务管理,工作、项目、任务管理与监控,客户信息管理、技术支持、售后服务、产品维护等管理,互联网信息、卫星信息的自动采集与查询,企业信息发布,以及各类互联网网上行销行为,对各类业务数据、办公信息、外来信息的分析处理,电子商务等。基本可以概括为以下几个方面:

1)办公自动化

办公自动化、信息化(OA 系统)实现信息传递、信息类资源的共享、电子邮件、公文流转、工作日程安排、小组协同办公、工作流程自动化。

2)业务处理自动化

业务处理自动化、实时化(企业的 MIS 系统、辅助决策系统)实现企业业务管理下的计划管理、项目管理、财务管理、人力资源管理等为主要内容的基础管理业务处理活动自动化和信息化。

3)生产自动化

设计、生产过程自动化、信息化侧重于生产过程自动化、信息化、制造资源规划(MRP)、企业资源规划(ERP)、计算机集成制造系统(CIMS)的建设。

4)客户服务网络化

利用信息系统及时了解客户信息并以最快的速度提供令客户满意的服务。客户服务自动化在国外已被作为公司发展最为重要的一部分,虽在国内刚刚起步,但其重要性正在被越来越多的企业认识。

9.4.2　网络平台构架后的汽车商务营销

(1)明确的定位

用户访问一个网站,常常不是要购买商品,只是查询信息。只要他们在此找到了有用的信息,觉得有"价值",他们还会回访,企业的着眼点应该是为他们提供"价值"。

(2)合理的推广

利用一切机会推广站点。搜索引擎很好,因为它有很明确的目标市场;选择合适的关键字很重要,能使用户容易找到你的站点;自我推广也是非常有效的,在名片上印上站点的URL;若是商店,就在橱窗上广而告之你的店"触网"了;给别人写电子邮件时,信尾一定别忘了签上网址。另外,行之有效的办法就是友情链接、传统广告、报纸软推广。总之,哪儿有你的潜在用户,就打到哪儿去。

(3)积极收集反馈信息和网站信息

尽可能地提供表格和电子邮件地址,以便用户留下反馈意见:他们想从这里得到什么?他们对网页和图片有什么意见? 另外,还有一些问题也应给予关注:服务器能承担网站访问量吗? 如果是在线商店,在访问统计报告中,有多少用户来访问,又有多少用户真的购买了?

(4)根据反馈信息适时调整业务

如果懂得善用,客户反馈信息无异于免费的业务咨询,愤怒的声讨信尤其能让你获益匪浅。对于在线营业的网站来说,既然用户肯花时间留下反馈,那么隐含的信息就是"我想从你那里订货,这里的信息就告诉你如何能让我掏钱"。有人抱怨网站速度慢,那就检查图片是不是太多、服务器是不是有问题;有人在不停地询问相关产品,可能该考虑是否需要扩大产品范围了。或许他们觉得程序太复杂不愿订购,那就列出常见问题解答(FAQ),提供技术支持。

总之,当今市场营销的弊病之一就是无法做到网上和网下一体化,只要网上网下紧紧结合起来,构建的电子商务就将是完善的。

9.4.3　汽车 4S 店计算机管理

现在,只有了解计算机管理系统能够提供哪些管理功能,才可以对计算机管理软件有一个明确的认识,以便选择计算机管理软件。在此,就以"一汽启明 DSERP 系统"为例来介绍一个软件是如何解决企业的实际问题的。

(1)客户关系管理

①防止客源流失:业务员只能看到自己或允许查看有限的客户资料与业务数据,即使业务员的流动也无法带走其他业务员的客户数据,同时原来的客户数据也会完好地保存在数据库内,继续为公司所用。

②便于业绩考核:系统自动通过客户名称、证件号码、联系电话、手机等信息判断提示记录的相同性,有效杜绝业务员间相互争抢客户、争夺销售业绩。

③有效监督、指导业务员工作:业务员对客户的所有联系活动都有记录,一方面有效监督业务员工作情况,一方面根据业务员联系客户的进展情况予以工作指导。

④全面提高服务质量:通过对车辆档案跟踪、特殊日期等资料为客户提供体贴的保养、保险、年检提醒及温馨的节日、生日关怀,从而提高服务质量、提升客户满意度与忠诚度。

⑤为营销策划提供准确数据:通过记录分析客户特征、购车意向、意见反馈等数据,为营销策划提供准确的决策数据,如客户来源、客户区域、年龄段、意向价位、关注内容等分布情况制定广告策略、促销政策等。

(2)车辆管理

①车辆采购:记录车辆采购渠道、所购车型、配置、颜色、数量、价格、选配内容等信息,并随时可查看采购合同履行情况且可根据实际情况更改采购合同数据。

②车辆入库:包括车辆采购入库、销售退货入库、车辆移入入库。详细记录入库车辆基本信息,包括车型、配置、颜色、底盘号、发动机号、保修卡号、合格证号、随车附件、入库仓库等信息,并可打印输出车辆入库单。

③车辆出库:包括销售出库、采购退货出库、车辆移出出库等,主要功能是根据业务单据进行出库确认,打印输出车辆出库单,减少车辆库存数量。

④车辆库存:查询在库车辆及车辆基本信息。

⑤车辆附加:在出厂配置基础上增加或更换某些汽车部件,增加汽车价值。

(3)车辆销售管理

①车辆订购:没有现货提供给客户时,系统提供车辆订购功能,主要记录需要的车型、配置、颜色等基本信息,记录车辆价格、付款方式、交货时间等基本约定;有代办的要记录代办项目及收费情况,有赠品的还可进行相关数据的录入;系统还提供订购单、订购合同等打印输出功能。

②车辆销售:记录客户及所购车辆详细信息,以及定价、优惠、合同价与实际价、付款方式、车辆流向、车辆用途、业务员等基本信息;有代办的要记录代办项目及收费情况,有赠品的还可进行相关数据的录入;系统还提供销售单、销售合同等打印输出功能。

③销售代办：根据合同约定，替客户代办相关项目、登记对方单位、代办成本的数据，便于财务付款及单车收益核算。

④合同查询：查询订购合同及销售合同的履行情况，包括是否选车、钱是否付清、销售代办是否完成、发票是否已开、车辆是否出库等。

⑤财务管理：根据采购、销售等业务完成定金、车款、代办款等收款工作及车辆采购、车辆附加、销售代办产生的付款工作，对销售车辆开具销售发票及进行收益核算。

（4）业务管理

①资料文档：管理公司及业务上的相关资料及文档，如公司合同、规章制度、车辆信息等资料和文档，支持格式包括 Word、Excel、Jepg、Powerpoint、Bmp 等。

②商家档案：记录关注商家的基本信息，包括名称、地址、经营车型、联系人、联系电话等信息。

③销售询价：记录市场调查的基本信息，包括车辆售价、有无货源、货源基本情况等信息，并可按日期、车型等条件进行查询。

（5）统计查询

系统提供报表涵盖车辆采购、订购、销售、车辆入出库、车辆库存、财务收付、客户管理等相关数据报表，包括采购合同台账、车辆销售台账、车辆入出库明细表、车辆库存报表、客户档案表、车辆库存周期、车辆销售收益、财务收付款明细表、销售业绩统计表等。

练习题

一、单选

1.对客户数据库的分析能解决汽车产品（　　）问题。

 A.目的性   B.针对性   C.消费性

2.公司的销售报表和客户数据库提供的数据被称为（　　）。

 A.结果数据   B.调查数据   C.分析数据

3.营销系统信息来源最重要的途径之一就是（　　）。

 A.信息员   B.客户   C.销售顾问

4.（　　）是汽车生产商和销售商科学预测与决策的基础。

 A.产品定位   B.生产研发   C.市场调研

5.汽车的品种、数量等要以（　　）为导向。

 A.市场需求   B.价格定位   C.企业规模

6.所谓（　　），是指从数据中提炼出当前需要调查的结果，对主要数据变量要进行数理统计方面的工作，从而得出趋势性的结论。

 A.收集   B.分析   C.总结

7.信息价值由（　　）的可靠性和准确性以及管理层对调研结果的接受程度而定。

 A.调研计划   B.调研过程   C.调研结果

8.（　　）可以获得完善的调研资料，便于剖析事物变化的实质。

 A.重点调研   B.典型调研   C.全面调研

9.(　　　)是指调研者直接进入市场通过试验而获取资料的方法。

　　A.实践调研法　　　　B.采访法　　　　　　C.观察法

10.个性化用户以私家车及仅仅拥有(　　　)台车的企事业单位为主,定期到公司进行维修保养。

　　A.一　　　　　　　　B.两　　　　　　　　C.一、两

11.客户的信息必须建立详细,具有(　　　),可以保证在回访的过程中,很便捷地与客户进行联系。

　　A.详尽性　　　　　　B.可读性　　　　　　C.时效性

12.信息员到车间维修现场进行回访,与顾客进行面对面的交谈称为(　　　)。

　　A.现场回访　　　　　B.现场交流　　　　　C.现场对话

13.按常规,超过(　　　)个月未来的客户,视为流失客户。

　　A.1　　　　　　　　 B.2　　　　　　　　 C.3

14.确认作业效果,于用户车辆交接完毕(　　　)日内必须 100%跟踪,与用户取得联系,了解车辆情况。

　　A.3　　　　　　　　 B.2　　　　　　　　 C.1

15.销售服务店的区域市场由汽车销售公司(　　　)划分。

　　A.企划部　　　　　　B.区域部　　　　　　C.办公室

16.轿车销售公司授权的品牌专卖店应与(　　　)紧密配合。

　　A.生产厂商　　　　　B.区域代表　　　　　C.地方经济

17.销售服务店应在每周末下班前将(　　　)反馈给汽车销售公司市场部。

　　A.《市场信息报表》

　　B.《车辆销售报告单》

　　C.《客户信息反馈表》

18.销售服务店应在顾客提车当天将(　　　)通过 VE-I 软件发给汽车销售公司数据库。

　　A.《客户信息反馈表》

　　B.《客户信息跟踪卡》

　　C.《车辆销售报告单》

19.信息反馈部门必须做好跟踪服务记录,使用(　　　)对跟踪服务的情况进行详细记录。

　　A.《客户信息反馈表》

　　B.《客户信息跟踪卡》

　　C.《车辆销售报告单》

二、多选

1.营销信息系统的内容有(　　　)。

　　A.内部报告系统　　　　　　　　B.营销情报系统

　　C.营销调研系统　　　　　　　　D.计算机化的营销决策支持系统

2.收集信息的方法基本有(　　　)等。

　　A.公司的销售报表　　　　　　　B.客户数据库

　　C.营销情报系统　　　　　　　　D.营销调研和营销决策分析

3.4S 店在市场调研活动中除了可以聘用专业咨询公司提供服务外,还可以利用(　　　)方

式进行市场调研。

  A.委托调研   B.利用互联网

  C.深入市场   D.利用竞争对手的资源

4.汽车市场营销调研的内容包括( )。

  A.市场需求调研   B.产品定位调研   C.市场产品调研   D.市场经营条件调研

5.市场经营条件调研包括( )。

  A.资源状况   B.市场环境   C.技术发展状况   D.竞争对手

6.市场产品调研包括( )。

  A.产品状况   B.汽车销售   C.流通渠道   D.汽车市场竞争程度

7.汽车市场营销调研目标有( )。

  A.探索性调研   B.描述性调研   C.因果分析调研   D.行业性分析

8.汽车市场营销调研方案应作出( )等方面的决策。

  A.调研方法   B.联系方法   C.抽样方法设计   D.应用的调研工具

9.汽车市场营销调研的方式可分为( )。

  A.全面调研   B.重点调研   C.典型调研   D.抽样调研

10.常用的汽车市场营销调研方法有( )。

  A.观察法   B.搜索法   C.采访法   D.实践调研法

11.客户档案信息可分为( )。

  A.小客户   B.大客户   C.普通客户   D.个性化客户

12.客户回访的方式有( )。

  A.信函   B.电话   C.网络   D.现场回访,实地走访

13.客户信息按照客户实际情况进行分类,可分为( )。

  A.公务用车   B.商务用车   C.私家用车   D.出租用车

14.客户信息按照消费行为动机进行分类,可分为( )。

  A.权威至上者   B.怀疑论者   C.务实主义者   D.廉价者

15.销售服务店内部的信息简报内容应包括( )等。

  A.企业经营状况   B.重要活动   C.先进事例   D.市场情况

16.市场信息的分类方式有( )。

  A.按信息种类分类   B.按信息的内容分类

  C.按信息的来源分类   D.按信息的反馈途径分类

三、判断

1.营销信息系统是指由人、设备和程序组成的一个持续的、彼此关联的结构。( )

2.为了确保信息的有效性,必须遵循目的性、可靠性、实效性、全面性、经济性。( )

3.营销调研是对企业所面临的特定营销环境的有关资料及研究结果作系统地调查、分析、解决的活动。( )

4.调研问题的大小和难易程度决定了调研的成本。( )

5.汽车生产和经营经常强调"以产定销"的生产经营方针。( )

6.案头资料也称二手资料,是指经别人收集和整理过的资料。( )

7.原始资料是指调研人员通过发放问卷、面谈、抽样调查等形式搜集到的第一手资料。

（　　　）

8.原始资料的收集成本较低、时间较短。（　　　）

9.汽车市场营销调研的数据收集阶段是一个成本非常低的阶段。（　　　）

10.汽车市场营销调研的数据收集阶段是一个最容易出错的阶段。（　　　）

11.大客户是指以企事业单位为主,拥有车辆超过五台以上,定期到我单位进行维修保养的客户。（　　　）

12.因为客户的通信方式以及车辆的身份会经常发生变化,为了及时有效地掌握客户及车辆的信息,就必须不定期对客户档案进行维护。（　　　）

13.进行客户回访时,应尽量避免拨打用户手机。（　　　）

14.电话回访是最容易引起客户反感的一种回访方式。（　　　）

15.权威至上者客户群必须要到专业服务站,接受正规的专业化服务,使用原厂配件。（　　　）

16.务实主义者这类客户的要求是在保证质量的前提下,价格适中即可。（　　　）

17.务实主义者这类客户出现小毛病会到路边小店维修,所有配件也要必须选用质量稍好的副厂件,而且认为很划算。（　　　）

18.廉价者这类客户群是从来不会去专业服务站维修的。（　　　）

19.销售服务店的客户反馈信息应按汽车销售公司规定的时间和格式反馈给汽车销售公司相关部门。（　　　）

20.销售服务店的信息反馈部门必须使用汽车生产厂编制并提供的软件。（　　　）

21.怀疑论者这类客户一般不了解汽车性能或汽车维修行业,疑心较重或有过受骗的经历,一旦获得了这样的客户信任,他们也会变成 A 类客户。（　　　）

22.每个季度末对客户档案进行统计,一方面有新增客户,另一方面将流失客户档案进行封存。（　　　）

23.营销信息系统开始和结束于信息的使用者。（　　　）

24.营销信息系统中的内部报告系统用于日常的计划、管理和营销控制。（　　　）

四、简答

1.简述营销信息系统的定义及其任务。

2.简述营销信息系统各部分的功能。

3.简述市场营销调研的概念及汽车企业市场调研的主要任务。

4.简述汽车市场营销调研报告的内容。

5.简述信息反馈管理流程。

6.简述建立客户档案信息的目的。

7.简述分析客户档案的目的。

8.具体解释客户信息按照资信情况进行分类。

9.简述信息反馈管理部门岗位人员职能。

10.简述信息反馈管理部门岗位人员要求。

五、论述

论述汽车市场营销调研的步骤分析。

练习题答案

第1章

一、单选

1.A 2.B 3.C 4.B 5.A 6.D 7.D 8.A 9.C 10.C

二、多选

1.ABCDE 2.ACD 3.ABC 4.AC 5.BC 6.ABC 7.ABCD 8.AC 9.ABC 10.ABCD

三、判断

1.√ 2.√ 3.√ 4.× 5.√ 6.× 7.√ 8.× 9.√ 10.√

四、简答

1.答:4S 是指将新车整车销售(sale)、零配件供应(spare part)、售后服务(service)、信息反馈(survey)。

2.答:4S 的经营模式其服务仍显不足,趋于 6S 经营模式。

3.答:纵向模式和横向模式。

4.答:4S 店的经营现状与品牌和服务质量有关。

5.答:4S 店经营应向汽车超市发展。

五、论述

答:变坐商为行商,变4S 为6S。

第2章

一、单选

1.B 2.C 3.C 4.B 5.A 6.C 7.B 8.A 9.B 10.C 11. B 12.A 13.C 14.A 15.B 16.C 17.B 18.C 19.A 20.C

二、多选

1.ABCDE　2.ABCD　3.ABDE　4.ABC　5.ACD　6.BCD　7.BCD　8.ABC　9.BC
10.BCD　11.ABCD　12.ABCD

三、判断

1.√　2.√　3.×　4.√　5.√　6.×　7.×　8.√　9.√　10.×　11.√　12.√

四、简答

1.答:现代的市场是各种商品交换关系的总和,是指商品多边、多向流通的网络体系,是流通渠道的总称。

2.答:汽车市场是将汽车作为商品进行交换的场所,是汽车的买方、卖方和中间商组成的一个有机的整体。

3.答:汽车市场营销的目的,就在于了解消费者的需要,按照消费者的需要来设计和生产适销对路的产品,同时选择销售渠道,做好定价、促销等工作,从而使这些产品及时地销售出去。

4.答:经销是指经销商与供货商达成协议,承担在规定的期限和地域内购销指定商品的义务。

5.答:消费因素主要包括消费者收入和消费者支出两方面。

五、论述

1.答:汽车定价的一般程序,如下图所示。

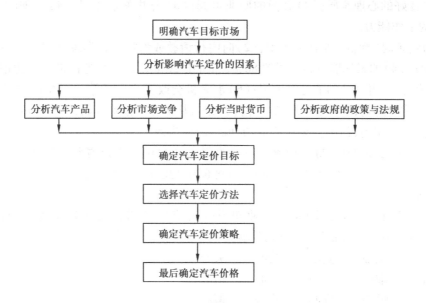

汽车定价一般程序图

在汽车定价时首先要明确汽车目标市场,汽车目标市场是汽车企业生产的汽车所要进入的市场。具体来讲,就是谁是本企业汽车的消费者。汽车目标市场不同,汽车定价的水平就不同。分析汽车目标市场一般要分析该汽车市场消费者的基本特征、需求目标、需求强度、需求潜量、购买力水平和风俗习惯等情况。

2.答:对汽车市场的调查研究就是要调查有关汽车及汽车零配件相关商品的市场容量,了解市场需要的车辆品种、规格、质量、装潢,主要供需发展状况,做到适销对路。

研究汽车市场就是分析预测汽车市场汽车供求关系和汽车价格变动趋势。例如:燃料价格的变动对汽车市场有短期影响;住宅有无停车场,购物停车是否便利,道路是否畅通,税费是否合理等都对汽车市场有长期影响。

第3章

一、单选

1.C 2.C 3.A 4.B 5.A 6.B 7.B 8.C 9.A 10.C 11.B 12.B 13.C 14.A 15.A 16.B 17.B 18.C 19.C 20.C 21.A 22.B 23.A

二、多选

1.BD 2.ACD 3.BCD 4.ABD 5.ABCD 6.ABC 7.BCD 8.AB 9.BD 10.ABD 11.AB 12.ABCD 13.BCD 14.ABC

三、判断

1.√ 2.× 3.√ 4.× 5.√ 6.× 7.× 8.√ 9.√ 10.√ 11.× 12.× 13.× 14.√ 15.√ 16.× 17.× 18.× 19.√ 20.× 21.√ 22.√ 23.√

四、简答

1.(1)良好的心理素质;(2)高尚的职业道德;(3)公共关系意识;(4)合理的知识结构;(5)全面的工作能力。

2.(1)销售时"勤奋"是你的灵魂;(2)向内行请教或参加强化训练;(3)真正接受你销售的只有 20%;(4)如果你能对客户了解 80%,那付出 20% 努力就可能有 80% 成功把握;(5)用 80% 的耳朵去听,用 20% 的嘴巴去说服;(6)永无机会改变自己的第一形象;(7)成功的 80% 来自交流与建立感情,20% 来自产品本身;(8)销售从被客户拒绝开始;(9)80% 的客户都会说您销售的产品价格高;(10)只要决心成功,就能战胜失败。

3.(1)上岗前必须穿戴好公司统一规定的制服;(2)随时保持着装的整洁和完整;(3)要求穿深色皮鞋相配;(4)在岗时,必须将工号牌佩戴胸前;(5)在岗时,不可佩戴装饰物、标记和吉祥物等。

4.(1)对工作的热爱;(2)培养专业知识;(3)态度亲切有礼;(4)训练敏锐的观察力;(5)身体训练;(6)观念训练;(7)自我激励。

5.热心　　诚心　　真心　　爱心　　关心
　良心　　虚心　　耐心　　专心　　信心
　决心　　恒心　　安心　　小心　　留心

6.(1)完成目标责任;(2)管理下属责任;(3)制订规章、流程责任;(4)收支管理责任;(5)信息完整责任:对销售部所掌管的企业信息完整、秘密的安全负责。

7.(1)供方在将汽车交给顾客前,应保证汽车完好;

(2)供方应仔细检查汽车的外观,确保外观无划伤及外部装备齐全;

(3)供方应仔细检查汽车内饰及装备,确保内饰清洁和装备完好;

(4)供方应对汽车性能进行测试,确保汽车的安全性和动力性良好;

(5)供方应保证汽车的辅助设备功能齐全;

（6）供方应向顾客介绍汽车的使用常识；

（7）供方有责任向顾客介绍汽车的装备、使用常识、保养常识、保修规定、保险常识、出险后的处理程序和注意事项；

（8）供方应向顾客提供24小时服务热线及救援电话；

（9）供方应随时解答顾客在使用中所遇到的问题。

8.（1）贷款人要有稳定的职业和经济收入或易于变现的资产，足以按期偿还贷款本息；

（2）贷款人申请贷款期间有不低于贷款银行规定的购车首期款存入该银行；

（3）贷款人必须提供贷款银行认可的担保。

9.（1）消费观念急需转变；（2）汽车消费信贷的有关法律法规不健全；

（3）缺乏个人信用制度；（4）担保条件过于苛刻，手续太过烦琐。

10.（1）全车盗抢险；

（2）无过失责任险；

（3）车上责任险；

（4）车载货物掉落责任险；

（5）车辆停驶损失险；

（6）自燃损失险；

（7）玻璃单独破碎险；

（8）新增加设备损失险。

11.（1）不足额投保；

（2）重复投保；

（3）起额投保；

（4）不按时续保；

（5）险种没保全。

12.（1）购买暂保单；

（2）选择投保项目；

（3）填写投保单；

（4）审核投保单；

（5）保险费的规定；

（6）签订保险单及凭证；

（7）缴纳保险费。

五、论述

1.（1）完成或超额完成销售定额；

（2）寻找客户：汽车销售员负责寻找新客户或主要客户；

（3）传播信息：汽车销售员应能熟练地将公司车辆和服务的信息传递出去；

（4）推销车辆：汽车销售员要懂得"推销术"这门艺术——与客户接洽、向客户报价、回答客户的疑问并达成交易；

（5）提供服务：汽车销售员要为顾客提供各种服务——对顾客的问题提出咨询意见，给予技术帮助、安排资金融通、加速交车；

（6）收集信息：汽车销售员要进行市场调查和情报工作，并认真填写访问报告；

（7）分析销售数据、测定市场潜力、收集市场情报；

（8）参与拟定营销战略和计划；货款回笼。

2.（1）宣传表达能力

汽车营销人员是汽车产品的宣传者，而且是以面对面的方式进行宣传，因此，汽车营销人员应具备较强的文字表达能力、口头表达能力以及感情、形体表达能力。

①文字表达能力要求汽车营销人员掌握应用文体的格式和特点，熟练运用语法、修辞、逻辑等知识进行写作（汇报总结、计划方案等），要求文字准确、简洁、生动。

②口头表达能力要求汽车营销人员要讲普通话，吐字清楚，简明扼要、有节奏感，不结结巴巴、重复，不滔滔不绝，也不可一声不吭，沉默寡言。

③神态、感情、动作是沟通思想感情的非语言交往手段，形体表达有时比语言表达更为重要。

（2）社会交往能力

汽车营销人员因工作需要，必须和各种各样的人打交道，这就要求汽车营销人员要了解顾客不同的心理特征和行为特征，要清楚如何与不同职业、不同地位的人打交道。

（3）自控应变能力

汽车营销人员在工作中难免会遇到一些态度粗暴、吹毛求疵的客户，作为汽车营销人员，要有风度、气质和很强的自控能力，以自己的冷静，使对方平静，用自己的和颜悦色，消除对方的"火气"。

（4）创新开拓能力

第一，创新要不安于现状，不满足现有经验，要善于独立思考；第二，要视野广阔、兴趣广泛，善于学习、善于思维，融会贯通、扬长避短；第三，不能有"思维定势"，要以敏锐的思维从事物中发现不足，寻找对策；第四，要持之以恒。创新是一个艰苦的过程，"十年磨一剑"，汽车营销人员要坚持不懈，永远以全新的姿态，迎接挑战。

3.（1）把握市场

①需求分析、销售预测；②销售效率分析；③趋势变动分析；④需求变动分析；⑤相关分析；⑥市场占有率调查；⑦购买动机调查；⑧失败原因分析；⑨竞争者分析；⑩情报管理。

（2）确定销售目标

①利润计划；②品牌组合；③市场占有率目标；④基本销售目标；⑤销售价格政策；⑥销售组合；⑦需求变动对策；⑧环境变动对策；⑨阶段性销售目标；⑩销售分配。

（3）决定销售战略

①品牌战略；②销售通路战略；③通路管理；④市场细分政策；⑤人员推销促销战略；⑥组织机构促销战略；⑦广告战略；⑧经销商的协助；⑨地区市场进攻战略；⑩企业形象管理。

（4）编制销售计划

①部门的方针；②部门的销售分配；③部门的销售目标、销售计划和销售预算的制订；④推销员的招聘、录用、培训与配置；⑤访问计划；⑥访问路线的决定；⑦销售地图；⑧车辆知识的运用；⑨销售基点；⑩销售用具。

（5）制订销售战术

①战术的独创性；②失败原因活用法；③客户抱怨分析；④POP 广告；⑤潜在顾客整理法；⑥吸引顾客战术；⑦专案小组；⑧销售方案；⑨推销信函；⑩售前与售后服务。

（6）善用推销员的能力

①产品知识；②购买心理研究；③洽谈进行方法；④直截了当的谈话方法；⑤试探结论的方法；⑥应付反对意见的说话法；⑦洽谈结论；⑧处理抱怨的方法；⑨应付各种顾客的方法；⑩角色扮演方法。

（7）培养推销员的奋斗精神

①适应性检查；②适才适用；③时间的管理；④能力评估；⑤销售业绩的评估；⑥薪资政策、报酬设计；⑦上级的领导；⑧同行推销；⑨推销竞赛；⑩彻底培养推销精神。

（8）管理销售活动

①销售组织的适当规模、销售队伍的组织；②职务分配；③公司内部的沟通；④团队的建设、行动管理、间接人员管理；⑤销售事务；⑥销售统计；⑦销售费用的节省；⑧报表的设计；⑨职务分析；⑩业务量的测定。

（9）利润计划与资金管理

①利润目标的设定；②降低成本的目标；③利润管理；④资金周转表；⑤经营分析；⑥预算控制；⑦差异分析；⑧信用调查；⑨应收账款管理；⑩收款活动管理。

第4章

一、单选

1. A　2. B　3. C　4. D　5. B　6. C　7. A　8. C　9. A　10. C

二、多选

1. ABCD　2. ABCD　3. ABCD　4. ABCDE　5. ABCD　6. ABCDE　7. ABCDE　8. ABCD
9. ABCD　10. ABC

三、判断

1. √　2. ×　3. ×　4. √　5. ×　6. √　7. √　8. ×　9. ×　10. ×

四、简答

1. 答：以估计的销售量来计算应制定的价格，颠倒了价格与销售量的因果关系，把销售量看成是价格的决定因素，忽略了市场需求与市场竞争。

2. 答：要把自己的汽车产品与竞争者的汽车产品相比较，正确估计本企业的汽车产品在汽车消费者心目中的形象，找到比较准确的理解价值。

3. 答：①随行就市定价法，是指按行业近似产品的平均价格定价，是同质产品惯用的定价方法，也比较适合产品的成本难以估计、企业打算与竞争者和平共处、对购买者和竞争者的反应难以估计等场合；②投标定价法，是指购买者采取公开的或行业的相关渠道发布采购信息，邀请供应商在规定的时间内投标（招标）。

4. 答：①高素质原则，即尽可能招聘到能胜任汽车营销工作需要的高素质员工；②效率优先的原则，即力争用尽可能少的招聘费用，录取到高素质、适应企业需要的员工；③公平竞争，择优录取的原则；④内部优先的原则。

5. 答：态度热忱，勇于进取；富于应变，技巧娴熟；文明礼貌，善于表达；求知欲强，知识广博。

五、论述

1.答:优点:①招聘成本较外部招聘更低;②应聘的员工对公司的情况无须经过熟悉和适应的过程;③为员工提供了更多的职业生涯规划空间;④最大限度地给企业内部员工提供用人信息和机会,增强员工对企业的忠诚度。

缺点是:①应聘人数有限;②内部人员排斥外部应聘者,会导致人际关系复杂。

2.答:公共关系首要的任务是树立和保持企业的良好形象,争取广大消费者和社会公众的信任和支持。一个企业除了生产优质产品和搞好经营管理之外,还必须重视创建良好的形象和声誉。在现代社会经济生活中,一旦企业拥有良好的形象和声誉,就等于拥有了可贵的资源,就能获得社会广泛的支持和合作。否则,就会产生相反的不良后果,使企业面临困境。可见,以创建良好企业形象为核心的公共关系这项管理职能,涉及企业活动的各个方面,而且是长期不断地积累、不断地努力的结果。

第5章

一、单项选择

1.A 2.C 3.B 4.A 5.B 6.A 7.B 8.D 9.A 10.B 11.B 12.D 13.D 14.C 15.A 16.C 17.A 18.D 19.B 20.A 21.C 22.D 23.C 24.C 25.D

二、多项选择

1.ABCD 2.ABC 3.ABCD 4.ABCD 5.ABC 6.ABD 7.ABC 8.ABD 9.ABC 10.ABCD 11.ABC 12.ACD 13.ABD 14.BD 15.ABC 16.BCD

三、判断

1.× 2.× 3.√ 4.× 5.√ 6.√ 7.√ 8.√ 9.√ 10.√ 11.√ 12.√ 13.× 14.√ 15.√ 16.√ 17.√ 18.√ 19.√ 20.√ 21.√

四、简答题

1.答:(1)只有把商品购进组织好,把适销产品购进到经营企业,才能销售,促使营销企业发展生产。

(2)只有质优价廉、适销对路的商品源源不断地进入经销企业,才有可能提高为用户服务的质量,满足消费者的需要。

(3)搞好进货是搞好销售的前提和保证。只有进得好,才能销得快,才有可能提高企业的经济效益。

由此可见,商品购进是直接关系到生产、营销企业能否得到发展、消费者需求能否得到满足、企业经营状况能否改善的关键问题。

2.答:(1)勤进快销原则;(2)以销定进原则;(3)以进促销原则;(4)储存保销原则。

3.答:进货的原则除了要求购进的商品适销对路外,就是要保质、保量。生产企业实行质量三包,即包修、包退、包换,经营企业要设专职检验部门或人员,负责购进商品的检验工作,把住商品质量关。除此之外、购进还应遵循以下原则:

(1)购进的商品必须有产品合格证及商标。实行生产认证制的产品,购进时必须附有生产许可证、产品技术标准和使用说明。

（2）购进的商品必须有完整的内、外包装，外包装必须有厂名、厂址、产品名称、规格型号、数量、出厂日期等标志。

（3）要求供货单位按合同规定按时发货，以防应季不到或过季到货，造成商品缺货或积压。

（4）积极合理地组织货源，保证商品适合用户的需要，坚持数量、质量、规格、型号、价格全面考虑的购进原则。

（5）购进商品必须贯彻按质论价的政策，优质优价，不抬价，不压价，合理确定商品的采购价格；坚持按需进货，以销定进；坚持"钱出去、货进来，钱货两清"的原则。

（6）购进的商品必须加强质量的监督和检查，防止假冒伪劣商品进入企业，流入市场。在商品收购工作中，不能只重视数量而忽视质量，只强调工厂"三包"而忽视产品质量的检查，对不符合质量标准的商品应拒绝收购。

4.答：汽车配件销售行业的进货除一些小公司外，大都从汽车配件生产厂家进货，在进货渠道的选择上应立足于以优质名牌配件为主的进货渠道，但为适应不同层次的消费者的需求，也可进一些非名牌厂家的产品，可按 A、B、C 顺序选择。

A 类生产厂是指全国有名的主机配套厂，这些厂知名度高，产品质量优，多是名牌产品。这类厂应是进货的重点渠道。其合同签订形式，可采取先订全年需要量的意向协议，以便厂家安排生产具体按每季度、每月签订供需合同，双方严格执行。

B 类生产厂是指虽生产规模、知名度不如 A 类厂，但配件质量还是有保证的，配件价格也比较适中。订货方法与 A 类厂不同，可以只签订短期供需合同。

C 类生产厂是指一般生产厂，配件质量尚可，价格较前两类厂低。这类厂的配件可作为进货中的补缺。订货方式也与 A、B 类厂有别，可以电话、电报要货，如签订供需合同的话，合同期应短。

但必须注意，绝对不能向那些没有进行工商注册、生产"三无"及假冒伪劣产品的厂家订货和采购。

5.答：（1）查看表面硬度是否达标。各配合件表面硬度都有规定的要求，在征得厂家同意后可用钢锯条的断茬去试划，划时打滑无划痕的，说明硬度高；划后稍有浅痕的，硬度较高；划后有明显痕迹的，说明硬度低（注意试划时不要损伤工作面）。

（2）查看转动部件是否灵活。在检验机油泵等转动部件总成时，用手转动泵轴，应感到灵活、无卡滞现象；检验滚动轴承时，一手支撑轴承内圈，另一手转动外圈，外圈应能快速自如转动，然后逐渐停转。若转动部件转动不灵，说明内部锈蚀或变形。另外，用两手分别抓紧轴承内、外圈，相对拉压，若感觉到相对间隙较大时说明该轴承径向间隙过大，是不合格产品或伪劣产品。

（3）查看装配记号是否清晰。为保证配合件的装配关系符合技术要求，在某些零件上，刻有装配定位标记，比如正时齿轮的正时标示。若无定位记号或定位记号模糊无法辨认，将给装配工作带来很大困难，甚至装错。

（4）查看粘接零件有无松动。由两个或两个以上零件组合成的配件，零件之间是通过压装、粘接或焊接的，它们之间不允许有松动现象，如油泵柱塞与调节阀是通过压装组合的；离合器从动摩擦片与钢片是铆接或粘接的；纸质滤清器滤芯骨架与滤纸是粘接而成的；电器设备的接头是焊接而成的。检验时，若发现松动，应予以调换。

（5）查看配合零件表面有无磨损。若配合零件表面有磨损痕迹，或涂漆配件拆开后发现表面油漆有旧漆，则多为废旧件翻新。当发现表面磨损、烧蚀、橡胶零件材料变质或老化时在目测看不清的情况下，可借助放大镜观察。

（6）查看结合部位是否平整。零部件在搬运、存放过程中由于振动、磕碰，常会在结合部位产生毛刺压痕、破损等，这会影响零件使用，选购和检验时要特别注意。

（7）查看零件有无变形。有些零件因制造、运输、存放不当，易变形。检查时可将轴类零件沿玻璃板滚动一圈看零件与玻璃板贴合处有无漏光来判断是否变形；选购离合器从动盘钢片或摩擦片时，可将其放在眼前观察是否翘曲；在选购油封时带骨架的油封端面应呈正圆形，能与平板玻璃贴合无翘曲；无骨架油封外缘应端正，手握使其变形，但松手后应能恢复原状。在选购各类衬垫时，也应注意检查其几何形状及尺寸。

（8）查看总成部件有无缺件。正规的总成部件必须齐全完好，才能保证汽车的顺利装配和正常运行。所有总成件上的个别小零件若漏装，都将使总成部件无法工作，甚至报废。

五、论述

1.答：（1）能编好进货计划。进货员要根据自己掌握的资料，编好进发计划，包括年度、季度或月进货计划，以及补充进货计划和临时进发计划等。

（2）能根据市场情况及时修订订货合同。进货员能根据变化了的情况，及时修订订货合同，争取减少长线、增加短线商品。当然，在修订合同时，必须按照合同法办事，取得对方的理解和支持。

（3）要有一定的社交能力和择优能力。进货员工作本身决定他要同许多企业、各种人打交道，要求具有一定的社会交际能力，要学会在各种场合、各种不同情况下，协调好各方面的关系，签订好自己所需要的商品合同，注销暂不需要的商品合同或修改某些合同条款，要尽最大努力争取供货方在价格、付款方式、运货等方面的优惠。

（4）要善于思考，有吃苦耐劳的精神。进货员不仅要善于动脑筋，摸清生产和销售市场的情况，而且要随时根据市场销售情况，组织货源，在竞争中要以快取胜。进货员常年处于紧张工作状态，为使企业获得最好的经济效益而奔波，需要有吃苦耐劳的精神。

（5）要有一定的政策、法律知识水平和政治觉悟。进货员不仅要熟知国家、本地区的有关政策和法令、法规，而且更要知道本企业、本部门的各项规章制度，使进货工作在国家政策允许的范围内进行。

（6）要具备必要的专业知识。进货员不仅要熟知所经营商品的标准名称、规格、型号、性能、商标、包装等知识，还要懂得商品的结构、使用原理、安装部位、使用寿命及通用互换性等知识，以便使进货准确无误。

（7）要善于进行市场调查、分类和整理有关资料。进货员正确的预见性来源于对市场的调查和预测。调查的内容主要包括：本地区车型、车数；道路情况；各种车辆零部件的消耗情况；主要用户进货渠道和对配件的需求情况；竞争对手的进货及销售情况。另外进货员还要十分了解配件生产厂家的产品质量、价格和促销策略等，要定期对上述资料进行分类、整理，为正确进行市场预测、科学进货提供依据。

（8）要有对市场进行正确预测的能力。汽车及配件市场的发展受国民经济诸多因素的影响，如工农业生产发展速度、交通运输、固定资产投资规模、基本建设投资规模、人们生活水平的提高程度等，随宏观经济发展形势的波动而波动。这个季度、上半年、今年是畅销的商品，到下个季度、下半年、明年也可能就变成滞销商品了。

2.答:(1)负责编制进货计划。

(2)负责开展工贸联营、联销工作。

(3)负责日常急需商品的催调合同或组织临时进货,满足市场需求,并根据市场变化及库存结构情况,对订货合同进行调整。

(4)认真搞好资金定额管理,在保证进货需要的前提下,最大限度地压缩资金占用,加速资金周转。

(5)认真执行费用开支规定,在保证工作需要的前提下,努力节省进货费用。进货时,一方面要考虑适销对路,另一方面也要考虑运输路线、运费价格等。

(6)经常主动地深入营业门市部和仓库了解产品质量状况,走访客户了解市场需求。

(7)认真执行工商、税务、物价、计量等方面的法令、法规,遵守企业规章制度。

(8)负责按车型、品种的需求量计划,积极组织订购优质、价格适宜的产品,保证销售需要。

(9)负责组织开展商品的代销、试销业务,开拓新产品市场。

(10)负责改善库存结构,积极处理库存超储积压商品。

3.答:(1)对以前未经营过的配件,采用按标准规定的抽检数,在技术项目上尽可能做到全面检验,以求对其产品质量得出一个全面结论,作为今后进货的参考。

(2)对以前用户批量退货或少量、个别换货的产品,应采取尽可能全面检验并对不合格部位重点检验的办法。对再次发现问题的,不但拒付货款,并注销合同,不再购进这种货。

(3)对一些小厂的产品,往往由于其合格率低,而且一旦兑付货款后,很难索赔,因此尽量不进这类产品,如确需进货,在检验时要严格把关。

(4)对全国名牌和质量信得过的产品可以基本免检,但名牌也不是终身制,有时也有冒牌产品,所以应对这些厂家的产品十分了解,并定期进行抽检。

(5)对多年多批进货后,并经使用未发现质量问题的产品,可采用抽检几项关键项目,以检查其质量稳定性。

4.答:进口汽车配件可从多方面进行鉴别,主要从包装、内在质量、产品价格和进货渠道来鉴别。

(1)根据包装进行识别,是检验进口配件真伪的重要程序。

进口汽车配件一般都有外包装和内包装,外包装有包装箱、包装盒;内包装一般是带标志的包装纸、塑料袋或纸袋。纯正进口配件外包装箱(盒)印刷清晰、纸质优良,并印有GENUINE PARTS(纯正部品)标记,且标有零件编号、名称、数量及生产厂家和国家的名称。

鉴别进口配件包装时还应注意,工程机械及汽车制造厂都有自己的专业配套生产零部件的供应商。在进口厂家配件时,包装盒上既有整机厂标记,也有配套厂的标记。

(2)从产品质量来鉴别是识别纯正部件真伪最关键的环节。

受利益驱动,有的经销商将进口的纯正零件组装成整机后,再用纯正部件的包装,装上非纯正件向市场销售。故必须对产品的内在质量进行检验,才能确认进口配件的真伪。对产品质量的鉴别主要包括观察、检查和试验。

①从外观上进行检查。查看其产品外表的加工是否精细,颜色是否正常。如果有纯正部件的样品,可进行对照检查,一般仿制品表面都比较粗糙,产品颜色也不正。

②检查产品上的标志。纯正进口零部件上都打印有品牌标记、零部件编号和特定代码等。有些产品上还铭刻有制造厂及生产国。

③通过专用工具检测量产品的尺寸，看其是否符合要求。有些厂商还专门为客户提供了测量工具以防假冒。

④对产品进行性能试验。有些零件从外观检测还无法辨别真伪，需用专用仪器、检测设备进行检测。如喷油器、柱塞要在试验台上进行性能试验，检测其喷油压力、喷油量、喷油角度等。

⑤对产品进行理化性能试验。这种情况一般是在对产品内在质量产生怀疑或使用中出现问题时，为向厂家寻求索赔时才使用的方法。

（3）从产品价格上进行辨别。同样的配件，纯正部件、专业厂件、国产件和仿制品的价格差别很大。纯正部件的价格最高，专业厂次之，国产件、仿制品价格最低。一般纯正部件的价格可超出仿制件的 1~2 倍，有的甚至更多。

（4）根据进货渠道进行分析。目前进货渠道较多，一般包括两个方面。一是直接从国外进口，二是从经销商那里购买。直接从国外整机厂和零部件配套厂进口的配件，质量都有保障。如果是从经销商那里购买或从港澳转口进来的配件，就要根据上述方法进行鉴别。此外，所有直接从国外进口的机械配件，均有订购合同、提单、运用装箱单及发票。如果从进口公司采购配件，可让其出示上述单据，否则，可判断为非进口正品。

总之，鉴别汽车配件的方法是多种多样的，不要使用单一的方法，根据不同的配件种类采取不同的鉴别方法，并综合运用，定能识别配件的真伪。

5.答：（1）按照配件的产销特点，确定进货数量。常年生产、季节销售的配件，应掌握销售季节，季前多进，季中少进，季末补进；季节生产、常年销售的配件，要掌握生产季节，按照企业常年销售情况，进全进足，并注意在销售过程中随时补进；新产品和新经营的配件，应根据市场需要少进试销，宣传促销，以销促进，力求打开销路；对于将要淘汰的车型配件，应少量多样，随用随进。

（2）按照供货单位的远近，确定进货数量。当地进货，可以分批次进货，每次少进、勤进；外地进货，适销商品多进，适当储备。

要坚持"四为主，一适当"的原则，即以本地区缺门配件为主，以具有知名度的传统配件为主，以新产品为主，以名牌优质品为主；品种要丰富，数量要适当。

（3）按进货周期确定进货时间。进货周期，就是每批次进货的间隔时间，每批次进货能够保证多长时间的销售，这就是一个周期。进货周期的确定既要保证汽车配件销售的正常需要，又不使汽车配件库存过大，要坚持以销定进、勤进快销的原则。

进货周期的确定，要考虑以下因素：配件销售量的大小、配件种类的多少、距离供货单位的远近、配件运输的难易程度、货源供应是否正常、企业储存保管配件的条件等。确定合理的进货周期，使每次进货数量适当，既可加速资金周转，又可保证销售正常进行。

（4）摸清市场情况，找出销售规律，确定进货重点。不少汽车配件的需求量是按一定的规律变化的，须在市场调查的基础上分析实际销售数量和有关因素的影响，从而找出销售规律，以便确定进货重点。其方法是：将历年的月销售量抽样绘制成销售曲线图。

（5）遵循供求规律，合理确定进货数量。对供求平衡、货源正常的配件，应采取勤进快销、多销多进、少销少进，保持正常周转库存。具体计算方法是：根据前期销售的实际情况，预测下期销售数,加上一定的周转库存,再减去本期末库存预测数,算出每一个品种的下期进货量。

对于供大于求、销售量又不大的配件,则应少进,采取随进随用、随销随进的办法。

对暂时货源不足、供不应求的紧俏配件,要开辟新的货源渠道,挖掘货源潜力,适当多进,多进多销。

对大宗配件,则应采取分批进货的办法,使进货与销售相适应。

对高档配件,要根据当地销售情况,少量购进,随进随销、随销随进。

对销售面窄、销售量少的配件,可以多进样品,加强宣传促销,严格控制进货量。

第6章

一、单选

1.B 2.A 3.C 4.C 5.B 6.B 7.A 8.B 9.C 10.A 11.C 12.A 13.C 14.A
15.C 16.B 17.B 18.C 19.B 20.A 21.A 22.C 23.B 24.A 25.C

二、多选

1.ABCDE 2.ABCD 3.ACD 4.ABCD 5.ABCE 6.ABCD 7.BD 8.ABCD 9.BCD
10.ABCD 11.AD 12.ABCD 13.ABCD 14.ABCD 15.ABCDE 16.ABCDE 17.ABCD
18.ABCD 19.ACD

三、判断

1.√ 2.× 3.× 4.× 5.√ 6.× 7.× 8.√ 9.× 10.√ 11.× 12.√ 13.× 14.√
15.√ 16.× 17.× 18.× 19.√ 20.× 21.× 22.√ 23.√ 24.× 25.√

四、简答

1.答:分析信息的能力,对客户互动渠道进行集成的能力,支持网络应用的能力,建设集中的客户信息仓库的能力,对工作流进行集成的能力,与ERP进行无缝连接的能力。

2.答:汽车客户信息零散;汽车客户信息不全;汽车客户信息陈旧;汽车客户信息管理不够科学、规范,缺少标准和专门的客户数据库。

3.答:(1)用于交易决策中防范风险;(2)用于信用分析;
(3)有利于各部门之间的沟通;(4)保护公司宝贵的客户资源。

4.答:汽车维修合同是承修、托修双方当事人之间设立、变更、终止民事法律关系的协议。它属于加工承揽合同,加工承揽合同是承揽方按照定作方提出的要求完成一定工作,定作方接受承揽方完成的工作成果并给予约定报酬的协议。

5.答:(1)维护汽车维修市场秩序;
(2)促进汽车维修企业向专业化、联合化方向发展;
(3)有利于汽车维修企业改进经营管理。

6.答:(1)整理客户资料,建立客户档案;
(2)根据客户档案资料,研究客户的需求;
(3)与客户进行电话、信函联系,开展跟踪服务。

7.答:来车→问候顾客→填写维修工单→诊断→估价→计划完成时间→进行维修→跟踪

维修工作→检验完成的工作→向顾客提交车辆→跟踪。

8.答:(1)完整、详细地说明每项维修工作,这样技术工人就能做出实际的估计;

(2)检查调度表格上所记录的每项时间,以了解维修工作实际需要花费多长时间;

(3)一旦熟悉了每项工作需要的时间,就应该记录消耗了多少工作时间,还有多少时间可以接新的维修工作。

9.答:汽车维修职业良心主要有两层含义:

一是汽车维修从业人员内心强烈的对汽车维修业、对服务对象的道德责任感;

二是汽车维修从业人员依据汽车维修职业道德的基本要求进行自我评价的能力。

10.答:(1)有利于促进汽车维修事业的发展;

(2)有利于调节汽车维修从业人员的职业行为,维护正常的职业生活秩序;

(3)有利于调节行业内外的关系;

(4)有利于汽车维修行业良好风气的形成;

(5)有利于全社会道德素质的提高。

11.答:(1)热爱和忠实于汽车维修职业;

(2)坚持为人民服务的根本宗旨;

(3)自觉做到安全优质,文明高效。

五、论述

1.答:(1)不同资信等级客户的管理

资信等级评价不是最终目的,最终目的是利用资信等级对客户进行管理。维修公司和各维修片区应针对不同资信等级的客户采取不同的维修管理政策。

对 A 级客户,由于资信较好,可以不设限度或从严控制,在客户资金周转偶尔有一定困难或旺季进货量较大、资金不足时,可以有一定的赊销限度和回款限期。但赊销额度以不超过一次进货量为限,回款宽限以不超过一个进货周期为限。

对 B 级客户,可以先设定一个限度,以后再根据资信状况渐渐放宽。一般要求现款现货。但在如何处理现款现货时,应讲究艺术性,不要让客户很难堪。

对 C 级客户,应仔细审查给予少量或不给信用限度,要求现款现货,如对一家欠债甚巨的客户,业务员要坚决要求现款现货,丝毫不能退让,而且要考虑好一旦该客户破产倒闭应采取怎样的补救措施。

对 D 级客户,不给予任何信用交易,坚决要求现款现货或先款后货,并在追回货款的情况下逐步淘汰该类客户。

新客户一般按 C 级客对待,实行"现款现货"。经过多次业务往来,对客户的资信情况有较多了解后(一般不少于三个月),再按正常的资信等级进行评价。

(2)汽车客户资信等级的定期核查

汽车客户资信状况是不断变化的,有的汽车客户资信等级在上升,有的则在下降。如果不对客户资信等级进行评价,并根据评价结果调整维修政策,就可能由于没有对资信等级上升的客户采取宽松的政策而导致不满,也可能由于没有发现客户资信等级下降而导致货款回收困难。因此,应定期对客户的资信等级进行核查,以随时掌握资信。

2.答:(1)工作时间及工作量安排系统是为了通过计划安排每个技术工人的工作量来减少被浪费的和没有生产效率的时间而设计的。安排工作时间就是指在一段预先确定的工作期间内的某个规定的时间,把特定的工作预先分派给特定的技术工人。这个系统可以保证技术工人按照自己的速度持续工作一整天,从而也可以增加维修收入。

工作时间及工作量安排系统的关键在于生产计划员估计完成每项工作步骤所需要的时间的能力。估计一项工作完成所需时间的最简单的方法之一就是直接询问技术工人,由他们估计自己需要花费多少时间来完成这项工作。维修顾问对车辆故障的描述和维修指导说明越详细,时间估计得就会越准。

在填写完每份维修订单后,就可以将每项工作分配给具体的技术工人。通过几个星期的工作,生产计划员就能知道哪些技术人员擅长哪些工作。而且这个系统用的时间越长,生产计划员对时间估计越熟悉,就能更好地计划技术工人的工作时间。

技术工人的时间估计通常是很准确的(但也有失误的时候)。在确定了技术工人一定的工作水平后,对每项比估计的要花费更多时间的工作进行复核。

(2)为了改进时间估计和帮助找出问题,必须使用调度表格,这样就可以更精确地估计时间了。将技术工人估计的时间记录在维修订单号码栏及工作简要描述之后。如果某个技术工人需要完成一个以上的工作,一定要将每项工作的时间都记录下来。

(3)用打卡钟记录技术工人收到及交回维修订单的时间,确定一般维修所需要的时间。

3.答:汽车维修职业道德作为社会主义职业道德的重要组成部分,除了具有一般社会道德的特点外,还具有以下特点:

(1)服务性。汽车维修以汽车的维护和修理为其工作目的和内容。汽车维修的生产过程,需要运用一些技术装备,依靠系统的经营管理,消耗一定的精神劳动和物化劳动,向社会提供的只是劳务服务,其生产作业具有鲜明的服务性。

汽车维修服务性的特点决定了从事汽车维修职业的人们必须树立为用户服务、满足用户需求的思想观念;必须摆正自己与服务之间的关系,摆正社会效益与经济效益之间的关系;牢固确立服务为本、用户至上的道德意识,自觉保证维修质量,讲求服务信誉,千方百计地维护用户的利益,以优质的服务满足用户对车辆维修的要求。

(2)协作性。汽车维修技术工人是由发动机修理工、底盘修理工、电工、胎工、漆工、钳工、焊工、刨工、铣工、钣金工等诸多具体工种所组成的集合称呼。汽车维修作业是一个多工种的组合,其生产过程处处体现着协作精神。

汽车维修职业道德的协作性,要求每一个汽车维修职工发扬团结协作的行业传统,不计个人得失,不图自我方便,自觉维护经营业户的整体利益和行业信誉。

(3)时效性。汽车客货运输生产的组织、车辆的调配,是建立在车辆维修计划基础上的。如果车辆不能按计划完成维修任务,进厂维修的车辆不能按时出厂,就会影响运输生产的正常进行。

汽车维修职业道德的时效性,要求汽车维修企业制定科学合理的维修作业计划,选择合适的劳动组织形式,尽量缩短在厂车日,保证不误工期,确保在限定时间内或合同期内保质保量地完成维修任务。

(4)安全性。汽车维修质量的好坏,直接关系到行车安全,关系到国家财产和人民生命财产的安全。在汽车维修中,大至各类总成,小至一个螺栓、螺母,无不与汽车的安全行驶密切相关。只有确保维修质量,才能保证车辆的安全行驶。

汽车维修职业道德安全性的特点,要求汽车维修人员在车辆维修工作中必须仔细认真,一丝不苟,精工细修,为车辆用户提供安全可靠、优质高效的维修服务。

(5)规范性。汽车维修是一项技术要求很高的工作。在汽车维修工作中,为了保证汽车维修的质量和行车安全,国家有关部门和汽车维修行业陆续颁布了一系列有关汽车综合性能和总成部件的技术规范和修理工艺等方面的标准和法规性文件。这些技术标准、工艺标准和法规性文件在汽车维修职业道德中就表现为鲜明的规范性特点。任何一个汽车维修企业,从车辆进厂检查、维修到竣工检验,都离不开标准、规范。汽车维修的过程,实际上就是标准化、规范化活动的过程。汽车维修工作质量的好坏,在很大程度上取决于标准化、规范化工作水平的高低。严格遵守汽车维修各项标准和规范,并以此指导自己的行动,是对汽车维修人员的基本要求,也是衡量汽车维修从业人员职业道德水平高低的重要依据。

第 7 章

一、单选

1.B　2.A　3.C　4.B　5.A　6.A　7.C　8.B　9.B　10.B　11.A　12.C　13.B　14.A　15.C　16.B　17.A　18.A　19.B　20.C　21.A

二、多选

1.ACD　2.ABCD　3.ABCD　4.ABCD　5.ACD　6.BCD　7.ABCD　8.ABCD　9.BCD　10.ABC　11.ACD　12.ABCD　13.ABC　14.ABCD

三、判断

1.√　2.×　3.√　4.×　5.√　6.√　7.×　8.×　9.×　10.√　11.√　12.√　13.√　14.×　15.√　16.√　17.√　18.×　19.√　20.×　21.×

四、简答

1.答:顾客满意度是品质、价值、服务 3 个因素的函数,可以表示为 $CS=f(Q,V,S)$。

CS 代表顾客满意度。

CS 可以定义为一种情形,就是顾客愿意去购买某公司的产品或服务,并且对该公司保持着某种忠诚度,因为该公司能够满足顾客的需要和期望,或者超出了顾客的期望。

2.答:(1)使顾客满意并减少返工;

(2)加强维修部与顾客之间的相互信赖;

(3)鼓励顾客向别人推荐你的维修部;

(4)增加维修部利润;

(5)建立维修部及整个经销部的良好声誉;

(6)增加使顾客再次光临维修部的可能。

3.答:分摊工作量;缓解早晨高峰;预填维修订单;容纳更多的顾客;平衡繁忙工作日与空闲工作日的工作量;有计划地进行一天的工作;建立专业形象。

4.答:(1)填写正确的顾客联系方式使我们可以有效地工作,最糟糕的事莫过于当车有问题时,服务顾问却联系不上顾客。

(2)对顾客的问题有清晰的描述,使技师能正确地诊断问题并一次就修复好。正如我们提到的,提问和倾听技巧可以了解和记录顾客的问题。

（3）正确的车辆信息（如车型、年份、序列号）将帮助我们选择零件和了解保修状况。

5.答：（1）预约顾客来店时间，应尽量避开顾客来店高峰时间；

（2）使特约店的业务接待及车间工位充分利用，有条不紊；

（3）适当多提供给顾客几个来店时间，任其挑选；

（4）减少顾客在店等待时间；

（5）通过协调顾客预约时间，减轻特约店的工作负担，进行更有规律、有效率的管理。

6.答：汽车维修检验的目的是判断汽车维修后是否符合汽车维修质量标准和规范，向汽车维修业户提供有关汽车维修质量方面的数据，代表托修单位（或下道工序）、代表汽车维修业户验收维修质量，进行汽车维修质量监督。

7.答：（1）明确汽车维修质量要求。根据汽车维修技术标准和考核汽车技术状态的指标，明确检验的项目和各项目的质量标准。

（2）测试。用一定的方法和手段测试维修车辆或总成的有关技术性能参数，得到质量特性值的结果。

（3）比较。将测试得到的反映质量特性值的数据同质量标准要求作比较，确定是否符合汽车维修质量要求。

（4）判定。按比较的结果判定维修车辆或总成的质量是否合格。

（5）处理。对维修质量合格的车辆发放出厂合格证，对不合格的维修车辆查找原因，记录所测得的数值和判定的结果，并进行反馈，以便促使各维修工序改进质量。

8.答：汽车维修质量检验是指采用一定的检验测试手段和检查方法测定汽车维修后（含整车、总成、零件、工序等）的质量特性，然后将测定的结果同规定的汽车维修质量标准相比较，从而对汽车维修质量作出合格或不合格的判断。

9.答：当顾客车辆完工，特约店收取费用并将完工车辆交还顾客。确保顾客在接待服务中产生的好感一直延续至服务顾问目送顾客离去。

10.答：①顾客不清楚服务细节，因此对维修项目表示怀疑，从而对特约店的服务能力产生担忧和疑虑；

②员工无法说明维修项目，使顾客不情愿付费或从此以后不再来特约店维修。

11.答：（1）可以听到顾客"无声的抱怨"；

（2）可以得到顾客的感激；

（3）顾客对企业日常工作的表扬能够在很大程度上鼓舞员工；

（4）这些表面看起来似乎与利润无关的事积累多了，可以取得顾客的信任；

（5）帮助企业赢得顾客忠诚。

五、论述

1.答：（1）方法：培养顾客信任感

培养顾客信任感是增加服务销售量的有效方法，而且这一方法花费不多，仅仅是需要一些时间和关注而已。

维修部员工应该努力做到以下3点：

①推荐车辆的保养方法——包括里程数不同的最新车型的保养服务价格；

②列出车辆检查单：当车子还在维修车间，列出所有与安全相关的检查项目；

③填写好维修顾问的工作日记。

（2）方法与步骤

①充分利用各种场合

向正在等候的顾客推荐流行的车辆保养方法或提供一些免费的维修服务,如更换过滤器、免费保养车辆等。在上午忙碌的时候,接待员可以给等候的顾客递上一杯咖啡和一份写有推荐维修项目的教程,让顾客在与接待员交流之前可以了解一下车辆应做的各种保养。

②要关注主要的维修项目

车辆需要进行的修理或吸引顾客来到经销部的主要维修项目是首先需要写上的。在试图做其他事情之前准确写下所有的信息,有些经销部甚至将维修项目以主要条款的形式标出来。

③销售常规的车辆保养服务

定期的车辆保养是一项高收益的工作,但只能推销顾客需要的车辆保养。

④工作记录

对上述的每一位顾客,维修顾问需要立即在工作日记上给他们做好简明的记录。

⑤告知顾客相关情况

如果维修部主动通知顾客他们的车子已经修好,顾客们将对这家维修部留下深刻印象。

⑥获取顾客的反馈信息

当维修顾问发现无法按期交付车子时,应立即致电顾客再与他们约一个弹性的交车时间。顾客们也许会对延误感到不快,但他们还是很欣赏你的及时来电。

⑦推销维修服务的电话,逐步赢得顾客的信任

"使顾客成为回头客"是一个循序渐进的过程,若是能够让顾客们觉得维修部是真心想使他们对自己的车辆和你的经销部满意的话,维修部将逐步拥有忠实的客户。

⑧按时提供零配件

监督零配件部门按时提供零配件也是维修顾问的职责。到了预定的时间,维修顾问向零配件部门的员工确认零件是否已到货,若是没有到货,就需联系其他的代用零件。

⑨特殊需求

当维修顾问填写特殊型号零件的需求单时,需要与顾客一起通过电话确认所需的型号。

⑩建立维修交付体系

⑪建立服务跟踪

2.答:根据心理学的理论来解释顾客内心的期望,可以说影响顾客内心期望的因素分为保健同素和满意因素。

（1）保健因素只能降低客户不满,不能提升顾客的满意度。在汽车维修中,保健因素有:将车辆的故障排除;在预定交车的时间内交车;正确地判断故障;维修质量。

（2）满意因素代表着顾客内心所期望能获得产品或服务的情境。在汽车维修中,满意因素有:被理解;感到受欢迎;感到自己很重要;感到舒适。我们服务的目的就是增加满意因素,赢得顾客的信任,让顾客满意。使顾客满意的工作并不是从维修部门开始的,而是在顾客踏进特许经销部的那一瞬间就开始了。如果顾客在买车或修车过程中有过不愉快的经历,他们将变得非常挑剔,要使他们满意就比较困难,指望他们再次光顾更是难上加难了。由于汽车的平均价格较高,顾客的期望值也随之水涨船高。若是维修部将每个没有得到满足的顾客视作一个利润源的话,高的期望值同样可以带来许多获利机会。如果顾客没有在竞争对手那里

享受到满意的服务,这是维修部战胜对手的好机会;如果这样的情况发生在你的维修部里,这同样是维修部改进服务、重新赢得顾客的好机会。要耐心地倾听顾客的抱怨,因为这样可以从这些抱怨中发现自身的问题所在。若是维修部能解决这些问题,顾客自然会光顾;退一步说,即便只是尝试着去解决问题,维修部也很有可能获得成功。

第8章

一、单选

1.C　2.A　3.C　4.B　5.C　6.A　7.B　8.A　9.A　10.B　11.B　12.C　13.B　14.A　15.C　16.A　17.A　18.C　19.B　20.C

二、多选

1.ABD　2.ABCD　3.AB　4.ABC　5.ABCD　6.ACD　7.ABCD　8.ABCD　9.BCD　10.ABC　11.ABCD　12.AB　13.BCD　14.ABC　15.CD　16.ABCD　17.ACD

三、判断

1.√　2.√　3.×　4.×　5.√　6.√　7.×　8.×　9.√　10.×　11.√　12.×　13.×　14.√　15.×　16.×　17.×　18.√　19.√

四、简答

1.答:(1)个人的自身条件;(2)个人的事业心;(3)个人的修养;(4)知识技能;(5)企业的管理机制;(6)社会环境;(7)竞争对手的情况。

2.答:在接待的客户中,有些客户做事很粗犷,对什么事从不斤斤计较,而有些客户做起事来可能很认真,甚至非常"挑剔"。凡是遇到这种客户就更应该认真对待,从接待开始对每一项内容都仔细去做,凡遇问题及时与之商量,使其无挑理的机会。

3.答:职业道德修养是道德修养的一个重要方面,它是从业人员依据职业道德原则、规范的要求,在职业认识、职业意志、职业情感和职业信念和行为等方面的自我教育、自我锻炼,以提高自己的道德素质,做好本职工作。

4.答:任何一种商业活动中的大多数商业问题及顾客不满根源都是失败的沟通。顾客满意指数是建方在顾客的感觉之上的,而这种感觉正是通过沟通被积极或消极地影响着。顾客是企业事业的对象,他们是销售的来源,是盈利的基础。"销售"意味着给顾客提供服务并使他们满意,一个提高对顾客销售的主要方法是通过学习运用优秀的沟通技巧。

5.答:①问候你的每一位顾客;

②如果新的维修顾客进来了,向每一位致以问候,并让他们相信你将按次序接待他们;

③要是电话铃响了,迅速地接起它;

④如果你的一位同事打断了你们的会谈,若这将持续30秒以上,你要征求顾客意见是否能获允许去同事那儿一下;

⑤如果顾客得到你的问候,获得了一些安慰,他们会耐心等待而不会对经销商产生一丝坏印象。

6.答:沟通就是为了设定的目标,把信息、思想和情感在个人或群体间传递,并达成共同协议的过程。即把可理解的信息和思想在两个或两个以上人群中的传递和交换的过程。

7.答:第一,沟通一定要有一个明确的目标;

第二,要达成共同的协议;

第三,沟通信息、思想和情感。

8.答:女士:腿进入基本站立的姿态,后腿能够碰到椅子,从椅子的左侧进入,轻轻坐下来。两个膝盖一定要并起来,不可以分开,腿可以放中间或放两边。两手叠放于左右腿上。如果要跷腿,两条腿是合并的,绝不能两腿分开。

9.答:女士:抬头,挺胸,收紧腹部,肩膀往后垂,前腿轻轻地,重心全部放在后腿上,站的时候看上去有点儿像字母"T",因此人们称之为"基本 T"或者"模特 T"。而且好像有一条绳子从天花板把头部和全身连起来,感觉很高,身体都拉起来了,这就是正确的站姿。站起来应该是很舒服的,很大方的。显得总是镇定冷静、泰然自若,手轻轻地放在旁边。

男士:挺胸,抬头,收紧腹部,两腿稍微分开,脸上带有自信,也要有一个挺拔的感觉。

10.答:微笑可以表现出温馨、亲切的表情,能有效地缩短双方的距离,给对方留下美好的心理感受,从而形成融洽的交往氛围。面对不同的场合、不同的情况,如果能用微笑来面对,可以反映出本人高超的修养、待人的至诚。微笑要发自内心,不要假装。要想象对方是自己的朋友或亲人,就可以自然大方、真实亲切地微笑了。

五、论述

1.答:业务接待是维修企业进行业务活动的第一个环节。进厂维修的车辆,客户第一个见到的也是业务接待人员。业务接待人员的质量工作不仅对整个企业的维修全面质量有特别重要的意义,而且还会影响到客户对企业的第一印象。因此,做好业务接待人员的质量工作,是维修全面质量管理的重要内容。

接待顾客的方式是和企业的"第一形象"紧密相关的。应该尽可能地主动,因为它会给顾客留下更加强烈的印象,同时保证企业工作流程的顺畅、快捷。

从顾客将车开进标志清晰的顾客停车场时起,对顾客的接待就开始了。停车场的位置应尽量靠近顾客接待中心,同时,门口当然应该是整洁的,标志要醒目或时尚。

顾客进入接待中心后,必须使他立刻感到友好的气氛。首先要给他以热情的问候,接下来和顾客服务处接待员的谈话是顾客接待的高潮。顾客常常自觉或不自觉地通过对企业的认可度和信任度来作出自己的决定。

对于走进接待中心的顾客能不能够成为真正的顾客,并成为忠实的顾客——或者下次是不是还光顾这家企业,或是经常地更换地方——顾客服务处接待员有着重要的责任。因此,企业要重视业务接待工作。

2.答:沟通技巧不仅给顾客留下积极的印象,也同样使维修顾问受益匪浅,也会给他或她在直接面谈中更多的控制权及精确性。

(1)聆听

仔细聆听的秘诀是:全神贯注于顾客所言。顾客会注意到你是否缺乏专心。同样,注意力分散会使你错过有价值的信息。

(2)观察

观察将为你提供有关顾客的线索。顾客的表情也许是用来探询他或她正在想些什么的最好线索——他或她是放松的,还是焦虑的。

（3）提问

用开放式的提问来获得你所需信息,询问像谁、什么时候、在哪儿及为什么等类似问题。当你能重申顾客的埋怨、处境或需求及他们要求的补救措施,从而使一切又回到顾客满意的范畴,那么此时此刻你已成功运用了提问的技巧了。

（4）检验

寻求反馈信息并验证它,这在与顾客的沟通中十分重要。在维修部中,检验意味着仔细地验证,以此来保证在维修部和顾客间已达成一致共识。对于检验反馈有3个目的:

①确认对顾客的抱怨及需求的理解;

②确认顾客理解你所建议的进行程序;

③当彼此的理解准确无误的时候,确认顾客是否同意。

（5）解释

在你脑海里每时每刻都要牢牢地记住解释的目的。在内心里组织解释的内容,选择出要点并将它们系统地编排起来。保证解释是站在顾客的立场上而表述出来的——是为了顾客的需求,解决顾客的问题,并最终使顾客获益。

第9章

一、单选

1.B 2.A 3.C 4.C 5.A 6.B 7.C 8.C 9.A 10.C 11.B 12.A 13.C 14.A 15.B 16.B 17.A 18.B 19.B

二、多选

1.ABCD 2.ABCD 3.ABD 4.BCD 5.ABCD 6.ABCD 7.ABC 8.ABCD 9.ABCD 10.ACD 11.BD 12.ABD 13.ABD 14.ABCD 15.ABCD 16.ABCD 17.BC

三、判断

1.√ 2.√ 3.× 4.√ 5.× 6.√ 7.√ 8.× 9.× 10.√ 11.× 12.× 13.√ 14.√ 15.√ 16.× 17.× 18.× 19.√ 20.× 21.√ 22.× 23.√ 24.√

四、简答

1.(1)营销信息系统也称市场营销信息系统,是指由人、设备和程序组成的一个持续的、彼此关联的结构;

(2)其任务是准确及时地对有关信息进行收集、分类、分析、评估和分发,供给营销决策者运用,以使营销计划、实施和控制具有科学性和准确性。

2.(1)确定所需信息;

(2)内部报告系统;

(3)营销情报系统;

(4)营销调研系统;

(5)信息分析系统;

(6)传送营销信息。

3.(1)汽车市场营销调研,是指汽车企业对用户及其购买力、购买对象、购买习惯、未来购

买动向和同行业的情况等方面进行全部或局部的了解;

(2)任务是弄清涉及企业生存与发展的市场的运行特征、规律和动向,以及汽车产品在市场上的产、供、销状况及其有关的影响因素和影响程度。

4.(1)调研的目的和范围;(2)采用的调研方法;(3)调研的结果;(4)提出的建议;(5)必要的条件。

5.(1)客户档案信息的建立;

(2)客户档案信息的维护;

(3)客户档案信息的回访;

(4)客户档案信息的分析。

6.(1)建立详尽的客户档案,可以进行客户回访,了解客户对服务的评价,以便不断地改进服务工作;

(2)建立详尽的客户档案,可以使我们将无形的市场转化为有形的市场,进而对其进行分析,了解市场动态,洞悉客户需求,不断提高客户的忠诚度,最大限度占领市场份额;

(3)通过对客户的有效分析,将用户按照相应的标准进行分类,而后根据细分的小类对用户进行特殊的对待。

7.(1)准确了解本企业所服务的市场的规模、数量以及结构组成;

(2)及时掌握新增加客户、忠诚客户、流失客户的数量,通过分析,了解当前经营状况;

(3)通过对客户的细分,确立忠诚客户及大客户的位置,进而根据其要求,最大限度地满足其表象及潜在的要求,使其能够持续地保持对企业的忠诚;

(4)通过对客户反馈信息的分析,可以反过来指导一线生产,将其作为一面镜子折射企业的真实情况,进而持续改正缺点,发挥优势;

(5)通过档案分析,使无形市场变为有形市场,使企业的管理者可以准确地、动态地、及时地掌握市场变化的趋势及企业发展中的不足,进而找到解决问题的方法,使企业在激烈的市场竞争中能够立于不败之地。

8.(1)AAA 级:资金信用情况非常好,可以一段时间后结账;

(2)AA 级:资金信用情况还不错,但不是很宽裕;

(3)A 级:资金信用情况不好,对于此类客户应多加小心;

(4)0 级:此类客户不可为其服务,应客气地婉拒他,或尽可能减少损失。

9.(1)接收会员求援电话,将相关内容录入微机,同时负责处理或向业务主办方转达;

(2)咨询服务;

(3)提供车务提醒服务;

(4)会员接待;

(5)保管会员档案;

(6)会员联络、沟通;

(7)用户跟踪服务,车辆交接后 3 日内 100% 跟踪。

10.(1)熟练操作计算机;

(2)了解汽车常识;

(3)了解用户心理,掌握营销常识;

(4)了解保险公司关于车辆投保及理赔方面的知识;

（5）了解交管部门关于车辆管理、驾驶员管理、交通管理等方面的有关法规或政策。

五、论述

（1）确定问题及调研目标

要确定汽车营销中存在的问题及调研工作所要达到的目标，这应由营销管理人员特别是第一线的汽车销售顾问和调研人员共同配合来完成。因为前者最了解营销中存在的问题和应作出的决策，当然也最了解哪些信息对营销决策最重要；而后者则最了解应如何取得这些信息。

（2）制订调研计划

①确定所需要的信息，这是市场调研要解决的首要问题。如某汽车生产企业准备向市场推出一种家用汽车，特点是噪声小、节油、较安全，而且价格适中。

②信息资料收集。为了得到所需要的信息，调研人员要收集有关资料。这包括案头资料和原始资料。

③提交调研计划。调研人员应写出书面调研计划，应摘要列出营销中的问题、调研目标、需收集的有关信息及方法，以及调研结果对营销决策有何帮助等；最后还应列出调研的大致费用。

（3）实施调研计划

这一阶段包括收集、整理和分析信息资料等工作。调研中的数据收集阶段是花费时间最多且又最容易失误的阶段。因此，调研人员在计划实施过程中，要尽量按计划去进行，使获得的数据尽可能反映事实。这就要求调研人员应具备一定的素质，在整个信息搜集过程中能排除干扰，获得理想的信息资料。

（4）收集和分析信息

汽车市场营销调研的数据收集阶段是一个成本非常高的阶段，同时也是最容易出错的阶段。获取数据后需要对收集到的数据进行分析。所谓分析，是指从数据中提炼出当前需要的调查结果，对主要数据变量要进行数理统计方面的工作，从而得出趋势性的结论。

（5）陈述研究发现

调研人员应该提出与调研问题有关的主要调查结果。

（6）得出调研结论（决策）

授权进行调查的负责人需要对调研的结论作出抉择，他们知道调研的结果由于种种原因可能存在错误，是否使用调查结果基本取决于他们自己对调研的信心。

参考文献

[1]张国方.汽车营销[M].北京:人民交通出版社,2003.

[2]陈永革.汽车市场营销[M].北京:高等教育出版社,2005.

[3]栾志强,张红.汽车营销管理[M].北京:清华大学出版社,2004.

[4]栾志强,张红.汽车营销实务[M].北京:清华大学出版社,2005.

[5]李文义.汽车市场营销[M].北京:人民交通出版社,2004.

[6]全国汽车维修专项技能认证技术支持中心.汽车零配件供应与经销[M].北京:科学教育出版社,2004.

[7]刘振楼.汽车及配件营销[M].北京:人民交通出版社,2004.

[8]宋润生.汽车营销基础与务实[M].广州:华南理工大学出版社,2006.

[9]曹红兵.汽车及配件营销[M].北京:电子工业出版社,2008.

[10]李江天.汽车销售实务[M].北京:人民交通出版社,2008.

[11]李富仓.汽车电子商务[M].北京:人民交通出版社,2005.

[12]鲍贤俊.汽车维修业务管理[M].北京:人民交通出版社,2005.

[13]卢燕.汽车服务企业管理[M].北京:机械工业出版社,2008.

[14]贾永轩.汽车经销商管理[M].北京:机械工业出版社,2006.

[15]刘可湘.汽车服务企业经营与管理[M].北京:人民交通出版社,2004.

[16]周永江.汽车品牌营销[M].北京:机械工业出版社,2008.

[17]宓亚光.汽车售后服务管理[M].北京:机械工业出版社,2007.

[18]莫远.汽修和汽配企业的计算机管理[M].北京:机械工业出版社,2004.

[19]高玉民.汽车4S店营销策略[M].北京:机械工业出版社,2005.

[20]孙凤英,袁俊奇.汽车及配件营销[M].北京:高等教育出版社,2005.

[21]边伟.汽车及配件营销[M].北京:机械工业出版社,2007.

[22]张毅.汽车配件市场营销[M].北京:机械工业出版社,2007.

[23]刘同福.汽车4S店管理10类制度[M].北京:机械工业出版社,2008.

[24]郑浩然.4S汽车专卖店建设管理全书[M].北京:当代中国音像出版社,2003.

[25]高玉民.汽车特约销售服务站营销策略[M].北京:机械工业出版社,2005.

[26]张国方.汽车服务工程[M].北京:电子工业出版社,2004.

［27］王宇宁.网络化汽车服务［M］.北京:电子工业出版社,2005.

［28］潘义行,张惠兰.汽车维修销售管理实务［M］.上海:复旦大学出版社,2007.

［29］陈永革.汽车市场营销［M］.北京:高等教育出版社,2003.

［30］李恒宾,张锐.汽车4S店经营管理［M］.北京:北京交通大学出版社,2013.

［31］卢圣春,马卫强.4S店经营与管理［M］.北京:化学工业出版社,2011.

［32］厉承玉,王鹏权,杨海鹏.汽车营销［M］.武汉:湖北科技大学出版社,2012.